詳解
債権法改正の基本方針

Ⅰ

序論・総則

民法（債権法）改正検討委員会 編

商事法務

刊行にあたって

　本書は，民法（債権法）改正検討委員会（以下「検討委員会」という）が2009年3月末にとりまとめた成果のすべてであり，その最終報告書と呼ぶべきものである。

　検討委員会は，債権法を中心とする民法典の抜本改正に向けて，改正の叩き台となるべき案を学界から提示しようという意図のもとに，民法学者を中心に学者有志によって組織された研究グループである。同委員会は，2006年10月7日，大阪市立大学で開催された第70回日本私法学会大会の前日に大阪で発起人会合を開いて正式に発足し，10月19日に第1回の幹事会を開催して実質的な作業をスタートさせた。検討委員会の設立の趣旨は，本書に添付した設立趣意書にあるとおりである（設立趣意書はホームページでも公表している）。

　以来，2年半の間に開催された各種会議は合わせて260回を数え，会議時間は総計1300時間を優に超える。多忙を極める26名の民法学者，5名の商法学者，2名の民事訴訟法学者，および2名の法務省の立案担当者，そしてこれら委員をサポートする4名の若手民法学者と数名の事務局スタッフの，総勢40名あまりがこれだけの労力を投下するプロジェクトは，日本の法学史の中でもあまり前例がないだろう。

　検討委員会は，改正民法の草案そのものではなく，条文起草の指針を作成することをめざした。条文案そのものの作成を目標としなかった理由は，条文起草には用語選択や言い回しをはじめ，固有の検討課題が多く存在するが，学者グループとしてはその一歩手前の起草のための政策指針の策定に目標を限定することが最もよくその専門性を発揮しうる作業であると考えたためである。したがって，我々がめざしたのは，条文としての完成度ではなく，債権法改正のために検討すべきことを検討し，考えるべきことを考えて，なぜある提案が選択されるに至ったのかの軌跡を残すことである。本書はその総決算というべきものであるが，本書に至るまでの審議の途上で作成された資料や全体会議の議事録もウェブサイトで公表している（http://www.shojihomu.or.jp/saikenhou/shingiroku/index.html）。併せてご参照いただければ幸いである。

　検討委員会では，とりまとめた政策指針の全体を「債権法改正の基本方針」または「検討委員会試案」と呼んでいる。個々の指針は「提案」と呼ばれ，これに提案理由の要旨を付したものを2009年4月に別冊NBL126号として公刊した。本書

は，これに詳細な解説を付したものである．全体を 5 巻に分けて公刊するが，その内訳は以下のとおりである．

第 1 巻：序論，総則編（第 5 章から第 7 章まで）
第 2 巻：債権編第 1 部「契約および債権一般」の前半（第 1 章，第 2 章）
第 3 巻：債権編第 1 部の後半（第 3 章から第 7 章まで）
第 4 巻：債権編第 2 部「各種の契約」の前半（第 1 章から第 7 章まで）
第 5 巻：債権編第 2 部の後半（第 8 章から第 16 章まで），第 3 部「法律に基づく債権」，資料等

　検討委員会の 2 年半に及ぶ活動の過程で，実務の実態や他の専門分野の動向を調べるために何度かのヒアリング調査を実施した．いちいちお名前を挙げることは控えるが，ご協力いただいた方々に心から感謝申し上げたい．また，検討委員会の設立段階からその活動の全過程を通じ，さらに 2009 年 4 月 29 日の早稲田大学大隈講堂におけるシンポジウムの開催に至るまで，全面的に社団法人商事法務研究会の支援を受けた．その財政的，人的支援がなければ，とうていこの成果をまとめることはできなかった．本事業の意義を深く理解され支援を惜しまれなかった商事法務研究会に，深甚な謝意を表したい．

　本書に収めた検討委員会試案は，法律の叩き台としてはまだまだ改善の余地があるかもしれない．しかし，委員の知力を結集して，債権法改正に際して論ずべきことは漏らさず論じるよう努めた．その意味で，本書は多様な見解の対立の中で最終的な提案が選択されるに至る過程の記録でもある．どの案が選択されたかも重要であるが，むしろ，信念を持った 1 人の起草者の著作には見ることのできない思考の多様性こそが，我々の作業の価値であると考えている．検討委員会試案が，そのような意味において，今後の債権法改正のプロセスの中で多少なりとも意義のある貢献ができるなら，まことに幸いである．

　2009 年 8 月

民法（債権法）改正検討委員会

第1巻はしがき

　第1巻は，債権法改正の基本方針全体の序論と，総則編に関する改正提案を収録している。

　まず序論においては，検討委員会設立の経緯とその活動内容を紹介した上で，改正民法典の対象と編成についての検討委員会の考え方が提示される。対象に関しては，消費者取引や事業者間取引に関する特則のうち基本的なものを含めるという方針等が説明される。編成に関しては，改正民法典の編成についての基本方針のほか，法律行為の配置などについて検討委員会での審議内容が紹介される。

　第1編総則においては，債権編に配置される改正提案と密接不可分の関係にある「法律行為」「期間の計算」「時効」についての改正提案を収録している。なお，「時効」に関しては，債権の消滅時効（債権時効）について大幅な改正が提案され，債権時効に関する規定を債権編に移す方針がとられたことに伴い，本巻では，取得時効と債権・所有権以外の財産権の消滅時効および形成権に関する期間制限が扱われる。

凡　例

《法令名略語・条文の引用等》

○法令名は，原則として，文中は正式名称，括弧内略語は有斐閣版六法全書巻末の法令名略語による。ただし，現行民法については「現民法○条，もしくは単に○条」と示す。改正のあった条文につき，旧民，旧法等は使用せず，○年改正前民法△条のように示す。旧民法を略称するときは，「旧民財」「旧民財取」等とする。
○条文の引用は原文どおりとするが，原則として新字体・アラビア数字に置き換える。
○この提案全体を指す場合は，検討委員会試案または本試案と示し，個々の提案を指す場合は，本提案またはこの提案と示す。
○いわゆる比較法については，イギリス動産売買法，イスラエル民法，イタリア民法，オーストリア民法，オランダ民法，韓国民法，カンボディア民法，ギリシャ民法，スイス民法，スペイン民法，中華民国民法，中国民法，ドイツ民法，フランス民法（カタラ草案，司法省草案），ベトナム民法，等必要に応じて主なものを示し，条数の表示はそれぞれの例によるほか，下記に示すとおりとする。

　　CISG　　国際物品売買契約に関する国際連合条約（United Nations Convention on Contracts for the International Sale of Goods）
　　DCFR　　共通参照枠草案〔暫定版〕（Draft Common Frame of Reference, Interim Outline Edition（2008.1））
　　PECL　　ヨーロッパ契約法原則（The Principles of European Contract Law Ⅰ・Ⅱ：1996, Ⅲ：2002）
　　UCC　　アメリカ統一商事法典（Uniform Commercial Code）
　　UNIDROIT（2004）　　ユニドロワ国際商事契約原則（UNIDROIT Principles of International Commercial Contracts 2004）
　　パヴィア草案　　ヨーロッパ契約法典草案（Code Européen des Contrats）

《判例の引用》

○判決文の引用は原文どおりとするが，原則として新字体・アラビア数字に置き換える。
○年月日・出典の示し方は以下のとおり。なお，大審院連合部，最高裁大法廷の場合はそれぞれ「大連」「最大」と表示し，小法廷等は入れない。
　　大判大正 8 年 3 月 3 日（民録 25 輯 356 頁）
　　＝大審院大正 8 年 3 月 3 日判決大審院民事判決録 25 輯 356 頁
○出典は主なものを 1 つのみ示す。表示に当たっては，原則として公式判例集を優先するが，裁判集民事のように一般に目にすることができないものの場合には例外的に扱う。
○主な判例集略語

民集	大審院・最高裁判所民事判例集	下民集	下級裁判所民事裁判例集
民録	大審院民事判決録	集民	最高裁判所裁判集民事
高民集	高等裁判所民事判例集	労民集	労働関係民事裁判例集

訟月	訟務月報	評論	法律〔学説・判例〕評論全集
家月	家庭裁判月報	判時	判例時報
東高民時報	東京高等裁判所民事判決時報	判タ	判例タイムズ
裁時	裁判所時報	金法	金融法務事情
新聞	法律新聞	金判	金融・商事判例
法学	法学（東北大学）	労判	労働判例
判決全集	大審院判決全集		

《文献の引用》

○学説等の紹介の際には，原則として教科書等の出典は明示しない。とくに必要がある場合には下記の略語を使用するほか，基本的にはフルネームを表示する。

○本書における略語一覧

【現民法制定資料】

『日本近代立法資料叢書1〜7 **法典調査会民法議事速記録一〜七**』（商事法務版）

『**法典調査会民法議事速記録**』（日本学術振興会版）

『**法典調査会民法主査会議事速記録**』（日本学術振興会版）

『**法典調査会民法整理会議事速記録**』（日本学術振興会版）

『**法典調査会民法総会議事速記録**』（日本学術振興会版）

廣中俊雄編著『**第九回帝国議会の民法審議**』（有斐閣，1986）

廣中俊雄編著『**民法修正案（前三編）の理由書**』（有斐閣，1987）

【民法改正に関するもの】

『**債権法改正の課題と方向**——民法100周年を契機として（別冊NBL51号）』（商事法務，1998）

商行為法WG「商行為法に関する論点整理（最終**報告書**）」（2008年3月31日付。本シリーズⅤ巻末資料）

民法改正研究会『日本民法改正試案（民法改正研究会・**暫定仮案**〔平成20年10月13日仮提出〕）第2分冊：債権法』（2008）

民法改正研究会「日本民法典財産法改正**試案**」判タ1281号（2009）5頁

民法改正研究会（代表加藤雅信）『**民法改正と世界の民法典**』（信山社，2009）

椿寿夫ほか編『**民法改正を考える**（法律時報増刊）』（日本評論社，2008）

【講座・注釈書等】

星野英一編集代表『**民法講座Ⅰ〜Ⅶ，別巻(1)(2)**』（有斐閣，1984〜1990）

広中俊雄＝星野英一編『**民法典の百年Ⅰ〜Ⅳ**』（有斐閣，1998）

『**契約法大系Ⅰ〜Ⅶ**』（有斐閣，1962〜1965）

『**現代契約法大系Ⅰ〜Ⅸ**』（有斐閣，1983〜1985）

『**新版注釈民法(1)〜(28)**』（有斐閣，1989〜）

『**総合判例研究叢書・民法(1)〜(28)**』（有斐閣，1956〜1966）

『**注釈民法(1)〜(26)**』（有斐閣，1964〜1987）

中田裕康＝潮見佳男＝道垣内弘人編『**民法判例百選ⅠⅡ**〔第6版〕』（有斐閣，2009）

内田貴＝大村敦志編『**民法の争点**』（有斐閣，2007）

凡 例

【体系書・教科書等】
　浅井清信『債権法に於ける危険負担の研究』（立命館出版部，1942）
　五十嵐清『契約と事情変更』（有斐閣，1969）
　幾代通『民法総則〔第2版〕』（青林書院，1984）
　石田喜久夫編『現代民法講義1民法総則』（法律文化社，1985）
　石田穣『民法V（契約法）』（青林書院，1982）
　内田貴『民法Ⅰ総則・物権総論〔第4版〕』（東京大学出版会，2008）
　内田貴『民法Ⅱ債権各論〔第2版〕』（東京大学出版会，2007）
　内田貴『民法Ⅲ債権総論・担保物権〔第3版〕』（東京大学出版会，2005）
　梅謙次郎『民法要義巻之一総則編』（有斐閣書房，1896）
　梅謙次郎『民法要義巻之三債権編』（有斐閣書房，1897）
　江頭憲治郎『商取引法〔第5版〕』（弘文堂，2009）
　大村敦志『基本民法Ⅰ総則・物権総論〔第3版〕』（有斐閣，2007）
　大村敦志『基本民法Ⅱ債権各論〔第2版〕』（有斐閣，2005）
　大村敦志『基本民法Ⅲ債権総論・担保物権〔第2版〕』（有斐閣，2005）
　岡松参太郎『註釈民法理由上巻（総則編）・下巻（債権編）』（有斐閣，1899・1897）
　奥田昌道『債権総論〔増補版〕』（悠々社，1992）
　於保不二雄『債権総論〔新版〕』（有斐閣〔法律学全集〕，1972）
　加藤一郎『民法教室（債権編）』（法令出版社，1960）
　加藤雅信『新民法大系Ⅰ民法総則〔第2版〕』（有斐閣，2005）
　加藤雅信『新民法大系Ⅲ債権総論』（有斐閣，2005）
　加藤雅信『新民法大系Ⅳ契約法』（有斐閣，2007）
　加藤雅信『新民法大系Ⅴ事務管理・不当利得・不法行為〔第2版〕』（有斐閣，2005）
　川井健『民法概論(1)民法総則〔第4版〕』（有斐閣，2008）
　河上正二『民法総則講義』（日本評論社，2007）
　河上正二『約款規制の法理』（有斐閣，1988）
　川島武宜『民法総則』（有斐閣〔法律学全集〕，1965）
　北川善太郎『契約責任の研究』（有斐閣，1963）
　来栖三郎『契約法』（有斐閣〔法律学全集〕，1974）
　佐久間毅『民法の基礎(1)総則〔第3版〕』（有斐閣，2008）
　潮見佳男『債権総論Ⅰ〔第2版〕』（信山社，2003）
　潮見佳男『債権総論Ⅱ〔第3版〕』（信山社，2005）
　潮見佳男『プラクティス民法債権総論〔第3版〕』（信山社，2007）
　四宮和夫『民法総則〔第4版〕』（弘文堂，1986）
　四宮和夫＝能見善久『民法総則〔第7版〕』（弘文堂，2005）
　末川博『契約法上・下』（岩波書店，1958・1975）
　末弘厳太郎『債権各論』（有斐閣，1918）
　鈴木禄弥『民法総則講義〔2訂版〕』（創文社，2003）
　鈴木禄弥『債権法講義〔4訂版〕』（創文社，2001）
　富井政章『改訂増補民法原論(1)』（有斐閣，1922）
　富井政章『民法原論(3) 債権総論 上』（有斐閣，1929；復刻1985）

凡 例

内閣府国民生活局消費者企画課編『**逐条解説消費者契約法**〔新版〕』（商事法務，2007）
中田裕康『**債権総論**』（岩波書店，2008）
西原寛一『**商行為法**〔増補三版〕』（有斐閣，1973）
鳩山秀夫『**改訂日本民法総論**』（岩波書店，1930）
鳩山秀夫『**増訂改版日本債権法（総論）**』（岩波書店，1933）
鳩山秀夫『**増訂日本債権法（各論）上・下**』（岩波書店，1932・1934）
林良平ほか『**債権総論**〔第3版〕』（青林書院，1996）
平井宜雄『**債権総論**〔第2版〕』（弘文堂，1994）
平井宜雄『**債権各論Ⅰ上──契約総論**』（弘文堂，2008）
平井宜雄『**損害賠償法の理論**』（東京大学出版会，1971）
平出慶道『**商行為法**〔第2版〕』（青林書院，1988）
平野裕之『**民法総合5 契約法**』（信山社，2007）
広中俊雄『**債権各論講義**〔第6版〕』（有斐閣，1994）
星野英一『**民法概論Ⅰ（序論・総則）**〔改訂版〕』（良書普及会，1976。補訂1993）
星野英一『**民法概論Ⅲ（債権総論）**』（良書普及会，1978）
星野英一『**民法概論Ⅳ（契約）**』（良書普及会，1986）
前田達明『**口述債権総論**』（成文堂，1993）
森本滋編『**商行為法講義**〔第3版〕』（成文堂，2009）
山本敬三『**民法講義Ⅰ総則**〔第2版〕』（有斐閣，2005）
山本敬三『**民法講義Ⅳ₋₁ 契約**』（有斐閣，2005）
柚木馨『**債権各論（契約総論）**』（青林書院（現代法学全集），1956）
柚木馨『**売主瑕疵担保責任の研究**』（有斐閣，1963）
我妻栄『**新訂民法総則**』（岩波書店，1965）
我妻栄『**新訂債権総論〈民法講義Ⅳ〉**』（岩波書店，1964）
我妻栄『**債権各論上・中巻Ⅰ・中巻Ⅱ・下巻Ⅰ（民法講義Ⅴ1～4）**』（岩波書店，1954・1957・1962・1972）

【雑誌等】

金判	金融・商事判例	判評	判例評論
金法	金融法務事情	法教	法学教室
最判解民	最高裁判所判例解説民事篇		（一期版・二期版は略語を使
重判解	重要判例解説		用しない）
	（ジュリスト臨時増刊）	法協	法学協会雑誌
ジュリ	ジュリスト	法時	法律時報
商事	旬刊商事法務	民月	民事月報
曹時	法曹時報	民商	民商法雑誌
判時	判例時報	民情	民事法情報
判タ	判例タイムズ	論叢	法学論叢

目　次

序　論 …………………………………………………………………………… 1

　Ⅰ　序 …………………………………………………………………………… 3
　Ⅱ　民法典の対象と編成について ………………………………………… 14

第1編　総　則 ……………………………………………………………… 43

第5章　法律行為 ………………………………………………………… 45

第1節　総　則 …………………………………………………………… 45

【1.5.A】（法律行為）　45
【1.5.01】（法律行為の効力）　49
【1.5.02】（公序良俗）　50
【1.5.03】（法律行為と法令の規定）　63
【1.5.04】（法律行為と慣習）　66
【1.5.05】（法の適用に関する通則法3条の改正）　70
【1.5.06】（商法1条2項の改正）　71
【1.5.07】（消費者・事業者の定義）　73
【1.5.08】（消費者契約の定義）　77

第2節　意思表示 ………………………………………………………… 79

【1.5.09】（意思能力）　79
【1.5.10】（日常生活に関する行為の特則）　86
【1.5.11】（心裡留保）　91
【1.5.12】（虚偽表示）　96
【1.5.13】（錯誤）　103
【1.5.14】（電子消費者契約の特則）　121
【1.5.B】（錯誤者の損害賠償責任）　124
【1.5.15】（不実表示）　124
【1.5.16】（詐欺）　137

目 次

【1.5.17】（強迫）　147
【1.5.18】（消費者契約の特則――断定的判断の提供に基づく誤認）　149
【1.5.19】（消費者契約の特則――困惑）　155
【1.5.20】（意思表示の効力発生時期）　160
【1.5.21】（表意者の死亡または意思能力の欠如・行為能力の制限）　169
【1.5.22】（意思表示の受領能力）　171
【1.5.23】（公示による意思表示）　173

第3節　代理および授権 …………………………………………… 177

【1.5.C】（委任と代理の区別）　177
【1.5.D】（任意代理と法定代理）　179
【1.5.E】（代理および授権に関する規律の構成）　182

第1款　代　　理 ……………………………………………… 184

第1目　基本原則 ……………………………………………… 184

【1.5.24】（代理の基本的要件）　184
【1.5.F】（商行為の代理）　190
【1.5.G】（本人を特定しない顕名）　192
【1.5.25】（顕名がない場合）　193
【1.5.26】（代理行為の瑕疵）　198
【1.5.27】（代理人の行為能力）　202
【1.5.28】（代理権の範囲）　210
【1.5.H】（復代理に関する規律の配置）　215
【1.5.29】（任意代理人による復代理人の選任）　216
【1.5.I】（復代理人を選任した場合の代理人の責任）　220
【1.5.30】（法定代理人による復代理人の選任）　221
【1.5.31】（復代理人の権限）　223
【1.5.32】（利益相反行為）　226
【1.5.33】（代理権の濫用）　238
【1.5.34】（代理権の消滅事由）　246
【1.5.J】（商行為の委任による代理権の消滅事由の特例）　251

第2目　表見代理 ……………………………………………… 253

【1.5.K】（表見代理の類型）　253
【1.5.35】（代理権授与の表示による表見代理）　254
【1.5.36】（権限外の行為の表見代理）　267
【1.5.37】（代理権消滅後の表見代理）　275

目 次

第3目　無権代理 …………………………………………………280

【1.5.38】（契約の無権代理）　280
【1.5.39】（単独行為の無権代理）　285
【1.5.40】（無権代理と相続——追認・追認拒絶の可否）　291
【1.5.41】（無権代理の相手方の催告権）　301
【1.5.42】（無権代理の相手方の撤回権）　303
【1.5.43】（無権代理人の責任）　305
【1.5.44】（無権代理人の責任の相続）　312

第2款　授　権 ……………………………………………………316

【1.5.L】（間接代理）　316
【1.5.45】（授権）　324
【1.5.46】（代理に関する規定の準用）　333

第4節　無効および取消し …………………………………………336

【1.5.47】（法律行為の条項の一部無効）　339
【1.5.48】（無効な条項の補充）　343
【1.5.49】（法律行為の一部無効）　344
【1.5.50】（複数の法律行為の無効）　347
【1.5.51】（無効な法律行為の効果）　349
【1.5.52】（無効行為の追認）　358
【1.5.53】（取消権者の範囲）　360
【1.5.54】（取消しによる遡及的無効）　364
【1.5.55】（取り消しうる行為の追認）　368
【1.5.56】（取消し・追認の方法）　370
【1.5.57】（追認の要件）　371
【1.5.58】（法定追認）　372
【1.5.59】（取消権の行使期間）　374

第5節　条件および期限 ……………………………………………379

【1.5.60】（条件）　379
【1.5.61】（条件の成否未定の間における法律関係）　381
【1.5.62】（既成条件・不法条件・不能条件・随意条件）　383
【1.5.63】（期限）　385
【1.5.64】（期限の利益）　387

x

目次

第 6 章　期間の計算 ……………………………………………………389

【1.6.01】（期間の計算）　389
【1.6.02】（期間の計算規定の通則的性格）　392

第 7 章　時　効　等 ……………………………………………………395

【1.7.01】（取得時効および消滅時効の対象）　395
【1.7.02】（所有権の取得時効）　398
【1.7.03】（所有権以外の財産権の取得時効）　399
【1.7.04】（財産権の消滅時効）　399
【1.7.05】（取得時効または消滅時効に係る時効障害の種類）　401
【1.7.06】（取得時効または消滅時効の時効期間の更新等）　404
【1.7.07】（取得時効または消滅時効の時効期間の進行の停止）　405
【1.7.08】（取得時効または消滅時効の時効期間の満了の延期）　408
【1.7.09】（抵当権の消滅時効に関する特則）　409
【1.7.10】（取得時効または消滅時効の援用）　409
【1.7.11】（取得時効または消滅時効の利益の放棄）　411
【1.7.12】（取得時効または消滅時効の利益の喪失）　412
【1.7.13】（形成権に係る期間制限）　412

　　事 項 索 引 ……………………………………………………………423

目　次

◇◆Ⅱ契約および債権一般(1)◆◇

第3編　債　　権
第1部　契約および債権一般
　第1章　契約に基づく債権
　　第1節　通　　則
　　　第1款　基本原則
　　　第2款　定　　義
　　第2節　契約の成立
　　　第1款　契約の締結
　　　　第1目　基本原則
　　　　第2目　交渉当事者の義務
　　　　第3目　申込みと承諾
　　　　第4目　約款による契約
　　　　第5目　懸賞広告
　　　第2款　契約の無効および取消し［契約の有効性］
　　　　第1目　無効および取消しの原因
　　　　第2目　契約条項の無効
　　第3節　契約の内容
　　　第1款　契約の解釈
　　　第2款　契約から生ずる債権の種類
　　第4節　契約の効力
　　　第1款　債権の基本的効力
　　　第2款　債務の不履行
　　　　第1目　強制履行
　　　　第2目　損害賠償
　　　　第3目　解　　除
　　　第3款　受領遅滞
　　　第4款　期間制限
　　　第5款　事情変更
　第2章　責任財産の保全
　　第1節　債権者代位権
　　第2節　詐害行為取消権

◇◆Ⅲ契約および債権一般(2)◆◇

　第3章　債権の消滅等
　　第1節　弁　　済
　　　第1款　総則［弁済の効果等］
　　　第2款　弁済による代位

　　　第3款　弁済の目的物の供託
　　第2節　相　　殺
　　第3節　更　　改
　　第4節　一人計算
　　第5節　免　　除
　　第6節　混　　同
　　第7節　債権時効
　　　第1款　債権時効の対象および時効期間
　　　第2款　債権時効障害
　　　第3款　債権時効期間満了の効果
　第4章　当事者の変動
　　第1節　債権譲渡
　　第2節　債務引受
　　第3節　契約上の地位の移転
　第5章　有価証券
　　第1節　指図証券
　　第2節　持参人払証券
　　第3節　有価証券喪失の場合の権利行使方法
　第6章　多数当事者の債権債務関係
　　第1節　多数の債権者
　　第2節　多数の債務者
　第7章　保　　証
　　第1節　一般の保証
　　第2節　連帯保証
　　第3節　根保証

◇◆Ⅳ各種の契約(1)◆◇

第2部　各種の契約
各種の契約の配列順序について
新種契約に関する検討について
　第1章　売　　買
　　第1節　売買の意義と成立
　　第2節　売主の義務
　　第3節　買主の義務
　　第4節　特殊の売買
　第2章　交　　換
　第3章　贈　　与
　　第1節　贈与の意義と成立

第 2 節　贈与の効力
　　第 3 節　特殊の贈与
　第 4 章　賃　貸　借
　　第 1 節　賃貸借の意義と成立
　　第 2 節　賃貸借と第三者との関係
　　第 3 節　賃貸人の義務
　　第 4 節　賃借人の義務
　　第 5 節　賃貸借の終了
　第 5 章　使 用 貸 借
　　第 1 節　使用貸借の意義と成立
　　第 2 節　使用貸借の効力
　　第 3 節　使用貸借の終了
　第 6 章　消 費 貸 借
　　第 1 節　消費貸借の意義と成立
　　第 2 節　消費貸借の効力
　　第 3 節　抗弁の接続
　　第 4 節　消費貸借の終了
　第 7 章　ファイナンス・リース
　　第 1 節　ファイナンス・リースの意義と
　　　　　　成立
　　第 2 節　ファイナンス・リースの効力
　　第 3 節　ファイナンス・リースの終了

◇◆Ⅴ各種の契約(2), 法律に基づく債権◇◆

　第 8 章　役 務 提 供
　　第 1 節　役務提供の意義と成立
　　第 2 節　役務提供と報酬請求
　　第 3 節　役務提供の終了
　第 9 章　請　　負
　　第 1 節　請負の意義と成立
　　第 2 節　請負の効力
　　第 3 節　請負の終了
　　第 4 節　下　請　負
　第 10 章　委　　任
　　第 1 節　委任の意義と成立
　　第 2 節　受任者の義務
　　第 3 節　委任者の義務
　　第 4 節　委任の終了
　　第 5 節　特殊の委任等
　第 11 章　寄　　託

　　第 1 節　寄託の意義と成立
　　第 2 節　寄託物の保管
　　第 3 節　寄託物の返還
　　第 4 節　寄託物に係る第三者の権利
　　第 5 節　特殊の寄託等
　第 12 章　雇　　用
　第 13 章　組　　合
　　第 1 節　組合契約の意義と成立
　　第 2 節　組合および組合員の財産関係
　　第 3 節　組合の業務執行および組合代理
　　　第 1 款　組合の業務執行
　　　第 2 款　組 合 代 理
　　第 4 節　組合員の変動
　　　第 1 款　加　　入
　　　第 2 款　脱　　退
　　第 5 節　組合の解散および清算
　　　第 1 款　解　　散
　　　第 2 款　清　　算
　　第 6 節　内 的 組 合
　第 14 章　終身定期金
　第 15 章　和　　解
　第 16 章　補　　則
　　第 1 節　第三者のためにする契約
　　第 2 節　継続的契約等
第 3 部　法律に基づく債権
事務管理に関する検討課題
資　料　等
商行為法に関する論点整理
　　（商行為法 WG 最終報告書）

xiii

序　論

I 序

1 検討委員会の設立

　民法（債権法）改正検討委員会（以下「検討委員会」という）は，2年半の活動を終え，予定どおり，2009年3月末に「債権法改正の基本方針（改正試案）」を取りまとめた。その成果のうち，「提案」と「提案要旨」（提案理由の要旨）のみを収録したものは4月に別冊 NBL126 号として公刊したが，本書はこれに詳細な解説を付したものである。各提案に付された解説は，審議の過程で検討委員会の全体会議に提出され，ホームページ上でも公表されているが（http://www.shojihomu.or.jp/saikenhou/shingiroku/index.html），本書に収録したのはそれにさらに改訂を加えたものである。本書の刊行をもって，検討委員会の成果の公表は完了することになる。

　検討委員会は，学者有志による研究会として組織され，2006年10月7日に，発起人による設立会合が開催されて正式に発足した。設立の趣旨は，「設立趣意書」（添付1）にあるとおりである。すなわち，

　「市民社会の枠組を定める基本法である民法典は，その制定から110年を経て，債権編を中核とする部分について，抜本的な改正の必要性に直面している。すなわち，経済や社会は制定時の予想を超える大きな変化を遂げ，また市場のグローバル化はそれへの対応としての取引法の国際的調和への動きをもたらした。これら前提条件の質的変化は，新たな理念のもとでの法典の見直しを要請している。他方で，法典の解釈適用の過程で判例は条文の外に膨大な数の規範群を形成しており，基本法典の内容について透明性を高める必要性を痛感させている。

　日本の民法学は，『民法』が圧倒的に西欧の文化的産物であった歴史の中で，継受法の1世紀余に及ぶ解釈適用を通じ，独自の解釈論と実務を形成してきた。我々が，そのような自らの蓄積に基づいて今後の債権法のあるべき姿を示すことは，少なからざる意味を持つものと考える。

　そこで，学界の有志が集まり，民法（債権法）の抜本改正のための準備作業として，改正の基本方針（改正試案）を作成することを目的に」，検討委員会を設立することとしたのである。

　検討委員会設立の背景としては，2006年に法務省が債権法改正の必要性について検討に着手することを決めたことも大きな要因である。当時すでに民法学界では複数の研究グループが債権法改正に向けた学問的な検討を行っていたが，これを機

会に，全国規模の組織を新たに作り，現実の立法プロセスに貢献できるタイミングで集中的な作業を行うこととした。そのような事情もあって，検討委員会の活動に対して法務省も当初から大きな関心を寄せ，設立の段階から担当者が参加することとなった。しかし，私的な研究会に法務省の立案担当者が加わることは珍しいことではなく，検討委員会は，あくまで学者を中心とする私的な研究会組織として活動を行った。

2 検討委員会の目的

検討委員会の目的は，「民法（債権法）改正検討委員会規程」（添付2）（以下「検討委員会規程」という）1－1にあるとおり，「債権編を中心とした民法典の抜本改正のための準備作業として，改正の基本方針（改正試案）を作成すること」にある。

「債権編」という限定は時間的制約によるものであり，それ以外の領域を検討対象に含めるかどうかは検討委員会自身の判断すべきことである。そこで，債権編を中心とするが，必要に応じて総則編等にも及ぶことを妨げないという方針を立てた（検討委員会規程1－2）。実際には，総則編の第5章法律行為，第6章期間の計算，および第7章時効のうちの消滅時効にかかわる部分を対象に含めた。それ以外の部分も，債権編の改正に伴い例外的に改正の提案がなされた箇所がある（総則編第4章に含まれる86条3項など）。他方で，債権編の中でもいわゆる法定債権にかかわる規定（第3章事務管理，第4章不当利得，第5章不法行為）は，原則として対象から外した。つまり，契約から生ずる債権についての規定を中心的な対象とした。しかし，契約債権に関する規定の改正に伴い，法定債権についての規律に調整が必要となった場合は，最小限の手当てを「提案」に含めることとした。

3 改正の基本方針（改正試案）について

検討委員会が作成を目指した「改正の基本方針（改正試案）」とは，改正民法の条文そのものではなく，条文起草の前提となる基本方針を示すものである。通し番号の振られた個々の基本方針を，検討委員会では「提案」と呼んでいる。「提案」は条文のような体裁をとっているが，条文そのものではない。条文を提案する形をとらなかった理由は，条文として完成させる過程において，法制執務上の技法から法学以外の専門知識まで，民法学界の外にある知見を活用する必要がある場合が少なくないためである。

もっとも，「提案」の中には，限りなく条文案に近いものもある。現行法の条文の文言に修正を加える提案をする場合や，条文の形で改正試案を準備するに熟した学問的蓄積のある領域にあっては，法案起草の技術的検討も踏まえて，条文の形で

提案を行うことが適切であると考えられたためである。他方で，提案された基本方針には，文字どおり条文の一歩手前のものもあれば大まかな政策を示すにとどまっているものもある。それぞれ，問題の特質に鑑みて，現時点で学界から提言できることがらの限界を見定め，「提案」が作成されたためである。

　「提案」の通し番号は，4つの部分に分かれており，それぞれ民法典中の編，部，章，および章の中の通し番号を意味している。たとえば，【3.1.1.01】は第3編債権，第1部契約および債権一般の第1章契約に基づく債権の1番目の提案であることを意味している。総則編は「部」が存在しないので，通し番号は，編，章および章の中の通し番号で表記されている。

　また，「提案」の中には，作成された具体的な「提案」の前提となる方針のみが書かれたものもある。これについては，「提案」番号の最後の桁をABCで表示して，他の「提案」と区別した。たとえば，【3.1.1.A】は，第3編債権，第1部契約および債権一般の第1章中に置かれた方針の最初のものという意味である。提案の多くは，必要な補充を行いワーディングを洗練させることで条文となることが期待されているが，ABCの付された提案は，本来，条文になるという性質を持たないものである。なお，現民法の規定を削除するという「提案」は，最終的には民法典の条文にはならないが，民法典を改正する法律において「○○条を削除する」という形の条文にはなるから，提案としての通し番号を付すこととした。

　「提案」には「提案要旨」と「解説」が付される。提案要旨は解説の要約であり，「提案」の内容を理解する上で必要な最小限の情報が含まれている。これに対して，解説は，「提案」の背景理由となる学問的検討がなされている部分である。検討委員会の「改正の基本方針」においては，個々の委員の学問的な研究成果の集積ではなく，委員会として統一的で整合性のある改正試案の作成を目指したが，そのような趣旨での統一性・整合性が徹底しているのはあくまで「提案」についてである。「解説」は，執筆担当者の学者としての個性が相当程度反映されており，文体や学問的スタンスにも一定の多様性が許容されている。提案要旨は，「提案」を支える理由のエッセンスだけを抽出したものであり，解説の中の学問的個性は希釈化されている。

　「提案」の全体会議での承認は，出席者の3分の2の多数決をもって行うこととされている（検討委員会規程2-4）。実際には，「提案」の審議において委員の意見が分かれ，賛否が拮抗することも珍しくなかった。そのような場合は，原案と修正案が甲案乙案の両案併記の形で提案されている。相対多数の案を甲案とした。また，原案に対する反対意見（修正案の支持）が少数であるが3分の1を超えるという場合も，やはり原案を3分の2の多数で承認することができないため，少数意見を「*」を付して「提案」中に示すこととした。

4　検討委員会の組織と活動

　検討委員会は，全委員が参加する全体会議，5つの準備会，および準備会主査等で構成される幹事会によって構成される。

　全体会議は，準備会の作業結果を踏まえて幹事会から提出された改正の基本方針（改正試案）（案）を審議するとともに，そこに盛り込まれた「提案」を承認するか否かを決定する議決機関である。

　準備会は，改正の基本方針（改正試案）（案）とその理由書（「解説」等）の作成等を任務としている。各準備会は，主査のほか2名の学者委員および事務局長，法務省民事局参事官で構成される。このほか，準備会幹事として，若手の民法学者4名と法務省民事局の局付数名が参加した。5つの準備会の担当分野は，「各準備会の担当領域」（添付4）に掲げたとおりである。

　幹事会は，準備会の作業結果を調整・整理するとともに，全体会議に上程する議題の準備をすること，複数の準備会にわたる課題について方針を定めること等を任務としている。幹事会は，委員長，各準備会の主査および準備会委員1名，事務局長，法務省民事局参事官の合計9名で構成される。

　このほか，商行為法の検討のため，商法学者で構成される商行為法WGが組織されたほか，商行為法WGの活動の過程において，広く商法学者の意見を反映させるためにWG委員以外の商法学者を集めた研究会が開催された。

　事務局は，事務局長のほか4名の若手民法学者，法務省民事局局付若干名によって構成され，その事務の補助を社団法人商事法務研究会が担当した。

　参加した委員，幹事，事務局員の氏名は「民法（債権法）改正検討委員会　組織とメンバー一覧」（添付3）に掲げたとおりである。

　会議の開催数は，発起人会合1回，全体会議27回，第1準備会27回，第2準備会30回，第3準備会36回，第4準備会26回，第5準備会23回，第2準備会と第4準備会の合同会1回，幹事会委員のみの幹事会33回，関連準備会委員または全準備会委員と合同の拡大幹事会38回，商行為法WG（第1次，第2次）12回，商行為法WGと関連準備会（第1準備会，第3準備会，第5準備会）との合同会3回，商法学者の研究会3回が，それぞれ開催された。以上を合計すると260回となる。このほか，関連業界へのヒアリングを数回，裁判実務の調査を数回実施した。

[添付1]

民法(債権法)改正検討委員会
設立趣意書

　市民社会の枠組を定める基本法である民法典は，その制定から110年を経て，債権編を中核とする部分について，抜本的な改正の必要性に直面している。すなわち，経済や社会は制定時の予想を超える大きな変化を遂げ，また市場のグローバル化はそれへの対応としての取引法の国際的調和への動きをもたらした。これら前提条件の質的変化は，新たな理念のもとでの法典の見直しを要請している。他方で，法典の解釈適用の過程で判例は条文の外に膨大な数の規範群を形成しており，基本法典の内容について透明性を高める必要性を痛感させている。

　日本の民法学は，「民法」が圧倒的に西欧の文化的産物であった歴史の中で，継受法の1世紀余に及ぶ解釈適用を通じ，独自の解釈論と実務を形成してきた。我々が，そのような自らの蓄積に基づいて今後の債権法のあるべき姿を示すことは，少なからざる意味を持つものと考える。

　そこで，学界の有志が集まり，民法（債権法）の抜本改正のための準備作業として，改正の基本方針（改正試案）を作成することを目的に，以下の要領で「民法（債権法）改正検討委員会」（以下「本委員会」という。）を設立することとした。

第1　本委員会は，5つの準備会，全体会議及び幹事会で構成する。
第2　準備会は改正の基本方針（改正試案）とその理由書の原案の作成を任務とし，各準備会は，主査のほか，2名の学者，法務省民事局参与，同参事官で構成する。このほか，幹事として，法務省民事局の局付及び調査員若干名の参加を認める。
第3　全体会議は，準備会の作業結果を踏まえて幹事会から提案された改正の基本方針（改正試案）を審議すること等を任務とし，準備会委員，法務省官房審議官並びに20名以内の民法及び関連領域の学者等で構成する。全体会議には，委員長1名，委員長代行若干名を置く。
第4　幹事会は，準備会の作業結果を調整・整理して，全体会議に上程する議題の準備をすること等を任務とし，全体会議委員長，準備会主査，法務省民事局参与，同参事官，及び準備会委員中の若干名をもって構成する。
第5　本委員会の作業の対象領域は，民法典債権編を中心とし，必要に応じて総則編等にも及ぶものとする。
第6　本委員会は，2008年度中に改正の基本方針（改正試案）を取りまとめることを目標とする。

序　論

第 7　本委員会の事務局を社団法人商事法務研究会に置く。

2006 年 10 月 7 日

発起人氏名（五十音順）
　内田　貴　　東京大学教授（法務省民事局参与）
　大村敦志　　東京大学教授
　沖野眞已　　学習院大学教授
　鎌田　薫　　早稲田大学教授
　筒井健夫　　法務省民事局参事官
　中田裕康　　一橋大学教授
　安永正昭　　神戸大学教授
　山田誠一　　神戸大学教授
　山本敬三　　京都大学教授

I 序

[添付 2]

民法(債権法)改正検討委員会規程

2006 年 12 月 5 日幹事会
同月 26 日全体会議承認
2007 年 3 月 24 日幹事会
同月 27 日全体会議決定

1 目的と構成

1－1 民法（債権法）改正検討委員会（以下，「本委員会」という。）は，債権編を中心とした民法典の抜本改正のための準備作業として，改正の基本方針（改正試案）を作成することを目的とする。

1－2 本委員会の作業の対象領域は，民法典債権編を中心とし，必要に応じて総則編等にも及ぶものとする。

1－3 本委員会は，2008 年度中に改正の基本方針（改正試案）を取りまとめることを目標とする。

1－4 本委員会は，全体会議，5 つの準備会及び幹事会で構成する。

2 全体会議

2－1 全体会議は，準備会の作業結果を踏まえて幹事会から提案された改正の基本方針（改正試案）（案）を審議すること等を任務とする。

2－2 全体会議は，準備会委員，法務省官房審議官並びに 20 名以内の民法及び関連領域の学者等で構成する。

2－3 全体会議には，委員長 1 名，委員長代行若干名を置く。

2－4 全体会議の議事は，出席者の 3 分の 2 をもって決する。

3 準備会

3－1 準備会は改正の基本方針（改正試案）（案）とその理由書の原案の作成等を任務とする。

3－2 各準備会は，主査のほか，2 名の学者，法務省民事局参与，同参事官で構成する。このほか，準備会幹事として，法務省民事局の局付，調査員及びこれに準ずる者若干名の参加を認める。

3－3 各準備会は，必要に応じて，1 人または複数の全体会議委員に準備会への参加を求めることができる。

序　論

4　**幹事会**

　4－1　幹事会は，準備会の作業結果を調整・整理すること，全体会議に上程する議題の準備をすること，複数の準備会にわたる課題について方針を定めること等を任務とする。

　4－2　幹事会は，全体会議委員長，準備会主査，法務省民事局参与，同参事官及び準備会委員中の若干名をもって構成する。

5　**事務局**

　5－1　本委員会の運営その他の事務を行うため事務局を置き，その事務の補助を社団法人商事法務研究会に委託する。

　5－2　事務局に事務局長1名を置く。

　5－3　事務局長は本委員会委員をもってあてる。

6　**雑　則**

　6－1　この規程の改正は，幹事会の議を経て全体会議がこれを決定することによって行う。

Ⅰ 序

[添付3]

民法(債権法)改正検討委員会
組織とメンバー一覧

(2009.3.31 現在)

1 全体会議

委員長：鎌田 薫（早稲田大）
委員長代行：能見善久（学習院大），安永正昭（神戸大〔現：近畿大〕）
委　員：池田真朗（慶應義塾大），磯村 保（神戸大），岩原紳作（東京大），
　　　　内田 貴（法務省参与），大村敦志（東京大），沖野眞已（一橋大），
　　　　加藤雅信（上智大），角 紀代恵（立教大），河上正二（東京大），
　　　　神作裕之（東京大）〔2008.7.21～〕，窪田充見（神戸大），小粥太郎（東北大），
　　　　佐久間 毅（京都大），潮見佳男（京都大），洲崎博史（京都大），
　　　　瀬川信久（北海道大），髙田裕成（東京大），筒井健夫（法務省民事局参事官），
　　　　道垣内弘人（東京大），中田裕康（東京大），野村豊弘（学習院大），
　　　　廣瀬久和（東京大〔現：青山学院大〕），藤田友敬（東京大）〔2007.12.25～〕，
　　　　法務省官房審議官（深山卓也〔～2007.1.15〕，
　　　　後藤 博〔2007.1.16～2008.1.15〕，始関正光〔2008.1.16～2009.1.4〕，
　　　　團藤丈士〔2009.1.5～〕），森田 修（東京大），森田宏樹（東京大），
　　　　山下友信（東京大）〔2007.12.25～〕，山田誠一（神戸大），
　　　　山野目章夫（早稲田大），山本和彦（一橋大），山本敬三（京都大），
　　　　横山美夏（京都大）　　　　　　　　　　　　　　　　（以上，五十音順）

2 準備会

委　員
　　第1準備会：大村敦志（主査），潮見佳男，森田 修，内田 貴，筒井健夫
　　第2準備会：山本敬三（主査），磯村 保，横山美夏，内田 貴，筒井健夫
　　第3準備会：沖野眞已（主査），小粥太郎，道垣内弘人，内田 貴，筒井健夫
　　第4準備会：中田裕康（主査），窪田充見，森田宏樹，内田 貴，筒井健夫
　　第5準備会：山田誠一（主査），佐久間 毅，山野目章夫，内田 貴，筒井健夫
準備会幹事
　　石川博康（東京大），大畑欣正（法務省民事局付）〔2008.5.20～〕，
　　亀井明紀（法務省民事局付）〔2008.9.16～〕，加毛 明（東京大），
　　笹井朋昭（法務省民事局付）〔～2007.6.30〕，
　　島﨑邦彦（法務省民事局付）〔2007.4.24～〕，
　　島田英一郎（法務省民事局付）〔2008.9.16～〕，幡野弘樹（大阪大）〔2007.4.24～〕，

序　論

　　　菱川直子（法務省民事局付）〔2007.7.2～〕，吉政知広（名古屋大）〔2007.2.27～〕

3　幹事会

　　委　員：鎌田　薫，大村敦志，山本敬三，沖野眞已，中田裕康，山田誠一，
　　　　　　道垣内弘人，内田　貴，筒井健夫

4　商行為法WG（第1次，第2次）

　　　山下友信（主査），神作裕之（第2次），後藤元（学習院大），洲崎博史，藤田友敬

5　事務局

　　事務局長：内田　貴
　　事務局員：石川博康，大畑欣正，亀井明紀，加毛　明，島﨑邦彦，島田英一郎，
　　　　　　　幡野弘樹，菱川直子，吉政知広，中條信義

I 序

[添付4]

各準備会の担当領域

第1準備会
　○「債権の目的」
　○「債務不履行の責任等」
　○「契約の効力」
　○「契約の解除」
　○ その他

第2準備会
　○「法律行為」（「条件及び期限」を除く）
　○「契約の成立」
　○「贈与」「売買」「交換」
　○ その他

第3準備会
　○「債権者代位権・詐害行為取消権」
　○「多数当事者の債権及び債務」
　○「債権の譲渡」
　○ その他

第4準備会
　○「消費貸借」「使用貸借」「賃貸借」「雇用」「請負」「委任」「寄託」「組合」「終身定期金」「和解」
　○ その他

第5準備会
　○「条件及び期限」
　○「期間の計算」
　○「時効（消滅時効）」
　○「債権の消滅」
　○ その他

序 論

II　民法典の対象と編成について

1　はじめに

　現行の日本民法典は，商取引や消費者取引に関する特別の規定を含まない。また，総則・物権・債権・親族・相続という編成（パンデクテン方式）を採用している。ところが，他国の民法典を見てみると，その規律対象・編成原理は同一ではない。すなわち，一方で，民商統一法典の形をとるもの（スイス債務法など）や消費者に関する特則を含むもの（ドイツ改正法など）があり，他方，最近の民法典には，パンデクテン方式以外の方式によって編成された民法典が少なくない（オランダ新民法典やケベック民法典，あるいは，カンボディア民法典など）。このことは，現行の日本民法典の規律対象や編成方式が自明のものではないことを示している。

　もっとも，このことからただちに，現行民法典の規律対象や編成方式を改めるべきである，ということになるわけではない。実際のところ，諸外国の中には，依然として，商取引や消費者取引に関する特則を民法典の外に置く立法例もあるし（フランス改正案など），パンデクテン方式の採用に積極的な立法例もある（廃案となった韓国の改正案など）。検討委員会においても，消費者法の独自性を指摘する見解や，物権・債権の峻別の持つ積極的な意義や100年以上に及ぶ経験に照らして，現行民法典の編別を維持すべきだとする見解が示された。後に見るように，本試案は，消費者私法のすべてを民法典に統合しようとするものではない。また，本試案においても，総則編を置くとともに物権編と債権編を区別するという現在の編別の大枠は維持されている。

　しかし，現行の日本民法典の規律対象や編成方式が再検討の対象となりうることは確かであろう。比較法から離れてみても，一方で，パンデクテン方式の法典においては，契約に関する規定が，総則・債権総則・契約総則・契約各則に散在し，全体としての見通しが悪いことは以前から指摘されており，日本民法学は早い時期から，この難点を克服するための講学上の工夫を重ねてきている。他方，日本においても，この半世紀の間に消費者法は著しい発展を見ており，もはや特別法といってすませることはできない重要性を持つに至っているからである。

2　民法典の対象に関する本試案の考え方

　民法典の規律対象の画定につき，本試案は次のように考えている。

Ⅱ 民法典の対象と編成について

【前提1】（改正民法典における消費者・事業者の位置づけについて）
〈1〉 改正民法典は，消費者取引や事業者間取引に関する私法上の特則のうち基本的なものを含むものとする。
〈2〉 改正民法典は，普遍的な「人」を想定しつつ，契約の目的との関連で現れる「人」の差異の側面にも留意するものとする。
〈3〉 消費者・事業者に関する提案をまとめて独立に配置することはしない。

　民法は，「私法の一般法」であるといわれ，また，「市民社会の基本法」であるともいわれる。2つの定義は，発想の相違がないわけではないが，「民法は，『私法ないし市民社会の法』の『基礎』として社会を支えている（民法の基底性）」という認識において一致している。民法が社会の基礎をなすとすれば，そこで示される諸規範は，（対象の範囲に関して）包括的であり，かつ，（時の経過に関して）持続的であることが期待される。ところが，この2つの要請には両立しにくい面がある。包括性を求めるとなると，さまざまな規範を可能な限り取り込むべきこととなるが，具体性の高い規範を多数抱え込むことは，法典の持続性を損なうことになるからである。
　実際には，消費者取引や事業者間取引に関する諸規範をどこまで民法典に取り込むのかが問題になる。債権法に即していえば，今日，消費者取引や事業者間取引を除外しては，民法典は（理論的にはともかく）実際上は取引一般を規律したことにはならない。もっとも，このことは取引に関するすべての規範を網羅すべきことを意味するわけではない。細かな特則を含む民法典は，持続性の要請に応えることができないばかりでなく，包括性と表裏一体の関係にある一覧性を欠くことになるからである。それゆえ，この点に関しては「中範囲の民法典」が構想されるべきであろう。
　すでに述べたように，消費者法や商行為法の規定のうち基本的なものは民法典に含めるべきである。もちろん，その中には，民法の一般ルールとすべきものも多い。しかし，消費者取引や事業者間取引に適用される規定ではあるが，取引社会の基本ルールとして民法典に置くべきものもある。また，検討委員会においては，「消費者」「事業者」が当事者となる場合の特則を新たに設けることも構想されている。
　このうち，一般法化されたルールに関しては，その配置につき特別な考慮の必要はない。しかし，重要な特則として統合されるルールについては，その配置の仕方が問題になる。本案は，この点につき，消費者に関する特則，事業者に関する特則をまとめて置くのではなく，民法典中の関連の箇所に溶け込ませるという考え方をとっている。その背後にあるのは，民法典は普遍的な取引のルールを示すべきもの

15

であり，これらの特則は，取引の世界において普遍的な「人」を維持するために不可欠なルールであるという認識である。「消費者」「事業者」はそのためのカテゴリーなのであり，「人」一般と同一のレベルに併存するカテゴリーではない。「消費者」「事業者」という支柱によって支えられることによって，「人」はその普遍性を確保することができるのであり，民法はその基底性を維持することができる。

3　民法典の編成に関する本提案の考え方──総論

民法典の編成方式の選択につき，本提案は次のように考えている。

【前提2】（改正民法典の編成について）
〈1〉　改正民法典は，階層的な論理構造と機能的な一体性の双方を視野に入れて，編成するものとする。
〈2〉　改正民法典は，「債権」と「契約」の両面から，「法律行為」と「契約」の両面から，対象をとらえるものとする。

包括性・持続性の要請は，法典の論理性の要請を導く。民法典は，個別の問題につき，さまざまな特別法や判例が蓄積することになることを想定しつつ，それらを整序する基準となることが求められる。もっとも，その論理のあり方は一様ではない。物権・債権の峻別，総則・各則の階層性といった概念の相互関係を重視するのは1つの有力な方法であるが，他方で，人・所有権・不法行為・契約などを核として，機能的な関係に配慮するというのも可能な方法であろう。実際のところ，近時の立法には，この両者のバランスをとろうというものが多い。日本においても，この点に関しては，「複合型（構造＝機能双指向）の民法典」を構想すべきであろう。具体的には，契約法・不法行為法それぞれの機能的一体性に配慮しつつ，従来の知的伝統（峻別思考・階層思考）の継承・活用をはかることが課題となる。

4　民法典の編成に関する本提案の考え方──各論

より具体的には，改正民法典は，次の考え方に従って編成するものとする（【前提2の1】）。

【前提2の1】（編成についての具体的な考え方）

第1（全体の構成）
　現行民法典と同様に，総則，物権，債権，親族，相続の5編構成を維持するものとする。
第2（契約に関する規定）

「契約に関する規定群」は，債権編の中にひとまとまりのものとして置くものとする。

第3（法律行為・契約・消費者契約に関する規定の配置）

〈1〉 法律行為に関する規定は総則編に置くものとする。

〈2〉 契約の解釈，約款による契約の成立，契約における不当条項に関する規定は債権編の「契約に関する規定群」の中に置くものとする。

〈3〉 消費者契約に関する規定は総則編・債権編の「契約に関する規定群」の中に，適宜，置くものとする。

第4（時効の規定の配置）

〈1〉 債権時効の規定は，債権編の中に置くものとする。

〈2〉 その他の権利の消滅時効および取得時効の規定は，総則編に存置するものとする。

第5（債権編の編成）

〈1〉「契約に関する規定群」は，「契約および債権一般」に関するものと「各種の契約」の関するものとに大別するものとする。

〈2〉「契約および債権一般」の部分には，債権の発生原因としての契約に関する一般的な規定に加えて，発生した債権の効力・変動・消滅等に関する規定を置くものとする。

〈3〉「各種の契約」の部分は，売買を筆頭に，以下，典型契約を順次配列するものとする。

〈4〉 法定債権に関する規定は債権編の末尾に置くものとする。

第6（基本原則に関する規定）

債権編には，契約自由，信義則等との関係に関する規定を置くものとする。

第7（有価証券に関する規定）

有価証券については，「契約および債権一般」の部分の適宜の箇所に章を設けて，規定を配置するものとする。

第8（法定債権に関する規定）

〈1〉 契約債権に関する規定は，必要に応じて法定債権に準用される旨を規定する。

〈2〉 損害賠償の範囲などに関する規定は，準用ではない形で設けるものとする。

第1は，編成を定めるにあたって出発点となる大枠である。これには2つの理由がある。1つは形式的な理由である。今回の改正は大改正ではあるが，民法典の全

面改正ではないため，改正対象となってない部分の編成を大幅に動かすことは困難である。それゆえ，民法典の編別は基本的にはこれを維持するのが妥当である。もう1つはより実質的な理由である。今回の改正においては債権の概念は放棄しないことで作業を行ってきた。また，民法総則編，とくに法律行為の概念には後で述べるような存在理由がある。そうだとすると，少なくとも総則・物権・債権という編成は維持すべきであるということになる。

　第2から**第4**は，**第1**で確認した大枠の中で実現されるべき基本構想をまとめたものである。それは一言でいえば，契約に基づく債権（契約債権）を中心とした債権法を構築しようというものである。この構想は，今回の作業の当初から暗黙裏に予定されていたものであるともいえる。というのは，今回の作業対象である「債権法」（すなわち，債権編プラス法律行為・消滅時効マイナス法定債権）は，実質的・機能的観点から見た債権法（すなわち契約債権の法）にほかならないからである。実際の作業においても，これを受けて，契約債権中心の債務不履行法の構想や債権時効と他の消滅時効との分離の構想が打ち出された。これらの構想からの要請が**第2**と**第4**である（ただし，債権時効に関しては，その内容が最終的に他の消滅時効と大きく異なるものとならないならば，むしろ総則編に一括配置する方がよいという留保がなされている）。なお，検討委員会では，取得時効と債権以外の消滅時効とを物権編に移す案も検討された。これらが主として物権を対象とするものであることがその理由であるが，今回の改正が物権編に及ぶものではないことに鑑み，この案の採用は見送ることとした。

　これに対して，法律行為概念を維持し，それに関する規定を総則編に存置することについては強い要請がなされた。確かに，総則編あるいは法律行為論の体系的・原理的重要性に鑑みると，これを総則編に存置することは必要なことだと思われる。そこで，**第3**では，法律行為に関する規定は総則編に存置する一方で，契約の解釈，約款による契約，契約における不当条項規制などに関する規定群は債権編に置くこととした。なお，消費者契約に関する規定群は，総則編・債権編に適宜配置することとした。

　以上の考え方から出発すると，債権編は具体的にはどのように編成されることになるか。これが編成案の中核であるが，その概略は**第5**にまとめられている。まず，第1部「契約および債権一般」に続き，第2部「各種の契約」が置かれる。ここまでが「契約に関する規定群」である（第1部は，主として契約債権に適用されるが法定債権にも適用される規定を含む。「契約および債権一般」という表題はこのことを示すものである）。そして，法定債権に関する固有の規定群は，第3部「法律に基づく債権」に置かれる。

　第2部の「各種の契約」では，典型契約類型を上位概念で括ったり下位概念に分

節化することを基本的にはせずに，現行法と同様に，同じレベルで列挙することとした。より具体的には，役務提供契約の下に総則と各則を組み込むことはしない（その場合には，あわせて他の典型契約をグルーピングしてバランスをとることが考えられる）ということである。今後，新しい契約類型が追加されうることを考えると，グルーピングは制約として働くこともありうるし，かつ，さまざまなグルーピングにはどれも難点が伴うからである。また，典型契約類型の配置にあたっては，従来の順序を改めて，社会的に見て重要性の高い売買を冒頭に掲げ，以下，有償契約を先に無償契約を後に（売買の後に贈与を，賃貸借の後に使用貸借を）配置した。もっとも，このことは無償契約を軽視することを意味するわけではない。検討委員会では，日常生活における無償契約の意義，その多様性を考慮に入れつつ，慎重な検討を行った。なお，継続的契約は各種の契約類型の末尾に置かれているが，これがほかの契約類型とは異なるものであり，いわば類型横断的に適用されるものであると位置づけて，第三者のためにする契約とともに，補則として第2部の末尾に置くこととした。

　最後に付随的な問題について触れておく。

　第1に，債権編の冒頭に「通則」として基本原則を置いたこと（**第6**）。総則編の基本原則とは重複する部分もあるが，債権編に即した形で基本原則を宣言すべきであろうという考え方に立つものである。なお，差し当たり今回の作業対象には含まれていないが，総則編の基本原則の見直しも重要な課題であることを確認しておく。

　第2に，債権編第1部中に「有価証券」という章を設けたこと（**第7**）。検討の途上で，有価証券に関する原則規定を民法に新設すべきではないかという意見が出たことを受けて，民法典中の受皿となる位置を示したものである。

　第3に，技術的な問題であるが，準用規定の整備を行うこと（**第8**）。債権総則的な規定のうち，契約債権に特化した形に改められたものに関しては，法定債権につき対応する規定が必要になる（たとえば，損害賠償の範囲に関する規定）。また，法定債権にも妥当するが契約債権のパートに置かれた規定については，適用関係につき疑義が生ずるようであれば準用規定を置くことが考えられる。

5　本報告書における提案配置（目次）

　以上をふまえて，本報告書における提案は，実際には次の考え方に基づき配置されている。

序　論

【前提2の2】（3つの編成案と提案審議のための編成案）
　提案審議のための改正民法典の編成を，添付5記載の3案中の甲－1案のとおりとする。

　【前提2の1】において述べた考え方に立つとしても，実際の提案配置（目次）を決定するにあたっては，さらに検討すべき点がある。現行民法典の法律行為に関する規定（以下，「法律行為関連規定」と呼ぶ）のうちの相当部分は，むしろ契約に関する規定として債権編に移動させるべきではないかが問題になりうるからである。この点に関しては，次の3案が考えられる。

　　甲案：総則編の法律行為の章に置かれていた規定は，すべて総則編に存置する。「契約に関する規定群」の一括配置の要請に対しては，レファレンス規定を置くことによって対処する。
　　　甲－1案：消費者契約に関する規定のうち，総則編の意思表示に関する規定と密接な関連を有するものは，総則編の法律行為の章に配置する。
　　　甲－2案：消費者契約に関する規定は，債権編に一括配置する。
　　乙案：総則編の法律行為の章に置かれていた規定の多くを，契約に関する規定に改めた上で債権編に移動する。

　検討委員会では種々の意見交換をしたが，この点については意見の一致を得るに至らなかった。以下，本試案に掲げる諸提案を配置するにあたっては，相対多数を占めた甲－1案によることとしたが（【前提2の2】），次に掲げる添付5には，甲－1案を中心に，甲－2案，乙案を併記する（甲案は法律行為関連規定を総則編に一括存置すべきことを重視するのに対して，乙案は「契約に関する規定群」を債権編に一括配置すべきことを重視する。なお，甲案による場合には，消費者契約法に由来する規定の配置の仕方が問題になるが，甲－1案は，これらの規定を総則編に一括配置するのに対して，甲－2案は，一般法化された規定は総則編に，統合された規定は債権編に配置するものである）。
　これとは別に，形成権の期間制限に関する規定の配置についても，検討委員会では最終的な決定には至らなかった。この点に関しては，総則編第7章（取得時効・消滅時効の後）に置くという甲案と債権編第1部第3章（債権時効の後）に置くという乙案があるが，以下の提案配置にあたっては相対多数を占めた甲案による（甲案は，形成権の多様性を重視するのに対して，乙案は，債権時効と形成権の期間制限との関連性を重視する。なお，ここでの甲案乙案は，法律行為関連規定の配置に関する甲案乙案と連動するものではない）。

民法典の編成案

[添付5]

I 全体の略目次

民法第1編 総則
　第1章 通則〈対象外〉
　第2章 人〈対象外〉
　第3章 法人〈対象外〉
　第4章 物〈対象外〉
　第5章 法律行為

　　【甲案】〈基本的に現行法と同様とし，　　【乙案】〈原則規定その他を置く〉
　　　　　　債権編にレファレンス規定を
　　　　　　設ける〉
　　第1節 総則　　　　　　　　　　　　　　第1節 法律行為の効力
　　第2節 意思表示　　　　　　　　　　　　第2節 意思表示の効力
　　　甲-1案 消費者規定を配置する
　　　　〈消費者の定義規定も含む〉
　　　甲-2案 消費者規定を配置せず
　　第3節 代理および授権
　　第4節 無効および取消し
　　第5節 条件および期限
　（第6章 期間の計算）〈民法典の外に移すかこの位置に存置する〉
　第7章 時効〈債権時効については債権編に移す〉

　　　＊形成権の期間制限〈甲案＝総則編第7章に配置，乙案＝債権編第1部第3章に配置〉

民法第2編 物権〈対象外〉

民法第3編 債権〈次頁以下の「II 細目次」を参照〉
　第1部 契約および債権一般
　第2部 各種の契約
　第3部 法律に基づく債権〈必要な規定の補充等を行う〉

民法第4編 親族〈対象外〉

民法第5編 相続〈対象外〉

序論

Ⅱ　債権編の細目次

民法第3編　債権
第1部　契約および債権一般
　第1章　契約に基づく債権
　　第1節　通則
　　　第1款　基本原則
　　　第2款　定義〈甲-1案による場合には消費者の定義を含まず〉
　　第2節　契約の成立
　　　第1款　契約の締結
　　　　第1目　基本原則
　　　　第2目　交渉当事者の義務
　　　　第3目　申込みと承諾
　　　　第4目　約款による契約
　　　　第5目　懸賞広告
　　　第2款　契約の有効性

【甲案】〈レファレンス規定を置く〉	【乙案】〈法律行為の規定の多くを移す〉
第1目　無効および取消しの原因	第1目　無効および取消しの原因
甲-1案　消費者規定を配置	
甲-2案　消費者規定を配置せず	
	第2目　無効および取消しの効果
第2目　契約条項の無効	第3目　契約条項の無効
	第3節　契約の当事者
【甲案】〈乙案第1款〜第3款を総則編に置き，第4款を例えば第2部末尾に移す〉	【乙案】〈代理等の規定を債権編に置く〉
	第1款　基本原則
	第2款　代理
	第1目　基本原則
	第2目　表見代理
	第3目　無権代理
	第3款　授権
	第4款　第三者のためにする契約
第3節　契約の内容	第4節　契約の内容
【甲案】	【乙案】
第1款　契約の解釈	第1款　契約の解釈
	第2款　契約の条件および期限
第2款　契約から生ずる債権の種類	第3款　契約から生ずる債権の種類

　　第4節　契約の効力〈乙案では第5節になる〉
　　　第1款　債権の基本的効力

Ⅱ 民法典の対象と編成について

　　　第 2 款　債務の不履行
　　　　　第 1 目　強制履行
　　　　　第 2 目　損害賠償
　　　　　第 3 目　解除
　　　第 3 款　受領遅滞
　　　第 4 款　期間制限
　　　第 5 款　事情変更
　第 2 章　責任財産の保全
　　第 1 節　債権者代位権
　　第 2 節　詐害行為取消権
　第 3 章　債権の消滅等
　　第 1 節　弁済
　　　第 1 款　弁済一般
　　　第 2 款　弁済による代位
　　　第 3 款　弁済の目的物の供託
　　第 2 節　相殺
　　第 3 節　更改
　　第 4 節　一人計算
　　第 5 節　免除
　　第 6 節　混同
　　第 7 節　債権時効
　　　第 1 款　債権時効の対象および時効期間
　　　第 2 款　債権時効障害
　　　第 3 款　債権時効期間満了の効果
　第 4 章　当事者の変動
　　第 1 節　債権譲渡
　　第 2 節　債務引受
　　第 3 節　契約上の地位の移転
　第 5 章　有価証券
　　第 1 節　指図証券
　　第 2 節　持参人払証券
　　第 3 節　有価証券喪失の場合の権利行使方法
　第 6 章　多数当事者の債権債務関係
　　第 1 節　多数の債権者
　　第 2 節　多数の債務者
　第 7 章　保証
　　第 1 節　一般の保証
　　第 2 節　連帯保証
　　第 3 節　根保証

23

序　論

第2部　各種の契約
  第1章　売買
    第1節　売買の意義と成立
    第2節　売主の義務
    第3節　買主の義務
    第4節　危険の移転
    第5節　特殊の売買
  第2章　交換
  第3章　贈与
    第1節　贈与の意義と成立
    第2節　贈与の効力
    第2節　特殊の贈与
  第4章　賃貸借
    第1節　賃貸借の意義と成立
    第2節　賃貸借と第三者との関係
    第3節　賃貸人の義務
    第4節　賃借人の義務
    第5節　賃貸借の終了
  第5章　使用貸借
    第1節　使用貸借の意義と成立
    第2節　使用貸借の効力
    第3節　使用貸借の終了
  第6章　消費貸借
    第1節　消費貸借の意義と成立
    第2節　消費貸借の効力
    第3節　抗弁の接続
    第4節　消費貸借の終了
  第7章　ファイナンス・リース
    第1節　ファイナンス・リースの意義と成立
    第2節　ファイナンス・リースの効力
    第3節　ファイナンス・リースの終了
  第8章　役務提供
    第1節　役務提供の意義と成立
    第2節　役務提供と報酬請求
    第3節　役務提供の終了
  第9章　請負
    第1節　請負の意義と成立
    第2節　請負の効力
    第3節　請負の終了

Ⅱ　民法典の対象と編成について

　　　第4節　下請負
　　第10章　委任
　　　第1節　委任の意義と成立
　　　第2節　受任者の義務
　　　第3節　委任者の義務
　　　第4節　委任の終了
　　　第5節　特殊の委任等
　　第11章　寄託
　　　第1節　寄託の意義と成立
　　　第2節　寄託物の保管
　　　第3節　寄託物の返還
　　　第4節　寄託物に係る第三者の権利
　　　第5節　特殊の寄託等
　　第12章　雇用
　　第13章　組合
　　　第1節　組合契約の意義と成立
　　　第2節　組合および組合員の財産関係
　　　第3節　組合の業務執行および組合代理
　　　　第1款　組合の業務執行
　　　　第2款　組合代理
　　　第4節　組合員の変動
　　　　第1款　加入
　　　　第2款　脱退
　　　第5節　組合の解散および清算
　　　　第1款　解散
　　　　第2款　清算
　　　第6節　内的組合
　　第14章　終身定期金
　　第15章　和解
　　第16章　補則
　　　第1節　第三者のためにする契約〈乙案では第1部に配置される〉
　　　第2節　継続的契約等〈乙案では第16章となる〉
　第3部　法律に基づく債権〈必要な規定の補充等を行う〉

序 論

6　消費者契約法の取扱い

　改正民法典は，消費者取引・事業者間取引に関する基本ルールを取り込む（一般法化・統合する）ことを前提としている。このうち，事業者間取引については，商行為法をどうするかという観点を踏まえつつ，規定ごとにその取込みの当否が検討された。これに対して，消費者取引に関しては，消費者契約法の私法実体規定（同法第2章［4条～11条］の規定。不当勧誘に関する4条と不当条項に関する8条～10条を中心とする）の取込みが提案されているが，仮に消費者契約法の私法実体規定の取込みをはかるとすれば，消費者契約法そのものをどうするかという問題に対する対応が必要になる。

　検討委員会では，消費者契約法4条の一部（不実表示＝1項1号に相当する部分）の一般法化が提案されるとともに，同条のその他の部分（断定的判断の提供＝1項2号，困惑＝3項）についても統合の可否が検討され，統合案が提案されている。また，消費者契約法8条～10条についても，検討委員会はその統合を提案するとともに，約款による契約への拡張をはかっている。

　消費者契約法第2章中のその他の規定のうち，5条・7条は民法典に取り込まれることが提案されており，6条・11条は不要になると考えられる。なお，4条1項2号（不利益事実の不告知）も不実表示の規定の中に包摂される。

　消費者契約法の私法実体規定の取込みにあたって，一部の規定を一般法化するのみにとどまるならば，少なくとも取込みの対象とならない規定は消費者契約法に存置されることになる。しかし，一般法化と統合によって民法典への完全な取込みをはかる場合には，消費者契約法に「第2章消費者契約」を存置する必要はなくなる。微妙に表現の異なる規定を重ねて置くことは，むしろ混乱を招く原因ともなる。

　消費者契約法から私法実体規定を削除するとすれば，消費者契約法は，法技術的にも原理的にも，現行法と同様のものではありえないことになる。

　仮にこのような措置を講ずるとすると，消費者契約法には，第1章総則（同法1条～3条），第4章雑則（48条），第5章罰則（49条～53条）のほか，第3章差止請求（12条～47条）が残ることになる。規定の分量から見ても重要性から見ても，また，これまでの法改正の経緯から見ても，その中心は「第3章差止請求」であることになる。そうだとすれば，少なくとも当面は，消費者契約法を消費者団体訴訟を中心とする法律として再編するのが適当であると考えられる。

　もっとも，このような考え方は，今後，消費者契約を規律する新たな私法実体規定を消費者契約法に置くことを妨げる趣旨を含むものではない。また，行政的な観点から契約に規律を加える規定が置かれることも考えられないではない。消費者契

約法の発展可能性は複数の方向に開かれているといえる。

なお，現行消費者契約法の「第3章差止請求」は，同法12条を媒介として「第2章消費者契約」に連結されている。すなわち，同条は，差止請求権に関する実体規定であり，適格消費者団体は，事業者等が以下の2つの行為を現に行いまたは行うおそれがあるときに，当該事業者に対して当該行為の差止めを求めることできるとしている。その2つの行為とは次のように定められているものである。

① 「消費者契約の締結について勧誘をするに際し，不特定かつ多数の消費者に対して第4条第1項から第3項までに規定する行為」（同法12条1項2項）
② 「消費者契約を締結するに際し，不特定かつ多数の消費者との間で第8条から第10条までに規定する消費者契約の条項（第8条第1項第5号に掲げる消費者契約の条項にあっては，同条第2項各号に掲げる場合に該当するものを除く。……）を含む消費者契約の申込み又はその承諾の意思表示」（同法12条3項4項）

そこで，消費者契約法から4条1項〜3項，8条〜10条を削除した上で，現状と同型の規律を維持するためには，12条1項2項，3項4項に，それぞれ①②に替わる行為類型を書き込むことが必要になる。これを実現するためには，①の「4条1項から第3項に規定する行為」をこれに相当する改正民法典の規定に，②の「8条から10条までに規定する消費者契約の条項」をこれに相当する改正民法典の規定に，それぞれ置き換えることが考えられる。

7　電子消費者契約等特例法の取扱い

改正民法典は，電子消費者契約等特例法3条を統合し（併せて2条を取り込む），同法4条を一般法化している。これに伴い，同法を存置する必要はなくなるので，同法を廃止することを提案する。

序論

補論

1 民法と消費者法の関係について

　商取引や消費者取引に関する規範の民法典への取込みは，商行為法や消費者法のあり方に大きな影響を及ぼす。今後の商法をどのように構想するかはひとまず別にして，ここでは，民法と消費者法との関係について触れておきたい[1]。

　民法の一部として消費者関連の規定を取り込むことは，民法典の基底性・原理性の観点からは十分に考えられるところである。とりわけ，一般法化は積極的に考えられるべきだろう。また，特則としての統合には限度はあるものの，普遍性の高い特則は民法典に置かれてもよい。すでに述べたように，本提案は基本的にはこのようなスタンスに立つものである。もっとも，消費者法の観点に立つならば，このような一般法化や統合は消費者法の体系性・完結性を損なうのではないか，という疑問も生ずる[2]。

　しかし，そもそも，消費者法の体系が民法を除外して完結することは考えにくい。契約や不法行為に関する基本ルールを定める民法を含まない消費者法は考えられないからである。もっとも，消費者法の体系が講学上のものにとどまるならば，問題は少ない。機能的に見ると，民法の一部は消費者法に含まれると考えれば足りるからである。

　ところが，将来，消費者法の法典化を考えるということになると，話はちがってくる。その場合には，おそらく2つの選択肢があるだろう。1つは，民法典に含まれる一部の規定を消費者法典にも再録するという方式（原則再録方式＝二重帰属方式）である[3]。この方式をとれば，消費者に関するルールを一覧することが可能になる。もう1つは，民法典の規定を原則として想定しつつ，その例外を配置することによって，原則の存在を指示するという方式（原則想起方式＝非二重帰属方式）である。この方式によるとすれば，たとえば，「第○編　消費者契約」という編を設け，民法の体系を念頭に置きつつ，消費者に関する特別ルールを配置することになる。なお，この場合，後に述べるようなレファレンス規定を使うことも考えられないわけではない。これは，いわば上記2方式の中間形態であるといえる。

---

1) 大村敦志『消費者法〔第3版〕』（有斐閣，2007）序章第2節「消費者法の基礎理論」を参照。
2) 村千鶴子「民法と消費者法の関係をどう考えるか」民法改正を考える21頁は，消費法の統合を提唱する。
3) 大村・前掲注1）のほか，同『法典・教育・民法学』（有斐閣，1999）の第1編第3章「ル・コードからレ・コードへ」も参照。

2 民法と消費者法の今後の発展について

　消費者契約法に設けられていた私法実体規定の骨格は、判例・学説が民法の一般法理の活用によって展開してきた規範を整理・成文化したものであるともいえる。その意味で、これらの規定は、もともと民法の一般ルールと密接な関連を持つものであり、特別法に定められたものとはいえ、広い射程を持つものであった。こうした一般性の高いルールを（一般法化・統合によって）民法典に取り込むべきことは、すでに述べたとおりである。

　では、このことは、消費者法にとってどのような意味を持つのだろうか。次の2つが考えられる。第1に、消費者契約に関する基本ルールが民法典に位置を占めることによって、それが部分的・限定的なルールではなく一般的・普遍的なルールであることが確認されたこと。消費者契約が社会において占める重要性に鑑みるならば、このような位置づけがなされるのは消費者法の将来にとっても望ましいことだというべきだろう。第2に、消費者契約につき特別法として定められたルールも、その性質と定着度に応じて、統合・一般法化されていくことが明確になったこと。消費者法の発展という観点から見て、このようなプロセスが形成されることも望ましいといえるだろう。たとえば、クーリングオフ規定なども、いずれは統合・一般法化がはかられることがあるかもしれない。

　なお、消費者契約法の私法実体規定の取込みをはかることは、消費者契約に関する特別法が不要になることを意味するわけではない。繰り返しになるが、特別法の領域での先駆的な試みの成果は、やがて民法典に取り込まれる。このようなプロセスを経て、消費者法も民法もより豊かな規範を持つものとなるのである。

　民法の内部で、一般法化された規定や統合された規定が改正されることももちろん妨げられない。とりわけ、消費者契約に関する規定（統合された規定）は、その具体性の程度が相対的に高いことに鑑みるならば、民法の他の規定よりは頻繁に改正の対象となることが考えられる。

3 民法における人と消費者の関係について

　民法は、原則として抽象的な「人」を措定しつつも、未成年者・精神障害者などをサブ・カテゴリーとしてとりだして、これらの人々の属性に配慮してその保護のための規定を設けている。その意味で、民法は、具体的な「人」の属性と無縁なわけではない。

　もっとも、これらの「人」に対する配慮には、取引社会における保護にとどまらない面がある。民法は、（取引社会を含む）「市民社会」における「人」の「人間性の開花＝個人としての自己実現」をはかるために一連の規定を設けているのであ

り，これらの人々が取引社会において行為能力の制限という形での保護を受けているのは，その結果としてであるともいえる。こうした観点からは，主として取引の場面において特別な取扱いを要する「消費者」（さらには「労働者」）をただちに同列に論ずることはできない。また，「事業者」については，このような枠組みの中での位置づけは困難である。

　さらに，消費者取引に関する特則を正当化するために援用される情報・交渉力の不均衡は，消費者取引においてのみ現れるのではないことを考えるならば，むしろ情報・交渉力の不均衡が影響をもたらす場面では，消費者・事業者という概念を介さずに，それらを直接的に規律することを考えるべきだともいえる。

　しかし，次のように考えるべきである。確かに，今日の取引社会では情報・交渉力が大きな意味を持つ。取引当事者が情報・交渉力において同一のパワーを有するわけではないという認識自体に異論はないといってよい。この認識は，取引社会における「法人」の重要性の増大によっても補強される。「市民社会」において，個人は「人一般」として現れるとしても，今日の取引社会では，このような「人」の「一般性」は，自然に実現されるものではない。情報・交渉力の相違を考慮に入れたルールを導入することによって初めて確保されるのである。

　このようなルールのうちのかなり部分は一般ルールとして定立することができるが，それでも特則とせざるをえないものが残る。もちろん，取引における当事者の属性に集約される諸要素を要件として細かく拾い上げることによって，このような特則を一般ルールの形で示すことは不可能なわけではない。しかし，結局のところ，その実質は特則にほかならない。そうだとすれば，無理な形で迂回路を模索するのではなく，端的に消費者・事業者という概念を用いた方が簡明である。

　「消費者」「事業者」というサブ・カテゴリーを用いて，一般ルールに対する特則を設けることによってはじめて，「人」はその一般性を確保することができるのであり，民法はその基底性・原理性を維持することができる。取引における主体は，ある場合には「人」として現れるが，ある場合には「消費者」「事業者」として現れる。「人一般」に関する一般ルールとあわせて，「消費者」「事業者」に関する特則を念頭に置くことによって，総体としての取引ルールは一般性を持つことになる。別のいい方をするならば，取引ルールの一般性（取引において現れる「人」の一般性）を確保するのに必要な限度において，民法典は「消費者」「事業者」に関する特則を取り込む必要があるのである。

　なお，取引社会に消費者として現れる自然人は，その心身・生活の特性ゆえに社会的支援を必要とするという説明もありうる説明だろうが[4]，上記のような整理を

　4）　消費者の持つ特性については，大村敦志「消費者・消費者契約の属性」同『消費者・家族と法』（東京大学出版会，1999）を参照。

してもこのような考え方と矛盾するわけではない。

以上のような見方によるならば、「消費者」「事業者」の概念は、民法の「人」の部分（総則編）に導入されるのではなく、法律行為の部分（総則編）あるいは契約の部分（債権編）に導入されるべきだろう。

4　民法典の編成について

今回の改正は大改正ではあるが、民法典の全面改正ではない。民法典の編別は基本的にはこれを維持するのが妥当である。

ただし、契約各則に関しては、これを債権編とは別の独立の編にすることも考えられないではない。このような修正は、内容的な独立性、規定の一覧性という観点からは望ましいといえる。「各種の契約」には物権にかかわる規定が含まれること、「各種の契約」の部分は他の部分に比べて改正の対象となることが多いと思われることからも、合理性のあるものである。比較法的にも、「各種の契約」という形でこの部分を独立させた立法例は少なくない。

それゆえ、検討委員会は、「各種の契約」の部分を第4編として独立させる案も検討した。しかし、上記の要請に関しては、債権編内部で「各種の契約」を独立のパートとして取り扱うことで対処し、債権編の一体性を確保することを優先させることにした。

以上の結果、改正民法典の編成は、「編」のレベルでは従前の編成と変わらない。しかし、債権編の内部では、次のような考え方に立ち、その編成をかなり変更している。

現行民法典においては、強制履行・損害賠償は債権総則に、解除・危険負担は契約総則に、それぞれ規定されているが、本提案はこれらを一体として扱う。そのためには、債権総則・契約総則の区別に代えて、いわば「契約債権総則」（契約一般）というべき編成をとることが必要になる。そして、このような編成をとるならば、契約に関する規定群を可能な限り、この部分に集中することが望まれる。そうすることによって、かねてより指摘されていた「契約法」の分断状況を解消することができるからである。

現行民法典においては、契約に関する規定群は、契約各則・契約総則・債権総則・民法総則の4か所に分属しており、実質的な意味での「契約法」は一覧性を欠く分断状況にある。「契約法」は一般市民にとってなじみの深い法領域であるが、その法領域が体系的に分断された形で編成されていることは、一般市民にとってのわかりやすさを大きく阻害している[5]。

---

5) 赤松秀岳「民法典体系のあり方をどう考えるか」民法改正を考える47頁もこの点を指摘する。

序論

　この欠点は早くから気づかれており，一般市民を読者とした民法教科書においては，法典の編別とは異なる編成が試みられてきた。たとえば，すでに末弘厳太郎『民法講話』（岩波書店，1926／27）は，債権総則・契約総則を立てずに各種の契約に関連の規定を織り込んで説明を試みている（もっとも，法律行為に関する諸規定は「契約」の表題のもとにこれらとは別に説明されていた）。穂積重遠『民法読本』（日本評論社，1927）は，さらに進んで「契約による財産の取得」の章において，契約に関する規定群を一括して説明している。戦後も，我妻栄『民法大意』（岩波書店，〔第2版〕1971・〔初版〕1944／46）は，「財産取引関係」の章において，法律行為・契約の成立効力・債権譲渡債務引受・弁済その他・契約の解除を一括して扱っている（ただし，「債権」の章が別に置かれ，債権の効力や消滅時効・代位権取消権などが扱われている。また，「財産取引関係」の章には物権変動も含められている）。最近でも，一般市民を読者として想定した放送大学の民法教科書を見ると，その多くは「契約に関する法（紛争）」という編成をとっている[6]。こうした傾向は，法学部学生向けの教科書にも見られ，たとえば，鈴木禄弥『債権法講義』（創文社，1980）は，末弘同様に債権総則・契約総則を立てずに契約法を構成している（ただし，民法総則は別建てになっている）。基本的には民法典の編別に従う教科書においても，解除を債権総則とあわせて論じたり[7]，契約の成立と法律行為とをあわせて論ずる[8]などの工夫がなされている。また法科大学院レベルでは，より実践的な観点に立って，「契約」「救済」「債権」という編成をとるもの[9]も現れている。

　日本民法学が展開してきたこのような工夫を承継し，一般市民にもわかりやすい編成を目指すとすれば，契約に関する規定群は可能な限り，一括して配置されることが望まれることにある。もっとも，前述のように，民法典の基本的な編成を維持することを前提とすると，他の編に大きな影響を及ぼすような編成はとれない。しかし，債権編を維持した上でその中で「契約」に関する規定を一括して配置することは十分に可能であると思われる。

5　法律行為関連規定の配置について

　法律行為に関する規定の位置は，民法典の体系の要石であるともいえる。この点についても，当然のことながらさまざまな考え方がありうる。すでに述べたよう

---

[6] 星野英一『民法』（放送大学教育振興会，1994），奥田昌道『新版民法』（放送大学教育振興会，1998）淡路剛久『紛争と民法』（放送大学教育振興会，2002），野村豊弘『市民生活の財産法』（放送大学教育振興会，2006）。

[7] 北川善太郎『債権総論〔第3版〕』（有斐閣，2004）175頁以下など。

[8] 内田Ⅰなど。

[9] 松岡久和＝潮見佳男＝山本敬三『民法総合・事例演習』（有斐閣，2006）。

に，規定の配置そのものをめぐっては，検討委員会では，総則編に置かれている法律行為の規定を総則編に存置するという案（甲案）と法律行為の規定の大部分を契約に関する規定に書き直して債権編に移すとともに，総則編には原則規定と意思表示の到達に関する規定のみを置くという案（乙案）を中心に，中間案（代理規定のみを総則編に置き，その他は債権編に置く，等）も含めて検討された。

検討委員会の検討対象である「債権法」に，総則編中の法律行為の部分を含めているのは，この部分が債権編と密接な関係にあるとの認識による。また，「法律行為」が「契約の成立」とあわせて検討されたのは，やはり内容上の関連性に留意した結果である。このような考え方に立つならば，法律行為に関する規定を（広義の）「契約の成立」に関する規定としてとらえることは，自然なことであるといえる。もちろん，講学上の編成と法典の編成は当然に一致するわけではないが，このような発想を法典の編成に反映させることは，考えられることであろう。他方で，法律行為の概念を維持する以上は，規定は総則編に置くのが理論上の帰結であり，実際上も，これまで慣れ親しんできた法律行為の規定の位置を，そのまま維持することが望ましいという考え方もある。

法律行為関連規定の位置については，現行民法典のように総則編に置くほか，①債権編に置く，②総則編と債権編に分属させる，③総則編と債権編の双方に置く（債権編に契約に即した確認規定を置く）の3案が考えられる。さらに，①〜③とは次元を異にするが，④総則編に存置しつつ債権編を物権編の前に置くことも考えられる。次に，より詳しくは，仮に，債権編に置くとした場合にも，①a 契約に関する規定に書き換えて債権編に置くか，①b 法律行為に関する規定のままの形で債権編に置くか，という選択肢があり，また，仮に，総則編と債権編に分属させるとした場合にも，②a 原則規定か実体規定かで振り分けるか，②b 規定の対象が契約か法律一般かで振り分けるか，という選択肢がある。

①aはフランス・スペイン・スイス・イタリアなど多くの国がとる考え方に近づくことになる。最近では，カンボディアもこの方策を採用した。①aは法律行為の概念を捨てることに繋がりやすい。しかし，法律行為の概念は，人・物・行為という法の世界の要素を抽出するものとして原理的な意味を持つ。また，契約と単独行為をあわせて論ずることを可能にする有用な道具概念でもある。そうだとすると，①aによるとしても，「契約」に着目した平明な編成を試みつつ法律行為の概念を保持することが，目指されるべきだろう。

①bのように，法律行為の概念をそのまま維持しつつ，規定の場所だけを債権編に置くことも考えられる（オーストリアは結果としてこれに近いか）。現行民法典の債権総則に置かれた規定には，債権各則の規定から生じた債権以外についても適用される規定が含まれていることなどを考えれば，体系的な純粋性に過度に執着する

必要はないともいえる。しかし，これ以外の解決策があるのならば，①bは避けた方がよい。

②aを採用する外国の立法例は見当たらないが，日本民法典は，2006年の法人法改正によってこの考え方を採用したといえる（法人に関する原理的な規定のみを民法総則に置き，その余の規定を別置した）。また，これによれば，総則編の編成を維持し，かつ，法律行為の概念を明示することができる。具体的には，たとえば，法律行為の基本的な効力に関する規定や法律行為の分類に関する規定を民法総則に置くことが考えられる。

②bはオランダのとった方向である。オランダ民法典では，詐欺・強迫に関する規定は財産法総則に置かれているが，錯誤に関する規定は債務法総則中の契約総則に置かれている。これは，理論的には整合的であるものの，かえって規定の一覧性を損なう面もある。

③の立法例も見当たらないが，不可能ではなかろう。たとえば，公序良俗に関する規定を総則に置くとともに，債権編により具体化された形で置くことは考えられないわけでない。

④は，見かけの問題のみに着目するものだが，このことの意味は意外に大きい。（仮に時効の規定を物権編と債権編に移して）総則編に残る規定が人と法律行為になるのであれば，法律行為と密接な関係を有する債権編を物権編よりも前に置くことは考えられてよい（この点につき，穂積陳重『法典論』〔哲学書院，1890〕125頁の引用するバイエルン民法草案理由書を参照。「債権法を第一に置きたる理由は，特り債権法は，法律的諸関係中重要なる部分を占むるのみならず，其原則は私法中他の部分より援引し来る者甚だ少く却て他の部分の準則となる者多ければなり」）。

なお，法律行為に関する規定をどこに置くか・契約に関する規定に改めるか，という問題と意思表示と法律行為の関係をどう考えるか（意思表示の瑕疵か合意の瑕疵か）という問題とは，ただちには連結しない。別途，独立に検討すべき問題である。

6 時効関連規定の配置について

検討委員会の検討対象である「債権法」に，総則編中の消滅時効の部分を含めたのは，この部分が債権編と密接な関係にあるとの認識による。また，この部分が検討委員会において「債権の消滅」とあわせて検討されたのは，やはり内容上の関連性に留意した結果である。このような考え方に立つならば，債権の消滅時効を「債権の消滅」に関する規定としてとらえることは，自然なことであるといえる。とりわけ，債権時効とその他の消滅時効を区別する構想からは，このような発想が支持されることになろう。

消滅時効と取得時効とを一括しなければならない必然的な理由はない。現に，ド

イツ法では，消滅時効のみが総則編に置かれている。さらに進んで，このうちの債権に関するもの（債権時効）を債権編に移すことは十分に考えられる。その場合には，取得時効は，その他の消滅時効とあわせて，ドイツ民法と同様に物権編に置くことも考えられる（この場合には，2つの時効に共通の規定は，それぞれの箇所に置くこととなろう）。

7 債権編の編成について

契約に関する規定をまとめるという構想に立つとすると，債権編の編成を考える上での理論上の軸は，契約債権とその他の債権（法定債権）との区別となる。また，実際上の軸としては，分量の多い「各種の契約」をどこに配置するかが問題になる。

そこで，具体的に編成にあたっては，①a 契約債権につき規定を完全に配置した上で，法定債権につき必要な規定を配置する（後掲の別案1。本案はこれを修正したもの），①b 債権の発生原因に関しては2本立てで規定を置いた上で，その他の規定，すなわち，債権の消滅や変動に関する規定は，共通の規定としてその後に配置する（後掲の別案2）。という2案が出発点となる。その上で，②各種の契約の配置の仕方につき，契約債権の中に溶け込ませる案（別案2），別の編とする案（別案3），および中間の案（本案・別案1）の当否が問われることになる。

いずれの案をとるにせよ，契約の成立・内容・効力に関する規定（「契約債権に関する規定群」）をまず前置した上で，その後に続く規定のうちでは，債権の消滅に関する規定を繰り上げて配置し，その他の規定は後に下げるべきである。というのは，いったん成立した債権は弁済等により消滅するのが典型的な推移であり，その他の規定は変則的な状況に対応する規定としての性格を帯びたものだからである。

ところで，契約債権の発生から消滅までのプロセスに従うという観点を重視するならば，弁済等に関する規定は「契約債権に関する規定群」の中に置くことも考えられるが，法定債権にも共通の規定が多いことに鑑みるならばこれらは「契約債権に関する規定群」とは別立ての規定とすることが望ましい。なお，弁済の規定を含めて，いったん成立した債権の帰趨に関する規定を括り出すという方式は，（金銭債権を中心とした）債権回収のプロセスを可能な限りで法典においても可視化するという意味をも帯びることになる。

なお，どの案によるにせよ，第3編の冒頭には通則の章を設けて，債権法の基本原則（契約自由，信義則など）に関する規定を置くことが考えられる。その場合，総則編の基本原則（特に信義則）との関係をどうするかが問題になる。総則編には民法の基本原則として，債権編には債権編の基本原則として，重複をいとわず規定を置くことは可能だろう。

序　論

〔本案〕
民法第3編　債権
　第1部　契約および債権一般
　　第1章　契約に基づく債権
　　　第1節　通則
　　　第2節　契約の成立
　　　第3節　契約の内容
　　　第4節　契約の効力
　　第2章　責任財産の保全
　　第3章　債権の消滅等
　　第4章　当事者の変動
　　第5章　有価証券
　　第6章　多数当事者の債権債務関係
　　第7章　保証
　第2部　各種の契約
　　第1章　売買　〜
　第3部　法律に基づく債権

〔別案1〕
民法第3編　債権
　第1部　契約に基づく債権
　　第1章　通則
　　第2章　契約の成立
　　第3章　契約の内容
　　第4章　契約の効力
　　第5章　責任財産の保全
　　第6章　債権の消滅等
　　第7章　当事者の変動
　　第8章　有価証券
　　第9章　多数当事者の債権債務関係
　　第10章　保証
　第2部　各種の契約
　　第1章　売買　〜
　第3部　法律に基づく債権

〔別案2〕
民法第3編　債権
　第1部　契約に基づく債権
　　第1章　契約一般
　　　第1節　通則
　　　第2節　契約の成立
　　　第3節　契約の内容
　　　第4節　契約の効力
　　第2章　売買　〜〔各種の契約〕
　第2部　法律に基づく債権
　第3部　債権の変動
　　第1章　責任財産の保全
　　第2章　債権の消滅等
　　第3章　当事者の変動
　　第4章　有価証券
　　第5章　多数当事者の債権債務関係
　　第6章　保証

〔別案3〕
民法第3編　債権
　第1章　契約に基づく債権
　　第1節　通則
　　第2節　契約の成立
　　第3節　契約の内容
　　第4節　契約の効力
　第2章　法律に基づく債権
　第3章　責任財産の保全
　第4章　債権の消滅等
　第5章　当事者の変動
　第6章　有価証券
　第7章　多数当事者の債権債務関係
　第8章　保証

民法第4編　各種の契約
　第1章　売買　〜

8 レファレンス規定の利用について

　民法典の編成に関する甲案は，債権編にレファレンス規定を置くことによって，総則編の法律行為関連規定との連絡をはかることを想定している。このようなレファレンス規定としては，いくつかのものが考えられるが，具体的な提案としては，【3.1.1.31】（契約の無効および取消しの原因）に2つの案を掲げてある。

9 準用規定の整備について

　契約債権に関する規定と法定債権に関する規定とを分離する場合，法定債権に関する規定の置き場所にはいくつかの可能性がありうる。すでに述べたように，契約債権と法定債権とを債権の発生原因として対置するというのが，ここでの考え方である。

　しかし，その他に以下のような考え方もありうる。1つは，法定債権に関する規定は各種の契約に関する規定に後置する（理論上は各種の契約とは別の編を立てるべきことなるが，煩雑なので便宜上同じ編に規定を置く）という考え方である。もう1つは，法定債権を債権発生原因としてではなく，個別に救済手段（一方で，権利侵害に基づく損害賠償請求権と差止請求権の規定を併置し，他方で，不当利得の規定を関係各所に配置する）として位置づけるという考え方である。

　いずれもありうる考え方ではあるが，その場合は，債権の消滅・変動等に関する規定をどうするかが問題になる。理論上は法定債権の消滅・変動等に関する規定が必要になるが，これはかなり煩雑なことだといわざるをえない。そうなると，債権編を契約債権に関する部分と債権一般に関する部分に2分する方策が浮上するが，それならば債権編の中に，契約債権に関する部分・法定債権に関する部分，債権一般に関する部分の3つを置いても大差ない。

　債権総則の多くの規定を契約債権に関する規定として純化するならば，法定債権についても，これらに対応する規定を置くことが必要になる。具体的には，損害賠償の範囲につき，法定債権（不法行為に基づく損害賠償請求権）に関する規定を置くことなどが不可欠となる。これは，法定債権に関する規定の位置にかかわらず，生じる問題である。

　以上とは別に，法律行為に関する規定を契約に関する規定として債権編に取り込むとすると，それらの規定は契約のみに適用され，単独行為などには適用されないことになる。この点に関しては，法律行為に関する規定を単独行為などに準用する規定を置くことによって対処することになる。理論的には，総則編ないし債権編に包括的な準用規定を置けばよいが，場合により準用の有無を明確化するための個別規定を置くことも考えられる。

序論

10 総則編の将来像について

　契約法の機能的一体性を重視する立場に立つならば，法律行為関連規定や債権時効関連規定を総則編から債権編に移すことが考えられる。編成案の乙案はこの考え方に立つ。さらに進んで，ドイツ民法のように，人の章のうちの権利能力・成年年齢・後見保佐補助の規定はそのままにし（将来は，後見補佐補助の規定を親族編に移す，あるいは，人格権の規定等とあわせて人編を設けることも考えられる），行為能力に関する規定（行為能力の制限および同意権取消権）を債権編に移すことも考えられる。

　2006年の法人改革によって，総則編からは法人に関する規定の多くが削除されている。それに加えて以上のような移動を行うと，総則編には，①通則のほか，②a 人（法人を含む）・物・法律行為に関する若干の規定，および②b 期間の計算に関する規定（単行法とすることも考えられる）だけが残ることになる。結果として，総則編の空洞化は一層進むことになる。総則編からはすでに法人に関する規定の大部分が除かれているが，法律行為・時効が除かれるとなると，残るのは，人に関する規定のほか，法人・物・法律行為に関するわずかな規定となる。しかし，これによって総則編は，「残り滓」になるわけではないし，その存在意義を失うわけでもない。検討委員会では，総則編の重要性は共通の認識であり，法律行為に関する規定を一切置かないという案は検討の対象にならなかった。

　仮に，置かれる規定が縮減されるとしても，総則編はなお重要な意味を持つ。将来は「人」に関する規定を移動することも視野に入れるならば，総則は，基本原理を定める部分（私権と公共，個人の尊重と平等など）と基本概念（人・物・行為，時間など）を定める部分から構成されることになる。言い換えるならば，総則編は，権利の主体・客体・（変動原因としての）行為という民法の基本要素を提示し，その相互関係を示すものであり，そのようなもとして維持されることになる。そうなると，総則編は，民法を価値的・論理的に基礎づける役割を担うことになり，総則に続く部分は，総則中に示された基本原理・基本概念の具体的な展開として位置づけられることになる[10]。

　では，「人」の規定はどうすべきか。権利能力や自然人・法人の区別に関する規定は，総則編に存置するとして，その他の規定は，人格権に関する規定とあわせて，「人」に関する編を独立させるというのが1つのありうる姿であろう。この「人」編に続く形で現在の親族編を配置するならば，民法典の冒頭に広い意味での「人（と家族）の法」が出現することになる。このような構想は新奇なものではな

---

10)　大村敦志『民法読解総則編』（有斐閣，2009）結章「総則の過去・現在・未来」を参照。

38

く，法典編纂時の梅謙次郎の発想がすでにこの方向を目指すものであったといえる。

梅の構想が採用されなかった理由については立ち入った検討を要するが，そこには，親族編・相続編の連続性に対する配慮が働いていたといえる。しかしながら，家督相続制度の廃止後は，このような配慮の必要性は大きく後退したといえる。パンデクテン方式のもとでも，親族編・相続編は同じ次元にならぶものではない，との指摘をもふまえて考えるならば，「人の法」の前置は改めて検討に値する選択肢となっているといえるだろう（我妻栄の『民法』（勁草房，〔第8版〕2007・〔初版〕1949）は，身分法を財産法よりも前に置く編成を採用している）。とりわけ，個人の尊厳を基本原理に掲げるのならば，「人の法」の優位はその帰結として自然なことであるというべきだろう[11]。

11 改正民法典と消費者団体訴訟の要件の関係について

消費者契約法の私法実体規定を改正民法典に取り込む際に，消費者団体訴訟との関係につき，次の点も検討しなければならない。第1に，「不特定かつ多数の消費者に対して」行われる行為を切り出すという観点から見た場合に，改正民法典に統合される規定（4条1項2号・3項に対応する規定，不当条項に関する規定のうち適用対象を消費者に限るもの）は，はたして従前の規定と同様の性質を維持しているかという問題がある。第2に，改正民法典において一般法化される規定（4条1項1号に対応する規定），適用対象が消費者契約に限られない規定（不当条項に関する規定のうち約款にも適用されるもの）はどうかという問題がある。

第1点に関しては，改正民法典に置かれる規定もまた「消費者」を想定していることからして，とくに大きな問題はない。これに対して，第2点はやや問題である。適用対象が消費者に限られているわけではないからである。この問題に関しては，不当勧誘と不当条項とを区別して考える必要がある。

前者に関しては，2つの点から見て，結果的には問題はないと考えることができる。すなわち，①一方で，「表意者の意思表示をするか否かの判断に通常影響を及ぼすべき事項につき」という不実表示の要件自体が，すでに定型性を組み込んだものとなっているし，②他方，仮に，要件自体が個別的な判断を要するものになっているとしても，「消費者」が相手方になる場合には「不特定かつ多数」を想定した定型的な態様のものを切り出すことができるからである。後者に関しては，次のように考えるべきだろう。確かに，改正民法典の不当条項に関する規定には，適用対象を消費者に限らないものが含まれている。しかし，これらの契約条項もまた消費

---

11) 広中俊雄「『第一編 人』で始まる新しい民法典の編纂」民法改正を考える 45 頁の説くところである。

者に対して使用されうることは疑いない。そして、その場合には、団体訴訟の対象としない理由は見いだしがたい。

以上のように考えるならば、消費者に対してのみ行われるとは限らない不当な勧誘行為（詐欺・強迫の場合）についても、同様に団体訴訟の対象とすることが可能ではないかという疑問が生ずる。この点については、詐欺・強迫についても団体訴訟の対象となると考える余地も十分にある。しかし、現行法の基本的な価値判断を動かさないとすれば、詐欺・強迫の場合にはあまりにも個別性が高い、と考えることになろう。上記の①②のうち、①が欠けているため、②だけでは対処しきれないということになる。

以上の結果、少なくとも、消費者に限らず適用される詐欺・強迫・不実表示のうち不実表示のみを団体訴訟の対象とし、従前の団体訴訟の範囲を維持することが可能となる。

なお、12条の要件のうち①に関しては、改正民法典の規定に置き換えるのではなく、現行消費者契約法4条1項～3項そのものを挿入するという考え方もある。これは、4条1項～3項の要件としての明確性を重視するという観点に立つものである。確かに、この観点は重要である。しかし、4条1項～3項の一般法化・統合にあたっては合理的な拡張が図られていることを考えるならば、4条1項～3項の範囲に限ってしか差止めを認めないことにする理由はないように思われる。

12　消費者契約法1条～3条・48条の取扱いについて

現行消費者契約法1条は、「この法律は、①消費者と事業者との間の情報の質及び量並びに交渉力の格差にかんがみ、②事業者の一定の行為により消費者が誤認し、又は困惑した場合について契約の申込み又はその承諾の意思表示を取り消すことができることとするとともに、事業者の損害賠償の責任を免除する条項その他の消費者の利益を不当に害することとなる条項の全部又は一部を無効とするほか、③消費者の被害の発生又は拡大を防止するため適格消費者団体が事業者等に対し差止請求をすることができることとすることにより、消費者の利益の擁護を図り、もって国民生活の安定向上と国民経済の健全な発展に寄与することを目的とする」と定めている（①～③の番号は筆者による）。しかし、このうちの①部分は主として、②部分はもっぱら、「第2章消費者契約」を想定した部分である。そこで、仮に、第2章を削除するならば、目的規定の修正が必要になる。

この点につき、一案としては、②部分は削除する（あるいは、③部分の前提として存置するが表現を簡略化する）が、①部分は、③部分の根拠にもなっているので存置するという案が考えられるが、さらに検討を要する。

なお、民法典に消費者契約法の私法実体規定を取り込む際に、それらの規定を支

えている基本原理（具体的には①部分）を書き込む必要はないかという問題がある。しかし，この部分は現在では消費者基本法に書き込まれている。民法典中の消費者規定は消費者法の一部をなすものとして，消費者基本法の理念のもとにあると考えるべきであるので，改めて規定を置くまでもない。さらにいえば，この基本原理は，もともとは民法の判例・学説によって形成されてきたものであり，現代の民法に内包されているともいえる。今回の改正において，「消費者」という概念を用いるということは，このような基本理念が民法の理念でもあることを示すということにほかならない。

　消費者契約法2条に関しては，民法典にも置かれる「消費者」「事業者」等の定義を存置する必要があるかが問題になる。しかし，これらの用語は「第2章消費者契約」以外の部分でも用いられているので，2条1項～3項は存置する必要があろう。

　消費者契約法3条は，今日では消費者基本法5条1項2号（事業者の有する責務の1つとして，「消費者に対し必要な情報を明確かつ平易に提供すること」を掲げる）と7条1項（「消費者は，自ら進んで，その消費生活に関して，必要な知識を修得し，および必要な情報を収集する等自主的かつ合理的に行動するよう努めなければならない」と定める）によって吸収されていると見ることもできる。その場合には，この規定を存置する理由は乏しい。しかし，この規定を存置する必要があるというのであれば，第4章雑則の冒頭に47条の2として置くことになろう。その場合には，一定の要件があれば適格消費者団体は消費者契約につき差止請求をなしうるが（12条～47条），そうした事態に至らないように両当事者は一定の努力を義務づけられている（47条の2），と説明することになろう。

　消費者契約法48条は，「この法律の規定は，労働契約については，適用しない」と定めている。現行法のもとでは，第2章・第3章双方の適用除外を意味するが，第2章が削除されると第3章に限って適用されることになる。これ自体は問題ないが，民法に移された不実表示等の規定もまた労働契約に適用されないのだとすると，民法ないし労働契約法に適用除外の規定を置くことが必要になる（本提案においては，消費者契約の定義とあわせて，適用除外の規定を置いている）。

第1編　総　則

第5章 法律行為

第1節 総　則

【1.5.A】（法律行為）
⟨1⟩　「法律行為」概念を維持する。
⟨2⟩　法律行為について，定義規定・分類規定に相当するものは，とくに定めないこととする。
⟨3⟩　「法律行為」に関する規定を定める際に，第1節「総則」，第2節「意思表示」を設けるという現民法の編別を維持する。

提 案 要 旨

　1　「法律行為」概念は，債権編で問題となる契約や単独行為のほか，それ以外の領域で問題となるさまざまな行為を包含することを可能にし，それらに共通して問題となる事柄について原則的な規律を定めるために考え出されたものである。このような「法律行為」概念は，現民法の制定から100年あまりを経て，すでに確立したものであり，民法以外の領域でもこの概念を前提とした立法や解釈が行われている。
　また，「法律行為」に関する規定は，現民法が採用する権利を基軸としたパンデクテン・システムの中で，権利の変動原因としての人の行為に関する共通の基本原則を定めたものとして位置づけられる。これらの規定は，市民社会に妥当する共通の基本原則を宣言し，確認するという意味を持つ。
　以上のような「法律行為」概念の技術的・実用的意義，そしてとりわけ体系的・原理的意義にかんがみて，本提案⟨1⟩では，「法律行為」概念を維持することとしている。
　2　法律行為について，定義規定・分類規定に相当するものを定めることも考えられる。たとえば，「契約」と「単独行為」を明示し，それぞれの定義を定めることなどが考えられる。
　しかし，「契約」にしても「単独行為」にしても，正確に定義しようとすればするほど，非常に複雑なものとなり，かえってわかりにくさが増幅するだけに終わる可能性が高い。むしろ，そのような定義をあえて行うよりも，たとえば効力の発生

【1.5.A】　　　　　　　　　　　　　　　　　　　　　第1編　総則

原因等，基本原則に相当する規範を定める方が，その意図しているところをよりよく伝えられると考えられる。したがって，本提案〈2〉では，法律行為について，定義規定・分類規定に相当するものは，とくに定めないこととしている。

　3　本提案〈3〉では，法律行為に関する規定を定める際に，第1節「総則」，第2節「意思表示」を設けるという現民法の編別を維持することとしている。法律行為に関しては，主として意思表示にかかわる問題のほかに，それに尽きない法律行為全体にかかわる問題があるからである。とくに，【1.5.01】（法律行為の効力）で提案するように，法律行為に関する基本原則を新たに定めようとすると，「意思表示」という節とは別に，「総則」を設けておく必要がある。

解　説

1　「法律行為」概念の維持

　「法律行為」という概念は，法律に不慣れな市民にとって，耳慣れない言葉であり，それが契約や遺言等を包含する上位概念であることは，ただちに理解しにくいことは否めない。しかし，「法律行為」概念は，すでに現行民法典の制定から100年あまりを経て，法律家の間では確立したものであり，民法以外の領域においても，この概念を前提とした立法や解釈が行われている。仮にここで「法律行為」概念を採用しないという決定を行うならば，影響は甚大であり，大きな混乱が生じると推測される。

　また，「法律行為」概念は，債権編で問題となる契約や単独行為——選択権の行使，解除，相殺，予約完結の意思表示，賃借権の譲渡・転貸の承諾，解約申入れ等——のほか，それ以外の領域で問題となるさまざまな行為——取消し，同意・追認，権利の放棄，時効利益の放棄，時効の援用，決議等のほか，制限物権の設定行為や共有物の変更・管理・分割に関する合意・同意等，占有に関する意思表示，さらに相続の承認，放棄，遺言をはじめ，家族法の領域で問題となる各種の行為等——を包含することを可能にし，それらに共通して問題となる事柄について原則的な規律を定めるために考え出されたものである。立法技術としても，「法律行為」概念は，これらの行為をもれなく規律するのに有用なものである。仮にここで「法律行為」概念を採用しないとするならば，とりわけ単独行為に当たるさまざまな種類の行為について必要な規律をどのように行うかという——現民法では必要のない——技術的に困難な課題が生じることになる。

　さらに重要なのは，「法律行為」概念の持つ体系的・原理的意義である。現民法が採用するパンデクテン・システムは，権利を基軸とした体系であり，総則編も，権利の主体，権利の客体，権利の変動原因としての行為・時の経過として構成され

第5章　法律行為　第1節　総則　　　　　　　　　　　　　　　　【1.5.A】

ている。「法律行為」に関する規定は，このシステムの中で，権利の変動原因としての人の行為に関する共通の基本原則を定めたものとして位置づけられる。たとえば，「公序良俗に反する法律行為は，無効とされる」という規範や，「意思表示に一定の錯誤があるときは，その意思表示の効力を否定することができる」という規範，「意思表示は，相手方に到達した時からその効力を生ずる」という規範，「代理権を有する者が顕名をして法律行為をしたときは，その効果は本人に帰属する」という規範等を「法律行為」に関する規定として定めることは，これらの規範が市民社会に妥当する共通の基本原則であることを宣言し，確認するという意味を持つ。

　以上のような「法律行為」概念の技術的・実用的意義，そしてとりわけ体系的・原理的意義にかんがみて，本提案〈1〉では，「法律行為」概念を維持することとしている。

2　定義規定・分類規定

　法律行為については，そこに含まれるものを明らかにするために，定義規定・分類規定に相当するものを定めることも考えられる。たとえば，「契約」と「単独行為」を明示し，それぞれの定義を定めることなどが考えられる。

　この場合に問題となるのは，「契約」と「単独行為」をどのように定義するかである[1]。

　まず，「契約」については，たとえば「債権の発生・変更・消滅を目的とする複数の当事者の意思表示の合致」というような定義が考えられる。これは，債権編に定められた「契約」を定義するものである。しかし，これによると，物権変動に関する効果は「契約」から直接生じないことが含意されることになり，あたかも物権行為と債権行為を区別し，「契約」とは債権行為であるという立場を採用したかのように受けとめられる可能性が出てくる。もちろん，そのような立場はありうるとしても，現在においてそのような立場を明示的に採用すべき積極的な理由があるとは考えられない。したがって，このような「契約」の定義は適当とはいえない。

　こうした問題を回避しようとすると，たとえば「法的効果を発生させることを目的とする複数の当事者の意思表示の合致」というような定義も考えられる。しかし，この定義では，いわゆる合同行為も「契約」に含まれることになり，これもまた議論の余地があることからすると，やはり定義として適当ではない。

　また，「単独行為」については，たとえば「契約または法律の規定によって与えられた権利を行使することによって，債権その他の法律関係を発生・変更・消滅さ

---

1)　以下に挙げる「契約」および「単独行為」の定義の例は，検討の過程で，法律行為に関する規定の多くを債権編に置くという立場（序論Ⅱ5における乙案を参照）から，実際に定義の候補として取り上げられたものである。

せる一方的な意思表示」というような定義が考えられる。しかし，この定義は，取消しや解除，相殺の意思表示等については当てはまるとしても，単独行為の代表例の1つである遺言には当てはまらない。その意味で，そもそも定義として適当ではない。同様の問題は，たとえば「契約または法律の規定によって与えられた権利を行使することによって，法律の定めるところに従い，法的効果を発生させることを目的とする一方的な意思表示」というような定義にも，当てはまる。

以上のいずれの定義案も，それぞれ定義として問題があるだけでなく，このような定義をすることによって，はたして「契約」や「単独行為」，ひいては「法律行為」の意味が明確になったといえるかどうかということ自体，疑わしいというべきだろう。これらの概念は正確に定義しようとすればするほど，非常に複雑なものとなり，かえってわかりにくさが増幅するだけに終わる可能性が高い。むしろ，そのような定義をあえて行うよりも，たとえば効力の発生原因等，基本原則に相当する規範を定める方が，その意図しているところをよりよく伝えられるというべきだろう。

したがって，本提案〈2〉では，法律行為について，定義規定・分類規定に相当するものは，とくに定めないこととしている。

3 「法律行為」の章の編成

「法律行為」に関しては，現民法では，第1節として「総則」，第2節として「意思表示」が定められている。「意思表示」の節では，法律行為を構成する意思表示の有効要件と効力発生要件に相当するものが定められ，「総則」では，個々の意思表示ではなく，法律行為としての効力に関する問題が取り上げられている。両者の区分は，必ずしも截然と行うことができるものではないが，少なくとも，主として意思表示にかかわる問題のほかに，それに尽きない法律行為全体にかかわる問題があることは否定できない。また，【1.5.01】（法律行為の効力）で提案するように，法律行為に関する基本原則を定めようとすると，「意思表示」という節とは別に，「総則」を設けておく必要がある。

以上のような考慮から，本提案〈3〉では，法律行為に関する規定を定める際に，第1節「総則」，第2節「意思表示」を設けるという現民法の編別を維持することとしている。

《比較法》 フランス民法（カタラ草案）1101条・1101-1条，イタリア民法1324条，オランダ民法3:33条・3:59条・6:213条・6:216条，ロシア民法153条〜156条，中国民法通則54条，中国統一契約法2条，カンボディア民法309条〜312条・355条・356条，第2次契約法リステイトメント1条〜5条・17条〜19条，DCFR II-1:101条・4:301条

第5章 法律行為　第1節　総則　　　　　　　　　　　　　　【1.5.01】

【1.5.01】（法律行為の効力）

　法律行為は，この法律その他の法令の規定に従い，意思表示に基づき，その効力を生ずる。

〔関連条文〕　新設

提　案　要　旨

　法律行為が行われれば，その効力が認められるという原則は，法律行為に関する根本原則であり，民法，ひいては私法全体にとって，もっとも基本的な原則の1つにほかならない。そのような意味を持つ原則を不文の法にとどめておくべき理由はなく，むしろこれを積極的に明文化し，基本原則として認められることが誰にとっても明らかになるようにすべきである。

　本提案は，このような考慮から，法律行為の効力が認められる原因——何に基づいて効力が認められるか——が当事者の意思表示にあるという基本原則を明文化することとする。また，「この法律その他の法令の規定に従い」と定めることにより，法律行為の効力が認められるための要件——どのような場合に効力が認められるか——は，必ずしも常に意思表示のみで足りるわけではなく，それぞれの法律行為に関する法律の規定に応じて異なる可能性があることも確認している。

解　　説

　現民法では，第1編「総則」第5章「法律行為」第1節「総則」は，90条からはじまり，「公の秩序又は善良の風俗に反する事項を目的とする法律行為は，無効とする」と定められている。この規定は，法律行為が行われれば，その効力が認められるという原則を前提とし，その例外を定めたものと位置づけられる。現民法が原則に当たる規定を明文で定めていないのは，それは法律行為というものを認める以上，当然のことであり，とくに明記するまでもないと考えたからだろう。

　しかし，法律行為が行われれば，その効力が認められるという原則は，法律行為に関する根本原則であり，民法，ひいては私法全体にとって，もっとも基本的な原則の1つにほかならない。そのような意味を持つ原則を不文の法にとどめておくべき理由はなく，むしろこれを積極的に明文化し，基本原則として認められることが誰にとっても明らかになるようにすべきである。

　本提案では，このような考慮から，法律行為に関する規定の冒頭に，「法律行為は，この法律その他の法令の規定に従い，意思表示に基づき，その効力を生ずる」と定めることとしている。

　これは，法律行為の効力が認められる原因——何に基づいて効力が認められるか

49

【1.5.02】

——が当事者の意思表示にあるという基本原則を明文化したものである。現民法のもとでも，法律行為が意思表示を不可欠の構成要素とするものであることは，当然の前提とされている。どのような法律行為でも，その効力が認められるためには，必ず意思表示がなければならないとするならば，そのような効力が認められる原因を意思表示に求めることについては——なぜ，どのような意味で意思表示がそのような効力が認められる原因となるかという点については争いが残るとしても——コンセンサスが得られるものと考えられる。

このように，法律行為の効力が認められる原因は，意思表示に求められるとしても，法律行為の効力が認められるための要件——どのような場合に効力が認められるか——は，法律行為によって異なる可能性があり，必ずしも意思表示に尽きるわけではない。そこで，本提案では，「この法律その他の法令の規定に従い」と定めることにより，法律行為の効力が認められるための要件については，それぞれの法律行為に関する法律の規定に応じて異なる可能性があることを確認している。

〈比較法〉 フランス民法 1134 条，フランス民法（カタラ草案）1101 条・1101-1 条・1134 条，イタリア民法 1322 条・1372 条，ドイツ民法 311 条 1 項，スイス債務法 1 条・19 条，オランダ民法 3:33 条，ロシア民法 153 条〜156 条，中国民法通則 54 条・57 条，中国統一契約法 4 条・8 条，カンボディア民法 3 条・309 条〜312 条，UNIDROIT（2004）1.1 条・1.3 条，PECL1:102 条，DCFRⅡ-1:101 条〜1:103 条

【1.5.02】（公序良俗）
〈1〉 公序または良俗に反する法律行為は，無効とする。
〈2〉 当事者の困窮，従属もしくは抑圧状態，または思慮，経験もしくは知識の不足等を利用して，その者の権利を害し，または不当な利益を取得することを内容とする法律行為は，無効とする。

〔関連条文〕 現民法 90 条（改正），〈2〉新設

提 案 要 旨

1　現民法 90 条が示す一般原則は，確立した原則として受け入れられていることから，本提案〈1〉では，これを基本的に維持した上で，次の 2 つの点で，その定式を修正することとしている。

第 1 に，現民法 90 条の「公の秩序又は善良の風俗」という文言を「公序または良俗」に改める。「公の秩序又は善良の風俗」という文言は，現代語としては古め

第5章　法律行為　第1節　総則　　　　　　　　　　　　　　【1.5.02】

かしく，非法律家にとってなじみにくいものとなっているのに対し，公序良俗という言葉は，法律家の間で確立した用語法となっているだけでなく，日常用語としても，「公の秩序又は善良の風俗」の本来の意味を表す言葉として通用していると考えられるからである。

　第2に，現民法90条の「事項を目的とする」という部分を削除する。これは，同条についても，現在の一般的な理解によると，法律行為の内容だけでなく，法律行為が行われる過程の事情も考慮することが認められているため，このことを文言の上でも明確化するという考慮に基づく。

　2　本提案〈2〉では，この公序良俗の一般原則を具体化したものとして，暴利行為に相当するものを明文化することとしている。

　暴利行為が公序良俗違反の1つの類型として認められることは，現民法90条のもとでも確立している。これは，伝統的に，「他人の窮迫・軽率・無経験に乗じて，いちじるしく過当な利益の獲得を目的としてなされた法律行為は，無効とする」という準則として定式化されてきた。これに対し，1980年代半ばごろから，下級審裁判例および学説において，とくに消費者取引や投資取引に関する紛争に対処するため，この暴利行為の準則をより積極的かつ柔軟に活用しようとする動きがみられるようになっている。そこでは，伝統的な暴利行為の定式の前半部分——他人の窮迫・軽率・無経験に乗じること——を意思決定過程に関する主観的要素ととらえ，後半部分——いちじるしく過当な利益の獲得を目的として法律行為をすること——を法律行為の内容に関する客観的要素ととらえた上で，両者の相関関係によって不当性を判断し，法律行為の無効を導くという考え方が展開されている。

　本提案〈2〉は，このような現代的暴利行為論の主張に従い，意思決定過程に関する主観的要素と法律行為の内容に関する客観的要素を考慮することにより，法律行為の無効という効果を認める規定を新設することとしている。本提案〈2〉が，効果を法律行為の無効とし，これを〈1〉の具体化として〈1〉に続けて規定するのは，公序良俗の射程に，個人の権利・自由を保護することを目的とした保護的公序といわれるものが含まれることを明確化し，〈2〉の要件を直接みたさない場合でも，〈1〉でカバーする可能性があることを示すためである。

　本提案〈2〉では，意思決定過程に関する主観的要素として，「当事者の困窮，従属もしくは抑圧状態，または思慮，経験もしくは知識の不足等を利用」することを挙げ，法律行為の内容に関する客観的要素を「その者の権利を害し，または不当な利益を取得することを内容とする」ことを挙げている。

　主観的要素のうち，「困窮」は，伝統的な暴利行為の定式の「窮迫」に対応し，「思慮」「経験」の不足は，「軽率，無経験」に対応する。これに対して，「従属もしくは抑圧状態」および「知識」の不足は，伝統的な暴利行為の定式に対し，新たに

51

付け加えたものである。「従属もしくは抑圧状態」を加えたのは，それが利用される場合でも，自由な意思決定が妨げられることに変わりはないからであり，これにより，既存の関係を利用する場合や不当な威圧が行われる場合にも対処が可能になる。「知識」の不足を加えたのは，情報・交渉力の格差を利用して不当な契約をさせる場合も対象とするためである。ただし，以上の要素はあくまでも例示であり，これらに類するものを排除する趣旨ではない。このことは，「等」という文言によって示されている。

客観的要素のうち，後半の「不当な利益を取得することを内容とする」ことは，伝統的な定式の「いちじるしく過当な利益の獲得を目的とする」ことを緩和したものである。主観的要素がそなわる程度が大きければ大きいほど，当事者が自由に決めたとはいいがたくなり，そのような場合は，現代的暴利行為論が説くように，「いちじるしく過当」とまではいえなくても，「不当」といえる程度の利益を取得することが内容とされていれば，法律行為の効力を否定してもよいと考えられるからである。

これに対し，客観的要素のうち，前半の「その者の権利を害し」という部分は，伝統的な定式にはなかったものである。これは，必ずしも相手方が「不当な利益」を取得するとはいえない場合でも，被害者の「権利」——確立した権利に限られず，法律上保護される利益に当たるものも含む——が侵害されている限り，救済を認める必要があるという考慮に基づく。

解　説

1　現行法の状況

(1)　現民法の立法過程における理解

現民法90条は，起草者によると，公序良俗に関する法律がない場合にも法律行為を無効にするために定められたものである。したがって，現民法90条が一般条項の性格を持つことは，当初からはっきりと意識されていた。もっとも，そのことは積極的に評価されていたわけではなく，濫用のおそれが指摘され，その適用に歯止めがあることも強調されていた[1]。

このような観点から，公序良俗違反を理由に法律行為が無効とされるのはあくまでも例外であり，公序良俗の内容も，かなり限定的にとらえられていた。現民法90条の基礎とされた旧民法[2]の立法過程では，ボワソナードは，広い意味での秩序

---

1) 主査会速記録（学振版）6巻130丁表以下，総会速記録（学振版）5巻93丁表以下，民法修正案（前三編）の理由書139頁以下を参照。詳しくは，山本敬三『公序良俗論の再構成』（有斐閣，2000・初出1995〜1999）115頁以下を参照。

——それも国家の基本秩序だけでなく，社会の道徳的な秩序，さらには経済秩序に関するものも含められていた——の維持のほか，個人の権利や自由の保護に関するものを想定していた[3]。それに対して，現民法90条の立法過程では，もっぱら秩序の維持のみが念頭に置かれ，国の行政警察・司法や性風俗に関するものが公序良俗の内容をなすと考えられていた。

(2) 公序良俗に関する伝統的な理解

(a) 伝統的な通説

その後，学説では，公序良俗は，個人の意思を制限する例外ではなく，法を支配する根本理念であり，契約自由もその枠内でのみ認められるものにすぎないとする見解が主張された[4]。それによると，公序と良俗は，明確に区別できないとされ，前者は，国家・社会の秩序を主眼とし，後者は道徳観念を主眼とするという差があるだけであり，むしろ両者は，行為の社会的妥当性を指すものとして一括すべきであると理解された。

その上で，この見解によると，主として戦前の裁判例を手がかりとして，公序良俗違反を類型化することが試みられた。たとえば，①人倫に反するもの——配偶者のある者の婚姻予約・愛人契約等——，②正義の観念に反するもの——不正行為を助長する契約・談合契約等——，③他人の無思慮・窮迫に乗じて不当の利を博する行為（暴利行為）——過大な賠償額の予定，過剰な担保権の設定契約——，④個人の自由を極度に制限するもの——芸娼妓契約等——，⑤営業の自由の制限——競業禁止特約等——，⑥生存の基盤たる財産の処分——部落民の生存を支える灌漑用水を放棄する契約等——，⑦いちじるしく射倖的なもの——賭博に関する契約——という類型化がその代表例である[5]。

これらの類型からもわかるように，公序良俗の内容は，立法過程で想定されていたものよりも広くとらえられている。秩序の維持についても，国の行政警察・司法に関するもののほか，社会の秩序や経済秩序，家族秩序に関するものが含められている。また，権利・自由の保護に関するものも，芸娼妓契約に関する一連の裁判例を通じて，公序良俗の主要類型の1つとして取り上げられるようになっている。さらに，現民法の立法過程ではまったく問題とされていなかった暴利行為も，公序良

---

2) 旧民財328条 当事者ハ合意ヲ以テ普通法ノ規定ニ依ラサルコトヲ得又其効力ヲ増減スルコトヲ得但公ノ秩序及ヒ善良ノ風俗ニ触ルルコトヲ得ス

3) 山本・前掲注1) 111頁以下を参照。

4) 末川博「公序良俗の概念——民法第90条について」同『続民法論集』（評論社，1962・初出1922）11頁，我妻栄「判例より見たる『公の秩序善良の風俗』」同『民法研究Ⅱ』（有斐閣，1966・初出1923）121頁等を参照。

5) 我妻・総則272頁以下を参照。

俗の1つの類型として承認されるに至っている。
  (b)　**最上級審レベルにおける判例法の変遷**
　以上のような見解は，学説レベルでは，通説として確立することになる。しかし，判例を子細にみると，その様相はかなり異なる[6]。
　まず，公序良俗として扱われる問題領域は，以上のように相当広範囲わたっているものの，最上級審裁判例にしぼっていえば，当初は，公序良俗違反を理由に無効を認めるものが比較的多かったのに対し，次第にそうしたものが少なくなっている。
　たとえば，国家や社会の維持にかかわるものに関していえば，明治・大正期には，とくに法令違反の行為を無効とするものが少なくなかったのに対し，その後は，戦時期・戦後期に物資統制法規違反の行為を無効としたものを除いて，問題となる件数が減少し，しかも原則として有効とされるようになっている。秩序違反を理由に契約が無効とされるのは，談合行為や弁護士法違反のケースのほか，射倖契約など，かなり限られている。
　また，権利・自由の保護にかかわるものに関しても，戦前は，芸娼妓契約のほか，営業・職業の自由を制限する契約がしばしば問題とされていた。しかし，もともと営業・職業の自由を制限する契約については，実際に無効を認めたものは非常に少なく，芸娼妓契約についても，戦後になってこれを全部無効とする判例の立場が確立するとともに，問題となるケースが急速に減少している。
　さらに，暴利行為に関しても，昭和期に入って問題となるケースが急増し，内容の不当性だけでなく，相手方の窮迫・軽率・無経験に乗じたことも必要であるという一般的な基準が確立することになったものの，実際に無効を認めるケースはほとんどなかった。それに対して，戦後に入ると，代物弁済予約に関するケースを中心として，実際に無効を認めるものが出てくることになるが，代物弁済予約について清算義務を認める判例が確立した結果，暴利行為は主要な適用領域を失い，問題となるケース自体が非常に少なくなった。
  (3)　**公序良俗に関する最近の動向**
　以上に対して，1980年代に入るころから，下級審裁判例で，それまでとは違った動きがみられるようになった。そのポイントは，次の3つにまとめられる[7]。
　第1に，問題となる領域が，かつての「人倫に反するもの」といったものから，取引関係や労働関係をはじめ，経済活動に関するものへと変化してきた。
　第2に，その際，経済秩序に関する法令を中心に，法令違反を理由の1つとして

---

  6)　山本敬三「民法における公序良俗論の現況と課題」民商133巻3号（2005）5頁以下を参照。詳しくは，山本・前掲注1）123頁以下（とくに183頁以下）を参照。
  7)　山本・前掲注1）186頁以下を参照。判例の詳細については，同155頁以下を参照。

公序良俗違反を認めるものが増えてきた。しかもその際，個人の権利・自由の保護を目的とした法令の違反がしばしば問題となっている。たとえば，優越的地位の濫用等をはじめとした不公正な取引方法に関する法令が，その代表例である。

第3に，個人の権利・自由を保護するために公序良俗違反を認めるものが増えてきている。たとえば，営業・職業の自由など，憲法上の自由や平等権の侵害を問題としたケースが目立つようになっている。さらに，暴利行為についても，いわゆる悪徳商法や不当な投資勧誘のように，相手方の窮迫や無知などを利用して不当な対価を取得するというケースが多発した。そこでは，契約内容だけではなくて，契約締結前後の事情も考慮して，公序良俗違反を判断するという傾向がみられる。

以上のような傾向は，最近になって，最上級審レベルの裁判例にも現れるようになっている。とくに，労働者の権利を保障した法令の趣旨を没却することを理由に公序良俗違反を認めるもののほか[8]，個人の権利・自由を保護するために公序良俗違反を認めるものが目立つようになっている[9]。

2 公序良俗の一般原則

以上のように，現民法90条の意味と射程については，時代により変遷がみられるとしても，同条が示す一般原則は，現在では，確立した原則として受け入れられているとみることができる。また，この一般原則が認められることは，民法だけでなく，他の法領域でも当然の前提とされている。したがって，同条は，基本的に維持すべきであると考えられる。

もっとも，現民法90条の定式には，次のような問題があり，本提案〈1〉は，その点で，同条の定式を修正することとしている。

第1に，「公の秩序」，「善良の風俗」という表現は，ordre public, öffentliche Ordnung, boni mores, bonnes mœurs, gute Sitte 等の外国語の翻訳と考えられる。いずれも，現代語としては古めかしい表現という印象を免れない。とくに非法律家にとって，「公の秩序」は読み方としてもむずかしく，「善良」という言葉は，現代では人の性格について使われることが多いため，「風俗」と組み合わされた場合，なじみにくいものとなっていることは否めない。これに対し，公序良俗という言葉は，法律家の間で確立した用語法となっているだけでなく，日常用語としても，「公の秩序又は善良の風俗」の本来の意味を表す言葉として通用していると考えられる。したがって，本提案〈1〉では，この用語法に従い，「公序または良俗」

---

[8] 最判平成元年12月14日民集43巻12号1895頁，最判平成15年12月4日判時1847号141頁を参照。

[9] 最判平成16年11月5日民集58巻8号1997頁，最判平成19年2月2日民集61巻1号86頁を参照。

という表現に改めることとしている。

　第2に、「事項を目的とする」という定式は[10]、法律行為の内容のみを対象にしているように読むことができる。しかし、現民法90条に関する一般的な理解によると、法律行為の内容だけでなく、法律行為が行われる過程の事情を考慮することも認められている。したがって、この点を明確にするために、本提案〈1〉では、「事項を目的とする」という部分を削除し、端的に「公序または良俗に反する法律行為は、無効とする」と定めることとしている。

3　公序良俗の具体化——暴利行為準則の現代化とその明文化

〔適用事例1〕　有名百貨店Aは、自己の店舗における売場改装の一部について、その費用の全部を納入業者の負担によってまかなうため、納入業者に対し、その負担を要請した。この要請を受けた納入業者Bらは、当初これを拒否したが、Aが納入取引に悪影響が出ることをほのめかすので、やむを得ずこれに応じて改装費用200万円を支払った。

〔適用事例2〕　Bは、祈祷師と称するAの訪問を受け、B宅には悪相が出ていると告げられた。Bは、その原因が水子の霊にあるといわれて不安になり、AとともにAの霊場に赴き、深夜に至るまで祈祷を受け、水子の霊を助けるには財産1000万円を投げ出さなければならないと告げられた。Bは、疲労困憊していた上に、Aから、このままではBの一人娘にも災いが起きると迫られたため、Aから1000万円の壺を購入することに同意し、翌日Aに1000万円を支払った。

〔適用事例3〕　Bは、Aから「Aが北海道に所有する土地は、開発計画があるため2年で少なくとも2倍の値上がりが見込める有望な土地である」として、購入の勧誘を受けた。土地取引の経験のない年金生活者であるBは不安を感じたが、銀行預金するよりもはるかに有利だと迫るAの勧誘を断りきれず、結局、30坪の土地甲を90万円で購入した。その後、BはAから「甲の面積が小さすぎるので転売が難しい。もう少し買い増して欲しい」という依頼を受けたので、不審に思って調べてみると、開発計画などなく、甲は坪1万円程度しかしない土地であることがわかった。

〔適用事例4〕　Bは、通勤のため自動車乙を運行中に、交差点の信号が赤になったため、停止線の手前で停車したところ、自転車甲に乗ったAが、猛スピードで交差点を左折しようとして曲がりきることができず、乙に衝突したため、

---

10)　現民法を制定する際の主査会で審議された原案（原案95条）は、「公ノ秩序又ハ善良ノ風俗ニ反スル行為ヲ目的トスル意思表示ハ無効トス」というものであり、委員総会でも同様だったのに対し（原案97条）、民法整理会の段階で審議された原案（原案90条）は、現民法90条と同様の定式になっている。しかし、そのように改められた理由については、とくに説明されていない。以上については、山本・前掲注1) 115頁以下を参照。

第5章　法律行為　第1節　総則　　　　　　　　　　　　　【1.5.02】

甲の前輪部分が大破し，Bは左足に打撲傷を負った。Aは，たまたま損害保険会社の従業員であり，自分は交通事故の示談交渉に詳しいとして，Bに対し，自動車と自転車が接触して，自転車の運転者が負傷した場合は，自動車の運転者側が無過失でも損害賠償責任を負うことになっているとして，自転車乙の代金相当額および治療費として合計20万円を支払うよう要求した。Bは，法律の知識に疎かったため，Aが理路整然と主張するのに反論することができず，人身事故を起こしたことを勤務先に知られたくないと考え，やむなくAの求めに応じて，Aに損害賠償として20万円を支払う旨の示談に応じた。

〔適用事例5〕　Bは，教員として私立大学Aに採用され，5年あまりが経過した後，A大学に在学中の女子学生Fと結婚することになった。これに対し，A大学の理事長Cは，学生との結婚は風紀上容認できないとして，Bに対して退職するよう迫り，翌年度の講義担当から外すほか，図書館・研究室の使用を禁止する旨を言い渡した。追い詰められたBは，このままでは研究活動を続けることができないと考え，やむなくCに辞職願を提出し，Cはこれを受理した。ところが，この事実が歪んだかたちで公にされたため，Bは，他大学に再就職することもできない事態に陥ってしまった。

(1)　明文化の可能性と必要性

　上述したように，現民法90条によって法律行為が無効とされる場合には，さまざまなものがある。これらの場合は，もちろん，同条によって無効とされるのであるから，このままでも実際上の不都合が生ずるわけではない。とくに個別的な法律行為の内容や事情を総合的に考慮してはじめて公序良俗違反が認められるような場合は，同条のような一般条項のかたちでしか受けとめることができない。むしろ，同条は，まさにそのために定められたものだということができる。

　しかし，同じく一般条項によってカバーされるものの中でも，その一般条項の具体化として，一定の要件ないしは判断要素からなる準則に相当するものが形成される場合もある。そのような準則が一般条項の具体化として承認され，明確に定式化できるときには，それを明文で定めることは可能であるだけでなく，必要でもある。というのは，そのような準則は，多くの場合，一般条項そのものからただちに読み取ることができず，非法律家にとってはもちろん，法律家の間でも，その適用に疑義を残す可能性があるからである。一般条項による判断は必然的に幅を伴うものである以上，そのような準則を明文化することによって判断を方向づけることができるのであれば，法的安定性に役立つのはもちろん，等しきものは等しく扱うという公平の理念にもかなうというべきだろう。

　現民法90条に関して，そのような準則として明文化することが考えられるのは，暴利行為に関する準則である。暴利行為については，現民法の起草過程では触れら

れていなかったものの，その後の判例・学説の展開の中で，公序良俗違反の1つの類型として認められることが確立している。比較法的にみても，暴利行為に関する準則に相当するものは，圧倒的多数の国で明文化され，近時の国際条約や法の調和に向けた国際的な試みにおいても同様である。

暴利行為の準則として伝統的に認められてきたのは，「他人の窮迫・軽率・無経験に乗じて，いちじるしく過当な利益の獲得を目的とする法律行為は，無効とする」という定式である[11]。この定式は，ドイツ民法典が制定された当時の138条2項にほぼ対応している[12]。もっとも，明文化に当たって，このような伝統的な定式をそのまま採用することには問題もある。というのは，最上級審レベルの裁判例をみる限り，暴利行為を理由として実際に法律行為が無効とされた事例は，戦前および戦中・戦後の一時期を除いて非常に少なく，暴利行為の準則は実際には機能していないということも指摘されているからである[13]。

これに対し，とくに1980年代半ばごろから，下級審裁判例およびそれを受けて学説の中では，暴利行為の準則をより積極的かつ柔軟に活用しようとする動きがみられるようになっている。そこでは，伝統的な暴利行為の定式の前半部分——他人の窮迫・軽率・無経験に乗じること——を意思決定過程に関する主観的要素ととらえ，後半部分——いちじるしく過当な利益の獲得を目的として法律行為をすること——を法律行為の内容に関する客観的要素ととらえた上で，両者の相関関係によって不当性を判断し，法律行為の無効を導くという考え方が展開されている[14]。

こうした現代的な暴利行為論が主張されるように至った背景には，消費者取引や投資取引に関して，消費者や投資家の意思決定に不当な干渉を加えて，本来ならば望まないような不当な内容の契約やそもそも不要な契約をさせてしまうケースが多発したという事情がある。

裁判実務では，この種の場合に，しばしば不法行為法による救済が認められてき

---

11) 大判昭和9年5月1日民集13巻875頁等を参照。

12) 当時のドイツ民法138条2項は，「とくに，ある者が，相手方の窮迫，軽率または無経験を利用して，自己または第三者に，ある給付に対して財産上の利益を約束または提供させ，その利益が給付に対していちじるしい不均衡が生じるほどその給付の価値を超えるときは，その法律行為は無効である」と定めていた。ただし，この規定は，ドイツ民法典の第1草案・第2草案にはなく，帝国議会の委員会審議の段階で新設されたものである（したがって，日本民法典の起草者は起草時に知らなかったと考えられる）。なお，この規定は，1976年に，刑法改正（302a条）に伴って修正された。この間の経緯については，大村敦志『公序良俗と契約正義』（有斐閣，1995・初出1987）120頁以下・236頁以下を参照。

13) 大村・前掲注12）273頁以下，山本・前掲注1）123頁以下を参照。

14) 大村・前掲注12）359頁以下を参照。合意の瑕疵に関していわゆる「あわせて一本」論を主張するものとして，河上正二「契約の成否と同意の範囲についての序論的考察(4)」NBL472号（1991）41頁以下も参照。

た。そこで認められる損害賠償の内容は，いわゆる原状回復的損害賠償であり，契約の効力を否定した場合に認められる不当利得の返還請求と内容的には重なる。しかし，このような不法行為法による救済では，金融商品販売法6条のような規定がない限り，賠償されるべき損害の有無・範囲・額について疑義が残るほか，そもそも契約を有効としつつ，原状回復的な損害賠償を認めることに評価矛盾があるのではないかという問題等もある。

　裁判実務でこのような対処がとられてきた一因は，判例・学説上確立した伝統的な暴利行為の準則がリジッドにすぎ，新たに生じている問題に適合的ではないところにある。このような障害を取り除き，適切な救済を可能にするためには，現代的暴利行為論に従った新たな準則を明文化する必要がある。

　このように現代的暴利行為論に従った新たな準則を明文化することには，公序良俗の射程を明確化するという点でも大きな意味がある。上述したとおり，最上級審レベルの判例をみる限り，比較的最近に至るまで，公序良俗の内容は，かなり狭く限定して理解されてきた。そのため，とりわけ実務では，公序良俗違反は，重大な秩序違反ないし道徳違反の場合を指し，「著しい不正義・不道徳」というレベルに達する場合に限って例外的に認められるという意識がうかがわれる。しかし，最近の裁判例では，上述したように，個人の権利・自由を保護するために公序良俗違反を認めるものが増え，学説でも，それを受けて，「保護的公序」といわれるものが承認されるようになっている[15]。公序良俗の射程にそのようなものが含まれることを明確化し，この方向での法形成をうながすためにも，現代的暴利行為論に従った新たな準則を明文化すべきである[16]。

(2) 要　件

　以上のような考慮から，本提案〈2〉では，意思決定過程に関する主観的要素として，「当事者の困窮，従属もしくは抑圧状態，または思慮，経験もしくは知識の不足等を利用」することを挙げ，法律行為の内容に関する客観的要素を「その者の権利を害し，または不当な利益を取得することを内容とする」ことを挙げてい

---

15) これは，フランス法の公序論を受けて展開されたものである。山口俊夫「フランス法における意思自治理論とその現代的変容」『法学協会百周年記念論文集(3)』（有斐閣，1983）223頁以下，同「現代フランス法における『公序（ordre public）』概念の一考察」『国家学会百年記念・国家と市民(3)』（有斐閣，1987）45頁以下，大村・前掲注12) 161頁以下等を参照。これを基本権の保護という観点から再構成したものとして，山本・前掲注1) 18頁以下・56頁以下，同・前掲注6) 12頁以下，山本Ⅰ 241頁以下を参照。さらに，「消費者取引公序」という考え方を提唱するものとして，長尾治助「消費者取引と公序良俗則」同『消費者私法の原理』（有斐閣，1992・初出1990）220頁以下等も参照。

16) 山本豊「契約の内容規制(その1)——暴利行為論」法教338号（2008）102頁以下も参照。

る[17]）。

(a)　主観的要素

　まず，主観的要素のうち，「困窮」は，伝統的な定式の「窮迫」に対応する。「窮迫」という文言を避けたのは，やや古めかしい用語であることのほか，「追い詰められる」という意味あいが強く，限定的な解釈につながりやすいと考えられたためである。

　それに対し，「従属もしくは抑圧状態」は，伝統的な定式になかったものである。しかし，このようなものが利用される場合でも，自由な意思決定が妨げられることに変わりはない。これにより，既存の関係を利用する場合や（適用事例1を参照），不当な威圧が行われる場合にも（適用事例2を参照）対処が可能になる。

　また，主観的要素のうち「思慮」「経験」の不足は，伝統的な定式の「軽率，無経験」に対応する（適用事例3を参照）。「無経験」としなかったのは，まったく経験がない場合だけでなく，経験が不十分である場合も含まれることを明らかにするためである。それに伴い，「軽率」も，「思慮」の不足に改めることとした。これに対し，「知識」の不足を加えたのは，情報・交渉力の格差を利用して不当な契約をさせる場合も対象とするためである（適用事例4を参照）。

　ただし，以上の要素はあくまでも例示であり，これらに類するものを排除する趣旨ではない。このことは，「等」という文言によって示されている。

　本提案〈2〉では，以上のような当事者の事情ないし状況を「利用」することを要件としている。これは，伝統的な定式では「乗じて」とされているところである。もっとも，「乗じて」では，所定の要素がすでにあることが前提となり，それを「悪用」するという意味あいが強くなる。しかし，ここで問題となるのは，当事者の意思決定に不当な干渉が行われ，本来なら望まないような法律行為をせざるをえなくなったかどうかである。このような観点からいえば，所定の要素を新たに作り出して利用する場合も同様に扱うべきであり（適用事例2を参照），また，「悪用」に当たるような行為の悪性がなくても，当事者に法律行為をさせるために所定の要

---

[17]　たとえば，UNIDROIT（2004）3.10条は，従属状態，経済的困窮，緊急の必要，無思慮，無知，経験の浅さ，交渉技術の欠如に不当につけ込んだことを考慮要因に挙げ，契約または個別の条項が契約締結時に相手方に過大な利益を不当に与えるものであることを要件としている。また，PECL4:109条は，契約締結時に，従属状態，信頼関係，経済的困窮，緊急の必要，無思慮，無知，無経験，交渉技術の欠如が存在し，かつ，相手方がこれを知りまたは知りうべきであり，いちじるしく不公正な方法でその状況につけ込み，または過大な利益を取得したことを要件としている。さらに，DCFR Ⅱ-7:207条は，契約締結時に，従属状態，信頼関係，経済的困窮，緊急の必要，無思慮，無知，無経験，交渉技術の欠如が存在し，かつ，相手方がこれを知りまたは知りうべきであり，その状況を利用して過大な利益を取得し，またはいちじるしく不公正につけ込んだことを要件としている。

素が利用されたといえれば足りると考えられる。

(b) **客観的要素**

次に、客観的要素のうち、後半の「不当な利益を取得することを内容とする」ことは、伝統的な定式の「いちじるしく過当な利益の獲得を目的とする」ことを緩和したものである。伝統的な定式では、不均衡の程度が数倍程度であるときには、「いちじるしく過当な利益」とまではいえないとされ、法律行為が有効とされることも多かった。たしかに、契約自由の原則によると、対価をどのように決めるかは、当事者の自由である。しかし、主観的要素がそなわる程度が大きければ大きいほど、当事者が自由に決めたとはいいがたくなる。このような場合は、現代的暴利行為論が説くように、「いちじるしく過当」とまではいえなくても、「不当」といえる程度の利益を取得することが内容とされていれば、法律行為の効力を否定してもよいと考えられる（適用事例 3 を参照）[18]。

「不当な利益を取得することを内容とする」ことは、契約において不相当な対価を合意させた場合だけでなく、対価は相当であっても、不必要に多量の物品等を購入させる場合——いわゆる過量販売——も含んでいる[19]。また、契約による場合だけでなく、契約によらずに不当な利益を取得しようとする場合もここに含まれる。たとえば、「困窮、従属もしくは抑圧状態、または思慮、経験もしくは知識の不足等」を利用して、不当な遺贈を内容とする遺言をさせたり、相続について単純承認や放棄をさせたりする場合などがそれに当たる。本提案〈2〉で、「当事者の困窮……等を利用して、不当な利益を取得することを内容とする」と定め、たとえば、「当事者の一方が、相手方の困窮……等を利用して、不当な利益を取得することを内容とする」と定めていないのは、このように相手方のない単独行為をさせる場合も想定されるためである。

これに対し、客観的要素のうち、前半の「その者の権利を害し」という部分は、伝統的な定式にはなかったものである。これは、必ずしも相手方が「不当な利益」を取得するとはいえない場合でも、被害者の「権利」——確立した権利に限られず、法律上保護される利益に当たるものも含む——が侵害されている限り、救済を

---

18) PECL4:109 条は、過大な利益を取得したかどうかにかかわりなく、いちじるしく不公正な方法で所定の状況につけ込んだ場合は、それで足りるとしているが、そこでも、対価は不当といえないとしても、その契約をするだけの余裕のない者に契約をさせた場合——その意味で本来ならば取得できない利益を不当に取得したといえる場合——が適用事例として想定されている。

19) 2008 年に改正された特定商取引法 9 条の 2 は、訪問販売に関して、日常生活において通常必要とされる分量をいちじるしく超える商品の売買契約等の申込みの撤回または契約の解除を認めている。

認める必要があるという考慮に基づく[20]。たとえば,「困窮,従属もしくは抑圧状態」等を利用して,権利を放棄させたり,正当な理由なく雇用契約や委任契約,賃貸借契約等を解除させたりしたような場合が,これに当たる。転居や廃業を約束させるような場合のほか,裁判を受ける権利や立候補する権利を放棄させるような契約なども考えられる(適用事例5を参照)。

(3) 効 果

効果について,本提案〈2〉は,これを無効としている。これは,従来から,暴利行為は現民法90条により,無効とされてきたことに対応する。

これに対し,暴利行為は,現在の学説では,いわゆる保護的公序に当たるものとして位置づけられ,効果も相対無効ないし取消的無効とする見解が有力となっている[21]。比較法的にみても,とくにレジオンにかかわるものは,効果を取消しとすることが少なくない。このような考慮から,効果を端的に取消しとすることも考えられる。

仮に効果を取消しとするならば,本提案〈1〉の効果は無効であるため,その2項ではなく,それとは別の規定とすることになりそうである。しかし,そのような構成をとれば,公序良俗の一般原則と暴利行為とが分離されることになり,公序良俗の一般原則には保護的公序に当たるものが含まれないという理解を誘発する可能性もある。公序良俗の一般原則は,今後も,社会状況の変化に対応して起こりうる新たな問題に対処するための受け皿として機能することが期待されることに照らすと,そのような限定的な理解を招く可能性は避けるべきである。むしろ,公序良俗の一般原則と暴利行為の準則を並列しておけば,暴利行為の準則はあくまでも公序良俗の一般原則の具体化の1つであることが明確となり,暴利行為の準則で直接カバーされないケースも,公序良俗の一般原則でカバーしやすくなると考えられる[22]。このような考慮から,本提案〈2〉は,効果を無効とした上で,これを公序良俗の一般原則に続く〈2〉として定めることとしている。ただし,この場合の「無効」は,現在の学説がいうように,相対無効を意味することに変わりはない。

---

[20] 山本・前掲注1) 63頁以下,同・前掲注6) 12頁以下を参照。2004(平成16)年の民法現代語化の際に,現民法709条が従来の「権利」を「権利又は法律上保護される利益」に修正したことの問題点については,山本敬三「基本権の保護と不法行為法の役割」民法研究5号(2008)136頁以下を参照。

[21] 大村・前掲注12) 364頁以下等を参照。

[22] ドイツ法では,古くから,ドイツ民法138条2項の要件をみたさない行為——いわゆる暴利類似行為——について,同条1項を援用することによって,法律行為を無効とする可能性が認められている。これについては,能見善久「違約金・損害賠償額の予定とその規制(5)」法協103巻6号(1986)65頁以下,大村・前掲注12) 227頁以下を参照。

第5章 法律行為　第1節　総則　　　　　　　　　　　　【1.5.03】

《比較法》〈1〉に関するもの：フランス民法6条・1131条・1133条，フランス民法（カタラ草案）1124条・1124-1条・1126条，イタリア民法1343条～1345条・1418条，ドイツ民法134条・138条1項，オーストリア民法879条1項，スイス債務法20条，オランダ民法3:40条，韓国民法103条，中華民国民法17条2項・71条・72条，中国民法通則55条・58条・59条，中国統一契約法7条，カンボディア民法353条，UCC2-302条，第2次契約法リステイトメント178条～199条・208条

〈2〉に関するもの：フランス民法1118条・1674条，フランス民法（カタラ草案）1114-3条・1118条・1122-1条・1122-2条・1123条，イタリア民法1448条，ドイツ民法138条2項，オーストリア民法879条2項・934条，スイス債務法21条，オランダ民法3.44条，韓国民法104条，中華民国民法74条，中国民法通則58条・59条，中国統一契約法54条，カンボディア民法350条，UNIDROIT（2004）3.10条，PECL4:109条，DCFRⅡ-7:207条

【1.5.03】（法律行為と法令の規定）

　法律行為の当事者が法令の規定と異なる意思を表示したときは，その意思に従う。ただし，その規定が公序または良俗に関するときは，この限りでない。

〔関連条文〕　現民法91条（改正），CISG6条
〔参照提案〕　【1.5.02】，【3.1.1.42】

提　案　要　旨

　現民法91条は，任意法規に当たる規定ごとに，「それと異なる意思を表示したときは，この限りでない」という趣旨の規定を繰り返し置くことを避けるために定められたものである。このような一般規定は必要であり，したがって，同条に相当する規定は，基本的に維持すべきである。
　もっとも，現民法91条は，問題となる規定が「法令中の公の秩序に関しない規定」，つまり任意法規に当たるときにはじめて，それと異なる意思表示が優先するという定め方になっている。これは，「法令の規定と異なる意思表示は効力を有しない」という原則を前提として，その法令の規定が任意法規に当たる場合に，例外的に意思表示が優先するという立場を採用することを含意している。しかし，「法令の規定と異なる意思表示は効力を有しない」という原則を認めるならば，それは私的自治の原則を否定するに等しい。したがって，本提案では，原則と例外を転換

63

【1.5.03】

し,「法令の規定と異なる意思表示は効力を有する」という原則を前提として,その法令の規定が強行法規に当たる場合に,例外的に意思表示の効力が認められないこととしている。

その際,本提案のただし書は,強行法規に当たるものを示すために,その規定が「公序または良俗に関する」ときとしている。これは,強行法規とされるものの中には,「公序」に関する規定だけでなく,「良俗」を具体化したものもあると考えられるためである。また,このように定めることにより,本提案のただし書が,【1.5.02】(公序良俗)〈1〉を確認した規定として位置づけられることもよりいっそう明確化されることになる。

解　説

1　規定の必要性

現民法91条は,任意法規に当たる規定ごとに,「それと異なる意思を表示したときは,この限りでない」という趣旨の規定を繰り返し置くことを避けるために定められたものである[1]。このような一般規定は必要であり,したがって,同条に相当する規定は,基本的に維持すべきである。

2　法令の規定と異なる法律行為の効力に関する原則

もっとも,現民法91条の規定の仕方については,再検討を要する。とくに問題なのは,法令の規定と異なる法律行為の効力に関する原則と例外の定め方である。

現民法91条によると,問題となる規定が「法令中の公の秩序に関しない規定」,つまり任意法規に当たるときにはじめて,それと異なる意思表示が優先するという定め方になっている。これは,厳密にいうと,「法令の規定と異なる意思表示は効力を有しない」という原則を前提として,その法令の規定が任意法規に当たる場合に,例外的に意思表示が優先するという立場を採用することを含意している。

しかし,「法令の規定と異なる意思表示は効力を有しない」という原則を認めるならば,それは私的自治の原則を否定するに等しい。私的自治を原則として承認するならば,原則と例外を転換し,「法令の規定と異なる意思表示は効力を有する」という原則を前提として,その法令の規定が強行法規に当たる場合に,例外的に意思表示の効力が認められないとすべきである。

このような考慮から,本提案では,本文で,法令の規定と異なる意思表示が優先するという原則を明文化し,ただし書で,その法令の規定が強行法規に当たる場合

---

[1]　民法修正案(前三編)の理由書140頁。

第5章　法律行為　第1節　総則　　　　　　　　　　　　【1.5.03】

は，この限りでないという例外を定めることとしている。

3　法令の規定と異なる法律行為の効力に関する例外

(1)　例外の明文化

　本提案では，ただし書で，問題となる法令の規定が強行法規に当たる場合は，以上の原則に対する例外が認められることを明文化している。

　もっとも，このようなただし書は，とくに明文化する必要はないと考える余地もある。というのは，強行法規に反する法律行為が無効とされることは，個々の法令の規定にその旨が明文化されている場合はもちろん，そうでない場合でも，個々の法令の規定の解釈によって確定することができるからである。また，現民法90条に相当する【1.5.02】〈1〉により，強行法規に反する場合は「公序または良俗に反する」場合に含まれるため，いずれにしても無効となり，【1.5.02】〈1〉とは別の規定を必要としないと考える可能性もある。実際また，現民法の解釈としても，最近では，このような理解を主張する立場が有力である[2]。

　ただ，本提案の本文のみが示されるならば，それだけをみる限り，強行法規も本文にいう「法令の規定」に含まれ，それに反する法律行為も有効になると誤解されるおそれもある。したがって，本提案では，そのような疑義を払拭するため，ただし書で，強行法規の場合は除かれることを確認的に定めることとした。

(2)　強行法規の定式

　本提案では，強行法規に当たるものを示す際に，その規定が「公序または良俗に関する」ときとしている。

　現民法では，強行法規はすべて「公の秩序」に関する規定であるという理解が前提とされているようである。しかし，強行法規とされるものの中には，「善良の風俗」を具体化したと考えられるものもありうる。さらに，上述したように，本提案のただし書が【1.5.02】〈1〉を確認した規定であると位置づけられることからすれば，その趣旨を明確化するために，「法令の規定」が「公序」だけでなく，「良俗」に関するものである場合も含めて定めるべきであると考えられる。

(3)　取締法規の位置づけ

　本提案では，「法令の規定」とのみ定め，包括的な書き方をしている。これは，いわゆる公法・私法二分論，つまり公法と私法を質的に異なるものとする立場を採用しないことを前提としている。したがって，取締法規に相当するものについても，本提案が妥当することになる。

---

[2]　大村敦志「取引と公序」同『契約法から消費者法へ』（東京大学出版会，1999・初出1993）195頁以下，山本敬三『公序良俗論の再構成』（有斐閣，2000・初出1995〜1999）82頁以下等を参照。

【1.5.04】

これによると，法律行為が取締法規と異なる意思を表示したときは，本提案の本文により，その意思に従うのが原則である。これに対し，その取締法規が「公序または良俗に関する」ものと解釈されるときには，それと異なる意思を表示しても，その効力は認められないことになる。上述したとおり，これは【1.5.02】〈1〉から導かれることであるが，本提案のただし書で，そのことが確認されていると考えることになる。

これまで，取締法規違反の効力については，たとえば，履行段階によって違いが出てくるかどうか，どのような法令であればそれに反する行為の効力が否定されるかということ等が議論されてきた[3]。しかし，これらの点について，一律に妥当する一般的な準則を定めることはむずかしい。そのため，本提案は，これらの点については，「その規定が公序または良俗に関するときは，この限りでない」という本提案のただし書の解釈に委ねることとしている。

《比較法》 フランス民法6条・1131条・1133条，フランス民法（カタラ草案）1124条・1124-1条・1126条，イタリア民法1418条，ドイツ民法134条，オーストリア民法879条1項，スイス債務法19条2項，オランダ民法3：40条，韓国民法104条，中華民国民法71条，中国統一契約法7条，カンボディア民法353条，UNIDROIT(2004)1.5条，PECL1：102条2項・1：103条，DCFR Ⅱ-1：102条2項

【1.5.04】（法律行為と慣習）

　法律行為に関して慣習があるときは，その慣習に従う。ただし，その慣習が公序もしくは良俗に反するとき（公序もしくは良俗に関する法令の規定に反するときを含む。），または当事者がその慣習と異なる意思を表示したと認められるときは，この限りでない。

〔関連条文〕 現民法92条（改正），CISG9条
〔参照提案〕 【1.5.02】，【1.5.05】，【1.5.06】，【3.1.1.42】

提 案 要 旨

　1　現民法92条は，「法令中の公の秩序に関しない規定と異なる慣習がある場合において，法律行為の当事者がその慣習による意思を有しているものと認められるときは，その慣習に従う」と定める。これは，任意法規が慣習に優先するという

---

[3] 山本・前掲注2) 241頁以下，山本Ⅰ231頁以下を参照。

立場——任意法規優先説——と，慣習が任意法規に優先するという立場——慣習優先説——が真っ向から対立した結果，その妥協として定められたものである。

しかし，その後の議論をみる限り，少なくとも学説では，現在，任意法規があるところでも，慣習の存在を確定できるときには，それによるべきであるという考え方が一般に受け入れられているとみることができる。これは，私的自治の思想にも合致している。というのは，「自分たちにかかわる事柄は自分たちで決める」と考えるならば，より小さな社会単位でそのような決定が行われ，その積み重ねの結果として慣習が形成されているときには，それを尊重することが要請されるからである。そこで，本提案の本文では，現民法92条を修正し，「慣習があるときは，その慣習に従う」という原則を定めることとしている。

2 その上で，本提案のただし書では，この原則の例外として，まず，慣習が公序良俗（強行法規を含む）に反するときには，その慣習の効力は認められないとする。これは，現民法92条のもとでも，当然のこととして認められていると考えられる。

また，本提案のただし書では，さらに，「当事者がその慣習と異なる意思を表示したと認められるとき」も，その慣習の効力は認められないとする。法令の規定よりも慣習が優先する根拠が私的自治の思想に求められるとするならば，より小さな社会的単位である法律行為の当事者間で，その慣習と異なる意思が表示されたと認められるときには，その意思が優先することも当然認められなければならないからである。

解　説

1　慣習と法令の規定

現民法92条は，「法令中の公の秩序に関しない規定と異なる慣習がある場合において，法律行為の当事者がその慣習による意思を有しているものと認められるときは，その慣習に従う」と定める。これは，任意法規が慣習に優先するという立場——任意法規優先説（富井政章）——と，慣習が任意法規に優先するという立場——慣習優先説（穂積陳重・梅謙次郎）——が真っ向から対立した結果，その妥協として定められたものである[1]。

任意法規優先説は，法典編纂の目的を「区々曖昧ナル各種ノ慣習ヲ明カナ規定ニ直シテサウシテ人民ノ権利ヲ担保スル」ことにあるとみる[2]。また，任意法規があ

---

[1]　その経緯は，星野英一「編纂過程から見た民法拾遺——民法92条・法例2条論，民法97条・526条・521条論」同『民法論集(1)』（有斐閣，1970・初出1966）162頁以下に詳しい。
[2]　整理会速記録（学振版）第2巻101丁表［富井政章の発言］を参照。

るところで，当事者が黙っているのに慣習によるとすれば，当事者の意思に反する慣習，とりわけはっきりしない慣習を妥当させることになり，当事者が不当な損害をこうむるおそれがあることなどを理由としていた。

しかし，その後の議論をみる限り，少なくとも学説では，現在，任意法規があるところでも，慣習の存在を確定できるときには，それによるべきであるという考え方が一般に受け入れられているとみることができる。これは，私的自治の思想にも合致している。というのは，「自分たちにかかわる事柄は自分たちで決める」と考えるならば，より小さな社会単位でそのような決定が行われ，その積み重ねの結果として慣習が形成されているときには，それを尊重することが要請されるからである[3]。実際，任意法規は，個人の意思でそれに反することを許すのに対して，慣習は，多くの人の意思にかなうものであるのに，任意法規に反することを許さないとみるのは，整合性を欠いている。したがって，改正に当たっては，慣習が任意法規に優先するという立場を採用すべきである。

本提案は，このような考慮から，慣習が公序良俗（強行法規を含む）に反しない限り，慣習に従うという原則を定めることとしている。「任意法規と異なる慣習があるときは，その慣習に従う」と定めるのではなく，「慣習があるときは，その慣習に従う」という原則をまず定めるのは，上述したように，私的自治の尊重という考え方に基づく。

その上で，慣習が公序良俗（強行法規を含む）に反するときに，慣習の効力が認められないことは，現行法のもとでも当然のこととして承認されていると考えられる。たしかに，物権法定主義に対する例外など，慣習によって強行法規が改変される可能性はあるとしても，そのような場合は，慣習が「公序もしくは良俗」に反するといえなくなったと考えれば足りる。本提案がただし書で，「その慣習が公序もしくは良俗に反するとき（公序もしくは良俗に関する法令の規定に反するときを含む。）」は，「この限りでない」と定めるのは，このような考慮に基づく。

2　慣習と当事者の意思

法令の規定よりも慣習が優先する根拠が，上述したように，私的自治の思想に求められるとするならば，より小さな社会的単位である法律行為の当事者間で，その慣習と異なる意思が表示されたと認められるときには，その意思が優先することも当然認められなければならない。本提案は，このような考慮から，「当事者がその慣習と異なる意思を表示したと認められるときは，この限りでない」と定めることとしている。

---

[3]　これは，補完性原則（principle of subsidiarity, Subsidiaritätsprinzip）として，EU においてとくに重視されている考え方に対応する。

もちろん，慣習の中には，当事者の意思にかかわりなく，強行的に妥当すべきものも存在する可能性がある。しかし，その場合は，その慣習の内容がそれ自体「公序もしくは良俗」の表れないし具体化であると考えれば，それと異なる意思を表示しても，現民法90条に相当する【1.5.02】（公序良俗）〈1〉により無効になると考えれば足りる。

本提案が「当事者がその慣習と異なる意思を表示したと認められるとき」と定めるのは，当事者がそのような意思表示を明示的に行った場合に限られないことを明確にするためである。そのような明示的な意思表示は，当事者が慣習の存在を知っていた場合にはじめて行うことができる。これに対し，現実には，当事者の一方または双方が慣習の存在を知らない場合もしばしばありうる。そのような場合に，慣習の存在を知らない当事者がその慣習によらない意思を表示することは不可能である。しかし，その場合でも，慣習の存在を知っていれば，それと異なる意思を表示したと考えられるときまで，慣習をそのまま適用すべきではない。「慣習と異なる意思を表示したと認められるとき」という定式は，このような場合も含めるという趣旨である。

3 慣習の意味

伝統的な通説は，法の適用に関する通則法3条（旧法例2条）と現民法92条の関係を説明するために，慣習には，法的確信を伴うものかどうかに応じて，慣習法と事実たる慣習があるとした上で，前者の効力を定めたのが法の適用に関する通則法3条，後者の効力を定めたのが現民法92条であるとしていた[4]。しかし，このような見解に対しては，規範性の強いはずの慣習法が任意法規に劣後し，規範性の弱いはずの事実たる慣習が任意法規に優先することになるという問題が生じることが指摘され，このような慣習法と事実たる慣習の区別によらずに，両者の関係をいかに説明するかが議論されてきた[5]。

本提案では，とくに慣習法と事実たる慣習を区別していない。もちろん，慣習として当事者を拘束することが効果として認められる以上，それはその当事者を含む社会集団により構成員を拘束する規範として受容されているものであることが前提とされている。しかし，それ以上に，慣習の意味をどのように理解し，慣習があると判断される基準をどこに求めるかということについては，異論のない明確な定式を定めることは困難であり，今後も解釈に委ねることとしている。

---

[4] 我妻・総則18頁以下・252頁等。
[5] 議論の状況とその意義について，児玉寛「慣習論」争点63頁以下を参照。

【1.5.05】

《比較法》 フランス民法1135条・1159条・1160条，ドイツ民法157条・242条，オーストリア民法10条，スイス民法1条2項，韓国民法1条・106条，中華民国民法1条・2条，UNIDROIT（2004）1.8条，PECL1:105条，DCFRⅡ-1:104条

【1.5.05】（法の適用に関する通則法3条の改正）
　法の適用に関する通則法3条を，次のように修正する。
　慣習は，公序または良俗に反するとき（公序または良俗に関する法令の規定に反するときを含む。）を除き，法律と同一の効力を有する。

〔関連条文〕　法の適用に関する通則法3条（改正）
〔参照提案〕　【1.5.04】，【1.5.06】

提　案　要　旨

　本提案では，【1.5.04】（法律行為と慣習）で提案した現民法92条の修正と法の適用に関する通則法3条との間で不整合を生じないようにするために，法の適用に関する通則法3条を修正し，公序良俗（強行法規を含む）に反しない限り，慣習は法律と同一の効力を有するという原則を定めることとしている。
　これによると，現民法92条に相当する【1.5.04】を定める意味は，法律行為との関係でも，法の適用に関する通則法の原則が妥当することを確認し，当事者がそれと異なる意思を表示したと認められるときは，慣習の適用が排除されることを特則として定めるところに求められることになる。

解　　説

　【1.5.04】に従い，現民法92条を修正すれば，法律行為との関係で，公序良俗（強行法規を含む）に反するものを除き，慣習が法令の規定に優先することが明確に示されることになる。
　これに対し，法の適用に関する通則法3条は，公序良俗に反しない慣習は，「法令の規定により認められたもの」または「法令に規定されていない事項に関するもの」に限り，法律と同一の効力を有すると定めている。そこではもちろん，「法令の規定」の意味をどのように理解するかが問題となるものの，少なくとも定式だけをみる限り，【1.5.04】との抵触は現民法92条以上に大きくなる。したがって，【1.5.04】を採用する以上，法の適用に関する通則法3条もそれに合わせて修正することが不可欠となる。

第5章 法律行為 第1節 総則　　　　　　　　　　　　　　　　【1.5.06】

そこで，本提案では，上述した私的自治の思想に従い，慣習は，公序良俗（強行法規を含む）に反しない限り，法律と同一の効力を有するものとすることを提案している[1]。このように法の適用に関する通則法3条を修正すれば，慣習と法令の規定との関係に関して，法の適用に関する通則法と民法との間に齟齬はなくなる。

その上で，現民法92条に相当する【1.5.04】を定める意味は，法律行為との関係でも，法の適用に関する通則法の原則が妥当することを確認し，当事者がそれと異なる意思を表示したと認められるときは，慣習の適用が排除されることを特則として定めるところに求められることになる。

【1.5.06】（商法1条2項の改正）
〔甲案〕
　商法1条2項を削除する。
〔乙案〕
　商法1条2項を，次のように修正する。
　商事に関し，この法律に定めがない事項については，民法の定めるところによる。

〔関連条文〕　商法1条2項（改正）
〔参照提案〕　【1.5.04】，【1.5.05】

提 案 要 旨

【1.5.04】（法律行為と慣習），【1.5.05】（法の適用に関する通則法3条の改正）で提案したように，慣習が法令の規定に優先するという立場に転換するならば，商事については，よりいっそうその趣旨が妥当すると考えられる。そこで，本提案では，商法1条2項から「商慣習」に関する部分を削除し，商事についても，慣習との関係は法の適用に関する通則法に委ねることとする。その上で，商法1条2項を削除するか（甲案），商法と民法の関係を定める規定として存置するか（乙案）は，商法の側の検討に委ねる。

---

[1]　法の適用に関する通則法3条（旧法例2条）の「法令の規定」には強行法規だけが含まれ，任意法規は含まれないという見解を主張していたものとして，星野英一「編纂過程から見た民法拾遺——民法92条・法例2条論，民法97条・526条・521条論」同『民法論集(1)』（有斐閣，1970・初出1966）181頁，米倉明「民法講義総則(63)」法教76号（1987）36頁以下等を参照。

解　説

1　慣習優先説の採用

商法1条2項によると、「商事に関し、この法律に定めがない事項については商慣習に従い、商慣習がないときは、民法（明治29年法律第89号）の定めるところによる」と定められている。

この規定に関して、現在では、そこでいう「商慣習」とは商慣習法を指し、事実たる商慣習はこれに当たらないと述べられるにとどまることが多い[1]。しかし、商法における伝統的な通説がこのような解釈を採用したのは、旧法例2条を前提として、「商慣習」と民法との関係を説明するためだった。つまり、旧法例2条は、「成文法優先主義」を採用したと理解されるため、これによると、成文法である民法があるところでは、「商慣習」が認められる余地はなくなる。これに対し、商法1条2項は、商事に関しては、不断に進展し複雑化する経済事情の現実の変化に即応して生み出される「商慣習」を優先する必要があることから、「商慣習」が民法に優先することを定めたものとして位置づけられる。これによると、「商慣習」は、民法という成文法に優先するものである以上、法たる慣習としての商慣習法である必要があると考えられたわけである[2]。

しかし、このような趣旨からすると、商法1条2項が、「商慣習」よりも商法の規定が常に優先すると定めているのは、首尾一貫しない。実際、商法における伝統的な学説の中では、商法もまた商慣習法が結晶化したものである以上、商慣習法によって商法の規定が改廃されることも認めるべきであり、少なくとも立法論としては、商法1条2項は削除すべきであるとする見解が有力だった[3]。

【1.5.05】のように、法の適用に関する通則法3条でも、公序良俗（強行法規を含む）に反しない限り、慣習が法令の規定に優先するという立場に転換するならば、商事については、いっそうその趣旨が妥当すると考えられる。本提案では、このような考慮に基づき、商法1条2項のうち、「商慣習」に関する部分は削除することを提案している。これによると、商事に関しても、慣習については、法の適用に関

---

1) たとえば、鴻常夫『商法総則〔新訂第5版〕』（弘文堂、1999）53頁以下、近藤光男『商法総則・商行為法〔第5版補訂版〕』（有斐閣、2008）10頁以下、森本編・講義12頁［小林量］等。
2) 竹田省『商法総論』（有斐閣書房、1912）83頁以下、大森忠夫『商法総則』（三和書房、1953）53頁以下、大隅健一郎『商法総則〔新版〕』（有斐閣、1978）80頁以下等。
3) 竹田・前掲注2) 84頁、大森・前掲注2) 54頁、大隅・前掲注2) 81頁、田中誠二『全訂商法総則詳論』（勁草書房、1976）146頁以下、服部栄三『商法総則〔第3版〕』（青林書院、1983）38頁以下等を参照。

する通則法3条の原則がそのまま適用され，公序良俗（強行法規を含む）に反しない限り，慣習が商法の規定に優先することになる。

2 商法と民法の関係

問題は，商法1条2項のうち，商法と民法の関係を定めた部分を残す必要があるかどうかである。もともと商法1条2項の趣旨は，「商慣習」と民法の関係を規律するところにあり，しかも，特別法が一般法に優先することは当然であると考えるならば，同項は完全に削除してよいことになる。甲案は，このような考慮に基づく。

それに対して，商法と民法の関係についても，確認的な規定を置くことにより，商法の位置づけが明確になると考えるならば，乙案のように，両者の関係を定めた規定として維持することになる。

いずれによっても，実質に違いはない。最終的にどちらの案によるかは，商法の側の検討に委ねることとする。

【1.5.07】（消費者・事業者の定義）
〈1〉 消費者契約に関する特則の適用対象を画するために，消費者・事業者の定義規定を一対をなすものとして置くものとする。
〈2〉 消費者・事業者の定義に際しては，次のような考え方に立つものとする。
　〈ア〉 消費者：事業活動〔または専門的職業活動〕以外の活動のために契約を締結する個人
　〈イ〉 事業者：法人その他の団体
　　　　　事業活動〔または専門的職業活動〕のために契約を締結する個人
〈3〉 消費者契約以外の契約につき事業者の概念を用いる場合には，上記の定義を利用することとし，要件を絞る必要がある場合には「営業〔事業〕として」「営業〔事業〕の範囲内において」等の文言を加えるものとする。

〔関連条文〕　消費者契約法2条
〔参照提案〕　【3.1.1.06】

提 案 要 旨

消費者契約を出発点として消費者・事業者を定義し，それ以外の場面で事業者の

概念を用いる場合には，必要に応じて要件を絞り込むこととする。

「消費者」「事業者」は，「人」の固定的・絶対的な属性ではなく，取引の性質・目的との関連で現れる流動的・相対的な属性であるとの前提に立ち，「消費者」「事業者」は，契約の性質・目的との関連において定義する。具体的には，「『事業活動以外の目的』のために契約を締結する」者を「消費者」，「『事業活動』のために契約を締結する」者を「事業者」という，という定義規定を置くことになる。なお，団体である以上，その活動はすべて事業であると性格づけられるとすれば，（非営利団体等を含む）「法人その他の団体」は当然に事業者であり，消費者ではありえないということになる。

このように事業者の概念を広く定義すると，検討委員会の提示する具体的な提案において「事業者」概念を用いている場合のうちのいくつかに関しては，「事業者」が広がりすぎるのではないかという懸念が生じうる。その場合には，個別の規定ごとに適宜の要件を用いて「事業者」をさらに絞り込むことが考えられる。

以上の結果，新しい債権法のルールの中には，①人一般に適用されるルールのほかに，当該ルールの適用対象となる契約の性質に応じて，②消費者と事業者と間の契約（消費者契約）に適用されるルール，③（場合により要件を加重して）事業者に適用されるルールの3種が含まれることになる。

「事業」の概念に関して，消費者契約法は特に定義を行っていない。本提案においてもこれを踏襲し，「事業活動」を特に定義してはいない。事業活動の外延は必ずしも明らかではないが，従来の議論を前提として解釈に委ねる趣旨である。しかし，医師・弁護士等の専門職の活動が事業活動に入ることを明示した方がよいという意見もある。かっこ書きはこのような立場に立つものである。ただし，この場合には，「事業活動」の概念は「専門的職業活動」を含まないものと観念されることになる。

事業活動を定義するにせよしないにせよ，それが広い範囲に及ぶことは前述のとおりである。消費者との対比において事業者の概念が用いられる場合には，このような広い事業者概念が必要になる。他方，事業者（間）に特有の規定を置く場合には，その適用範囲を絞り込むことが必要な場合も出てくる。

絞り込みに当たっては，まず，「営業として」「営業の範囲内において」などが考えられる。これによって，営利性による絞りがかかることになる。あるいは，「営業」が行為者の属性を示すように感じられるのであれば，「営利を目的として」「対価を得て」という絞りによって実現することも考えられよう。

ただし，このような絞りが機能しない場合もある。報酬請求権に関する規定などがそれである。上記の絞りでは，当該行為が有償である場合には有償であるというトートロジーに陥ってしまうからである。この場合には，当該行為を離れて，活動

第5章　法律行為　第1節　総則　　　　　　　　　　　　【1.5.07】

をより抽象的に性格づけることが必要になる。すなわち、「営利を目的とする事業者がその目的の範囲内で行う活動については」あるいは「事業者がその事業の範囲内で行う活動については」といった絞り込みを考えることになろう。

　もっとも、「事業の範囲内」ではなお絞り込みが不十分な場合も考えられる。営利法人の場合には問題にはなりにくいが、非営利法人の場合には、当該非営利法人が営む収益事業については当然に報酬請求権を認めるべきだとしても、非収益事業については同様には考えられないからである。このような場合には、「○○事業の範囲内において」という形でさらなる絞り込みが必要となろう。ただし、「○○」が「収益」でよいのか、他の表現を用いるべきなのかについては、商法の従前の用語法との関係で検討を要するところである。そこで、この点については【3.1.1.06】（事業者の特定の事業について適用される規定の適用範囲を定める概念）で別途、適切な用語を定めることとした。

解　説

1　消費者・事業者の定義方法

　「消費者」「事業者」は、「人」の固定的・絶対的な属性ではなく、取引の性質・目的との関連で現れる流動的・相対的な属性であると考えられる。そうだとすると、「消費者」「事業者」は、契約の性質・目的との関連において定義されるべきこととなる。具体的には、「Aのために契約を締結する」者を「消費者」、「Bのために契約を締結する」者を「事業者」という、という定義規定を置くことになる。

　この場合、AとBとの関係は、「人＝A＋B」の場合と「人＝A＋α＋B」の場合がありうるが、上記提案は前者の考え方に立っている。すなわち、契約の目的が「事業活動」にかかわるか否かにより、当該契約の当事者は、消費者か事業者のどちらかにあたるものと考えている。その意味で、上記の定義は消費者契約法の定義と基本的には変わらない。なお、団体である以上、その活動はすべて事業と性格づけられるとすれば、（非営利団体等を含む）「法人その他の団体」は当然に事業者であり、消費者ではありえないということになる。消費者契約法もこのような立場に立つものと考えられる[1]。

　このように事業者の概念を広く定義すると、これまでに各準備会で「事業者」概念を用いている場合のうちのいくつかに関しては、「事業者」が広がりすぎるという懸念が生じうる（たとえば、「解除」に関する特則などがその例）。これらの場合に

---

1) 消費者契約法上の消費者・事業者概念については、落合誠一『消費者契約法』（有斐閣、2001）52頁以下、逐条解説消費者契約法66頁以下、日本弁護士連合会消費者問題対策委員会編『コンメンタール消費者契約法』（商事法務研究会、2001）20頁以下等を参照。

「事業者」をさらに絞り込むためには，個別の規定ごとに，「当該契約を営業として締結する事業者は，…できる（しなければならない）」，「事業者が，その営業の範囲内において…」などといった形の規律を行うことが考えられる。

以上の結果，新しい債権法のルールの中には，①人一般に適用されるルールのほかに，当該ルールの適用対象となる契約の性質に応じて，②消費者と事業者との契約に適用されるルール，③（場合により要件を加重して）事業者に適用されるルールの3種が含まれることになる。

2　事業の概念を定義するか

「事業」の概念に関して，消費者契約法はとくに定義を行っていない。本提案においてもこれを踏襲し，「事業活動」を特に定義してはいない。事業活動の外延は必ずしも明らかではないが，従来の議論を前提として解釈に委ねる趣旨である。しかし，医師・弁護士等の専門職の活動が事業活動に入ることを明示した方がよいという意見もある。括弧書はこのような立場に立つものである。ただし，この場合には，「事業活動」の概念は「専門的職業活動」を含まないものと観念されることになる。

なお，あえて「事業」を定義するとすれば，「特定の目的を達成するために，最低限の組織性を備えて行われる活動」ということになろうか（営利を目的として反復継続して行われることが多いだろうが，非営利の行為や1回限りの行為であってもよい）。ここでいう「特定の目的」は，法人その他の団体の場合には団体の目的と重なり合うことになる。自然人の場合には，一般的な日常生活の遂行とは区別される活動を指すことになるが，その外延を明確に示すことは困難である。

3　事業者概念の絞り込み

事業活動を定義するにせよしないにせよ，それが広い範囲に及ぶことは前述のとおりである。消費者との対比において事業者の概念が用いられる場合には，このような広い事業者概念が必要になる。他方，事業者（間）に特有の規定を置く場合には，その適用範囲を絞り込むことが必要な場合も出てくる。

絞り込みにあたっては，まず，「営業として」「営業の範囲内において」などが考えられる。これによって，営利性による絞りがかかることになる。あるいは，「営業」が行為者の属性を示すように感じられるのであれば，「営利を目的として」「対価を得て」という絞りによって実現することも考えられよう。

ただし，このような絞りが機能しない場合もある。報酬請求権に関する規定などがそれである。上記の絞りでは，当該行為が有償である場合には有償であるというトートロジーに陥ってしまうからである。この場合には，当該行為を離れて，活動

第5章　法律行為　第1節　総則　　　　　　　　　　　【1.5.08】

をより抽象的に性格づけることが必要になる。すなわち、「営利を目的とする事業者がその目的の範囲内で行う活動については」（あるいは「事業者がその事業の範囲内で行う活動については」）といった絞り込みを考えることになろう（この点に鑑み、〈3〉では、「営業〔事業〕」という形での括弧書を加えている）。

　もっとも、「事業の範囲内」ではなお絞り込みが不十分な場合も考えられる。営利法人の場合には問題にはなりにくいが、非営利法人の場合には、当該非営利法人が営む収益事業については当然に報酬請求権を認めるべきだとしても、非収益事業については同様には考えられないからである。このような場合には、「〇〇事業の範囲内において」という形でさらなる絞り込みが必要となろう。ただし、「〇〇」が「収益」でよいのか、他の表現を用いるべきなのかについては、商法の従前の用語法との関係で検討を要するところである。そこで、この点については【3.1.1.06】（事業者の特定の事業について適用される規定の適用範囲を定める概念）で別途、適切な用語を定めることとした。

【1.5.08】（消費者契約の定義）
〈1〉　この法律において「消費者契約」とは、消費者と事業者との間で締結される契約をいう。
〈2〉　消費者契約について定められた規定は、労働契約については、適用しない。

〔関連条文〕　消費者契約法48条

提 案 要 旨

　民法に統合された消費者契約に関する規律は、労働契約には適用されない旨を定める。その前提として、【1.5.07】（消費者・事業者の定義）に基づき「消費者契約」を定義する。

解　説

　改正民法典においては、消費者の概念は事業者の概念と一対のものとして用いられる（【1.5.07】を参照）。すなわち、消費者の契約の相手方は常に事業者である。本提案の〈1〉は、このような意味での消費者と事業者が締結する契約を「消費者契約」と呼ぶものである。
　〈2〉は、消費者契約を対象として設けられる各種の特則が、労働契約には適用されないことを示すものである。労働契約の特殊性に鑑み、消費者契約法48条が設

【1.5.08】

けていた適用除外を引き継ぐものである。

第2節　意思表示

【1.5.09】（意思能力）
〈1〉 法律行為をすることの意味を弁識する能力（以下「意思能力」という。）を欠く状態でなされた意思表示は，取り消すことができる。
〈2〉 〈1〉の場合において，表意者が故意または重大な過失によって一時的に意思能力を欠く状態を招いたときは，意思表示は取り消すことができない。ただし，表意者が意思能力を欠いていたことを相手方が知り，または知らなかったことにつき重大な過失があったときは，この限りでない。

＊効果に関して，次のように定めるという考え方もある。
〈1〉 法律行為をすることの意味を弁識する能力（以下「意思能力」という。）を欠く状態でなされた意思表示は，無効とする。
〈2〉 〈1〉の場合において，表意者が故意または重大な過失によって一時的に意思能力を欠く状態を招いたときは，意思表示はその効力を妨げられない。ただし，表意者が意思能力を欠いていたことを相手方が知り，または知らなかったことにつき重大な過失があったときは，この限りでない。

〔関連条文〕　新設
〔参照提案〕　【1.5.10】，【1.5.21】，【1.5.22】

提 案 要 旨

1　「意思表示をした者が意思能力を欠いていたときは，その意思表示は無効となる」という準則は，現民法に規定されていないものの，古くから当然のこととして，判例および学説により異論なく認められている。このような意思能力に関する準則は，法律行為・意思表示制度の基本原則に相当するものであり，実践的にも重要な意味を持つと考えられることから，明文化すべきである。

2　この意思能力で問題となるのは，事理弁識能力が前提としているような人の「行為」一般ではなく，それぞれの法律行為を構成する制度の趣旨に照らして「みずからその行為をした」といえるかどうかである。意思能力とは，そうした各種の制度ごとに，その種の法律行為をみずからしたといえるための一種の資格要件として位置づけられる。意思能力の基準が行為の種類によって違ってくる可能性があることがしばしば指摘されるのも，このためだと考えられる。

【1.5.09】

このような考慮から，本提案〈1〉は，意思能力に相当するものを「法律行為をすることの意味を弁識する能力」と定式化することとしている。これは，そのような法律行為をすればどのようになるかということを理解する能力を意味する。この能力は，行われる法律行為の種類，とくに行為の複雑性や重大性の程度等によって違ってくると考えられる。

本提案〈1〉がこのような能力を「欠く状態でなされた」と定めているのは，継続的に意思能力を欠く場合だけでなく，一時的な疾病や極度の疲労，さらに飲酒や薬物等の影響により，一時的に意思能力を欠く場合も含めるためである。

3　問題は，意思無能力の効果を，従来の一般的な理解と同じく，無効とするか，それとも取消しとするかである。

本提案は，これを取消しとしている（取消構成）。かつてのように，意思無能力者の行為はそもそも「存在しない」という意味で無効であると考えるのではなく，意思無能力者の保護が目的であると考えるのであれば，効果を取消しと構成し，行為能力の制限による取消しに関するルールと同様の取扱いを認めてよいと考えられるからである。これにより，無効と取消しの二重効としてこれまで議論されてきた問題も，この限りで解消することが可能になる。

これに対して，＊で示したように，効果を無効とすることも考えられる（無効構成）。「法律行為をすることの意味を弁識する能力」を欠く場合は「みずからその行為をした」といえないと考えるのであれば，そのような行為はそもそも効力を生じないと構成するのが趣旨にかなっているからである。ただし，この場合の「無効」は，現在の一般的な理解と同じく，相対無効を意味する。

無効構成は，幼児やそれに相当する程度の能力しか持たない者がした行為でも，取消構成によると，取り消されない限り有効とされることを問題視する。しかし，そのような場合でも，行為能力の制限を理由とする取消しが認められることに異論はなく，無効構成が問題視する状況は，現民法のもとでもこれまで容認されてきた。むしろ，意思能力に関するルールが実践的に意味を持つのは，加齢その他の理由によって判断能力が低下している場合である。そこでは，複雑な行為になればなるほど，その意味を理解できなくなることが少なくなく，「およそ法的に意味がない行為」と「法的に意味はあるが，取り消しうる行為」を截然と区別することがそもそもできなくなっている。しかも，そこで無効構成を採用するとしても，それを相対無効と考えるのであれば，このような区別をする実際上の意味は乏しい。以上のような考慮から，こうした区別を排して，効果を取消しに一元化するのが，本提案の考え方である。

もちろん，これによっても，たとえば意識が朦朧としている者の手を持ってサインをさせた場合など，極端なケースについては，そもそも「意思表示」といえるも

のがないと考える可能性は残されている。

　4　本提案〈2〉は，意思能力を喪失した原因に問題がある場合について，特則を定めることとしている。具体的には，まず，本文で，表意者が故意または重大な過失によって一時的に意思能力を欠く状態を招いたときは，意思表示は取り消すことができないとし，ただし書で，相手方に悪意または重大な過失がある場合は，意思表示は取り消すことができるとする。これは，意思能力を喪失した場合は，心裡留保および錯誤の場合と共通した側面があるため，それらに関する規律と同様に考えるという考慮に基づく。

解　説

〔適用事例1〕　40歳のAは，事故により脳出血を起こした結果，知的判断能力に障害が生じ，1ケタ程度の計算しかする能力がなく，込み入った話は理解できなかったが，簡単な日常会話には支障がなく，一見しただけでは障害があることがわからなかった。この場合において，Aは，友人Bから50万円を貸してくれるよう頼まれ，Bにいわれるまま，金融業者CからA名義で50万円を借り，返済期を1年後としてこれをBに交付した。

〔適用事例2〕　適用事例1のAが，Bにいわれるまま，Cから1000万円を借り入れ，その担保として，Aが所有する土地甲に抵当権を設定した。

〔適用事例3〕　適用事例1のAの財産は，Aの妻Wの父親Fが事実上，管理していた。Fは，みずから銀行Dに対して負っていた債務を弁済することができなかったため，Aを同行してDにおもむき，AがDから1000万円を借り入れ，これをFのDに対する債務の弁済に当てる旨の契約をA名義で締結した。その際，Aは，このAのDに対する貸金返還債務についてDの関連会社である信販会社Eが連帯保証し，EのAに対する求償権を担保するために，Aが有するゴルフ会員権をEに譲渡する旨の契約も締結した。

〔適用事例4〕　適用事例2において，その後，Aは，心配した周囲の勧めに従い，弁護士Gのもとを訪れ，事件の処理を依頼した。これに基づき，Gは，Aを代理して，Cに対し，抵当権の登記の抹消を求める訴えを提起した。

1　意思能力に関する原則規定

(1)　規定の必要性

「意思表示をした者が意思能力を欠いていたときは，その意思表示は無効となる」という準則は，現民法に規定されていないものの，古くから当然のこととして，判

【1.5.09】

例[1]および学説[2]により異論なく認められている。このような意思能力に関する準則は，法律行為・意思表示制度の基本原則に相当するものであり，実践的にも重要な意味を持つと考えられることから，明文化すべきである。

(2) 意思能力の定式

　意思能力という用語は，法律家の間ではすでに確立しているため，それをそのまま用いることも考えられなくはない。しかし，とりわけ非法律家にとって，「意思能力」と書かれるだけでは，その意味するところを理解するのはむずかしいと考えられる。したがって，単に「意思能力」とのみ定めるのではなく，その内容を理解するための手がかりを示すべきである。

　現民法では，行為能力制度に関する規定の中で，意思能力に相当するものを指すために，「事理を弁識する能力」という文言が用いられている（現民法7条等）。したがって，意思能力に関する規定を新設する際にも，この文言を用いることがまずは考えられる。

　もっとも，「事理を弁識する能力」という定式は，もともと，不法行為法の過失相殺制度について，被害者の過失を認める前提として被害者に一定の能力を要求する立場が採用していたものである[3]。そこでは，「損害の発生をさけるのに必要な注意をする能力」がこれに当たるとされている。しかし，法律行為に関する意思能力制度と不法行為法に関する過失相殺制度とでは，能力が要求される趣旨が同じとは考えられない。それにもかかわらず，同じ用語を用いるのは，問題をはらんでいるといわざるをえない。

　法律行為制度に関していえば，表意者が意思表示に拘束されるのは，表意者が「みずからその行為をした」からである。表意者が意思能力を欠いていたときに，意思表示の効力が否定されるのも，その場合は，表意者が「みずからその行為をした」といえないからであると考えられる。これによると，問題は，「みずからその行為をした」ということが何を意味するかである。

　「事理を弁識する能力」という定式を採用する場合には，ここで，人の行為という一般的な観念を想定して，そのような行為を「みずからした」といえるために必要な能力は何かという問題の立て方をすることになると考えられる。

---

1) 大判明治38年5月11日民録11輯706頁。判例の状況については，熊谷士郎『意思無能力法理の再検討』（有信堂高文社，2003）283頁以下を参照。

2) 我妻・総則60頁以下等を参照。意思能力に関する従来の議論状況については，武川幸嗣「意思無能力無効」椿寿夫編『法律行為無効の研究』（日本評論社，2001）291頁以下，熊谷・前掲注1）45頁以下を参照。

3) 加藤一郎『不法行為〔増補版〕』（有斐閣，1974）247頁等のほか，最判昭和39年6月24日民集18巻5号854頁を参照。

第5章 法律行為　第2節 意思表示　　　　　　　　　　　　　【1.5.09】

　しかし，ここで問題になっているのは，そのような行為一般ではなく，契約——これもさらにさまざまな種類の契約に分かれる——をはじめ，さまざまな種類の法律行為を構成する制度を前提として，そのような制度の趣旨に照らして「みずからその行為をした」といえるかどうかである。意思能力とは，そうした各種の制度ごとに，その種の法律行為をみずからしたといえるために必要とされる一種の資格要件として位置づけることができる。意思能力の基準が行為の種類によって違ってくる可能性があることがしばしば指摘されるのも，このためだと考えられる。

　このような考慮から，本提案〈1〉は，意思能力に相当するものを「法律行為をすることの意味を弁識する能力」と定式化することを提案している。これは要するに，そのような法律行為をすればどのようになるかということを理解する能力を意味する。この能力は，行われる法律行為の種類，とくに行為の複雑性や重大性の程度等によって違ってくると考えられる。たとえば，同じ知的能力を有する者でも，単なる消費貸借契約を締結する場合（適用事例1），高額の消費貸借契約を締結し，土地について抵当権を設定する場合（適用事例2）[4]，消費貸借契約を締結するとともに，第三者弁済を行い，連帯保証人の求償権を担保するために譲渡担保契約を締結する場合（適用事例3）[5]，当面の事件の処理について弁護士に委任する場合（適用事例4）[6]では，それぞれの行為の意味を弁識できるだけの能力があるかどうかが違ってくる可能性がある。

　もちろん，意思能力の有無がこのように行為の種類と相関的に判断されることになるとすれば，従来，適合性原則の問題として考えられてきた場合のうち，とくに知的能力にかかわるものがこの中に取り込まれる可能性が出てくる。本提案〈1〉は，その限度で，意思能力制度の「現代化」を進めるという意味を持ちうる。

---

[4] 東京地判平成10年7月30日金法1539号79頁等を参照。

[5] 東京高判平成11年12月14日金法1586号100頁は，適用事例3に類するケースで，Aは「日常的に行われる金の貸し借りの意味や借りた金は返さなければならないということは理解することができたが，高度に複雑な論理的判断をする能力は欠けていた」ことを前提として，「本件の借入れは，精神的に健常な一人前の者でも，そのリスクの高さからみて，借入れの可否を判断するのに，十分な思慮分別を要するものであった」とし，Aには「その内容を理解し，右契約を締結するかどうかを的確に判断するだけの意思能力はなかった」と判断している。

[6] 東京地判平成17年9月29日判タ1203号173頁は，「意思能力の有無は，問題となる個々の法律行為ごとにその難易，重大性なども考慮して，行為の結果を正しく認識できていたかどうかということを中心に判断されるべき」であり，「社会通念上，自己の利益を守るための弁護士への訴訟委任契約の意味を理解することは，自己がそれ相当の経済的な負担を伴う本件各連帯保証契約及び本件根抵当権設定契約……の意味を理解することよりも容易である」として，連帯保証契約および根抵当権設定契約については意思能力がないとしつつ，訴訟委任契約については訴訟能力を有していたと判断している。

(3) 一時的な意思能力の欠如

　従来，意思能力に関しては，通常，継続的に意思能力を欠く者を想定して，そのような意思無能力者がした意思表示は無効であると考えられてきた。しかし，実際には，そのような場合だけでなく，一時的な疾病や極度の疲労，さらに飲酒や薬物等の影響により，一時的に意思能力を欠く場合もありうる。本提案〈1〉が意思能力を「欠く状態でなされた」としているのは，このような場合も含めるためである。

(4) 効　果

　意思無能力の効果は，現民法の解釈としては，無効と考えるしかない。しかし，その無効の意味については，最近では，相対無効ないし取消的無効と考えるのが一般である。意思無能力者のした意思表示を無効とするのは，意思無能力者を保護するためである以上，保護される側である意思無能力者のみが保護の効果，つまり無効を主張できると考えるわけである[7]。

　問題は，意思能力に関する規定を新たに設ける場合に，その効果をこの意味での無効とするか，それとも取消しとするかである。

　本提案は，意思無能力の効果を端的に取消しとしている（取消構成）。かつてのように，意思無能力者の行為はそもそも「存在しない」という意味で無効であると考えるのではなく，意思無能力者の保護が目的であると考えるのであれば，効果を取消しと構成し，行為能力の制限による取消しに関するルールと同様の取扱いを認めてよいと考えられるからである。これにより，無効と取消しの二重効としてこれまで議論されてきた問題も，この限りで解消することが可能になる。その際，とくに問題となるのは追認と期間制限であるが，追認は，取消しの原因となっていた状況が消滅し，かつ追認権者が取消権を行使しうることを知った後に限って可能であり（【1.5.57】（追認の要件），【1.5.58】（法定追認）），取消権の行使期間の起算点も「追認をすることができる時」とされているため（【1.5.59】（取消権の行使期間）），取消構成を採用しても，意思無能力者の保護に欠けることにはならないと考えられる。

　これに対して，＊で示したように，効果を無効とすることも考えられる（無効構成）。「法律行為をすることの意味を弁識する能力」を欠く場合は「みずからその行為をした」といえないと考えるのであれば，そのような行為はそもそも効力を生じないと構成するのが趣旨にかなっているからである。ただし，この場合の「無効」は，現在の一般的な理解と同じく，相対無効を意味する。

　本提案のように，効果を取消しとした場合には，幼児やそれに相当する程度の能力しか持たない者がした行為でも，取り消されない限り有効と扱われることにな

---

7) 幾代59頁，四宮＝能見30頁等を参照。

る。無効構成は，そのような取扱いを問題視する。もちろん，極端な場合は，そもそも「意思表示」と評価できる行為が存在しないと考える可能性もあるとしても，もっぱら表意者の能力を理由としてそのように評価される場合に，意思能力に関する規定とは別の不文の法を持ち出さなければならないとするのは問題である。したがって，効果はやはり無効とするべきであるというのが，無効構成の考え方である。

しかし，幼児の行う意思表示については，そもそも意思能力の存否を問題とする必要に乏しく，行為能力に関する規定によって効力を判断すれば足りる。しかも，そこで行為能力の制限を援用する場合に，幼児の行為であっても，取り消しうる行為に当たる——つまり，およそ法的に無意味な行為ではなく，取消しの対象となる，それ自体としては有効な行為である——ことは，これまでも承認されてきた。行為能力の制限を理由とする取消しは，意思無能力を理由とする無効によって排除されるとは考えられてこなかったわけである。したがって，無効構成が問題視する状況は，現民法のもとでもこれまで容認されてきたといわなければならない。

意思能力に関するルールが実践的に意味を持つのは，加齢その他の理由によって判断能力が低下している場合である。このような場合には，単純な法律行為であればあるほど，その意味を理解できるけれども，複雑な法律行為になればなるほど，その意味を理解できなくなることが少なくない。そこでは，「およそ法的に意味がない行為」と「法的に意味はあるが，取り消しうる行為」を截然と区別することがそもそもできなくなっている。しかも，そこで無効構成を採用するとしても，それを相対無効と考えるのであれば，このような区別をする実際上の意味は乏しい。以上のような考慮から，こうした区別を排して，効果を取消しに一元化するのが，本提案の考え方である。

もちろん，これによっても，たとえば意識が朦朧としている者の手を持ってサインをさせた場合など，極端なケースについては，そもそも「意思表示」といえるものがないと考える可能性は残されている。

2 意思能力を喪失した原因に問題がある場合の特則

本提案〈2〉では，意思能力を喪失した原因に問題がある場合について，特則を定めることとしている。具体的には，表意者が故意または重大な過失によって一時的に意思能力を欠く状態を招いたときは，取消しを認めないこととしている。能力ではなく，意思を欠いていた場合についてであるが，そのことを表意者が知っていた場合は，心裡留保に関する現民法93条によると，意思表示の効力は妨げられない（【1.5.11】（心裡留保）でも同様である）。また，表意者に重過失があった場合は，錯誤に関する現民法95条によると，表意者は意思表示の無効を主張できない。本

提案〈2〉は，意思能力を喪失した場合についても，これらと同様に考えることができるという考慮に基づく。

　ただし，錯誤について後述するように（【1.5.13】（錯誤）〈3〉），このような場合でも，相手方に悪意または重大な過失がある場合は，意思表示の取消しを認めてもよいと考えられる。本提案〈2〉のただし書は，意思能力を喪失した場合についても，これと同様に考えることができるという考慮に基づく。

《比較法》　フランス民法 489 条・489 条の 1・1123 条，イタリア民法 428 条，ドイツ民法 104 条・105 条，オーストリア民法 865 条，スイス民法 16 条・18 条，オランダ民法 3:34 条，中華民国民法 13 条・75 条，カンボディア民法 14 条・15 条，第 2 次契約法リステイトメント 15 条・16 条

【1.5.10】（日常生活に関する行為の特則）
　現民法 9 条ただし書に該当する行為は，意思能力を欠く状態でなされたときでも，取り消すことができない。

＊1　効果に関して，次のように定めるという考え方もある。
　　現民法 9 条ただし書に該当する行為は，意思能力を欠く状態でなされたときでも，その効力を妨げられない。
＊2　本案および＊1 案について，現民法 9 条ただし書に該当する行為に関する特則を置かないとする考え方もある。

〔関連条文〕　新設　現民法 9 条・13 条
〔参照提案〕　【1.5.09】

提　案　要　旨

　1　本提案は，「現民法 9 条ただし書に該当する行為」，つまり「日用品の購入その他日常生活に関する行為」については，意思能力を欠く状態でなされたときでも，取り消すことができないとするものである（【1.5.09】（意思能力）について，＊で示した案を採用し，意思能力を欠く状態でなされた場合の効果を無効とするときは，本提案でも，＊1 で示した案により，その行為の「効力を妨げられない」とすることになる）。

　現民法の下で，成年被後見人および被保佐人について，日常生活に関する行為は，例外的に，行為能力の制限を理由として取り消すことができないとされている

が（9条・13条），これらの者が意思能力を欠くときにどうなるかについては議論が分かれうる。これは，とくに成年被後見人について問題となる。

　一方において，成年被後見人についても，一定の範囲ではなお自己決定による法律行為が可能であり，現民法9条ただし書は「日常生活に関する行為」という限定的な範囲で自己決定を認めたものであると考える余地がある。これによれば，成年被後見人が同時に意思無能力であるとされる場合には，もはや自己決定を語ることができず，「日常生活に関する行為」についても，意思無能力を理由とする無効主張は可能であると考えられる。現民法における解釈論として，このような立場が有力である。

　しかし，これによるときは，成年被後見人は「精神上の障害により事理を弁識する能力を欠く常況にある」（現民法7条）ことから，「日常生活に関する行為」について，行為能力の制限を理由とする取消しが認められないとしても，意思無能力を理由とする無効主張が可能となることが少なくない。この結果，成年被後見人の相手方となるべき者は，意思無能力を理由とする無効主張の可能性を考慮して，そのような法律行為に応じないことにもなりかねない。成年被後見人がみずから日常生活に関する法律行為を行うことの必要性を考慮すると，「日常生活に関する行為」については，行為能力の制限を理由として取り消すことができないとするだけでなく，意思能力を欠く状態でなされた場合でも，その行為の効力を維持すべきであると考えられる。さらに，このような「日常生活に関する行為」の必要性は，成年後見の審判を受けていないが，成年被後見人と同程度の判断能力を有する者にも当てはまる。

　本提案は，成年被後見人等が「日常生活に関する行為」をみずから行う必要性を重視して，その行為を確定的に有効であるとするものである。

　2　以上のように，意思能力を欠く状態でなされたときでも，「日常生活に関する行為」は有効であるとする考え方を採用するときは，これが具体的にどのような行為を意味するかを検討する必要がある。

　現民法9条ただし書の下でも，「日常生活に関する行為」の解釈は争われており，これを現民法761条にいう「日常の家事」に関する法律行為と同趣旨のものとして理解する立場も主張されている。しかし，同条にいう「日常の家事」に関する法律行為に該当するかどうかは，夫婦の連帯責任がいかなる場合に認められるかという観点から定まるべきものであるのに対して，現民法9条ただし書にいう「日常生活に関する行為」に該当するかどうかは，成年被後見人が日常生活をするのに必要不可欠かどうかという観点から判断されるべきであるとする立場も有力であり，同条ただし書が例示する「日用品の購入」はこのような解釈を支えるものといえる。

　前者のように広く理解し，「日常の家事」に関する法律行為と同趣旨のものと解

【1.5.10】

するときは，本提案に従うと，意思能力を欠く者が行った法律行為が相当広い範囲で確定的に有効とされることになり，意思能力を欠く者の保護に欠ける結果となることが強く懸念される。しかし，後者のように限定的に理解し，成年被後見人等が日常生活をするのに必要不可欠な行為であると解するのであれば，本提案は，意思能力を欠く者が日常生活に関する行為をみずから行う必要性と意思能力を欠く状態でなされた行為を有効とすることによって生ずべき不利益とのバランスをはかるものと考えることができる。

3 以上に対して，「日常生活に関する行為」の意味を後者のように限定的に解したとしても，日常生活においてその行為の意味を弁識することなく行われた法律行為が確定的に有効となるとするのは疑問であるとする考え方も成り立ちうる。＊2で示した案は，このような考え方をとるものである。

解　説

1 提案【1.5.09】に従い，意思能力を欠く状態でなされた意思表示を取り消しうるものとする規定を新たに設ける場合に，現民法9条ただし書・13条1項ただし書との関係を整理することが必要になる。被保佐人と成年被後見人との能力の差にかんがみると，実際上は，現民法9条ただし書との関係がとくに重要である。現民法の解釈としては，同条ただし書の規定にかかわらず，意思無能力を理由とする無効の主張は排除されないとする立場が有力であるといえるが，本提案は，同条の規定する「日常生活に関する行為」については，同条ただし書は，意思能力を欠く状態でなされた意思表示（法律行為とするか意思表示とするかは問題となりうるが，ここでは【1.5.09】との対比から，意思表示とした）についても適用されるとするものである。

2 これによると，意思能力を欠いた状態でなされた意思表示であっても，「日常生活に関する行為」に当たる限り，取消権が否定され，当該行為が確定的に有効となり，現民法における有力な解釈学説とは異なる立場をとることになる。しかし，とくに現民法9条ただし書について，意思能力を欠く状態でなされた場合には取消権の行使が可能であることになると，成年被後見人の行為については，意思能力を欠いた状態でなされたかどうかが常に問題となる。したがってまた，取引の相手方となるべき者にとっても，法律行為の効力が不安定なものとなり，成年被後見人自身が日常生活に関する行為を行う必要性にも対応することができないことになりかねない。

現民法9条ただし書の趣旨は，一方において，成年被後見人についても限られた範囲で自己決定を行うことが可能であり，その自己決定を尊重する点にあると考えられるが，現民法7条に定める後見の審判開始の要件が「精神上の障害により事理

第5章 法律行為　第2節　意思表示　　　　　　　　　　　　　　【1.5.10】

を弁識する能力を欠く常況にある者」とされていることを考慮すると，自己決定を語りうるのは例外的な場合であろう。しかし，成年被後見人と取引を行おうとする相手方は，現民法9条ただし書にもかかわらず，意思能力を欠く状態でなされた法律行為が取り消されることになれば，取消権を行使する可能性の高い者と取引を行うことを拒否することにもなりかねない。その結果，成年被後見人は，日常生活を送るのに必要不可欠な法律行為であっても単独で行うことができないおそれが生じる。日常生活に関する行為を行う必要性をより重視するならば，そのような行為については，取消権行使の可能性を否定することにより，行為を確定的に有効とすることも考えられる。同様の必要性は，意思能力を欠く常況にありながら，成年後見の審判を受けていない者についても認められる。

　本提案は，意思能力を欠く状態でなされた意思表示の効果は無効であるという現行法の解釈に対して，理論的には大きな変更をもたらすものではあるが，立法政策としてみると，現民法の下での有力説に比して，より実践的で透明性の高いルールであるといえるのではないか。

　3　もっとも，この点は，「日常生活に関する行為」の意義をどのように理解するかと不可分に関連する。これを，現民法761条に規定される日常家事債務と同じ趣旨のものとしてとらえる場合には，現民法9条ただし書の適用範囲が相当広範にわたることになり，意思能力を欠くことを理由とする取消しを認めないことの危険性はきわめて大きく，本提案の立場をとることは困難である。しかし，「日常生活に関する行為」を，日常家事債務とは区別して，日常生活を送るのに必要不可欠な行為という意味で限定的に理解するのであれば，大きな支障は生じないといえるように思われる。

　現民法の解釈論としても，日常家事債務については夫婦の連帯責任がどの範囲で認められるべきかが問題とされる現民法761条の趣旨と，行為能力の制限を理由とする取消しがどの範囲で排除されるべきかを問題とする現民法9条ただし書の趣旨は異なるものであり，「日常生活に関する行為」を日常家事の範囲よりも狭く解釈する立場も有力であり，同条ただし書が日常生活に関する行為の例として掲げる「日用品の購入」もこのような解釈を支えるものといえる。本提案は，日常生活に関する行為をこのような有力説の立場に従って理解することを前提として，日常生活を送るのに必要不可欠な範囲において，意思無能力者が単独で行う意思表示を確定的に有効なものとする趣旨である。

　4　行為能力制限を理由とする取消しと意思能力を欠くことを理由とする取消しとの調整問題は，未成年者の行った法律行為についても生じうる。とくに幼児が単独で行う法律行為については，意思能力を欠くことを理由とする取消し（ないし無効主張）が認められるかどうかが問題となるが，未成年者については現民法9条

【1.5.10】

ただし書に対応する規定を欠いている。本提案を前提とすると，理論的には，未成年を理由とする取消しについても，これと同趣旨の例外規定を設けることが必要になるかにみえる。しかし，実際上は，意思能力を欠くと判断される年齢の未成年者が，みずから「日常生活に関する行為」を行う必要性自体に乏しいと思われる。このような理由から，未成年者については特別の規定を設けないこととした。

また，現民法5条3項に従い，未成年者が法定代理人の同意なくして単独で行うことができる法律行為についても，意思能力を欠く場合の効力が問題となりうるが，これについては，現民法におけると同様に，解釈論に委ねられるべきである。

5　なお，本提案に従い例外規定を設けようとする場合に，規定の体裁としては，提案【1.5.09】の中にただし書規定を設けることも考えられる。

6　本提案の考え方は，意思能力を欠く者の行った意思表示であっても不確定的に有効であり，取り消しうるものとなるとする提案【1.5.09】と親和的であるが，意思能力を欠く状態でなされた意思表示の効果を無効（取消的ないし相対無効）としつつ，日常生活に関する行為についてそのような無効主張を認めないとする立場も論理的に成り立ちうる。＊1案は，この可能性を考慮したものである。

7　以上の考え方に対して，現民法9条ただし書の主たる趣旨が，成年被後見人について，なお可能な範囲で自己決定を行うことができるとする点にあると解する場合には，現民法の下での有力な考え方と同様に，「日常生活に関する行為」に該当する場合であっても，意思能力を欠く状態で行われた場合には，意思表示の効果を争うことができる（本案，＊1案に従い，取り消しうるものないし無効）と解する余地がある。

とくに，意思能力を欠く状態で行われた意思表示の効力を確定的に有効とする危険性は，日常生活に必要な物品を大量に購入するような場合に現れる。1個の法律行為で大量に同種の物を買うような場合には，法律行為自体がもはや日常生活に関する行為に当たらないと解される可能性が高く，また相手方が，事情を認識しながらそのような行為に応ずる場合には，過量販売による暴利行為として公序良俗違反により無効であると考えられる。しかし，日常生活に必要な商品の売買契約を不必要に，かつ異なる相手方との間で繰り返す場合には，個々の売買契約は日常生活に関する行為に当たると考えられるが，そうすると，その限りにおいて意思能力を欠く者の保護が認められないことになる。このような懸念が，意思能力を欠く者自身による取引の必要性を上回るものであると考えるならば，意思能力を欠く場合には，日常生活に関する行為であっても，その効力を否定すべきものと考えられる。＊2案は，このような考え方に立つものである。

第5章 法律行為　第2節　意思表示　　　　　　　　　　【1.5.11】

【1.5.11】（心裡留保）
〈1〉　表意者がその真意ではないことを知って意思表示をした場合は，次のいずれかに該当するときに限り，その意思表示は無効とする。
　〈ア〉　その真意ではないことを相手方が知っていたとき。
　〈イ〉　その真意ではないことを相手方が知ることができたとき。ただし，表意者が真意を有するものと相手方に誤信させるため，表意者がその真意ではないことを秘匿したときは，この限りでない。
〈2〉　〈1〉による意思表示の無効は，善意の第三者に対抗することができない。

〔関連条文〕　現民法93条（改正）
〔参照提案〕　【1.5.32】，【1.5.33】，【1.5.35】，【1.5.43】

提　案　要　旨

　1　現民法93条の心裡留保には，表意者が相手方を誤信させるために，その真意を秘匿して行う狭義の心裡留保と，冗談のように，相手方が真意に気づいてくれることを期待して行う非真意表示が含まれている。現民法93条は，この両者を区別していないため，その結果として，相手方を誤信させようという意図を持って行う狭義の心裡留保の場合にも，相手方に過失があれば意思表示が無効となることになっている。
　2　しかし，非真意表示の場合は，現民法93条ただし書をそのまま適用してよいとしても，狭義の心裡留保の場合にまで同じように考えるのは問題である。相手方を誤信させるために，意図的に真意を秘匿した表意者が，相手方に対し，真意でないことを知ることができたのにそれを怠ったとして意思表示の効力を否定できるとするのは，問題といわざるをえないからである。
　本提案〈1〉は，このような考慮から，非真意表示を心裡留保の基本型として位置づけ，現民法93条をその意味での心裡留保の原則として維持した上で，狭義の心裡留保については，表意者が意思表示の効力を否定できるのは，表意者が真意でないことを相手方が知っていた場合に限ることとしている。
　その際，本提案〈1〉では，現民法93条本文とただし書に相当するものを統合し，心裡留保があった場合において，相手方が，〈ア〉表意者が真意ではないことを知っていたとき，または〈イ〉それを知ることができたときに限り，意思表示が無効とされることを定めることとしている。その上で，〈イ〉についてのみ，「表意者が真意を有するものと相手方に誤信させるため，表意者がその真意ではないことを秘匿したときは，この限りでない」というただし書を付加することにより，狭義の

91

【1.5.11】

心裡留保に関しては、〈ア〉の場合にのみ、意思表示が無効とされることとしている。

現民法93条ただし書は、相手方が「表意者の真意」を知り、または知ることができた場合に、意思表示は無効としているのに対し、本提案〈1〉では、相手方が「その真意ではないこと」を知っていたとき、または知ることができたときに、意思表示が無効になるとしている。「表意者の真意」まで知り、または知ることができなくても、「その真意ではないこと」を知り、または知ることができれば、意思表示に対する相手方の信頼は存在しないか、少なくとも保護に値しないということができるからである。

3　本提案〈2〉では、【1.5.12】(虚偽表示)〈2〉(現民法94条2項と同じ)にならって、心裡留保により意思表示が無効とされる場合に、善意の第三者にその無効を対抗できないとする規定を新設する。表意者が真意でないことを知りながらあえて意思表示をする点では、狭義の心裡留保の場合はもちろん、非真意表示の場合も、虚偽表示と同様に考えられるからである。

解　説

〔適用事例1〕　Aは、B私立大学の准教授として勤務していたが、大学の運営について批判的なことを述べたのがB大学のワンマン理事長Cの耳に入ってしまった。Cは激怒し、Aを辞めさせると言い出したため、困ったAは、副学長Dに相談したところ、前にこれと似た問題が生じた際に、進退伺いの意味で退職願を出したら、Cも折れて許してくれたということがあったので、今回もこの方法でいけば大丈夫だといわれた。Aは、辞めるつもりはまったくなかったが、それでうまくいくならと考え、退職願を書いてCに渡した。その際、Cは「これで本当に退職する気か、反省して今後も働く意思はあるのか」とAに尋ねたので、Aが「これからは心を入れ替えてやりますので、どうか勤務の機会を与えてください」と答えたところ、Cは「よし」といいながらうなずき、とりあえず退職願は預っておくと言い渡した。ところが、その後も結局Cの怒りは解けずじまいになり、預っていた退職願を受理して、Aに退職を勧告してきた[1]。

〔適用事例2〕　Aは、Bが所有する日本の文化財甲がオークションにかけられていることを知り、外国人が落札して甲が海外に流出することを妨害するため、実際には甲を買うつもりがまったくなかったのに、甲を3億円で購入する旨の申し出をしたところ、誰もそれ以上の値をつけなかったため、Aが甲を落札することになった。

---

[1] 東京地決平成4年2月6日労判610号72頁、東京地判平成4年12月21日労判623号36頁の事案を参考にした。

第5章 法律行為　第2節　意思表示　　　　　　　　　　　　　【1.5.11】

1　心裡留保による意思表示の効力

(1)　狭義の心裡留保と非真意表示の区別

現民法93条は，ドイツ民法に由来する規定である。しかし，ドイツ民法では，表意者が真意を秘匿し，相手方を誤信させようという意図を持って行う狭義の心裡留保（Mentalreservation, geheimer Vorbehalt）と，冗談のように，相手方が真意に気づいてくれることを期待して行う非真意表示（nicht ernstliche Erklärung, Mangel der Ernstlichkeit）が区別して規定され，前者の場合は，相手方が悪意の場合に限り意思表示が無効とされるのに対し（ドイツ民法116条[2]），後者の場合は，意思表示は常に無効とされている（ドイツ民法118条[3]）。

現民法93条の起草過程でも[4]，当初の原案では，狭義の心裡留保を念頭に置いて，相手方が表意者の真意を知っていたときに限り意思表示を無効としていたのに対し[5]，整理会の段階で，非真意表示を念頭に置いて，相手方が真意を知ることができた場合も意思表示を無効にすることとされた[6]。しかし，現民法93条は，狭義の心裡留保と非真意表示を区別していないため，その結果として，相手方を誤信させようという意図を持って行う狭義の心裡留保の場合にも，相手方に過失があれば意思表示が無効となることになっている。

たしかに，非真意表示も狭義の心裡留保も，「表意者がその真意ではないことを知って」意思表示をした場合であり，その意味で共通した構造を持っている。この場合，表意者に真意がないことを理由にその意思表示を無効とすれば，相手方の正当な信頼を害することになる。したがって，意思表示を無効としてよいのは，相手

---

[2]　ドイツ民法116条　意思表示は，表意者が表示したことを意図しない旨を内心に留保したとしても，無効とならない。表示が相手方に対してなされるべき場合において，相手方がその留保を知ったときは，その表示は無効とする。

[3]　ドイツ民法118条　真意でない［真摯になされていない］意思表示は，その真意でない［真摯になされていない］ことが気づかれるものと期待してなされたときは，無効とする。

[4]　詳しくは，村田彰「心裡留保無効」椿寿夫編『法律行為無効の研究』（日本評論社，2001）336頁以下を参照。

[5]　民法修正原案91条　意思表示ハ表意者カ其眞意ニ非サルコトヲ知リテ之ヲ為シタル為メ其効力ヲ妨ケラルルコトナシ但相手方カ表意者ノ眞意ヲ知リタルトキハ其意思表示ハ無効トス（主査会速記録（学振版）6巻85丁裏以下を参照）。
　　主査会速記録（学振版）6巻86丁表以下は，「本条ハ意思ヲ表示スル者カ其相手方ニ対シテ真実ノ意思ヲ隠匿シタル場合ノ規定ナリ」とし，「相手方カ表意者ニ詐カレタル場合ニ於テハ若シ之ヲ有効トセサレハ取引ノ安全，鞏固終ニ得テ望ムヘカラサルニ至ラン」というように，その趣旨を説明している。

[6]　整理会速記録（学振版）2巻132丁裏以下を参照（「笑談」による意思表示の場合を明示的に挙げている）。

93

【1.5.11】

方に正当な信頼が認められない場合，つまり表意者がその真意でないことを相手方が知り，または知ることができた場合に限られる。現民法93条の立場を正当化しようとするならば，このように説明されることになる。

　しかし，上記の立法の経緯からもわかるように，現民法93条，とりわけそのただし書をそのまま適用してもよいのは非真意表示の場合（適用事例1）であり，狭義の心裡留保の場合（適用事例2）にまでこれを適用するのは問題である。狭義の心裡留保の場合は，表意者が相手方を誤信させようとして，意図的に真意を秘匿している。そのような表意者が，相手方に対し，真意でないことを知ることができたのにそれを怠ったとして意思表示の効力を否定できるとするのは問題といわざるをえない。この場合に意思表示の効力を否定できるのは，ドイツ民法116条と同じく，表意者が真意でないことを相手方が知っていた場合に限るべきである。

　これに対し，非真意表示の場合は，表意者には，真意を秘匿し，相手方を誤信させようという意図はないため，このような考慮は当てはまらない。非真意表示の例としてよく挙げられるのは，冗談をいう場合であるが，実際に，相手方を誤信させる意図はなく，相手方が真意に気づいてくれることを期待して意思表示を行うに至るのは，適用事例1のように，通常，そうせざるをえないような事情があるためだと考えられる。この場合の表意者は，たしかに真意でないことを知っていたとはいえ，少なくとも相手方の信頼が正当といえないとき，つまり表意者が真意でないことを相手方が知ることができたときには，みずから意図しない意思表示の拘束から免れることを認めてよいだろう。

　本提案〈1〉は，以上のような考慮から，非真意表示を心裡留保の基本型として位置づけ，現民法93条をその意味での心裡留保の原則として維持した上で，狭義の心裡留保については，表意者が意思表示の効力を否定できるのは，表意者が真意でないことを相手方が知っていた場合に限ることとしている。

(2) 規定の構造の修正

　現民法93条は，本文で，心裡留保があっても，意思表示の効力は妨げられないことを定めた上で，ただし書で，例外的に意思表示が無効とされる場合を定めている。このようなかたちで本文が定められたのは，意思主義の原則を前提とし，本来ならば意思表示に対応する意思が存在しない場合は，意思表示は無効とされることから，心裡留保の場合はその例外をなすことを確認する必要があると考えられたためだろう。

　しかし，【1.5.01】（法律行為の効力）により，意思表示が行われれば，それに基づいて法律行為の効力が認められるという原則が定められていることを前提とすれば，ここでは，その例外として，意思表示の効力が否定されるための要件を定めるべきであると考えられる。そこで，本提案〈1〉では，現民法93条本文とただし書

に相当するものを統合し，心裡留保があった場合において，相手方が，〈ア〉表意者が真意でないことを知っていたとき，または〈イ〉それを知ることができたときという要件をみたすときに限り，意思表示が無効とされることとしている。

その上で，狭義の心裡留保に関しては，上述したような理由から，〈ア〉の場合にのみ，原則どおり意思表示が無効とされるのに対し，〈イ〉の場合は，意思表示は無効とされないものとする必要がある。本提案〈1〉が，〈イ〉についてのみ，「表意者が真意を有するものと相手方に誤信させるため，表意者がその真意ではないことを秘匿したときは，この限りでない」というただし書を付加しているのは，このような考慮に基づく。

(3) 相手方の主観的要件の対象

現民法 93 条ただし書は，相手方が「表意者の真意」を知り，または知ることができた場合に，意思表示は無効としている。しかし，「表意者の真意」が何であるかということまで知り，または知ることができなくても，「その真意ではないこと」を知り，または知ることができれば，意思表示に対する相手方の信頼は存在しないか，少なくとも保護に値しないということができる[7]。したがって，本提案〈1〉では，相手方が「その真意ではないこと」を知っていたとき，または知ることができたときに，意思表示が無効になると定めることとしている。

(4) 効 果

現民法 93 条は，意思主義の原則を前提とし，相手方が悪意または過失がある場合は，表意者に意思がない以上，意思表示は無効であるとしている[8]。

これに対し，心裡留保の効力が否定されるのは，真意がないのに意思表示をした者を保護するためであると考えることも可能である。これによると，その効果は無効であるとしても，相対無効ないしは取消的無効となることになり，改正に当たっては，端的に取消しに改めることも考えられる。

もっとも，たとえば表意者が真意ではないことを相手方も知っていたときは，虚偽表示と同じく，いずれの当事者もその意思表示の効力をそのまま認めることを意図していないとみることもできる。このような場合に，表意者のみに取消しを認め，相手方は意思表示に拘束されると考えるのは不公平だろう。これは，表意者が相手方を誤信させようという意図を持っていた狭義の心裡留保の場合に，とりわけ当てはまる。

これに対して，真意でないことを相手方が知ることができただけの場合は，相手方はもともとその意思表示の効力をそのまま認めることを意図している以上，それ

---

7) 我妻・総則 288 頁等を参照。
8) 現民法 93 条において，この「無効」を誰が主張できるかという問題をめぐる議論については，村田・前掲注 4) 340 頁以下を参照。

【1.5.12】

に拘束されると考えることも不可能ではない。しかし，この場合でも，みずから真意でないことを知りながら意思表示をした表意者の側のみが取り消すかどうかを決められるとするのは，やはり不公平であると考える余地もある。

したがって，効果については，無効の意味をどのように理解するかは解釈に委ねることとした上で，現民法と同様に，「無効」と定めるべきであると考えられる。

2 第三者の保護

第三者の保護に関して，現民法93条は規定していないが，現民法94条2項の類推適用を認めるのが通説である[9]。とくに狭義の心裡留保の場合に，意思表示の無効が認められるときは，相手方が悪意であるため，虚偽表示に類似した状況にある。これに対し，非真意表示の場合は，相手方に過失があるときも，意思表示の無効が認められる。これは，必ずしも虚偽表示に類似しているとはいえないため，このような場合に現民法94条2項の類推適用を認めることはできないとする見解も主張されている[10]。

しかし，表意者が真意でないことを知りながらあえて意思表示をする点では，狭義の心裡留保の場合だけでなく，非真意表示の場合も，同じである。このような意味で故意に真意でない意思表示をする場合に，その意思表示の無効を善意の第三者に対抗できないとするのが，虚偽表示に関して現民法94条2項が採用した考え方である。【1.5.12】で述べるとおり，現民法のこの考え方は維持してよいと考えられるため，心裡留保に関しても，同様の規定を定めることが要請される。本提案〈2〉は，このような考慮により，意思表示の無効を善意の第三者に対抗できないものとしている。

《比較法》　ドイツ民法116条・118条・122条，オーストリア民法869条，韓国民法107条，中華民国民法86条，カンボディア民法351条

【1.5.12】（虚偽表示）
〈1〉　相手方と通じてした虚偽の意思表示は，無効とする。
〈2〉　〈1〉による意思表示の無効は，善意の第三者に対抗することができない。

〔関連条文〕　現民法94条（維持）

---

9)　我妻・総則288頁等。代理権濫用に関する類推の事例であるが，最判昭和44年11月14日（民集23巻11号2023頁）も，現民法94条2項の類推適用を認めている。
10)　村田・前掲注4) 344頁。

提 案 要 旨

1 虚偽表示に関し，旧民法は，外形的行為と秘匿行為を区別し，外形的行為および秘匿行為はそれぞれ有効であることを前提とした上で，外形的行為の効力をくつがえす秘匿行為は悪意者に対してのみ対抗できるという考え方（二元構成）に立っていた。それに対し，現民法94条は，このような構成を意識的にしりぞけ，これを意思表示の効力の問題として規定することとし，内部的な意思が対外的に示されているかどうかにかかわりなく，虚偽表示は無効であるという原則を採用した。その結果，対外的な関係では，例外的に善意者を保護するという体裁がとられることになり，同条2項の趣旨も，取引安全を原則とした悪意者排除から，表見法理に基づく善意者保護へと転換したとみることができる。

2 虚偽表示に関する立法の方向として，旧民法のような立場を採用することは，十分可能であり，比較法的にみても，そのような例は少なくない。しかし，現民法94条2項については，表見法理に基づく善意者保護を定めた規定であるという理解に従って，94条2項類推適用法理が展開されている。その要件と射程については議論の余地があるとしても，このような類推適用が認められること自体は，すでに判例・学説上確立したものとなっている。そのような中で，現民法94条2項について二元構成を採用する方向で改正するならば，これまでの類推適用法理の基礎が失われることになり，その影響はきわめて大きいといわなければならない。したがって，本提案では，差し当たり現民法94条の基本構成は維持し，これを抜本的に見直すかどうかは，物権法制の改正を検討する際に委ねることとしている。

3 現民法94条2項のうち，第三者の主観的要件に関しては，判例は，文言どおり，善意で足りるとするのに対して，学説では，無過失を必要とする見解も有力である。しかし，虚偽表示の場合，真の権利者に当たる虚偽表示の表意者は，みずから虚偽の表示を通謀して行っているのであり，故意にそのような行為をした者が，第三者に対し，自分のした虚偽表示を信じないように注意せよと要求できるのは問題である。この場合に表意者が権利を失ってもやむを得ないのは，みずから意図して虚偽の表示をしたからである。同じく表見法理といっても，故意責任原理——故意に誤った表示をした者は，その表示に従った責任を負担すべきである——とでもいうべきものが帰責原理となる場合は，それだけで第三者の信頼保護が正当化されると考えられる。したがって，第三者の主観的要件は善意で足りることになり，現民法94条2項の文言もそのまま維持してよいと考えられる。

4 このほか，「第三者」の意味を具体化したり，転得者に関する問題についても規定を整備したりする可能性はあるが，仮にここでそのような改正をするならば，他の同種の規定についても，同様の改正をする必要が出てくる。規定に遺漏が

【1.5.12】

生じるおそれもあることを考えるならば，差し当たり，現民法 94 条 2 項は現行法どおりとし，今後も解釈に委ねることとすべきである。

解　説

1　虚偽表示の効力に関する基本構成

(1)　現民法の理解

　現民法 94 条は，旧民法証拠編 50 条をもとにしながら，それを修正して定められたものである[1]。

　旧民法は，これを証書の効力の問題として規定し，「秘密ニ存シ置ク可キ反対証書」は「署名者及ヒ其相続人」についてのみ効力を有するが，悪意の「当事者ノ債権者及ヒ特定承継人」に対しては対抗できると定めていた。これは，外形的行為と秘匿行為を区別し，外形的行為および秘匿行為はそれぞれ有効であることを前提とした上で，外形的行為の効力をくつがえす秘匿行為は悪意者に対してのみ対抗できるという考え方に立っている。このように，外形的行為と秘匿行為を区別し，それぞれの効力を別個に考えるという二元構成は，取引安全の観点から，公示のない行為は対外的に主張できないとする立場と共通した発想に根ざしている。知っていれば対抗できるという悪意者排除の考え方がとられたのも，そのためである[2]。

　これに対し，現民法の起草者は，このような構成を意識的にしりぞけ，これを意思表示の効力の問題として規定することとし，内部的な意思が対外的に示されているかどうかにかかわりなく，虚偽表示は無効であるという原則を採用した。その結果，対外的な関係では，例外的に善意者を保護するという体裁がとられることになった。これにより，現民法 94 条 2 項の趣旨も，取引安全を原則とした悪意者排除から，表見法理に基づく善意者保護へと転換したとみることができる。このことが，後に 94 条 2 項類推適用法理が展開されることに結びついたと考えられる。

(2)　改正の可否

　虚偽表示に関する立法の方向として，旧民法のような立場を採用することは，十分可能である。比較法的にみても，フランス法およびイタリア法のほか，PECL も

---

1)　94 条の立法過程については，武川幸嗣「虚偽表示における対第三者効の法構造序説――そのフランス法的意義をめぐって」慶應義塾大学法学政治学論究 12 号（1992）143 頁，鹿野菜穂子「虚偽表示無効」椿寿夫編『法律行為無効の研究』（日本評論社，2001・初出 1997）354 頁以下，新注民(3)320 頁以下［稲本洋之助］を参照。

2)　武川・前掲注 1）154 頁以下，同「民法 94 条 2 項の『対抗不能』の法構造」慶應義塾大学法学政治学論究 17 号（1993）230 頁以下は，現民法 94 条をこのような旧民法の立場――これはフランス法に由来する――を基本的に維持したものとして理解している。

第5章 法律行為 第2節 意思表示　　　　　　　　　　【1.5.12】

真の合意と表見上の契約という二元構成を採用している。かりにこの立場を採用するとすれば，上記のように，取引安全の観点から，秘匿行為は対外的に主張できないとする考え方を採用することになる[3]。これは，現民法177条・178条の基礎に置かれていた考え方に通じるものであり，両者を整合的に説明することが可能になる。

　もっとも，現民法94条2項については，表見法理に基づく善意者保護を定めた規定であるという理解に従って，94条2項類推適用法理が展開されている。その要件と射程については議論の余地があるとしても，このような類推適用が認められること自体は，すでに判例・学説上確立したものとなっている[4]。そのような中で，同項について二元構成を採用する方向で改正するならば，これまでの類推適用法理の基礎が失われることになり，その影響はきわめて大きいといわなければならない。

　もちろん，現在の94条2項類推適用法理がはたして適当なものといえるかどうか，今後も維持すべきであるかどうかは，それ自体として大きな検討課題である。仮にこの法理を否定するとすれば，現行法の変更に当たり，周到な説明が必要となる。また，仮にこの法理を維持するとすれば，物権変動に関する第三者保護規定を新設することになると考えられる。そして，その場合は，現民法94条2項についても，類推適用の必要がなくなるため，その趣旨や内容を考え直す余地も出てくる。いずれにしても，この問題は，物権変動に関する現民法の立場を維持すべきかどうかという物権法制の根本問題にかかわる。

　したがって，本提案では，差し当たり現民法94条の基本構成は維持し，これを抜本的に見直すかどうかは，物権法制の改正を検討する際に委ねることとする。

(3) 無効の対抗構成

〔適用事例1〕　Aは，Kから1000万円を借りていたが，折からの不況のため，返済のめどが立たなくなった。Aは，このままでは自分の所有する土地甲がKに差し押さえられてしまうと考え，知りあいの不動産業者Bに相談した。Bは，「とりあえずかたちだけでもAが甲をBに売ったことにしておけば，Kからの差押えを免れられる。ほとぼりがさめたら，また元に戻せばよい」とい

---

3) フランス民法1321条（フランス民法（カタラ草案）1165-1条も同じ）は，反対証書は，第三者に対して何ら効力を有しないとし，PECL6:103条も，当事者間では真の合意が優先する——第三者に対しては真の合意を主張できない——としている。これは，少なくとも規定の体裁の上では，悪意者排除ではなく，画一的な第三者保護をはかったものとみることができる。これに対し，イタリア民法1415条は，善意で表見名義人から権利を取得した第三者に対抗できないとし，規定の体裁の上では，善意者保護をはかっている。

4) 判例法の展開については，中舎寛樹「日本民法の展開(3)判例の法形成——無権利者からの不動産の取得」百年I 397頁を参照。さらに，同「民法94条の機能」争点65頁以下も参照。

【1.5.12】

うので，AはこれにAはこれに従い，甲をBに売却する旨の契約をし，甲をBに引き渡し，登記もBに移転した。その後，AがBに甲を返してくれるよう求めたところ，すでにBは甲を自分のものとして，Cに売却し，甲をCに引き渡してしまっていた。この場合に，Aは，Cに対して，甲を返還するよう求めることができるか。

現民法94条2項は，善意の第三者に対して，虚偽表示の無効を「対抗することができない」と定めている。この無効を「対抗することができない」ということの意味については，立証責任の所在と併せて議論がある。

通説的な見解は，第三者が善意であるときは，第三者がその事実を主張・立証することにより[5]，当該第三者との関係では，虚偽表示の無効の主張が認められないとする。この見解――無効主張否認説――によると，Cとの関係では，AからBに甲の所有権が移転しなかった――Aに甲の所有権がある――ことが認められないため，Aは，Cに対して甲の返還を請求できない。この場合は，結果として，AとB，BとCの間で有効な意思表示が行われたのと同じことになり，甲の所有権もA→B→Cと移転したものとあつかわれる。

これに対して，学説では，虚偽表示は無効であるとした上で，それとは別に法が「善意の第三者」に特別な保護を与えたものと理解する見解も主張されている[6]。この見解――法定効果説――によると，AとBの意思表示は無効である以上，Aが甲の所有権を持ったままである。しかし，Cが「善意の第三者」に当たるときは，現民法94条2項に基づく法定効果として，Cは甲の所有権を取得した――Aは甲の所有権を失う――ことになる。

現民法94条2項は法定効果を定めたものであるとみる見解は，同項を表見法理に基づく善意者保護規定として純化してとらえようとするものである。しかし，この考え方を貫くならば，規定の体裁は，現民法94条と異なり，善意の第三者との

---

[5] 最判昭和35年2月2日（民集14巻1号36頁），最判昭和41年12月22日（民集20巻10号2168頁），最判昭和42年6月29日（判時491号52頁）は，第三者が現民法94条2項の保護を受けるためには，自己が善意であったことを立証しなければならないとする。これによると，同項に基づく主張は，Yの側の再々抗弁――①Xに当初存在し，その後も存続しているとされる所有権とその侵害を理由とするXの請求原因，②XY間の売買契約によりXが所有権を喪失したことを理由とするYの抗弁，③虚偽表示の無効によりXが所有権を喪失しなかったことを理由とするXの再抗弁に対する――に位置づけられる。

[6] 賀集唱「要件事実の機能――要件事実論の一層の充実のための覚書」司法研修所論集90号（1993）53頁以下。これによると，現民法94条2項に基づく主張は，Yの側の予備的抗弁――前掲注5) ③により，虚偽表示は無効であることが確定するため，それとは別に（予備的に），①請求原因に対し，②'XY間の意思表示が虚偽表示であるとしても，Zが「善意の第三者」であれば，同項により直接Zが甲の所有権を取得するため，Xが所有権を喪失したことを理由とする――に位置づけられる。

関係では「虚偽表示は無効とならない」ないしは「虚偽表示は有効とする」、あるいは「虚偽表示は有効とみなす」となるはずである。同条2項が、善意の第三者を保護するために、虚偽表示の無効を「対抗することができない」という構成を採用したのは、内部的な行為の効果を悪意者には「対抗」できるとした旧民法の構成を、その限りで受け継いだものとみることができる。この結果、意思表示の効力は無効か無効でないかのいずれかでしかないはずのところに、その無効を対外的に主張できるかどうかという次元が持ち込まれることになった。無効主張否認説は、現民法94条2項を表見法理に基づく善意者保護規定として位置づけながら、同項が採用した「対抗」構成に即して規定の趣旨と構造をとらえようとしたものと考えられる。

もちろん、法定効果説に従った改正を行うことも考えられなくはない。しかし、このような改正を行うならば、現民法94条2項は、構成の上でも表見法理に基づく規定としての性格を強めることになり、類推適用法理の意味や射程、ひいては物権法制の見直しにも影響する可能性が出てくる。(2)で述べたように、このような方向を是認するかどうかについては、慎重な検討が必要と考えられる。したがって、この点についても、差し当たり現行法どおり、無効を「対抗することができない」という構成を維持することとし、これを見直すかどうかは、物権法制の改正を検討する際に委ねることとすべきである。

2 第三者の保護

現民法94条2項は、虚偽表示の無効は「善意の第三者」に対抗することができないと定めている。

(1) 第 三 者

このうち、「第三者」の意味については、一般に、虚偽表示の当事者以外の者で、虚偽表示に基づいて作出された仮装の法律関係につき、新たに独立した法律上の利害関係を有するに至った者をいうとされる[7]。この意味での「第三者」に物権取得者や差押債権者等が含まれることについては異論がない。しかし、たとえば、虚偽表示によって土地が売却された場合に、その土地上の建物の賃借人が「第三者」に当たるかどうかについては、判例は「第三者」に当たらないとするものの[8]、学説では異論も強い。

改正に当たって、「第三者」の意味を具体的に明らかにし、その射程に疑義が生じないようにすべきであるという意見もありうる。しかし、「第三者」という文言

---

7) 大判大正5年11月17日民録22輯2089頁、最判昭和45年7月24日民集24巻7号1116頁（94条2項の類推適用のケース）を参照。

8) 最判昭和57年6月8日判時1049号36頁。

は，多くの規定で用いられるものであり，現民法94条2項でその意味を具体的に明文化するならば，他の規定でも明文化することが必要になってくる。実際に，疑義が生じないような基準を定めることも技術的に困難であるほか，想定外の問題類型が生じてくる可能性もあることを考えるならば，規定の文言はそのままとし，今後も解釈に委ねることとするのが適当である。

(2) **主観的要件**

また，第三者の主観的要件に関しては，判例は，文言どおり，善意で足りるとするのに対して[9]，学説では，現民法94条2項の基礎にある表見法理によると，外観に対する信頼が保護されるためには，その信頼は正当なものであること，したがって過失がないことが必要であるとする見解も有力である[10]。

表見法理が，第三者の信頼は正当なものであることを要求するのは，第三者の信頼を保護することによって，真の権利者の権利が剥奪されることになるからである。しかし，虚偽表示の場合，真の権利者に当たる虚偽表示の表意者は，みずから虚偽の表示を通謀して行っている。故意にそのような行為をした者が，第三者に対し，自分のした虚偽表示を信じないように注意せよと要求できる——注意を怠った以上，その信頼が保護されなくてもやむを得ないと主張できる——のは問題である。この場合に表意者が権利を失ってもやむを得ないのは，みずから意図して虚偽の表示をしたからである。同じく表見法理といっても，故意責任原理——故意に誤った表示をした者は，その表示に従った責任を負担すべきである——とでもいうべきものが帰責原理となる場合は，それだけで第三者の信頼保護が正当化されると考えてよいだろう。したがって，第三者の主観的要件は善意で足りると考えられるため，現民法94条2項の文言もそのまま維持してよいと考えられる。

(3) **転得者に関する問題**

このほか，直接の第三者から虚偽表示の目的物をさらに譲り受けた転得者に関して，①そのような転得者も「第三者」に含まれるかどうか——前主が悪意でも，転得者が善意であれば，虚偽表示の無効を対抗できなくなるのか——，②前主が善意であれば，転得者は確定的に権利を取得できることになるのかといった問題が議論されている。

〔適用事例2〕 適用事例1において，AがBに甲を返してくれるよう求めたところ，Bが甲を自分のものとしてCに売却していただけでなく，さらにCも甲をDに売却し，引き渡してしまっていた。この場合に，Aは，Dに対して，甲の返還を求めることができるか。

①AB間の契約が虚偽表示によるものであったことをCは知っていたが，D

---

9) 大判昭和12年8月10日新聞4181号9頁。
10) 幾代・総則257頁，四宮163頁，石田編・総則134頁以下［磯村保］，内田Ⅰ54頁以下等。

第5章 法律行為 第2節 意思表示 【1.5.13】

　　は知らなかった場合
　②AB間の契約が虚偽表示によるものであったことをDは知っていたが，C
　　は知らなかった場合

　一般に，①については，転得者も「第三者」に含まれるとされ[11]，Dが善意であれば，Aは，虚偽表示の無効を対抗できないと考えられている。これに対し，②については，異論も有力であるものの，多くは，転得者は確定的に権利を取得できると考えている[12]。それによると，D自身は悪意であっても，前主Cが善意であるときは，Dは確定的に目的物の権利を取得でき，Aからの返還請求に応じる必要はないことになる。

　問題は，このような転得者に関するルールを明文化すべきかどうかである。
　まず，①については，現民法94条2項どおり，特別な限定をせずに「第三者」と定めておけば足り，それ以上の定めをする必要は乏しい。
　これに対して，②のルールを明文化しようとするならば，たとえば，「〈1〉による意思表示の無効は，善意の第三者およびその承継人に対抗することができない」と定めることが考えられる。これはもちろん，考えられる可能性である。しかし，かりに現民法94条2項についてこのような改正をするならば，たとえば，失踪宣告に関する現民法32条等のような同種の規定についても，同様の改正をする必要が出てくる。規定に遺漏が生じるおそれもあることを考えるならば，差し当たり，現行法どおりとし，今後も解釈に委ねることとすべきである。

《比較法》　フランス民法1321条，フランス民法（カタラ草案）1165-1条，イタリア民法1414条〜1417条，ドイツ民法117条，オーストリア民法869条・916条，スイス債務法18条，韓国民法108条，中華民国民法87条，カンボディア民法352条，PECL6:103条，DCFRⅡ-9:201条

【1.5.13】（錯誤）
〈1〉　法律行為の当事者または内容について錯誤により真意と異なる意思表示

---

[11] 前掲注7）最判昭和45年7月24日（ただし，94条2項の類推適用のケース）。四宮＝能見179頁，石田編・総則135頁［磯村］等も参照。

[12] いわゆる絶対的構成である。我妻・総則292頁，幾代通「善意転得者保護制度における絶対的構成と相対的構成」同『民法研究ノート』（有斐閣，1986・初出1984）17頁，辻正美「転得者の地位——いわゆる絶対的構成と相対的構成」加藤一郎＝米倉明編『民法の争点Ⅰ』（有斐閣，1985）47頁以下，石田編・総則135頁以下［磯村］，内田Ⅰ56頁以下等を参照。ただし，転得者が現民法94条2項を潜脱する意図で善意の第三者をいわばわら人形として利用した場合は，真の権利者から転得者への権利行使（目的物の返還請求）を認めるのが有力である。

【1.5.13】

をした場合において，その錯誤がなければ表意者がその意思表示をしなかったと考えられ，かつ，そのように考えるのが合理的であるときは，その意思表示は取り消すことができる。

〈2〉 意思表示をする際に人もしくは物の性質その他当該意思表示に係る事実を誤って認識した場合は，その認識が法律行為の内容とされたときに限り，〈1〉の錯誤による意思表示をした場合に当たるものとする。

〈3〉 〈1〉〈2〉の場合において，表意者に重大な過失があったときは，その意思表示は取り消すことができない。ただし，次のいずれかに該当するときは，この限りでない。

　〈ア〉 相手方が表意者の錯誤を知っていたとき
　〈イ〉 相手方が表意者の錯誤を知らなかったことにつき重大な過失があるとき
　〈ウ〉 相手方が表意者の錯誤を引き起こしたとき
　〈エ〉 相手方も表意者と同一の錯誤をしていたとき

〈4〉 〈1〉〈2〉〈3〉による意思表示の取消しは，善意無過失の第三者に対抗することができない。

〔関連条文〕 現民法 95 条（改正）
〔参照提案〕 【1.5.14】，【1.5.B】，【1.5.15】，【3.2.15.02】

提 案 要 旨

1　本提案では，表示錯誤と――これまで動機錯誤と呼ばれてきた――事実錯誤は基本的な性格を異にすると考え，現民法 95 条本文を修正し，〈1〉で，錯誤の顧慮に関する基本原則を表示錯誤に即して定め，〈2〉で，事実錯誤に特有の要件を定めることとしている。このように表示錯誤と事実錯誤を区別するのは，事実錯誤の場合は，表意者の主観と現実の事実との間に齟齬があるのに対して，表示錯誤の場合は，そのような齟齬が問題にならないことから，事実錯誤については，表示錯誤の場合とは違った考慮をする必要があると考えられるためである。

2　まず，本提案〈1〉では，現民法 95 条本文を基礎としつつ，「法律行為の要素に錯誤があったとき」という要件を，「錯誤」に関する要件と法律行為の「要素」に関する要件に分け，それぞれ次のように修正している。

第 1 に，「錯誤」に関しては，「法律行為の当事者または内容について錯誤により真意と異なる意思表示をした場合」を要件とする。これは，表示錯誤を対象とすることを意味する。

第 2 に，法律行為の「要素」については，主観的因果性と客観的重要性を基準と

第5章 法律行為 第2節 意思表示 【1.5.13】

する判例および伝統的な通説の考え方に従い,「その錯誤がなければ表意者がその意思表示をしなかったと考えられ」,かつ,「そのように考えるのが合理的であるとき」と改めている。前者の主観的因果性を必要とするのは,錯誤がなくても表意者がその意思表示をしたのであれば,表意者を保護する必要はないからであり,後者の客観的重要性を要求するのは,主観的因果性だけで錯誤を顧慮するならば,取引の安全をいちじるしく害することになるからである。

　本提案〈1〉では,錯誤の効果も,取消しに改めることとしている。錯誤制度の趣旨が,誤った意思表示をした者をその意思表示への拘束から解放するところにあるとすれば,そのような解放を実際に求めるかどうかは,その意思表示をした者の決定に委ねることが要請される。ただ,そのような決定がいつまでも自由にできるとすると,相手方は不安定な地位に置かれ続けることになる。そのために整備されたのが取消制度であると理解するならば,錯誤の効果も端的に取消しとして構成すべきだと考えられる。

　3　次に,本提案〈2〉では,事実錯誤について,判例にみられる考え方に従い,事実についての誤った認識が法律行為の内容とされたときに限り,意思表示の取消しを認めることとしている。

　その際,まず前提として,対象となる事実錯誤を,「意思表示をする際に人もしくは物の性質その他当該意思表示に係る事実を誤って認識した場合」と定式化する。「人もしくは物の性質」を誤って認識した場合は事実錯誤の代表例であり,わかりやすさという観点からこれを例示することとした。

　その上で,本提案〈2〉では,その誤った「認識が法律行為の内容とされた」ことを要件としている。事実についての認識が現実と合致しているかどうかは,それぞれの当事者が負うべきリスクに当たる。表意者が自己の認識を単に表示したり,表意者が誤った認識を有していることやその事項が表意者にとって重要であることを相手方が認識できたりしただけで,相手方がその意思表示が取り消されるリスクを負うべき理由はない。このような現実に関するリスクの転嫁は,現実についての認識が合意の内容に取り込まれることによって正当化できると考えられる。本提案〈2〉は,このような合意主義の考え方に基づく。

　判例は,定式化としては,「動機が相手方に表示されて法律行為の内容となる」ことを必要としているが,この「表示」は黙示であってもよいとされ,現実に表示されたかどうかが重視されているわけではない。合意主義の考え方によると,基準となるのは「法律行為の内容」とされたかどうかであり,それと離れてとくに「表示」を要求する意味はない。そこで,本提案〈2〉は,「その認識が法律行為の内容とされた」ことのみを要件とすることとしている。

　本提案〈2〉は,以上の要件がそなわる場合に,「〈1〉の錯誤による意思表示をし

た場合に当たるものとする」としている。これは，〈1〉のうち，前半の「法律行為の当事者または内容について錯誤により真意と異なる意思表示をした場合」に当たるものとするということであり，この場合は，さらに〈1〉の後半の「その錯誤がなければ表意者がその意思表示をしなかったと考えられ，かつ，そのように考えるのが合理的である」という要件がそなわれば，意思表示の取消しという効果が認められることを意味する。

4 次に，本提案〈3〉は，現民法95条ただし書を基本的に維持し，表意者に「重大な過失」がある場合に，取消しを認めないとした上で，次のような場合に，その例外を認めることとしている。

まず，〈ア〉相手方が表意者の錯誤を知っていたとき，または〈イ〉知らなかったことにつき重大な過失があるときは，相手方の信頼は保護に値しない以上，取消しが認められてもやむを得ないと考えられる。また，〈ウ〉相手方が表意者の錯誤を引き起こしたとき，さらに，〈エ〉相手方が表意者と同一の錯誤をしていたときも，そのような相手方が，表意者に重過失があることを理由に，表意者による取消しの主張をしりぞけることができると考えるべきではない。したがって，これらのいずれかに当たる場合は，表意者に重大な過失があっても，取消しを認めることとしている。

5 本提案〈4〉は，錯誤取消しについても，第三者の保護規定を新設することとしている。その際，第三者の保護要件は，【1.5.12】(虚偽表示)と異なり，善意無過失を必要としている。第三者の保護要件が善意で足りるとされるのは，虚偽表示のように，故意責任原理——故意に誤った表示をした者は，その表示に従った責任を負担すべきである——が妥当する場合に限られると考え，錯誤を含めてその他の場合は，一般原則どおり，第三者の信頼が保護されるのはそれが正当なものである——過失がない——ときに限られると考えるわけである。詐欺のほか，後述する不実表示と錯誤は，実際の場面では重畳的に問題となることもあるため，第三者の保護要件を統一しておく必要がある。

解　説

1　表示錯誤と事実錯誤の区別

現民法95条に関しては，そこでいう「錯誤」に表示錯誤だけでなく，動機錯誤も含まれるかどうか，含まれるとして意思表示が無効となる要件をどのように解すべきかという問題が最大の争点をなしてきた。改正に当たっても，この問題についての検討を避けて通ることはできない。

第5章 法律行為　第2節　意思表示　　　　　　　　　　　　　　　【1.5.13】

(1)　現行法の状況

この問題に関するこれまでの議論状況を簡単に確認しておくと，次のとおりである[1]。

伝統的には，表示錯誤と動機錯誤が区別され，現民法95条の錯誤は原則として表示錯誤に限られると考えられてきた。これによると，動機錯誤があっても同条は適用されず，意思表示は原則として有効とされる。ただ，その上で，判例および伝統的な通説は，動機が表示されて法律行為の内容になった場合には，同条が適用され，意思表示は無効になると考えてきた（動機表示構成）。

この動機表示構成に関しては，厳密にいうと，動機が表示されたかどうかを重視する立場と，法律行為の内容になったかどうかを重視する立場に分かれる。伝統的な通説は，相手方の信頼を保護するという観点から，動機が表示されたかどうかを重視する[2]。これに対して，判例[3]は，少なくとも戦前は，定式化の上でも，実際の判断の点でも，法律行為の内容になったかどうかを重視するものが多かった[4]。それに対して，戦後は，学説の影響もあってか，動機の表示の有無を重視しているとみられるものが多い[5]。しかし，その一方で，動機が表示されていても，法律行為の内容になっていないとして，錯誤無効の主張を否定したものもあり[6]，統一的な理解はむずかしいところがある[7]。

学説ではその後，表示錯誤と動機錯誤を区別せず，いずれも現民法95条にいう「錯誤」に含まれると考えた上で，相手方の信頼を保護するために，錯誤の認識可能性や錯誤に陥った事項の重要性の認識可能性を錯誤無効の要件とする見解（認識可能性説）が有力に主張された[8]。これは，相手方の信頼を保護することを目的とする点で，伝統的な通説を発展させたものとみることもできる。

これに対し，比較的最近では，表示錯誤と動機錯誤を区別し，現民法95条の錯

---

1)　山本Ⅰ162頁以下を参照。
2)　我妻・総則297頁以下を参照。
3)　判例の分析については，森田宏樹「民法95条（動機の錯誤を中心として）」百年Ⅱ141頁を参照。そのほか，小林一俊『錯誤の判例総合解説』（信山社，2005）も参照。
4)　大判大正3年12月15日民録20輯1101頁，大判大正6年2月24日民録23輯284頁等を参照。
5)　最判昭和38年3月26日判時331号21頁，最判平成元年9月14日判時1336号93頁等を参照。
6)　最判昭和37年12月25日訟月9巻1号38頁等を参照。
7)　このほか，最判平成16年7月8日（判時1873号131頁）は，株式を売却する際に，会社の資産（株式の価値）について錯誤があったケースで，表意者が錯誤に陥った原因が相手方の側にあり，相手方の側も表意者の錯誤を当然に了知していたものとみるべきである点を重視している。
8)　川島289頁以下，幾代・総則273頁，野村豊弘「意思表示の錯誤——フランス法を参考にした要件論(7)」法協93巻6号（1976）77頁以下，四宮180頁等。

誤は表示錯誤に限られるとした上で，動機錯誤に関する問題は錯誤法の外で——たとえば条件・前提・保証等の合意の存否や瑕疵担保責任等の問題として——扱うべきであるとする見解（錯誤外構成説）[9]のほか，法律行為の「要素」をフランスのコーズ論に従って理解し，表示錯誤と動機錯誤を区別することなく，合意の原因について錯誤があることを錯誤無効の要件と解する見解（合意原因説）なども主張されている[10]。これらはいずれも，相手方の信頼を保護するというよりも，当事者がした合意を尊重するという考え方を基礎としているところに特色がある。

(2) 表示錯誤と動機錯誤の区別の意味——表示錯誤と事実錯誤の区別

この問題について検討する前提として，まず，表示錯誤と動機錯誤を区別することの意味を確認しておく必要がある。

一般に，表示錯誤（表示行為の錯誤ともいう）とは，思い違いにより，（効果）意思どおりの表示をしていない場合をいう。この場合は，表示に対応する（効果）意思を欠いているため，いわゆる意思欠缺（意思の不存在）に当たる。これに対して，動機錯誤は，（効果）意思どおりの表示をしているが，その意思の形成過程で思い違いがあり，それに基づいて意思表示をした場合をいう。この場合は，表示に対応する（効果）意思があるため，表示錯誤と違って，意思欠缺（意思の不存在）には当たらない。

以上のような表示錯誤と動機錯誤の理解は，「意思表示は，動機に導かれて，一定の効果意思が形成され，その効果意思を表示しようという表示意思を媒介として，表示行為が行われる」とみる伝統的な意思表示理論を前提としている。そのため，仮に表示錯誤と動機錯誤の区別を前提とした規定を新たに定めるとするならば，この伝統的な意思表示理論を採用することをあらためて明示する意味を持つと受けとめられる可能性もある。もちろん，このこと自体については，賛否両論があるだろう。

ただ，表示錯誤と動機錯誤と呼ぶかどうかは別として，この両者に相当するものの間には，伝統的な意思表示理論を離れても，基本的な性格の違いがあることに注意する必要がある。それは，動機錯誤に相当するものの場合は，表意者の主観と現実の事実との間に齟齬があるのに対して，表示錯誤に相当するものの場合は，そのような齟齬は問題にならない点にある。

〔適用事例1〕　Bは，店舗の建設用地として土地甲が適していると考え，その所有者を調べたところ，Cが所有者であることがわかった。そこで，Bは，Cの

9）石田編・総則153頁以下〔磯村保〕，磯村保「錯誤の問題」林良平＝安永正昭編『ハンドブック民法Ⅰ』（有信堂高文社，1987）41頁以下等。

10）森田宏樹「『合意の瑕疵』の構造とその拡張理論(1)」NBL482号（1991）24頁以下，同・前掲注3）190頁以下。

第5章 法律行為　第2節　意思表示　　　　　　　　　　　　　　【1.5.13】

住所を探し出して、Cと思われる人間に甲の賃借を申し入れ、甲につき、期間2年、賃料を月額50万円として賃貸借契約を締結した。ところが、BがCだと思っていた相手は、Cの近隣に住んでいた同姓の親戚Aであり、Aは、甲の北側にある同じ地番に枝番号がついた土地乙を所有しており、Bから乙の賃借を申し込まれたものと誤信していた。

〔適用事例2〕　Aは、自宅用に使うために、Bに、トイレット・ペーパーを10グロス配達するよう注文した。10グロスとは、120ダース＝12個×120＝1440個を意味するが、Aは、6個入りの1パックがグロスのことだと勘違いしていた。

〔適用事例3〕　Aは、BからK画伯の署名のあるオリジナル版画甲を200万円で購入した。ところが、後で調べてみると、甲は偽物であることが判明した。

〔適用事例4〕　Aは、Bから住宅甲を3000万円で購入する旨の売買契約を締結した。Aは、手持ちの自己資金が500万円しかないため、500万円を財形融資から借り、残りの2000万円を銀行の住宅ローンで借りることにしていた。ところがその後、甲が財形融資の融資条件をみたしていないことが判明し、Aは財形融資を受けられないことになった。

　適用事例1では、同一性錯誤——Aについては目的物の同一性錯誤、Bについては人の同一性錯誤——の例であり、伝統的には、表示錯誤に当たるものと考えられている。この場合は、表意者Aの主観（意思）は、「Bと乙について賃貸借契約を締結する」であるのに対し、「Bと甲について賃貸借契約を締結する」と解釈される意思表示をしたところに離齬がある。また、表意者Bについても、その主観は、「Cと甲について賃貸借契約を締結する」であるのに対し、「Aと甲について賃貸借契約を締結する」と解釈される意思表示をしたところに離齬がある。これらは、いずれも、主観（意思）と意思表示（の内容）との離齬である。

　適用事例2は、表示行為の意味の錯誤の例であり、伝統的には、表示錯誤に当たるものと考えられている。この場合は、表意者Aの主観（意思）は、「6個×10＝60個を注文する」であるのに対して、「120ダース＝12個×120＝1440個を注文する」と解釈される意思表示をしたところに離齬がある。これは、主観（事実認識）と現実の事実との離齬ではなく、主観（意思）と意思表示（の内容）との離齬である。

　これに対して、適用事例3は、性質錯誤の例であり、伝統的には、動機錯誤に当たるものと考えられている。この場合、表意者Aの主観（意思）は、「甲を200万円で買う」であり、表意者Aが実際に行った意思表示も「甲を200万円で買う」であり、両者の間に離齬はない。しかし、表意者Aは、「この版画甲は本物である」であると思ったのに対して、現実には、この版画甲は偽物だった。つまり、この場合は、表意者Aの主観（意思）と意思表示（の内容）との離齬ではなく、主観

109

(事実認識)と現実の事実との間に齟齬がある。

適用事例4は，理由の錯誤ないし狭義の動機錯誤と呼ばれるものの例である。この場合，表意者Aの主観（意思）は，「甲を3000万円で買う」であり，表意者Aが実際に行った意思表示も「甲を3000万円で買う」であり，両者の間に齟齬はない。しかし，表意者Aがそのような意思表示をしたのは，甲が財形融資の融資条件をみたしていると思ったからであるが，現実には，甲は財形融資の融資条件をみたしていなかった。つまり，この場合も，表意者Aの主観（意思）と意思表示（の内容）との齟齬ではなく，主観（事実認識）と現実の事実との間に齟齬がある。

もちろん，このような区別をすることに意味があるかどうかは，錯誤の顧慮についてどのような立場をとるかによって決められるべきことである。しかし，いずれにしても，この両者の区別は，伝統的な意思表示理論は別としても，なお考えられることは確認しておく必要がある。以下では，両者の区別をこの意味でとらえることを明確にするために，「動機錯誤」ではなく，「事実錯誤」と呼ぶことにする[11]。

2 錯誤の顧慮についての基本的立場

(1) 信頼主義と合意主義

問題は，以上のような錯誤を顧慮する——錯誤を理由として意思表示の効力を否定する——かどうか，顧慮するとして，どのような要件を設定すべきかである。錯誤があるというだけでそれをすべて顧慮するならば，相手方が思わぬ不利益をこうむり，取引社会が成り立たなくなるおそれもある。したがって，仮に錯誤を顧慮するとしても，そこには一定の歯止めをかける必要がある。そのような歯止めを基礎づける考え方として，これまで主張されてきたのは，次の2つにまとめられる。

1つは，相手方の正当な信頼を保護するという考え方である。錯誤を顧慮すると，相手方の正当な信頼が害されるおそれが出てくる。したがって，錯誤を顧慮してよいのは，相手方にそのような正当な信頼がない場合に限るべきだと考えるわけである。これを差し当たり，信頼主義と呼んでおく。

もう1つは，当事者がした合意を尊重するという考え方である。これによると，合意に関する錯誤は顧慮されるとしても，合意に関しない錯誤は顧慮されないことになる。これを差し当たり，合意主義と呼んでおく。

学説では，比較的最近まで，前者の信頼主義を支持する考え方が有力だった。上述した認識可能性説がその代表である。たとえば，表意者が錯誤に陥っていることを相手方が知り，または知ることができた場合は，相手方に正当な信頼があるとは

---

[11] 石田編・総則150頁以下［磯村］は，「意思表示の形成過程において事実に反する観念を抱き，これに動機づけられて意思表示をなす場合を動機錯誤という」とし，ここでも「動機と事実との不一致が生じているから，『事実錯誤』とよぶことが可能である」としている。

いえず，錯誤を顧慮してよいと考えるわけである。また，伝統的な動機表示構成でも，動機が表示されているかどうかを重視する立場も，同様の考え方に基づいている。動機が表示されていれば，そのような動機に関する錯誤を顧慮しても，相手方の信頼を害する度合いが小さい——したがって顧慮してよい——と考えるわけである。

信頼主義の考え方を貫くと，相手方に正当な信頼があるかどうかが基準になるため，表意者の側にどのような錯誤があるか，つまり表示錯誤があるか動機錯誤（事実錯誤）があるかは，重要な意味を持たないことになる。そのため，とくに認識可能性説では，両者を区別せず，錯誤の意味は一元的に理解されている。

(2) 信頼主義の問題性

しかし，錯誤の顧慮についての考え方として，この信頼主義には大きな問題があり，今回の改正に当たって採用すべきではないと考えられる。

(a) 表示錯誤の場合

まず，表示錯誤については，錯誤の顧慮について信頼主義を採用すると，錯誤の前提として問題となる意思表示の解釈との関係で，問題が生ずることになる[12]。

表示錯誤とは，表意者が意思表示に対応した意思を持っていないことを意味する。したがって，表示錯誤があるかどうかを判断するためには，まず意思表示の意味を確定しなければならない。つまり，錯誤に関する判断の前段階として，意思表示の解釈を行う必要がある。この意思表示の解釈の中でも，錯誤のように，当事者間で意思が一致しない場合に問題となるのは，規範的解釈である。これについて，【3.1.1.41】（規範的解釈）は，「契約は，当事者の意思が異なるときは，当事者が当該事情のもとにおいて合理的に考えるならば理解したであろう意味に従って解釈されなければならない」と定めることを提案している。

これによると，動機表示構成——その中でも動機の表示を重視する見解——のように，真意の表示を要求する見解は，動機錯誤には当てはまっても，表示錯誤の場合は成り立たないことになる。というのは，表示錯誤については，真意の表示を要求すると，そもそも表示錯誤自体が認められないことになるからである。たとえば，適用事例2でいうと，Aが，Bに対し，6個入りの1パックをグロスと考えていることを表示していれば，「10グロス買う」という意思表示は，当事者が当該事情のもとにおいて合理的に考えるならば，6個×10＝60個を買うという意味で理解すべきであると考えられる。つまり，この場合は，解釈によって確定された意思表示の意味とAの意思の間に齟齬はないため，そもそも表示錯誤は問題にならないことになる。

---

12) 石田編・総則155頁以下［磯村］を参照。

【1.5.13】

　また，錯誤の認識可能性を要求する見解によっても，同様の問題が生じる。
　たとえば，表意者の意思を相手方が認識していた場合，つまりAが6個入りの1パックをグロスと考えていることをBが知っていた場合は，そのような事情のもとにおいて当事者が合理的に考えるならば，「10グロス買う」という意思表示は，6個×10＝60個を買うという意味で理解すべきである。つまり，この場合は，表示錯誤は問題にならない。
　また，表意者の意思を相手方が認識しなかったとしても，表意者が何らかの錯誤をしていることを相手方が認識していた場合，つまりAが1グロスを12ダースの意味で理解していないことをBが知っていた場合は，そのような事情のもとにおいて当事者が合理的に考えるならば，「10グロス買う」という意思表示は，120ダース＝12個×120＝1440個を買うという意味で理解すべきだったとはいえない。この場合は，「10グロス買う」という意思表示の意味を確定することはできない以上，Aの表示錯誤も問題とならない。
　さらに，表意者の錯誤を相手方が認識できた場合，つまりAが少なくとも1グロスを12ダースの意味で理解していないことをBが知ることができた場合は，そのような事情のもとにおいて当事者が合理的に考えるならば，「10グロス買う」という意思表示は，やはり120ダース＝12個×120＝1440個を買うという意味で理解すべきだったとはいえない。したがって，この場合も，「10グロス買う」という意思表示の意味を確定することはできない以上，Aの表示錯誤も問題とならないことになる。
　以上によると，表意者Aの表示錯誤が問題となるのは，意思表示の解釈について【3.1.1.41】の準則を前提とするならば，真意の表示はもちろん，錯誤の認識も認識可能性もなく，意思表示が表意者の意思と違った意味で解釈される場合に限られる。したがって，錯誤の顧慮について信頼主義を採用すると，表示錯誤に関しては，そもそも錯誤が顧慮される場合がなくなることになる。これは，錯誤の顧慮に関する信頼主義は，表示錯誤の場合にそぐわない考え方であることを示している。

　(b)　**事実錯誤の場合**
　さらに，錯誤の顧慮に関する信頼主義は，事実錯誤の場合についても，大きな問題をはらんでいる。
　適用事例3の場合は，買主Aが現実——「この偽物甲」——の認識を誤り，「この本物甲」と認識している。信頼主義によると，この錯誤またはこの事項の重要性を相手方である売主Bが認識できたときには，錯誤無効の主張を認めてよいとされる。動機表示構成でも，動機の表示を重視する見解によると，この誤った認識が売主Bに表示されていれば，それで足りるとされる。
　しかし，法律行為，つまり売買契約の内容が「この物甲」を売買するものと解釈

第 5 章　法律行為　第 2 節　意思表示　　　　　　　　　　　　　【1.5.13】

される場合，「この物」が「本物」であるかどうかは，それぞれの当事者が負うべきリスクに当たる。単に買主Ａが誤った認識を有していること，またはその事項が買主Ａにとって重要であることを売主Ｂが認識できただけで，売主Ｂが契約を無効とされるリスクを負うべき理由はないだろう。これは，とりわけ売買契約で「この物甲」の代金が本物よりも非常に低く設定されていた場合に当てはまる。このような契約をする以上，「この物甲」が本物でなかったとしても，そのリスクは買主Ａが負うべきである。ところが，信頼主義の論理を貫けば，この場合でも，売主Ｂに認識可能性があれば，買主Ａによる錯誤無効の主張が認められることになってしまう。これは，看過できない問題といわなければならない。

　このような現実に関するリスクの転嫁は，合意主義のいうように，現実についての認識が合意の内容に取り込まれることによって正当化できる[13]。上記の錯誤外構成説はもちろん，動機表示構成でも，動機が法律行為の内容になったことを重視する立場は，このような考え方に立っている。これによると，法律行為の内容，つまり売買契約の内容が「この本物甲」を売買するものと解釈される場合にのみ，この物が偽物であったことによるリスクは売主Ｂに転嫁される。

　この場合は，①表意者である買主Ａの主観（認識）と現実とが齟齬を来しているだけでなく，②法律行為（の内容）も現実と齟齬を来していることになる[14]。

　ここで，錯誤外構成説は，現民法95条の「錯誤」は法律行為と意思の齟齬に限られ，①の齟齬はそもそも顧慮されないと考えるため，②の齟齬のみが意味を持つことになる。これによると，「この本物甲」を売買すると合意したのに，現実には「この偽物甲」を引き渡しているため，契約の不履行責任——現民法ではその特則である瑕疵担保責任，本改正試案では【3.2.1.16】（目的物の瑕疵に対する買主の救済手段）に定められた救済手段——が認められる。あるいは，「この甲が本物であることを保証する」という合意があったと解釈されれば，この保証合意に基づく責任が認められることになる。

　これに対して，動機が法律行為の内容になったことを重視する立場は，②の齟齬

---

13)　これによると，どのような場合にそうした現実についての認識が合意の内容に取り込まれたものと解釈すべきかが問題となる。この点については，たとえば「目的物の性質について明示されていなくても，代金の合意からそれにみあった性質をそなえた物が目的物とされたものとする」といった解釈準則を整備していくことが必要である。

14)　法律行為の内容，つまり契約の内容が「この物甲」と解釈される場合は，厳密にいうと，②法律行為（の内容）と現実との間に齟齬はない。しかし，とくに「この物甲」の代金が本物の価格に相当するときなどには，契約不履行はないとしても，現民法570条による法定の責任として瑕疵担保責任を認めるのが，伝統的な通説の考え方である。これに対して，特定物ドグマをしりぞける立場によると，この場合は，代金の合意を通じて，「この本物甲」が売買されたものと解釈できるため，②法律行為（の内容）と現実も齟齬を来していることになる。

だけでなく[15]，①の齟齬にも意味を認める。現民法95条の「錯誤」はもともと法律行為と意思の齟齬を意味するとしても，動機が法律行為の内容になったときは，①の主観（認識）と現実との齟齬——現実には偽物なのに，本物と信じたこと——も「錯誤」に準ずるものと認めてよいと考えるわけである[16]。とくに性質に関する錯誤は，歴史的にみても，比較法的にみても，錯誤の範疇で扱われることが多かった。そのような観点からみても，この動機が法律行為の内容になったことを重視する立場は，十分承認に値するというべきだろう。

3 錯誤に関する要件・効果の見直し

以上のような考慮を基礎として，本提案〈1〉では，現民法95条本文を基礎としつつ，表示錯誤に即して，錯誤の要件および効果を見直すこととしている。

(1) 要件

まず，要件に関しては，現民法95条では「法律行為の要素に錯誤があったとき」と定められているところを「錯誤」に関する要件と法律行為の「要素」に関する要件に分け，それぞれ，次のように修正している。

(a) 「錯誤」に関する修正

まず，「錯誤」に関しては，「法律行為の当事者または内容について錯誤により真意と異なる意思表示をした場合」を要件とすることとしている。これは，上述した錯誤の類型のうち，表示錯誤を対象とすることを意味する。

表示錯誤の典型例は，法律行為の内容に関する錯誤である。たとえば，適用事例1のAの錯誤のような，目的物の同一性錯誤や，適用事例2のような，表示行為の意味の錯誤がこれに当たる。しかし，表示錯誤には，さらに，適用事例1のBの錯誤のような，人の同一性錯誤も含まれる。本提案〈1〉が法律行為の「内容」だけでなく，法律行為の「当事者」も挙げているのは，このような考慮に基づく。

---

15) 動機が法律行為の内容になったことを重視する立場でも，瑕疵担保責任や保証等の可能性は否定されない。その限りで，錯誤外構成説と対立するものではない。

16) 加藤雅 I 266頁以下は，意思表示・法律行為の構造について，従来のような「表示行為」と「内心的効果意思」のレベル——「表層合意」——に加えて，「深層意思」のレベル——「前提的合意」——があるとし，「表層合意」と「前提的合意」とに齟齬がある場合は，契約は無効になるとする。ここで，加藤自身は「表層合意」と「前提的合意」に齟齬が生じると考えているが，実際には，「表層合意」——たとえば版画甲の売買契約——と「前提的合意」——版画甲が本物であるという合意——に齟齬があるのではなく，「前提的合意」と現実——版画甲が偽物であったこと——が齟齬を来しているだけである。したがって，これは，「前提的合意」も法的に尊重される合意として承認し，それが現実と齟齬を来す場合に契約の効力を否定する見解として位置づけられる。この見解によると，本提案の〈2〉は，この意味での「前提的合意」と現実の齟齬を理由とする錯誤取消しを定めた規定として理解されることになるだろう。

(b) 法律行為の「要素」に関する修正

次に，法律行為の「要素」については，現民法95条のもとで，判例[17]および伝統的な通説[18]は，錯誤がなければ，表意者はそのような意思表示をしなかったし（主観的因果性），通常人でもそのような意思表示をしなかったと考えられる——そのような意思表示をしないことが取引通念に照らして正当と認められる——こと（客観的重要性）を意味するとしている。これに対し，最近では，上述したように，法律行為の「要素」をフランスのコーズ論に従って理解し，合意の拘束力を正当化する理由，つまり合意の原因に当たると解する見解も主張されている[19]。

本提案〈1〉では，前者の判例および伝統的な通説の考え方を前提として，それをリステイトすることとしている。これは，次のように基礎づけることができる。まず，錯誤制度は，本当はそのような意思表示をするつもりがなかったのにしてしまった者を保護するための制度である。したがって，表意者が錯誤を知っていれば，そのような意思表示をしなかったと考えられる場合に初めて，意思表示の効力を否定する理由がある。しかし，それだけを基準とすると，表意者さえその錯誤を重要と考えるなら，意思表示の効力が否定されることになり，取引の安全がいちじるしく害されることになる。したがって，意思表示の効力が否定されるのは，錯誤を知っていればそのような意思表示をしないことが，取引の通念に照らして正当と認められる場合に限る必要がある。本提案〈1〉が，「その錯誤がなければ表意者がその意思表示をしなかったと考えられ，かつ，そのように考えるのが合理的であるとき」とするのは，このような考慮に基づく。

これに対して，「要素」を合意の原因に当たるものと解する見解によると，たとえば「法律行為をした原因に錯誤があるとき」といった定式を採用することが考えられる。しかし，コーズ論は，最近でこそ，有力な学者によって紹介・検討されるようになってきたものの，わが国ではこれまでなじみのない概念であり，ここで「原因」という用語を用いたとして，その意味についてコンセンサスが得られるかどうか，疑問である[20]。したがって，仮にこの見解によるとしても，文言としては現民法どおり「法律行為の要素」とし，あとは解釈に委ねることにならざるをえないだろう。強いていえば，「法律行為の要素」を「法律行為の重要な部分」に修

---

17) 大判大正3年12月15日民録20輯1101頁，大判大正7年10月3日民録24輯1852頁等。
18) 富井・原論1 363頁以下，我妻・総則299頁以下，四宮＝能見193頁以下等。
19) 森田・前掲注10) 24頁以下，同・前掲注3) 193頁以下。ただし，森田は，コーズを主観的・具体的なものとして理解し，それを法律行為の要素と等置している。
20) コーズの理解について，フランスでも，これを客観的・抽象的に理解するものと主観的・具体的に理解するものがあり，日本においてコーズ論を積極的に評価する者の中でも，同様の対立がある。大村敦志『典型契約と性質決定』（有斐閣，1997・初出1993～1995）170頁以下を参照。

正することも考えられるが，かえって趣旨がわかりにくくなるおそれもある。

比較法的にみると，かつては，錯誤が「本質」にかかわるものかどうかを基準とする立法例が多かったのに対して[21]，最近では，主観的因果性と客観的重要性に相当するものを基準とするものも目立つようになっている[22]。本提案〈1〉によることは，このような観点からみても，十分支持できると考えられる。

(2) 効　果

錯誤の効果について，現民法 95 条は意思表示の「無効」という効果を定めている。もっとも，この「無効」の意味について，現在では，錯誤者だけが無効を主張できるとする考え方が支配的となっている[23]。錯誤をした表意者を保護するという現民法 95 条の目的からすると，保護されるべき錯誤者だけに無効主張を認めることが要請されるからである。

このように，無効を主張できる者が表意者に限られるとすれば，錯誤無効は取消しに近づくことになる。学説では，さらに進んで，遡及的に追認する可能性を認めたり，期間制限についても取消しに関する現民法 126 条を類推適用したりする可能性が提唱されている[24]。このように，錯誤無効を「取消的無効」として構成する方向は，現在，支持を集めつつある[25]。ただ，とくに期間制限については，規定上「無効」とされるものにつき，解釈によって画一的な制限をかけることに，まだ抵抗が残っているようである[26]。

錯誤制度の趣旨が，誤った意思表示をした者をその意思表示への拘束から解放するところにあるとすれば，そのような解放を実際に求めるかどうかは，その意思表

---

21) フランス民法 1110 条，イタリア民法 1428 条・1429 条，スイス債務法 23 条のほか，オーストリア民法 871 条・872 条，ドイツ民法 119 条も参照。
22) UNIDROIT(2004)3.5 条は，「錯誤に陥った当事者と同じ状況に置かれた合理的な者が，真の事情を知っていれば，実質的に異なる条項のもとでのみ契約を締結し，または契約をまったく締結しなかったであろうほどに，錯誤が契約締結時において重要なもの」であることを要件としている。また，PECL4:103 条は，「錯誤者が真実を知っていたならば契約を締結しなかったであろうこと，または本質的に異なる条件でなければ契約を締結しなかったであろうことを，相手方が知り，または知るべきであった場合」であることを要件として挙げている。DCFR Ⅱ-7:201 条は，「当事者が，錯誤がなければ契約を締結しなかったであろう場合，または本質的に異なる条件でなければ契約を締結しなかったであろう場合で，相手方がそのことを知り，または合理的に考えて知ることを期待できた場合」であることを要件としている。
23) 最判昭和 40 年 9 月 10 日民集 19 巻 6 号 1512 頁。川島・総則 296 頁，幾代・総則 275 頁以下，四宮＝能見 198 頁以下，内田Ⅰ75 頁・286 頁等も参照。
24) 石田穣『民法総則』(悠々社，1992) 347 頁等。
25) 椿寿夫「錯誤無効と詐欺取消の関係」同編『法律行為無効の研究』(日本評論社，2001・初出 1987) 19 頁を参照。
26) 内田Ⅰ286 頁等を参照。

第5章 法律行為　第2節　意思表示　　　　　　　　　　　　　【1.5.13】

示をした者の決定に委ねることが要請される。ただ、そのような決定がいつまでも自由にできるとすると、相手方は不安定な地位に置かれ続けることになる。そのために整備されたのが取消制度であると理解するならば、錯誤の効果も端的に取消しとして構成すべきだと考えられる。本提案は、このような考慮から、錯誤の効果を取消しに改めることとしている。

4　事実錯誤に関する規定の新設

本提案〈2〉では、事実錯誤に関して、上述した従来の動機表示構成のうち、法律行為の内容になったことを重視する立場に従って、特別な要件を明文化することとしている。

(1)　事実錯誤の定式

まず、本提案〈2〉では、ここで対象となる錯誤が事実錯誤であることを示すために、「意思表示をする際に人もしくは物の性質その他当該意思表示に係る事実を誤って認識した場合」という定式を採用している。これは、次の2つの特徴を有している。

第1に、ここで対象となる事実錯誤を「当該意思表示に係る事実を誤って認識した場合」と定式化している。ただし、これは、適用事例3、適用事例4のような事実を認識した場合だけでなく、適用事例5のように、法を誤って認識した場合も含む。現民法のもとでも、判例は、法に関する錯誤も、現民法95条の「錯誤」に含まれるとしている[27]。これは、表意者の主観（法の認識）と現実（の法状態）とが齟齬しているという意味で、事実錯誤と同様のものと考えられる。

〔適用事例5〕　Aは、Bと婚姻して3人の子どもをもうけ、建物甲に居住していた。その後、Aの不貞が原因で、AはBと協議離婚をすることになり、その際、Aが所有していた甲を含む不動産全部をBに財産分与する旨を合意し、甲の登記をBに移転した。離婚にともなう財産分与として夫婦の一方がその特有財産である不動産を他方に譲渡した場合は、分与者に譲渡所得が生じたものとして課税されるが、この点は両者の間で話題になることはなく、Aは、誤解に基づき、財産分与を受けるBに課税されることを心配してこれを気遣う発言をしていたほか、Bも自分に課税されるものと理解していたことがうかがわれる。その後、Aは、試算によると2億円以上の譲渡所得税がAに課せられることを知った。

第2に、「人もしくは物の性質」の錯誤（適用事例3を参照）が事実錯誤に含まれ

---

27)　大判昭和13年2月21日民集17巻232頁（株主総会の決議で取締役就任前に生じた無尽の債務については免責されると誤信して取締役に就任したケースで、要素の錯誤に当たることを前提とした上で、表意者に重過失があるとした）等。

117

ることを例示している。このような例示がなくても，性質錯誤が事実錯誤に含まれることは明らかである。しかし，性質錯誤は歴史的にみても比較法的にみても，また実践的にみても重要なものであることから，非法律家にとってのわかりやすさも考慮して，とくに明示しておくことに意味があると考えられる。

(2) 法律行為の内容となったこと

次に，本提案〈2〉では，事実錯誤が顧慮されるための要件を，「その認識が法律行為の内容とされたときに限り」と定式化している。

判例は，定式としては，「動機が相手方に表示されて法律行為の内容となる」ことを必要としているが，この「表示」は黙示であってもよいとされ，現実に表示されたかどうかが重視されているわけではない[28]。適用事例5に相当するケースでも，「他に特段の事情がない限り，自己に課税されないことを当然の前提とし，かつ，その旨を黙示的には表示していたものといわざるをえない」とし，そのように「動機が黙示的に表示されているときであっても，これが法律行為の内容となることを妨げるものではない」としている[29]。

上述したように，信頼主義に問題があるとすると，基準となるのは「法律行為の内容」とされたかどうかであり，それと離れてとくに「表示」を要求する意味はない。本提案〈2〉の定式化は，このような考慮に基づく。

(3) 本提案〈1〉との関係

本提案〈2〉は，以上の要件がそなわる場合に，「〈1〉の錯誤による意思表示をした場合に当たるものとする」としている。これは，〈1〉のうち，前半の「法律行為の当事者または内容について錯誤により真意と異なる意思表示をした場合」に当たるものとするということであり，この場合は，さらに〈1〉の後半の「その錯誤がなければ表意者がその意思表示をしなかったと考えられ，かつ，そのように考えるのが合理的である」という要件がそなわれば，意思表示の取消しという効果が認められることを意味する。

5　錯誤取消しの阻却要件

(1) 現民法95条ただし書の基本的維持

現民法95条ただし書によると，表意者に重過失があるときは，表意者の錯誤無効の主張は認められない。このような無効主張の制限を認める必要があること自体について，これまでとくに異論はないと考えられる。そこで，本提案〈3〉では，現民法95条ただし書を基本的に維持することとしている。

(2) 例外要件の新設

---

28) 前掲注6) 最判昭和37年12月25日，前掲注5) 最判平成元年9月14日等。
29) 前掲注5) 最判平成元年9月14日。

(a) 相手方の悪意または重過失

〔適用事例6〕 Aは，国Bが国有地の払下げについて競争入札を実施する際に，3億円で買い受ける旨の入札をしようと考えたが，入札書に記入する際に，誤って入札価格を30億円（3,000,000,000円）と書いてしまった。Bは，Aの入札価格が最高額だったとして，Aに落札させる旨の決定をした。

現民法95条ただし書について，表意者に重過失があっても，表意者が錯誤していることを相手方が知っていた場合は，表意者は錯誤無効を主張できると考えられている[30]。この場合は，相手方に保護されるべき信頼がない以上，錯誤無効の主張が認められてもやむを得ないと考えられるためである。

もっとも，相手方が実際に知っていた場合にこの例外を限定すべきかどうかは問題である。たとえば，単純な書き間違いや言い間違いなどで，表意者に重過失が認められる場合は，相手方はたとえ表意者の錯誤を知っていたとまではいえなくても，容易に気づくことができたと考えられる場合は少なくないだろう（適用事例6は少なくともそのような場合に当たると考えられる）。そのような場合も，相手方の信頼が保護に値するといえないことに変わりはない。

そこで，本提案〈3〉は，〈ア〉「相手方が表意者の錯誤を知っていたとき」のほか，〈イ〉「相手方が表意者の錯誤を知らなかったことにつき重大な過失があるとき」にも，表意者は重過失があっても意思表示を取り消すことができるとしている。

(b) 相手方による錯誤の惹起

このほか，表意者に重過失がある場合でも，相手方が表意者の錯誤を引き起こしたときは，相手方がその結果を引き受けるべきであり，表意者に重過失があることを理由に，取消しの主張をしりぞけることができるとすべきではない。そこで，本提案〈3〉の〈ウ〉は，「相手方が表意者の錯誤を引き起こしたとき」は，表意者は重過失があっても意思表示を取り消すことができるとしている。

(c) 共通錯誤

現民法95条ただし書について，共通錯誤の場合は，相手方も錯誤をしていた以上，法律行為の効力を維持する利益はないとして，表意者に重過失があるときでも，無効主張を認めるべきであるとする見解が主張されている[31]。同一の錯誤をしていた相手方が，表意者に重過失があることを指摘して，表意者による錯誤無効の主張をしりぞけることができるとするのは，やはり問題であると考えられる。

そこで，本提案〈3〉の〈エ〉は，「相手方も表意者と同一の錯誤をしていたとき」は，表意者は重過失があっても意思表示を取り消すことができるとしている。

ただし，表示錯誤が問題となる場合は，双方の当事者が同一の「錯誤」をしてい

---

[30] 四宮178頁，内田Ⅰ69頁，山本Ⅰ196頁以下，河上356頁等。
[31] 四宮179頁・181頁，内田Ⅰ76頁以下等を参照。

るとされるときは，双方の当事者の意思（表示の意味の理解）が一致していることになる。この場合は，【3.1.1.40】（本来的解釈）によると，双方の当事者の共通の意思に従って契約の内容が確定されるため，そもそも錯誤の問題とならない[32]。したがって，本提案〈3〉の〈エ〉が実際に意味を持つのは，事実錯誤の場合である。

6 第三者の保護

現民法のもとで，錯誤無効が認められる場合に，第三者との関係で，現民法96条3項が類推適用されるかどうかについては，争いがある。

現民法96条3項の類推を否定し，錯誤者は「善意」の第三者に対しても錯誤無効を主張できるとする見解は，錯誤無効は要素の錯誤がある場合に限り認められ，錯誤者に重過失があれば無効主張が否定されていることから，被詐欺者よりも錯誤者の方がより保護に値するという考え方がとられていると考えられることを理由とする[33]。

しかし，現民法96条3項の基礎にあると考えられる表見法理に照らせば，表意者の帰責性がより小さい詐欺の場合でも，表意者は現民法96条3項によって「善意」の第三者との関係では権利を失うのだから，帰責性がより大きい錯誤の場合に権利を失うのは当然であると考えられる。したがって，現民法のもとでも，現民法96条3項の類推を認めるのが適当と考えられる[34]。

そこで，本提案〈4〉は，錯誤取消しに関しても，第三者の保護規定を新設することとしている。問題は，この場合の第三者の保護要件である。

【1.5.12】で述べたように，虚偽表示に関しては，故意責任原理——故意に誤った表示をした者は，その表示に従った責任を負担すべきである——とでもいうべきものが妥当するため，第三者の保護要件は善意で足りるものとすべきである。これに対し，【1.5.16】（詐欺）で述べるように，詐欺取消しに関しては，詐欺を受けた表意者にこのような考慮は妥当しないことから，第三者の保護要件は善意無過失を要求することとしている。

錯誤取消しの場合は，表意者はみずから知らずに誤った意思表示をしているだけであり，その限りで虚偽表示や心裡留保をした場合よりも帰責性が低いと考えられる。しかも，詐欺のほか，後述する不実表示と錯誤は，実際の場面では重畳的に問

---

32) 石田編・総則145頁［磯村］を参照。
33) 石田・前掲注24）351頁のほか，武川幸嗣「法律行為の取消における第三者保護の法律構成序説——民法96条3項の意義と法理を中心に」慶應義塾大学法学研究69巻1号（1996）543頁以下等。
34) 我妻・総則303頁以下，幾代・総則277頁，石田編・総則162頁以下［磯村］等。

題となることもあると考えられるため，第三者の保護要件を統一しておかなければ，混乱を生ずるおそれもある。そこで，本提案〈4〉では，第三者の保護要件が善意で足りるとされるのは，虚偽表示や心裡留保のように，故意責任原理が妥当する場合に限られると考え，錯誤を含めてその他の場合は，一般原則どおり，第三者の信頼が保護されるのはそれが正当なものである――過失がない――ときに限られることとしている。

《比較法》　フランス民法1109条・1110条，フランス民法（カタラ草案）1111条・1111-1条・1112条・1112-1条～1112-5条，イタリア民法1427条～1433条，ドイツ民法119条・120条・122条，オーストリア民法871条～873条，スイス債務法23条～27条，オランダ民法6:228条・6:229条・3:33条・3:35条・3:36条，韓国民法109条，中華民国民法88条・89条・91条，中国民法通則59条，中国統一契約法54条，カンボディア民法345条・346条，第2次契約法リステイトメント151条～158条，UNIDROIT（2004）3.4条～3.7条・3.13条，PECL4:103条～4:105条・4:111条，DCFRⅡ-7:201条～7:203条・7:208条

【1.5.14】（電子消費者契約の特則）
〈1〉　【1.5.13】〈1〉〈2〉の場合において，消費者が行う電子消費者契約の申込みまたはその承諾の意思表示について，錯誤が次のいずれかに該当するときは，表意者に重大な過失があったときでも，その意思表示は取り消すことができる。ただし，当該電子消費者契約の相手方である事業者（その委託を受けた者を含む。以下同じ。）が，当該申込みまたはその承諾の意思表示に際して，電磁的方法によりその映像面を介して，その消費者の申込みもしくはその承諾の意思表示を行う意思の有無について確認を求める措置を講じた場合またはその消費者から当該事業者に対して当該措置を講ずる必要がない旨の意思の表明があった場合は，この限りでない。
　〈ア〉　消費者がその使用する電子計算機を用いて送信した時に当該事業者との間で電子消費者契約の申込みまたはその承諾の意思表示を行う意思がなかったとき。
　〈イ〉　消費者がその使用する電子計算機を用いて送信した時に当該電子消費者契約の申込みまたはその承諾の意思表示と異なる内容の意思表示を行う意思があったとき。
〈2〉　〈1〉において「電子消費者契約」とは，消費者と事業者との間で電磁的方法により電子計算機の映像面を介して締結される契約であって，事業者

【1.5.14】

またはその委託を受けた者が当該映像面に表示する手続に従って消費者がその使用する電子計算機を用いて送信することによってその申込みまたはその承諾の意思表示を行うものをいう。
〈3〉 〈1〉において「電磁的方法」とは，電子情報処理組織を使用する方法その他の情報通信の技術を利用する方法をいう。

〔関連条文〕　新設　現民法95条，電子消費者契約特例法2条・3条
〔参照提案〕　【1.5.07】，【1.5.13】，【3.1.1.04】

提 案 要 旨

　本試案では，消費者契約法を民法に取り込むという基本方針を採用することとしたため，それに合わせて，電子消費者契約及び電子承諾通知に関する民法の特例に関する法律も同様に民法に統合することとした。具体的には，本提案は，同法3条を民法に統合し，【1.5.13】（錯誤）——とくに重過失による取消しの制限に関する〈3〉——の特則として定めることとしている。
　その際，電子消費者契約および電磁的方法の定義を定めた同法2条1項と3項をその前提として併せて規定することとした（同法2条2項の消費者および事業者の定義は【1.5.07】（消費者・事業者の定義）によるため，ここでは除いている）。
　ただし，電子消費者契約と電磁的方法の定義に関し，現在の技術状況に照らして修正が必要かどうか，さらに電磁的方法によって電子消費者契約を定義することが適当かどうかについては，なお検討を要する（【3.1.1.04】（書面の定義）では，「電子的記録」を定義する際に，「電子的，光学的，電磁的，その他類似の方式」を基準とする甲案と「電子的方式，磁気的方式その他人の知覚によっては認識することができない方式」を基準とする乙案を並記している）。

解　説

　1　2001年に制定された「電子消費者契約及び電子承諾通知に関する民法の特例に関する法律」（以下「電子消費者契約等特例法」という）によると，電子消費者契約における消費者の意思表示については，一定の場合に現民法95条ただし書の適用が排除され（電子契約特3条），消費者に重過失があっても，錯誤無効の主張が認められる。これは，インターネットを通じて契約を締結する際には，通常の注意を払ってもクリックミス等の操作ミスが生じやすいことを考慮したものであるとされる。
　本試案では，消費者契約法を民法に取り込むという基本方針を採用することとしたため，それに合わせて，電子消費者契約等特例法も同様に民法に統合すること

した。具体的には，本提案は，電子消費者契約等特例法3条を，【1.5.13】——とくに重過失による取消しの制限に関する〈3〉——の特則として定めることとした。

これに対して，電子消費者契約等特例法3条が定める現民法95条ただし書の例外ルールに関しては，事業者と消費者の間で締結される場合に限らず，電子的契約一般に妥当すべきルールとして位置づけることも考えられる。通常の注意を払ってもクリックミス等の操作ミスが生じやすいことは，消費者に限られず，自然人一般に当てはまることだと考える余地もあるからである。そのように考えるならば，電子消費者契約等特例法3条は，むしろ一般法化してよいということになる[1]。

もっとも，この趣旨が当てはまるのは，表意者が自然人である場合に限られる。これによると，表意者自身が契約の当事者である場合は問題がないとしても，契約の当事者が法人である場合については，問題が残る。この場合は，一方で，そもそも現民法95条ただし書の例外ルールは妥当しないと考えることも可能であるが，他方で，現実に表示行為をしたのは法人の従業員等の自然人であることに着目すれば，ここでも例外ルールが妥当すると考えることも可能である。

電子消費者契約等特例法3条を一般法化すべきかどうかを決めるためには，こうした問題について慎重に検討する必要がある。本提案では，この点について現在ではまだ十分な議論が行われていないことから，差し当たり電子消費者契約等特例法3条を電子消費者契約に関する特則として民法に統合するにとどめ，一般法化の可否およびその際の要件の設定については，今後の議論に委ねることとしている。

2 本提案では，電子消費者契約等特例法3条を統合する際に，電子消費者契約および電磁的方法の定義を定めた同法2条1項と3項をその前提として併せて規定することとした（同法2条2項の消費者および事業者の定義は【1.5.07】によるため，ここでは除いている）。

ただし，電子消費者契約と電磁的方法の定義に関し，現在の技術状況に照らして修正が必要かどうか，さらに電磁的方法によって電子消費者契約を定義することが適当かどうかについては，なお検討を要する（【3.1.1.04】では，「電子的記録」を定義する際に，「電子的，光学的，電磁的，その他類似の方式」を基準とする甲案と「電子的方式，磁気的方式その他人の知覚によっては認識することができない方式」を基準とする乙案を並記している）。

---

[1] 山本豊「電子契約と民法法理」法教341号（2009）102頁以下を参照。その際，山本は，電子消費者契約等特例法3条は，現民法95条の「特例」というよりも，「そのような規定がなくとも，問題とされている状況においては消費者に重過失など認められないはずだと考えるならば，同法〔電子消費者契約等特例法〕3条は民法95条の具体的適用のあり方を示した確認規定としての色彩が濃い規定であると把握されるべきこととなる」としている。

【1.5.15】

《比較法》 アメリカ統一電子取引法10条, 国際契約における電子的コミュニケーションの使用に関する国連条約14条

【1.5.B】（錯誤者の損害賠償責任）
　現民法どおり, 錯誤者の損害賠償責任についてはとくに規定せず, 損害賠償責任に関する一般規定に委ねる。

〔関連条文〕　現民法95条
〔参照提案〕　【1.5.13】

提 案 要 旨

　本提案は, 錯誤者の損害賠償責任について, とくに規定せず, 損害賠償責任に関する一般規定に委ねることとしている。

解　説

　錯誤者の損害賠償責任については, 一般法理（契約締結上の過失責任ないし不法行為責任）によるとするのが学説の多数と考えられる[1]。たしかに, 自分の不注意によって錯誤をした結果, 相手方の信頼を害し, 不利益を与えた以上, 表意者は, 損害賠償責任を負ってしかるべきであると考えられる。しかし, これだけであれば, とくに明文化する必要はなく, 損害賠償責任に関する一般規定に委ねれば足りると考えられる。

【1.5.15】（不実表示）
〈1〉　相手方に対する意思表示について, 表意者の意思表示をするか否かの判断に通常影響を及ぼすべき事項につき相手方が事実と異なることを表示したために表意者がその事実を誤って認識し, それによって意思表示をした場合は, その意思表示は取り消すことができる。
〈2〉　相手方に対する意思表示について, 表意者の意思表示をするか否かの判断に通常影響を及ぼすべき事項につき第三者が事実と異なることを表示し

---

[1]　小林一俊「錯誤法の沿革と指針――日本民法における錯誤法の系譜と関連問題点」同『錯誤法の研究〔増補版〕』(酒井書店, 1997・初出1973) 201頁以下のほか, 幾代・総則275頁, 四宮＝能見202頁, 石田編・総則163頁〔磯村保〕等。

第5章　法律行為　第2節　意思表示　　　　　　　　　　【1.5.15】

たために表意者がその事実を誤って認識し，それによって意思表示をした場合は，次のいずれかに該当するときに限り，その意思表示は取り消すことができる。
　〈ア〉　当該第三者が相手方の代理人その他その行為につき相手方が責任を負うべき者であるとき。
　〈イ〉　表意者が意思表示をする際に，当該第三者が表意者に事実と異なることを表示したことを相手方が知っていたとき，または知ることができたとき。
〈3〉〈1〉〈2〉による意思表示の取消しは，善意無過失の第三者に対抗することができない。

＊消費者契約法4条2項に該当する場合（不利益事実の不告知）は，ここでいう「不実表示」に当たり，この提案（【1.5.15】）により取消しが認められるが，その旨を明示的に確認しておく方が望ましいという考え方もある。

〔関連条文〕　新設　消費者契約法4条1項1号・2項4項5項・5条
〔参照提案〕　【1.5.13】，【1.5.16】

<h3 style="text-align:center">提案要旨</h3>

　1　消費者契約法4条1項1号は，事業者が消費者契約について勧誘をするに際し，重要事項について事実と異なることを告げた場合に，消費者がその告げられた内容が事実であると誤認し，それによって当該消費者契約の申込みまたは承諾の意思表示をしたときは，これを取り消すことができると定めている。しかし，事実に関して取引の相手方が不実の表示を行えば，消費者でなくても，誤認をしてしまう危険性は高いというべきだろう。しかも，前提となる事実が違っていれば，それを正確に理解しても，その結果行われる決定は不適当なものとならざるをえない。したがって，事実に関する不実表示については，表意者を保護すべき必要性は一般的に存在し，かつその必要性はとくに高いと考えられる。相手方もみずから誤った事実を表示した以上，それによって錯誤をした表意者からその意思表示を取り消されてもやむを得ないだろう。本提案は，このような考慮から，不実告知による取消しを一般法化し，民法に不実表示に関する一般的なルールを定めることとしている。
　その際，本提案〈1〉は，「相手方に対する意思表示について，表意者の意思表示をするか否かの判断に通常影響を及ぼすべき事項につき相手方が事実と異なることを表示した」ことを要件としている。これは，消費者契約法4条1項1号および4項に準拠したものであるが，「消費者契約」による限定を外し，「意思表示」に関す

【1.5.15】

る規定に改めたほか，次の2つの点が異なっている。

　第1に，消費者契約法4条4項に定められた「重要事項」の定義のうち，①「当該消費者契約の目的となるものの質，用途その他の内容」と②「当該消費者契約の目的となるものの対価その他の取引条件」による限定を外している。これは，表意者の判断に通常影響を及ぼすべき事項について相手方が不実表示をしたと評価される限り，取消しを認めてもよいはずであり，①②はその例示にすぎないという考慮に基づく。

　第2に，消費者契約法4条1項1号では，「事実と異なることを告げる」ことを要件としているのに対し，「事実と異なることを表示した」ことを要件としている。これは，四囲の事情から黙示的に表示されたと評価される場合でも，表意者がそれによって事実を誤って認識するならば，取消しを認めてもよいと考えられるのに対し，「告げる」というだけではそれが含まれないと解されるおそれがあることによる。

　不実表示の意味をこのようにとらえるならば，消費者契約法4条2項に定められた不利益事実の不告知も，ここでいう不実表示に含まれるものと考えられる。消費者契約法4条2項に定められた不利益事実の不告知は，消費者にとって利益となることと不利益事実が表裏一体をなすにもかかわらず，利益となる旨のみを告げて，不利益事実は存在しないと思わせる行為であり，それ自体1つの不実表示と評価できるからである。したがって，消費者契約法4条2項の不利益事実の不告知に関する規定は，不実表示に関する本提案〈1〉に吸収され，独立の規定として存置する必要はないと考えられる。

　もっとも，＊で示したように，不利益事実の不告知は，このように不実表示に包摂されるが，なおこの場合に取消しが認められることを明示的に確認しておくことが望ましいという考え方もある。これは，現行消費者契約法では明文で定められているものが明示的に定められないことになれば，疑義を生じる可能性があるという考慮に基づく。また，不利益事実の不告知については，消費者団体訴訟制度による差止めも認められるため，差止めが認められる行為を明示的に特定しておくことが望ましいという考慮もある。

　しかし，上述したように，不利益事実の不告知はここでいう不実表示に包摂されるにもかかわらず，あえて不利益事実の不告知について明文の規定を置けば，不実表示の射程が限定的に解釈されるおそれも出てくる。そのため，ここでは，不利益事実の不告知についてとくに定めることはしないこととした。

　2　本提案〈1〉では，以上の要件をみたせば，意思表示の取消しが認められるとし，錯誤の場合と異なり，表意者に重過失がある場合でも，表意者は意思表示を取り消すことができるとしている。ただし，この点は，錯誤一般についても，

第5章　法律行為　第2節　意思表示　　　　　　　　　　　　　　　　【1.5.15】

【1.5.13】（錯誤）〈3〉〈ウ〉で，相手方が表意者の錯誤を引き起こしたときは，表意者に重過失があっても，意思表示を取り消すことが認められるため，実際上違いはない。効果を取消しとしたのは，消費者契約法4条1項1号と同様であるが，【1.5.13】〈1〉で示したように，錯誤についても効果を取消しとすることを提案していることから，それと合わせる必要があるためでもある。

　【1.5.13】とは別に，不実表示に関する本提案〈1〉を定める意味は，事実錯誤については，事実に関する認識が「法律行為の内容とされた」ことが必要となるのに対し，不実表示では，表意者の意思表示をするか否かの判断に通常影響を及ぼすべき事項について，相手方が事実と異なることを表示し，そのために表意者がその事実を誤って認識し，それによって意思表示をしたことが確定できれば，それ以上，その認識が「法律行為の内容とされた」かどうかを問題とするまでもなく，意思表示を取り消すことができるようにするところにある。

　また，不実表示に関しては，【1.5.13】と異なり，表意者の意思表示をするか否かの判断に「通常影響を及ぼすべき事項」について不実表示が行われたかどうかを問題とし，客観的・定型的な要件を設定している。これは，不実表示による取消しは消費者契約法4条1項1号を一般法化したものであり，消費者契約においてそのような不実表示が行われる場合については，現行法と同様に，消費者契約法による差止めを認める必要があることを考慮したためである。

　3　次に，本提案〈2〉では，第三者が不実表示をした場合について，消費者契約法5条1項の考え方をさらに一般化して，〈ア〉で，「当該第三者が相手方の代理人その他その行為につき相手方が責任を負うべき者であるとき」は，それだけで取消しを認めることとし，それ以外の場合は，〈イ〉で，「表意者が意思表示をする際に，当該第三者が表意者に事実と異なることを表示したことを相手方が知っていたとき，または知ることができたとき」に限り，取消しを認めることとしている。

　このうち，〈ア〉は，「その行為につき相手方が責任を負うべき者」がした不実表示については，相手方がみずから不実表示をしたのと同視されてもやむを得ないという考慮に基づく。「その行為につき相手方が責任を負うべき者」として考えられるのは，代理人のほか，法人の代表者や支配人，従業員等であり，消費者契約法5条1項に当たる者もここに含まれる。

　また，〈イ〉は，〈ア〉に当たらない場合について，第三者による詐欺に関する民法の規定に準拠したものである。その限りで，第三者が不実表示を行う場合と第三者が詐欺を行う場合を同視するわけである。現民法96条2項は，第三者が詐欺を行ったことを相手方が知っていたときに限り，表意者に取消しを認めているが，【1.5.16】（詐欺）で述べるように，相手方が知ることができたときも，取消しを認めてよいと考えられる。第三者による不実表示についても，とくに区別すべき理由

127

【1.5.15】

はないため，〈イ〉では，第三者が不実表示をしたことを相手方が知り，または知ることができたときに限り，表意者は意思表示を取り消すことができるとしている。

4 本提案〈3〉では，不実表示による取消しについても，第三者の保護規定を定めることとしている。

詐欺取消しについては，【1.5.16】で述べるように，善意無過失を要件とすべきであると考えられる。不実表示のように，相手方の表示により表意者が錯誤に陥った場合は，この詐欺取消しに準じて考えるべきだと考えられる。そこで，本提案〈3〉は，このような考え方に従い，不実表示による取消しに関して，第三者の保護要件を善意無過失としている。

解　説

1　不実表示の一般法化

(1)　趣　旨

消費者契約法4条1項1号は，事業者が消費者契約について勧誘をするに際し，不実告知，つまり重要事項について事実と異なることを告げた場合に，消費者がその告げられた内容が事実であると誤認し，それによって当該消費者契約の申込みまたは承諾の意思表示をしたときは，これを取り消すことができると定めている。これは，「消費者と事業者との間の情報の質及び量並びに交渉力の格差にかんがみ」（消費契約1条），このような場合は，「消費者に自己責任を求めることが適切でない」と考えられたことによる[1]。

しかし，事実に関して取引の相手方が不実の表示を行えば，消費者でなくても，誤認をしてしまう危険性は高いというべきだろう。しかも，前提となる事実が違っていれば，それを正確に理解しても，その結果行われる決定は不適当なものとならざるをえない。したがって，事実に関する不実表示については，表意者を保護すべき必要性は一般的に存在し，かつその必要性はとくに高いと考えられる。相手方もみずから誤った事実を表示した以上，それによって錯誤をした表意者からその意思表示を取り消されてもやむを得ないだろう。本提案は，このような考慮から，不実告知による取消しを一般法化し，民法に不実表示に関する一般的なルールを定めることとしている[2]。

(2)　要件と効果

本提案〈1〉は，以上のようにして一般法化した不実表示による取消しの要件と

---

1) 逐条解説消費者契約法59頁。
2) 山本敬三「契約関係における基本権の侵害と民事救済の可能性」田中成明編『現代法の展望——自己決定の諸相』（有斐閣，2004）27頁も参照。

効果を定めている。そのポイントは，次の4つの点にある。

第1は，「相手方に対する意思表示について，表意者の意思表示をするか否かの判断に通常影響を及ぼすべき事項につき相手方が事実と異なることを表示した」ことを要件とした点である。これは，消費者契約法4条1項1号および4項に準拠したものであるが，「消費者契約」による限定を外し，「意思表示」に関する規定に改めたほか，次の2つの点が異なっている。

まず，消費者契約法4条4項に定められた「重要事項」の定義のうち，①「当該消費者契約の目的となるものの質，用途その他の内容」と②「当該消費者契約の目的となるものの対価その他の取引条件」による限定を外している。現行消費者契約法の解釈についても，事業者が積極的な行為によって消費者を誤認させた以上，契約を取り消されてもやむを得ないという考え方が本来の立法趣旨であることからすれば，消費者の判断に通常影響を及ぼすべき事項について誤った事実が告げられたと評価される限り，取消しを認めてもよいはずであり，①②は単なる例示にすぎないとみる見解も主張されている[3]。本提案〈1〉は，このような考え方に従い，とくに限定をせず，「表意者の意思表示をするか否かの判断に通常影響を及ぼすべき事項について」相手方が不実の表示をすれば足りるとしたわけである。

次に，消費者契約法4条1項1号では，「事実と異なることを告げる」ことを要件としているのに対し，本提案では，「事実と異なることを表示した」ことを要件としている。「告げる」については，必ずしも口頭による必要はなく，書面に記載して消費者に知らせるなど，消費者が実際にそれによって認識しうる態様の方法であればよいとされる[4]。しかし，それでも，実際に積極的な告知行為をしたことが必要となり，四囲の事情から黙示的に表示されたと評価される場合は含まれないと解される余地もある。そのような場合でも，表意者がそれによって事実を誤って認識するならば，同様に取消しを認めてよいと考えられる。本提案〈1〉が，「事実と異なることを表示した」としているのは，このような場合も含まれるという趣旨である。

第2は，表意者が表示された「事実を誤って認識し，それによって意思表示をし

---

3) 山本敬三「消費者契約法と情報提供法理の展開」金法1596号（2000）12頁等。山本豊「不都合な契約からの離脱（その2）──立法による対処」法教333号（2008）71頁も，立法論として，①と②の限定を撤廃し，これを例示規定とすべきであるとしている。国民生活審議会消費者政策部会消費者契約法評価検討委員会『消費者契約法の評価及び論点の検討等について（平成19年8月）』16頁は，「消費者契約法上の『重要事項』の概念について，特定商取引法におけるように，契約を締結する動機に係る事項を含め概念を拡張すべきと考えられる」とした上で，「その際，どのように拡張するかについては，適用範囲を明確化する必要をも踏まえながら，引き続き検討すべきである」としている。

4) 逐条解説消費者契約法98頁。

た」場合に限っている点である。これは，事実錯誤に限られ，表示錯誤の場合は含まれないことを意味する。

〔適用事例1〕 Aは，自宅用に使うために，Bに，トイレット・ペーパーを10グロス配達するよう注文した。10グロスとは，120ダース＝12個×120＝1440個を意味するが，Aは，Bから，6個入りの1パックがグロスのことだと説明されたので，そう信じていた。

〔適用事例2〕 Aは，事業者Bと，CS放送の受信契約を締結した。その際，Aは，Bから，いつでもやめられるという説明を受けたので申込みをしたのだが，契約書には，2年以内は解約できないという条項が含まれていることがわかった。

適用事例1のように，表示の意味について相手方Bがした説明に基づいて表意者Aが意思表示をした場合は，その説明に従って意思表示の意味が解釈されることになる。つまり，AB間で行われた意思表示の意味は，6個×10＝60個にほかならない。したがって，この場合は，そもそもAに錯誤はないことになる。

これに対し，適用事例2の場合も，同様に，AB間では，「いつでもやめられる」ことが契約内容になっていると解釈することが可能であり，その場合は，Aにはそもそも錯誤がないことになる[5]。しかし，仮に契約内容は条項どおり「2年以内は解約できない」と解釈されるとしても，この場合は，【1.5.13】〈1〉により，Aは，錯誤により意思表示を取り消すことができる。そして，この場合は，BがAの錯誤を引き起こしたのだから，【1.5.13】〈3〉〈ウ〉により，Aに重過失があるとされるときでも，Aによる取消しは妨げられないことになる。

このように，表示錯誤については，いずれにしても，【1.5.13】〈1〉とは別に規定を置く必要はないと考えられる。本提案が事実錯誤の場合のみを対象としているのは，このような考慮に基づく。

第3は，不実表示の場合は，【1.5.13】〈3〉による取消しの阻却は認められないとしたことである。つまり，表意者に重過失がある場合でも，表意者は意思表示を取り消すことができる。ただし，この点は，錯誤一般についても，【1.5.13】〈3〉〈ウ〉で，相手方が表意者の錯誤を引き起こしたときは，表意者に重過失があっても，意思表示を取り消すことが認められることとしているため，実際上違いはない。

第4は，この場合の効果を取消しとしたことである。これは，消費者契約法4条1項1号と同様であるが，【1.5.13】〈1〉で示したように，錯誤についても効果を取消しとすることを提案していることから，それと合わせる必要があるためでもあ

5) これに対し，逐条解説消費者契約法99頁は，この設例の場合も，「重要事項（解除権の有無）について，真実と異なることを告げている（いつでもやめられると告げたこと）ので，第4条第1項第1号の要件に該当し，取消しが認められる」としている。

る。

(3) 消費者契約法 4 条 2 項との関係

上述したように，不実表示に関しては，消費者契約法 4 条 1 項 1 号では，「事実と異なることを告げる」ことを要件としているのに対し，本提案〈1〉では，「事実と異なることを表示した」ことを要件としている。これは，四囲の事情から黙示的に表示されたと評価される場合でも，表意者がそれによって事実を誤って認識するならば，取消しを認めてもよいと考えられるためである。不実表示の意味をこのようにとらえるならば，消費者契約法 4 条 2 項に定められた不利益事実の不告知も，ここでいう不実表示に含まれるものと考えられる。

消費者契約法 4 条 2 項によると，不利益事実の不告知によって取消しが認められるのは，次の 3 つの要件がそなわるときに限られている。第 1 に，事業者が勧誘の際に，消費者に対し，ある重要事項またはそれに関連する事項について当該消費者の利益になる旨を告げたという先行行為が存在しなければならない。第 2 に，事業者が告げるべき不利益事実は，先行行為により，そのような事実は存在しないと消費者が通常考えるべきものに限られる。第 3 に，事業者がこの不利益事実を故意に告げなかったことが必要とされる。

このように，不利益事実の不告知が認められる場合，そこで問題となる不利益事実は，消費者の利益になる旨を告げることにより，そのような事実は存在しないと消費者が通常考えるべきものである。その意味で，ここでは，消費者にとって利益となることと不利益事実は表裏一体をなしている場合が対象とされているわけである。不利益事実の不告知とは，それにもかかわらず，利益となる旨のみを告げて，不利益事実は存在しないと思わせる行為であり，それ自体 1 つの不実表示と評価することができる[6]。

したがって，消費者契約法 4 条 2 項の不利益事実の不告知に関する規定は，不実表示に関する本提案〈1〉に吸収され，独立の規定として存置する必要はないと考

---

[6] 沖野眞已「『消費者契約法（仮称）』における『契約締結過程』の規律——第 17 次国民生活審議会消費者政策部会報告を受けて」NBL685 号（2000）18 頁，山本・前掲注 2) 24 頁，同・前掲注 3) 8 頁等を参照。アメリカの第 2 次契約法リステイトメント 161 条は，以前にした言明が不実表示にならないようにするために，当該事実を開示することが必要であることを知りながらそれを開示しない場合や，契約を締結するための前提となる事柄について，当該事実を開示すれば，相手方の錯誤が是正されることがわかっているのに，信義誠実・公正な取引の合理的基準に反して開示をしないと評価される場合には，不実表示に当たるとしている。この点については，樋口範雄『アメリカ契約法〔第 2 版〕』（弘文堂，2008）190 頁以下，川和功子「消費者契約における『情報提供』,『不招請勧誘』および『適合性の原則』に関するアメリカの法制度」比較法研究センター＝潮見佳男編『諸外国の消費者法における情報提供・不招請勧誘・適合性の原則（別冊 NBL121 号）』（商事法務，2008）78 頁を参照。

えられる。

　もっとも，＊で示したように，不利益事実の不告知は，このように不実表示に包摂されるが，なおこの場合に取消しが認められることを明示的に確認しておくことが望ましいという考え方もある。これは，現行消費者契約法では明文で定められているものが明示的に定められないことになれば，疑義を生じる可能性があるという考慮に基づく。また，不利益事実の不告知については，消費者団体訴訟制度による差止めも認められるため，差止めが認められる行為を明示的に特定しておくことが望ましいという考慮もある。

　しかし，上述したように，不利益事実の不告知はここでいう不実表示に包摂されるにもかかわらず，あえて不利益事実の不告知について明文の規定を置けば，不実表示の射程が限定的に解釈されるおそれも出てくる。そのため，本提案では，不利益事実の不告知についてとくに定めることはしないこととした。

(4)　錯誤取消しとの異同

　以上のように，不実表示による取消しは，不実表示によって表意者が事実錯誤をした場合を対象としていることから，【1.5.13】による錯誤取消しと重なって問題となる可能性がある。しかも，【1.5.13】〈3〉〈ウ〉では，相手方が表意者の錯誤を引き起こした場合は，表意者に重過失があっても，意思表示の取消しを認めているため，それとは別に不実表示による取消しを認める必要がどのような場合にあるのかということが問題となる。そこで，以下では，錯誤取消しと不実表示による取消しの異同を確認しておくこととする。

(a)　法律行為の内容化の要否

〔適用事例3〕　Aは，Bから「事故車でない」という説明を受けて，中古車甲を50万円で購入した。ところが，その後，Aが甲を整備に出した際に，甲は事故車であることが判明した[7]。

〔適用事例4〕　Aは，新聞の折込みチラシをみて，中古の一戸建て住宅甲が割安の価格（1500万円）で売り出されていたため，不動産業者Bに問い合わせたところ，「甲は築5年である」旨の説明を受け，気に入ったので，甲を1500万円で購入する旨の契約を締結した。ところが，その後，念のため，登記簿を調べてみると，実際には，甲は築10年であることが判明した。ただし，甲が築10年であるとしても，1500万円という価格はかならずしも不当なものではないとする[8]。

　まず，「表意者の意思表示をするか否かの判断に通常影響を及ぼすべき事項につき相手方が事実と異なることを表示したために表意者がその事実を誤って認識し，

---

7)　この設例は，逐条解説消費者契約法98頁の例を参考としている。
8)　この設例は，逐条解説消費者契約法98頁の例を参考としている。

第5章 法律行為　第2節 意思表示　　　　　　　　　　　　　　　　【1.5.15】

それによって意思表示をした場合」でも，「その認識が法律行為の内容とされた」と解釈できる場合がありうる。この場合に，【1.5.13】〈1〉にいう「その錯誤がなければ表意者がその意思表示をしなかったと考えられ，かつ，そのように考えるのが合理的であるとき」に当たれば，これにより，表意者は意思表示を取り消すことができる。しかも，この場合は，【1.5.13】〈3〉〈ウ〉にいう「相手方が表意者の錯誤を引き起こしたとき」に当たるため，表意者に重過失があっても，意思表示の取消しが認められることになる。

　たとえば，適用事例3では，Bが「事故車でない」という説明を受け，しかも50万円という金額が「事故車でない」その種の中古車の通常の価格に相応するときは，「事故車でない」という認識が売買契約の内容とされたと解釈できる。そして，この場合は，この錯誤がなければ，Aは50万円で甲を購入するという意思表示をしなかったと考えられ，かつ，そのように考えるのが合理的である。したがって，【1.5.13】〈1〉〈2〉に従い，Aは，この意思表示を取り消すことができる。しかも，この錯誤はBの説明によって引き起こされたのであるから，Aに重過失が認められるような場合であっても，【1.5.13】〈3〉〈ウ〉によると，なおAは意思表示を取り消すことができる。

　しかし，「表意者の意思表示をするか否かの判断に通常影響を及ぼすべき事項につき相手方が事実と異なることを表示したために表意者がその事実を誤って認識し，それによって意思表示をした場合」は，常に「その認識が法律行為の内容とされた」と解釈できるわけではない。たとえば，適用事例4では，Bが「甲は築5年である」という表示をしていることはたしかであるが，このような場合に，「甲は築5年である」という認識が「法律行為の内容とされた」と解釈されるかどうかについては，少なくとも争いの余地があるだろう。しかし，「法律行為の内容とされた」かどうかにかかわりなく，相手方Bの誤った説明により，「甲は築5年である」と誤って認識し，それに基づいて意思表示をしたのであれば，取消しを認めても差し支えないと考えられる。そうすると，不実表示による取消しを独立に規定することには意味があることになり，本提案〈1〉によるべきことになる。

　このように，実際のケースでは，とくに明示的な合意があるわけではないときには，一定の事実に関する認識が「法律行為の内容とされた」といえるかどうか，必ずしも明らかではない場合が少なくないと考えられる。本提案〈1〉は，そのような場合でも，表意者の意思表示をするか否かの判断に通常影響を及ぼすべき事項について，相手方が事実と異なることを表示し，そのために表意者がその事実を誤って認識し，それによって意思表示をしたことが確定できれば，それ以上，その認識が「法律行為の内容とされた」かどうかを問題とするまでもなく，意思表示を取り消すことができるようにするところに意味があるわけである。

133

【1.5.15】

(b) 錯誤事項の確定基準

このほか，錯誤と不実表示とでは，取消しが認められる錯誤事項の確定基準にも，次のような違いがある。

まず，錯誤取消しに関しては，【1.5.13】〈1〉によると，「その錯誤がなければ表意者がその意思表示をしなかったと考えられ，かつ，そのように考えるのが合理的であるとき」に，取消しが認められる。これは，その表意者について錯誤と意思表示の間に主観的因果性があることを前提として，そこに客観的重要性によるしぼりを加えることを意味する。

これに対して，不実表示に関しては，本提案〈1〉によると，「表意者の意思表示をするか否かの判断に通常影響を及ぼすべき事項につき」不実表示がなされたときに，取消しが認められる。これは，表意者がその意思表示をするかどうかの判断を問題とするものの，「通常影響を及ぼすべき事項」かどうかを基準とする点で，客観的・定型的な要件を設定しているところに特徴がある。

もっとも，不実表示に関しては，このような要件設定をしなければならない必然性はなく，錯誤取消しの場合と同様に，不実表示がされたために，表意者がその事実を誤って認識し，かつ，そのように誤って認識するのが合理的であるときに，取消しを認めることも考えられる。

しかし，この点については，不実表示による取消しが，消費者契約法4条1項1号を一般法化したものであるという経緯を無視できない。同法では，個別の消費者を保護するだけでなく，消費者団体による差止請求制度も認められている。不実告知について現在では差止めが認められている以上，それを一般法化した不実表示が消費者契約において行われる場合については，同様に差止めを認める必要がある。

このように，差止めを認めるためには，客観的・定型的な要件を設定することが不可欠である。もちろん，民法の不実表示とは別に，消費者契約法に基づいて差止めを認めるための要件を独立に定めることもありえないわけではない。しかし，同様の問題について二元的な規制を定め，それぞれ要件を異にするならば，無用の混乱を生ずるおそれもある。本提案〈1〉で，不実表示については消費者契約法4条1項1号に準拠した要件を定めることとしたのは，このような考慮に基づく。

2　第三者による不実表示

以上のように，不実表示による取消しについて独立の規定を設ける場合は，第三者が不実表示をしたときについてどのように考えるかが問題となる。

消費者契約法5条1項は，不実告知の場合を含め，同法4条1項から3項までの誤認による取消しについて，事業者が第三者に対し，当該事業者と消費者との間における消費者契約の締結について「媒介をすることの委託」をし，「当該委託を受

けた第三者(その第三者から委託(二以上の段階にわたる委託を含む。)を受けた者を含む。以下「受託者等」という。)」が消費者に対して不実告知等をした場合について，同法4条を準用するとしている。これによると，詐欺取消しに関する現民法96条2項と異なり，第三者が不実告知等をしたことを事業者が知らない場合でも，事業者が当該第三者に対して消費者契約の締結の媒介を委託したという事実があれば，消費者は当該契約の取消しを事業者に対して主張できることになる[9]。

　本提案〈2〉は，この考え方をさらに一般化し，〈ア〉で，「当該第三者が相手方の代理人その他その行為につき相手方が責任を負うべき者であるとき」は，それだけで取消しを認めることとし，それ以外の場合は，〈イ〉で，「表意者が意思表示をする際に，当該第三者が表意者に事実と異なることを表示したことを相手方が知っていたとき，または知ることができたとき」に限り，取消しを認めることとしている。

　このような二段構成は，比較法的にみると，UNIDROIT(2004) 3.11条，PECL 4:111条，DCFR Ⅱ-7:208条等で採用されている。日本でも，代理人による詐欺に関しては，現民法101条1項による[10]，現民法96条1項による[11]は別として，いずれにしても，本人がそれを知っていたかどうかにかかわりなく，取消しが認められることに異論はない。この場合，本人は，代理人を選んで自分の代わりに行動させている以上，代理人の行為のリスクはみずから負担すべきだと考えられるからである。

　本提案〈2〉の〈ア〉は，この考え方をもとにして，「その行為につき相手方が責任を負うべき者」がした不実表示については，相手方がみずから不実表示をしたのと同視されてもやむを得ないとしている。「その行為につき相手方が責任を負うべき者」として考えられるのは，代理人のほか，法人の代表者や支配人，従業員等であり，消費者契約法5条1項に当たる者もここに含まれる。

　本提案〈2〉の〈イ〉は，〈ア〉に当たらない場合について，第三者による詐欺に関する民法の規定に準拠したものである。その限りで，第三者が不実表示を行う場合と第三者が詐欺を行う場合を同視するわけである。この点について，現民法96条2項は，第三者が詐欺を行ったことを相手方が知っていたときに限り，表意者に取消しを認めている。しかし，詳しくは【1.5.16】で述べるように，第三者による詐欺については，相手方が知っていたときに加えて，知ることができたときも，取消しを認めてよいと考えられる。第三者による不実表示についても，とくに区別すべき理由はない。したがって，本提案〈2〉の〈イ〉では，これにならって，第三者が

---

9)　逐条解説消費者契約法143頁を参照。
10)　大判明治39年3月31日民録12輯492頁。
11)　我妻・総則349頁等。

不実表示をしたことを相手方が知り，または知ることができたときに限り，表意者は意思表示を取り消すことができるとしている。

〔適用事例5〕 Aは，新聞の折り込みチラシをみて，中古の一戸建て住宅甲が割安の価格（1500万円）で売り出されていたため，不動産業者Cに問い合わせたところ，Cから，甲はその所有者Bから媒介の委託を受けて広告に出したものであり，「甲は築5年である」旨の説明を受けた。Aは，これで甲を購入する気になり，Cの媒介により，Bと甲を1500万円で購入する旨の契約を締結した。ところが，その後，念のため，登記簿を調べてみると，実際には，甲は築10年であることが判明した。ただし，甲が築10年であるとしても，1500万円という価格は必ずしも不当なものではないとする。

適用事例5では，契約の相手方であるB自身が「甲は築5年である」旨をAに告げていた等の事情がない限り，CがAに対して「甲は築5年である」旨を告げたとしても，B自身はそのような不実表示をしていない。

本提案〈2〉によると，この場合は，まず，Cが〈ア〉の「その行為につき相手方が責任を負うべき者」に当たるかどうかが問題となる。たとえば，所有者Bも不動産取引に関する事業者であるような場合は，消費者契約法5条1項によると，事業者が第三者に消費者契約の締結の媒介を委託した場合に当たるため，消費者Aは意思表示を取り消すことができる。このような場合は，Aは，本提案〈2〉〈ア〉にいう「その行為につき相手方」，つまりB「が責任を負うべき者」に当たるといってよいだろう。

これに対し，Bが事業者に当たらない一般の個人であるときも，同様に考えることは可能である。しかし，そのような個人が媒介を委託した専門の業者の行為についてまで，委託者である個人が責任を負う必要はない——つまり，〈ア〉にいう「その行為につき相手方」，つまりB「が責任を負うべき者」に当たらない——と考える余地もある。その場合は，〈イ〉に従い，Cが不実表示をしたことをBが知り，または知ることができたときに限り，Aはこの意思表示を取り消すことができる。この要件をみたさない場合は，Aは，Cに対して——所要の要件をみたす限りで——不法行為責任等を追及できるにとどまることになる。

3　第三者の保護

不実表示による取消しについて独立の規定を設ける場合は，第三者の保護規定も併せて新設する必要がある。これは，【1.5.13】〈4〉で，錯誤取消しに関しても，第三者の保護規定を新設することとしているため，不可欠ということができる。問題は，その場合の第三者の保護要件である。

詐欺取消しに関しては，【1.5.16】で述べるように，善意無過失を要件とすべきで

あると考えられる。不実表示のように，相手方の表示により表意者が錯誤に陥った場合は，この詐欺取消しに準じて考えるべきであると考えられる。本提案〈3〉は，このような考え方に従い，不実表示による取消しに関して，第三者の保護要件を善意無過失としている。

《比較法》 オランダ民法6:228条，カンボディア民法348条，イギリス不実表示法，第2次契約法リステイトメント159条～173条，PECL4:103条・4:106条・4:111条，DCFRⅡ-7:201条・7:204条・7:208条

【1.5.16】（詐欺）
〈1〉 詐欺により表意者が意思表示をしたときは，その意思表示は取り消すことができる。
〈2〉 信義誠実の原則により提供すべきであった情報を提供しないこと，またはその情報について信義誠実の原則によりなすべきであった説明をしないことにより，故意に表意者を錯誤に陥らせ，または表意者の錯誤を故意に利用して，表意者に意思表示をさせたときも，〈1〉の詐欺による意思表示があったものとする。
〈3〉 相手方に対する意思表示について第三者が詐欺を行った場合は，次のいずれかに該当するときに限り，その意思表示は取り消すことができる。
　〈ア〉 当該第三者が相手方の代理人その他その行為につき相手方が責任を負うべき者であるとき。
　〈イ〉 表意者が意思表示をする際に，当該第三者が詐欺を行ったことを相手方が知っていたとき，または知ることができたとき。
〈4〉 〈1〉〈2〉〈3〉による意思表示の取消しは，善意無過失の第三者に対抗することができない。

〔関連条文〕 現民法96条（改正），消費者契約法3条・4条2項・5条
〔参照提案〕 【1.5.15】，【3.1.1.10】

提 案 要 旨

　1　本提案では，現民法96条と異なり，規定のしやすさおよび通観しやすさという観点から，詐欺と強迫を別個の規定として定めることとしている。
　2　現民法96条1項では，「詐欺……による意思表示は」と定めているだけであり，具体的な要件は明示されていない。しかし，その意味については，理解が確

立している。そこで，本提案〈1〉では，この理解を前提として，詐欺取消しに関する現民法96条1項を，基本的に維持することとしている。

ただし，【1.5.15】（不実表示）で，不実表示による取消しを認めることとすれば，詐欺取消しが意味を持つ場面が縮小することに注意を要する。というのは，詐欺が問題となる多くの場合では，相手方が事実と異なる表示をしたために，表意者が錯誤に陥り，それに基づいて意思表示をしたとみることができるからである。このような不実表示が「表意者の意思表示をするか否かの判断に通常影響を及ぼすべき事項」について行われたときは，詐欺の要件がそなわるかどうかにかかわりなく，取消しが認められることとなる。これによると，詐欺取消しが実際に機能するのは，次の本提案〈2〉の場合のほかは，「表意者の意思表示をするか否かの判断に通常影響を及ぼすべき事項」について不実表示が行われたといえない場合，あるいは，事実の表示とはいえないような誤った観念や評価の提示が行われた結果，表意者が錯誤に陥り，それに基づいて意思表示をした場合に限られることになる。

3　現民法のもとでも，いわゆる沈黙による詐欺については，以前から，信義則上相手方に告げるべき義務がある場合には，沈黙も現民法96条1項の「詐欺」に当たるとすることに，異論はない。また，最近の情報提供義務に関する議論では，一定の場合に情報提供義務が認められ，それに違反した場合に，少なくとも損害賠償責任が認められることについては異論がない。それに対し，そもそも情報提供義務がどのような場合に認められるかについては，まだ見解の一致をみているとはいいがたい。さらに，消費者契約に関しては，消費者契約法3条がこれを努力義務にとどめたことについて賛否両論があり，少なくとも事業者について一般的に情報提供義務を課し，その違反がある場合に取消しを認めることについてコンセンサスが確立しているとはいいがたい状況にある。

以上のような現在の状況にかんがみて，本提案〈2〉は，沈黙による詐欺に関する一般的な考え方をリステイトすることとしている。これは，信義則上相手方に告げるべき義務がある事柄を告げないことにより，故意に表意者を錯誤に陥らせ，または表意者の錯誤を故意に利用して，表意者に意思表示をさせたときは，「詐欺による意思表示」に当たるとするものであり，それ自体としては，受け容れられやすいのではないかと考えられる。

ただし，本提案〈2〉は，これを「詐欺」の枠内で規律するため，詐欺の要件として一般に認められている故意要件がかかってくる。この点については，とくに消費者紛争を念頭に置いて，救済に限界があることがしばしば指摘されてきた。しかし，それを超えて，消費者契約かどうかにかかわりなく，情報提供義務・説明義務違反による取消し一般に関し，故意要件を不要とすることについて，現在では，なおコンセンサスが得られているとはいえない。そこで，本提案では，差し当たり沈

黙による詐欺に関する一般的な考え方をリステイトするにとどめ，消費者契約に関する救済の拡充等については，今後の検討に委ねることとしている。

　このように，本提案〈2〉によると，信義則上ある事実について相手方に告げるべき義務が認められる場合に，故意にその事実を告げずに表意者を錯誤に陥らせたときは，取消しが認められる。これによると，消費者契約法4条2項に定められた不利益事実の不告知が認められる場合は，本提案〈2〉にも該当すると考えられる。というのは，先行行為として，「事業者が消費者契約の締結について勧誘をするに際し，当該消費者に対してある重要事項又は当該重要事項に関連する事項について当該消費者の利益となる旨を告げ」たときは，信義誠実の原則によると，「当該重要事項について当該消費者の不利益となる事実（当該告知により当該事実が存在しないと消費者が通常考えるべきものに限る。）」を当該消費者に告げなければならないと考えられるからである（【3.1.1.10】（交渉当事者の情報提供義務・説明義務）〈1〉を参照）。この場合に，当該事業者がこの義務に故意に違反し，それによって当該消費者が「当該事実が存在しないとの誤認をし，それによって当該消費者契約の申込み又はその承諾の意思表示をしたときは」，本提案〈2〉によっても，取消しが認められることになる。このように，沈黙による詐欺に関する本提案〈2〉を定めれば，不利益事実の不告知は，上述したように，【1.5.15】〈1〉に吸収されるだけでなく，本提案〈2〉によってもカバーされることになる。

　4　本提案〈3〉では，第三者による詐欺について，現民法96条2項を修正し，〈ｱ〉第三者が「その行為につき相手方が責任を負うべき者」であるときは，それだけで取消しを認めることとし，それ以外の場合は，〈ｲ〉相手方が詐欺の事実を知っていたときのほか，知ることができたときに，取消しを認めることとしている。

　このうち，〈ｱ〉は，【1.5.15】〈2〉で述べたところと同じ趣旨に基づく。〈ｲ〉は，現民法96条2項と異なり，相手方が詐欺の事実を知っていたときだけでなく，知ることができたときも，取消しを認めることとしている。これは，心裡留保に関する規律との対比から導かれる。心裡留保に関し，【1.5.11】（心裡留保）では，相手方が真意を知ることを期待して行う非真意表示と真意を秘匿して行う狭義の心裡留保を区別し，そのうち非真意表示を心裡留保の基本型として位置づけ，現民法93条をその意味での心裡留保の原則として維持した上で，狭義の心裡留保については，表意者が意思表示の効力を否定できるのは，表意者が真意でないことを相手方が知っていた場合にかぎることを提案している。表意者が詐欺を受けた場合は，狭義の心裡留保の場合とは異なると考えられるため，現民法93条と同様に，相手方に過失があれば，取消しを認めるべきである。

　5　現民法96条3項に関しては，第三者の保護要件として，学説では，善意だけでなく，無過失まで要求する見解が多数と考えられる。これは，同項の基礎にあ

【1.5.16】

る表見法理によると，外観に対する信頼が保護されるためには，その信頼が正当なものであること，つまり無過失が要請されるからであるとされる。詐欺取消しの場合は，表意者は詐欺を受けているため，その限りで虚偽表示をした場合よりも帰責性が低いと考えられることから，仮に現民法94条2項では，善意で足りるとしても，現民法96条3項では，第三者が保護を受けるためには無過失が必要であるとされる。

本提案〈4〉は，この考え方に従い，第三者の保護要件として，善意だけでなく，無過失まで要求することとしている。

解　説

1　詐欺と強迫の規定方法

現民法96条は，詐欺と強迫を1つの規定の中で一括して定めている。これに対して，本提案では，以下に述べるように，規定のしやすさおよび通観しやすさという観点から，詐欺と強迫を別個の規定として定めることとしている。

2　詐欺の基本的要件

現民法96条1項では，「詐欺……による意思表示は」と定めているだけであり，具体的な要件は明示されていない。しかし，その意味については，理解が確立している。それによると，①欺罔行為——他人をして錯誤に陥らせ，かつ，その錯誤によって意思を決定・表示させようとして（故意），事実を隠したり，虚構して表示したりする行為のあることであり，それは取引上要求される信義に反するものでなければならない（違法性）——，②詐欺による意思表示——他人（相手方または第三者）の詐欺によって表意者が錯誤に陥り，その錯誤によって意思を決定・表示したこと——が必要とされている[1]。

本提案〈1〉は，このような理解を前提として，現民法96条1項に従い，「詐欺により表意者が意思表示をした」と定めることで足りるとしている。

〔適用事例1〕　Bは，Aが所有する時価1億円の土地甲をだまし取ろうと考え，Aが高齢で病弱なのにつけこみ，「甲は半端な土地だから他人に売れない」，「代金2000万円をもらえれば，それで老人ホームに入れる」などと言葉巧みにもちかけて，甲を2000万円で売却する旨の契約を締結させた。

ただし，上述したように，【1.5.15】で，不実表示による取消しを認めることとすれば，詐欺取消しが意味を持つ場面が縮小することに注意を要する。というのは，

---

[1]　四宮184頁以下，山本Ⅰ204頁以下を参照。

詐欺が問題となる多くの場合では，相手方が事実と異なる表示をしたために，表意者が錯誤に陥り，それに基づいて意思表示をしたとみることができるからである。このような不実表示が「表意者の意思表示をするか否かの判断に通常影響を及ぼすべき事項」について行われたときは，詐欺の要件がそなわるかどうかにかかわりなく，取消しが認められることとなる。これは，その限りで，詐欺取消しの要件を緩和したことに等しい。このような緩和は，【1.5.15】について述べたように，事実に関する不実表示は，表意者が誤認する危険性が高く，それを前提とした決定も不適当なものにならざるをえないこと，相手方もみずから誤った事実を表示した以上，それによって錯誤をした表意者から取り消されてやむを得ないと考えられることから基礎づけられる。

これによると，詐欺取消しが実際に機能するのは，次の本提案〈2〉の場合のほかは，「表意者の意思表示をするか否かの判断に通常影響を及ぼすべき事項」について不実表示が行われたといえない場合，あるいは，適用事例1にみられるように，事実の表示とはいえないような誤った観念や評価の提示が行われた結果，表意者が錯誤に陥り，それに基づいて意思表示をした場合に限られることになると考えられる。

3 沈黙による詐欺

〔適用事例2〕 Aは，結婚するに当たり，両親から援助を受けて，B所有の建物甲を格安の2000万円で購入した。Aが甲に入居してから1か月後，Aは，2年前にBから甲を賃借していた家族が甲で一家心中をしていたことを聞き知った。Aは，甲を購入する際に，「どうして2000万円でよいのか」とBに尋ねたのに対して，Bは，「買い手がつかなかったため，Aが買ってくれないと，取り壊すつもりだった」と答えるのみで，それ以上のことは黙っていた。

〔適用事例3〕 医師Aは，新たに医療機器を導入しようと考えて，業者Bに問い合わせたところ，Bからいくつか提示されたもののうち，外国製の甲がAの予算の範囲内にあったので，甲を5000万円で購入した。ところが，Aが甲を使用しはじめたところ，甲を安全に使用し続けるためには，1か月に1度メンテナンスを受ける必要があり，そのために毎月20万円がかかることが判明した。Aは，Bからそのような説明をまったく受けていなかった。

(1) 現民法の状況

現民法のもとでも，いわゆる沈黙による詐欺については，以前から，信義則上相手方に告げるべき義務がある場合には，沈黙も現民法96条1項の「詐欺」に当た

るとすることに，異論はない[2]。また，最近の情報提供義務に関する議論では，一定の場合に情報提供義務が認められ，それに違反した場合に，少なくとも損害賠償責任が認められることについては異論がない。

それに対し，そもそも情報提供義務がどのような場合に認められるかについては，まだ見解の一致をみているとはいいがたい。さらに，消費者契約に関しては，消費者契約法3条がこれを努力義務にとどめたことについて賛否両論があり，少なくとも事業者について一般的に情報提供義務を課し，その違反がある場合に取消しを認めることについてコンセンサスが確立しているとはいいがたい状況にある[3]。

(2) 情報提供義務・説明義務違反を理由とする詐欺取消しの承認

以上のような現在の状況にかんがみて，本提案〈2〉は，沈黙による詐欺に関する一般的な考え方をリステイトすることとしている。本提案は，「情報」という文言を用い，信義則上その提供や説明を行うべきであった場合を要件としているが，要するに，信義則上相手方に告げるべき義務がある事柄を告げないことにより，故意に表意者を錯誤に陥らせ，または表意者の錯誤を故意に利用して，表意者に意思表示をさせたときは，「詐欺による意思表示」に当たるとするものであり，それ自体としては，受け容れられやすいのではないかと考えられる。

もっとも，本提案〈2〉は，これを「詐欺」の枠内で規律するため，詐欺の要件として一般に認められている故意要件がかかってくる。これによると，表意者の側は，相手方に故意があることを主張・立証する必要がある。沈黙による詐欺の場合の故意をどのように理解すればよいかは，必ずしも明らかではないが，少なくとも表意者が当該情報を知らないことを相手方が認識していたことが必要となり，さらに，表意者に当該情報を告げなければならないこと（違法性）を相手方が認識しながら，あえて告げなかったことも必要とされる可能性もある。いずれにしても，相手方も当該情報を知らなかったときは，たとえそのことについて相手方に過失があるとしても，詐欺の故意は認められない。適用事例2のBは，以上のような意味での故意を認めやすいとしても，適用事例3のBは，B自身も外国製の医療機器甲について疎かったとすれば，故意があるとまではいえないとされる場合もありうる。

従来から，とくに消費者紛争を念頭において，このような沈黙による詐欺構成では，故意の立証が困難であるため，救済に限界があることがしばしば指摘されてき

---

2) 大判昭和16年11月18日法学11巻617頁等のほか，我妻・総則309頁，四宮184頁等を参照。

3) 情報提供義務をめぐる議論状況については，山本敬三「消費者契約法と情報提供法理の展開」金法1596号（2000）6頁，後藤巻則「情報提供義務」争点217頁以下，山本豊「契約準備・交渉過程に関わる法理(その1)——情報提供義務」法教334号（2008）72頁等を参照。

た。もちろん，このような問題を解決する必要があるとしても，それは消費者契約のレベルではかるべきであると考えることも，十分成り立つ[4]（ただし，この場合でも，とくに適用事例3のような事業者間契約の場合はどうするかという問題が残る）。

これに対して，一定の情報を告げるべきであるのに，それを告げなかった結果，表意者が錯誤に陥った場合は，むしろ不実表示に準ずるものと考えることもできる。この場合は，意思表示をするかどうかの判断に通常影響を及ぼすべき事項について，必要な情報の提供や説明がされなければ，それに基づく意思決定は必然的に不適切なものにならざるをえない。その意味で，これは，不実表示に準ずるものであり，少なくとも相手方が信義誠実の原則により提供すべきであった情報を提供しなければ，あるいは，その情報について信義誠実の原則によりなすべきであった説明をしなければ，それによって表意者が錯誤に陥り，それに基づいて意思表示をした以上，それだけで取消しを認めてよいと考えることもできる[5]。

問題は，消費者契約かどうかにかかわりなく，情報提供義務・説明義務違反による取消し一般について，故意要件を不要とすることについて，コンセンサスが得られるかどうかにかかっている。本提案〈2〉は，現時点では，そのようなコンセンサスがまだ得られていないのではないかという判断に立脚しているが，はたしてそれでよいかどうか，なお検討を要するところである。

(3) 情報提供義務・説明義務違反による損害賠償との関係

【3.1.1.10】では，交渉当事者の情報提供義務・説明義務について，次のように定めることを提案している。まず，〈1〉「当事者は，契約の交渉に際して，当該契約に関する事項であって，契約を締結するか否かに関し相手方の判断に影響を及ぼすべきものにつき，契約の性質，各当事者の地位，当該交渉における行動，交渉過程でなされた当事者間の取り決めの存在およびその内容等に照らして，信義誠実の原則に従って情報を提供し，説明をしなければならない」。次に，〈2〉「〈1〉の義務に違反した者は，相手方がその契約を締結しなければ被らなかったであろう損害を賠償する責任を負う」。

本提案〈2〉でも，「信義誠実の原則により提供すべきであった情報」，「その情報について信義誠実の原則によりなすべきであった説明」と定めることにより，情報

---

[4] 山本敬三・前掲注3）12頁のほか，山本敬三「契約関係における基本権の侵害と民事救済の可能性」田中成明編『現代法の展望——自己決定の諸相』（有斐閣，2004）28頁以下を参照。

[5] アメリカの第2次契約法リステイトメント161条は，以前にした言明が不実表示にならないようにするために，当該事実を開示することが必要であることを知りながらそれを開示しない場合や，契約を締結するための前提となる事柄について，当該事実を開示すれば，相手方の錯誤が是正されることがわかっているのに，信義誠実・公正な取引の合理的基準に反して開示をしないと評価される場合には，不実表示に当たるとしている。

提供義務・説明義務が認められることを前提としている。ただ，本提案〈2〉では，効果として意思表示の取消しを認めるため，その前提として，この義務の違反により，故意に表意者を錯誤に陥らせ，または表意者の錯誤を故意に利用して，表意者に意思表示をさせたことを要求している。その結果，ここで問題となる情報の提供や説明も，実際上，その意思表示をするかどうかの判断を左右するものに限られることになる。

(4) 消費者契約法4条2項との関係

消費者契約法4条2項では，不利益事実の不告知により消費者が誤認し，それによって消費者契約の申込みまたは意思表示をした場合について，消費者に取消しを認めている。消費者契約法では，情報の不提供という単なる不作為があるだけでは，消費者に取消しを認めないという立場がとられ（消費契約3条1項），不利益事実の不告知によって取消しが認められるのも，次の3つの要件がそなわるときに限られている。第1に，事業者が勧誘の際に，消費者に対し，ある重要事項またはそれに関連する事項について当該消費者の利益になる旨を告げたという先行行為が存在しなければならない。第2に，事業者が告げるべき不利益事実は，先行行為により，そのような事実は存在しないと消費者が通常考えるべきものに限られる。第3に，事業者がこの不利益事実を故意に告げなかったことが必要とされる。

このように，不利益事実の不告知が認められる場合は，そこで問題となる不利益事実は，消費者の利益になる旨を告げることにより，そのような事実は存在しないと消費者が通常考えるべきものに当たる。その意味で，【1.5.15】について述べたように，不利益事実の不告知は，消費者にとって利益となることと不利益事実は表裏一体をなすにもかかわらず，利益となる旨のみを告げて，不利益事実は存在しないと思わせる行為であり，それ自体1つの不実表示と評価できる。

それと同時に，不利益事実の不告知の場合は，先行行為として，「事業者が消費者契約の締結について勧誘をするに際し，当該消費者に対してある重要事項または当該重要事項に関連する事項について当該消費者の利益となる旨を告げ」たときは，信義誠実の原則によると，「当該重要事項について当該消費者の不利益となる事実（当該告知により当該事実が存在しないと消費者が通常考えるべきものに限る。）」を当該消費者に告げなければならないと考えられる（【3.1.1.10】〈1〉を参照）。したがって，当該事業者がこの義務に故意に違反し，それによって当該消費者が「当該事実が存在しないとの誤認をし，それによって当該消費者契約の申込みまたはその承諾の意思表示をしたときは」，本提案〈2〉によっても，取消しが認められることになる。

このように，沈黙による詐欺に関する本提案〈2〉を定めれば，不利益事実の不告知は，上述したように，【1.5.15】〈1〉に吸収されるだけでなく，本提案〈2〉に

よってもカバーされることになる。

　また，不利益事実の不告知との関係では，現在，特定商取引法が適用される取引に関して，故意の不告知による取消しが認められていることも考慮する必要がある。それによると，所定の重要事項について，事業者に相当する者が故意に事実を告げないことにより，そのような事実がないものと顧客が誤認した場合に，取消しが認められている（特商9条の2・24条の2・40条の3・49条の2・58条の2）。これは，先行行為を必要とせずに，故意の不告知を一般的に取消しの対象としている点で，消費者契約法による規制を拡充したものということができる。

　このように，不告知という不作為で足りるとされているのは，所定の重要事項に関する事実について定型的に告げるべき義務があるという考え方を前提としていると理解できる。したがって，これは，不実表示というよりも，むしろ沈黙による詐欺に関する本提案〈2〉を具体化したものとして位置づけられる。今後の法形成の方向としては，不利益事実の不告知はこのような故意の不告知に移行していく可能性があり[6]，将来的には，沈黙による詐欺に関する本提案〈2〉を具体化する準則として明文化することを検討すべきだろう。

4　第三者による詐欺

〔**適用事例4**〕　Aは，別荘を購入しようと考え，不動産に詳しいCに，適当な別荘を探して，Aのために購入手続をすることを委託した。そこで，Cは，高齢で一人暮らしをしていたBに目をつけ，Bをだましてその別荘甲を格安の1000万円で購入する旨の契約をした。

〔**適用事例5**〕　Aは，知人Cから，Bより500万円の融資を受けるための保証人になってほしいと頼まれた。Aは，大金なので躊躇したが，Cが「自分の所有する土地に抵当権もつけるので，絶対に迷惑をかけない」と力説するため，結局，保証人となることを引き受け，Bと保証契約を締結した。ところがその後，Cは，Bから借りた500万円を持って雲隠れしてしまった。Cから返済がないため，BがAに保証債務の履行として500万円の支払を求めた。Aは「抵当権があるはずだ」といったが，それもCの作り話だったことが判明した。

　相手方に対する意思表示について第三者が詐欺を行った場合に関し，現民法96条2項は，相手方がその事実を知っていたときに限り，取消しを認めている。これに対し，本提案〈3〉は，次の2つの点について，これを修正している。

---

6)　山本豊「不都合な契約からの離脱（その2）──立法による対処」法教333号（2008）71頁は，立法論として，不利益事実の不告知に関する規定について，先行行為を不要とし，特定商取引法にならった規律に変更すべきであるとしている。

【1.5.16】

　第1は，〈ア〉で，「当該第三者が相手方の代理人その他その行為につき相手方が責任を負うべき者であるとき」は，相手方が詐欺の事実を知っていたかどうかにかかわりなく，取消しを認める点である。これは，【1.5.15】〈2〉で述べたところと同じ趣旨に基づく。「その行為につき相手方が責任を負うべき者」がした詐欺については，相手方がみずから詐欺をしたのと同視されてもやむを得ないと考えるわけである。「その行為につき相手方が責任を負うべき者」として考えられるのは，ここでも，適用事例4のCのような代理人のほか，法人の代表者や支配人，従業員等であり，消費者契約法5条1項に当たる者もここに含まれる。

　第2は，〈イ〉で，〈ア〉に当たらない場合について（適用事例5がその例である），相手方が詐欺の事実を知っていたときだけでなく，知ることができたときも，取消しを認める点である。現民法96条2項に関しても，相手方が詐欺の事実を知っていたといえないときでも，知らないことについて過失がある場合は，意思表示の取消しを認めるべきであるとする見解が有力である[7]。表意者がみずから心裡留保により意思表示をしたときでも，相手方に過失があれば無効が認められるのだから（現民法93条），詐欺を受けた場合も，それと同様に扱うことが要請されるというのがその理由である。

　心裡留保に関し，【1.5.11】では，相手方が真意を知ることを期待して行う非真意表示と真意を秘匿して行う狭義の心裡留保を区別し，そのうち，非真意表示を心裡留保の基本型として位置づけ，現民法93条をその意味での心裡留保の原則として維持した上で，狭義の心裡留保については，表意者が意思表示の効力を否定できるのは，表意者が真意でないことを相手方が知っていた場合に限ることを提案している。表意者が詐欺を受けた場合は，狭義の心裡留保の場合とは異なると考えられるため，現民法93条と同様に，相手方に過失があれば，取消しを認めるべきである。

5　第三者の保護

　現民法96条3項に関しては，第三者の保護要件として，学説では，善意だけでなく，無過失まで要求する見解が多数と考えられる[8]。これは，同項の基礎にあると考えられる表見法理によると，外観に対する信頼が保護されるためには，その信頼が正当なものであることが要請されるからであるとされる。詐欺取消しの場合は，表意者は詐欺を受けているため，その限りで虚偽表示をした場合よりも帰責性が低いと考えられることから，仮に現民法94条2項では，善意で足りるとしても，現民法96条3項では，第三者が保護を受けるためには無過失が必要であるとされる。

---

[7]　我妻・総則311頁，幾代・総則281頁等。

[8]　幾代・総則284頁，四宮185頁，石田編・総則167頁以下［磯村保］，内田Ⅰ81頁等。

本提案〈4〉は，この考え方に従い，第三者の保護要件として，善意だけでなく，無過失まで要求することとしている。

《比較法》 フランス民法 1116 条・1117 条，フランス民法（カタラ草案）1113 条・1113-1 条〜1113-3 条・1115 条・1115-1 条，イタリア民法 1439 条・1440 条，ドイツ民法 123 条，オーストリア民法 870 条・874 条・875 条，スイス債務法 28 条，オランダ民法 3:44 条・6:228 条，韓国民法 110 条，中華民国民法 92 条，中国統一契約法 54 条，カンボディア民法 347 条，UNIDROIT（2004）3.8 条・3.11 条，PECL 4:107 条・4:111 条，DCFR Ⅱ-7:205 条・7:208 条

【1.5.17】（強迫）
　強迫により表意者が意思表示をしたときは，その意思表示は取り消すことができる。

〔関連条文〕　現民法 96 条（改正）
〔参照提案〕　【1.5.16】

提 案 要 旨

　現民法 96 条 1 項では，「強迫による意思表示は」と定めているだけであり，具体的な要件は明示されていない。しかし，その意味については，理解が確立している。本提案では，この理解を前提として，同項に従い，「強迫により表意者が意思表示をした」と定めることで足りるとしている。
　第三者による強迫については，相手方がその事実を知っていたかどうかにかかわりなく，表意者は意思表示を取り消すことができるという現民法が採用していると考えられる立場を維持する。これは，強迫された表意者は意思決定の自由を侵害され，自己責任を語る前提がそもそも欠けていることから，とくに表意者を保護する必要があるという考慮に基づく。
　また，第三者との関係については，第三者の主観にかかわりなく強迫取消しを対抗できるという現民法 96 条 3 項が採用していると考えられる立場を維持する。【1.5.16】（詐欺）〈3〉と同じように，善意無過失の第三者に取消しを対抗できないとするならば，制限行為能力による取消しや意思無能力による取消しについても，同様の規定を置く必要が出てくる。しかし，それでは，現民法の立場から大きく転換することになり，制限行為能力者や意思無能力者が財産を失う可能性をいちじるしく高めることになる。したがって，現民法 96 条 3 項の考え方を維持すべきであ

【1.5.17】

る。本提案が,【1.5.16】〈3〉に相当する規定を定めないのは,このような考慮に基づく。

解　説

1　強迫の要件

現民法96条1項では,「強迫による意思表示は」と定めているだけであり,具体的な要件は明示されていない。しかし,その意味については,理解が確立している。それによると,①強迫——他人に畏怖を与え,かつ,その畏怖によって意思を決定・表示させようとして（故意）,害悪を告知する行為（強迫行為）のあることであり,それは違法でなければならない（違法性）——,②強迫による意思表示——他人（相手方または第三者）の強迫によって表意者が畏怖をいだき,その畏怖によって意思を決定・表示したこと——が必要とされている[1]。

本提案では,このような理解を前提として,現民法96条1項に従い,「強迫により表意者が意思表示をした」と定めることで足りるとしている。

2　第三者による強迫

現民法96条2項は,相手方に対する意思表示について第三者が詐欺を行った場合についてのみ規定し,第三者が強迫を行った場合については規定してない。これは,一般に,第三者が強迫を行った場合は,相手方がその事実を知っていたかどうかにかかわりなく,取消しを認める趣旨であると理解されている。これは,強迫された表意者は意思決定の自由を侵害され,自己責任を語る前提がそもそも欠けていることから,とくに表意者を保護する必要があるという考慮に基づくと考えられている。

本提案は,このような現民法が採用していると考えられる立場を維持することとしている。これは,【1.5.16】〈2〉に相当する規定を強迫について定めないことによって示すことになる。

3　第三者の保護

第三者との関係について,現民法96条3項は,詐欺についてのみ規定し,強迫について規定していない。これは,一般に,強迫取消しは,第三者が強迫の事実を知っていたかどうかにかかわりなく,第三者に対抗できるとする趣旨であると理解されている。これも,先ほどと同じく,強迫された表意者は意思決定の自由を侵害

---

[1] 四宮188頁以下,山本 I 212頁以下を参照。

第5章　法律行為　第2節　意思表示　　　　　　　　　　　【1.5.18】

され，とくに帰責性はないため，第三者が善意であっても，表意者の保護を優先すべきであるという考慮に基づくと考えられている。
　本提案は，このような現民法の考え方を維持することとしている。これも，【1.5.16】〈3〉に相当する規定を定めないことによって示すことになる。
　これに対して，第三者からみれば，表意者の側で詐欺を受けたか，強迫を受けたかは，容易にわかることではなく，そのような場合についてまで，一律に取消しを対抗されるとすることは，取引の安全をいちじるしく害すると考える余地もある。これによると，【1.5.16】〈3〉と同じく，善意無過失の第三者に取消しを対抗できないものとすることになる。
　もっとも，このような考え方によると，制限行為能力による取消しや意思無能力による取消しについても，同様の規定を置く必要が出てくるだろう。しかし，それは，現民法の立場から大きく転換することになり，制限行為能力者や意思無能力者が財産を失う可能性をいちじるしく高めることになるため，問題が大きいといわざるをえない。

《比較法》　フランス民法1111条〜1115条・1117条，フランス民法（カタラ草案）1114条・1114-1条〜1114-3条・1115条・1115-1条，イタリア民法1434条〜1438条，ドイツ民法123条，オーストリア民法870条・874条・875条，スイス債務法29条・30条，オランダ民法3:44条，韓国民法110条，中華民国民法92条，中国統一契約法54条，カンボディア民法349条，第2次契約法リステイトメント174条〜177条，UNIDROIT（2004）3.9条・3.11条，PECL4:108条・4:111条，DCFR II-7:206条・7:208条

【1.5.18】（消費者契約の特則——断定的判断の提供に基づく誤認）
〈1〉　消費者は，事業者が消費者契約の締結について勧誘をするに際し，当該消費者に対して，物品，権利，役務その他の当該消費者契約の目的となるものに関し，不確実な事項につき断定的判断を提供したことにより，当該提供された断定的判断の内容が確実であるとの誤認をし，それによって当該消費者契約の申込みまたはその承諾の意思表示をしたときは，これを取り消すことができる。
〈2〉　第三者が消費者に対し〈1〉の断定的判断を提供した場合は，次のいずれかに該当するときに限り，当該消費者契約の申込みまたは承諾の意思表示は取り消すことができる。
　〈ア〉　当該第三者が当該事業者の代理人その他その行為につき当該事業者が

149

【1.5.18】

責任を負うべき者であるとき。
〈イ〉 当該消費者が当該消費者契約の申込みまたは承諾の意思表示をする際に，当該第三者が断定的判断を提供したことを当該事業者が知っていたとき，または知ることができたとき。
〈3〉 消費者契約の締結に係る消費者の代理人（復代理人（二以上の段階にわたり復代理人として選任された者を含む。）を含む。）は，〈1〉〈2〉の適用については，消費者とみなす。
〈4〉 〈1〉〈2〉〈3〉による消費者契約の申込みまたは承諾の意思表示の取消しは，善意無過失の第三者に対抗することができない。

〔関連条文〕 新設　消費者契約法4条1項2号・5項・5条
〔参照提案〕 【1.5.07】，【1.5.08】，【1.5.19】

提　案　要　旨

　1　消費者契約法4条1項は，1号で，不実告知により消費者が誤認した場合と並べて，2号で，断定的判断の提供により消費者が誤認した場合に，取消しを認めている。
　このうち，不実告知については，【1.5.15】（不実表示）で，これを消費者契約に限らず，一般法化した。これに対し，断定的判断の提供については，同じように考えることはできない。というのは，判断は，本来，各人の責任で行うべきものであり，相手方が誤った判断を提供したとしても，それを鵜呑みにするのではなく，みずから事実を正確に理解し，それに基づいて主体的に判断すべきだと考えられるからである。それにもかかわらず，断定的判断の提供によって誤った判断をした場合に消費者契約法が取消しを認めているのは，事業者と消費者の間に判断力の格差が構造的に存在することから，自己責任の原則を制限し，消費者を保護する必要があるためだと考えられる。したがって，断定的判断の提供を理由とする取消しは，一般法化することはできず，消費者契約に関する特則として位置づけた上で，民法に統合すべきである。
　2　以上のように，消費者契約法4条1項2号を民法に統合する場合には，その取消要件を見直す必要があるかどうかが問題となる。
　ここで，本提案〈1〉は，消費者契約法4条1項2号が定める要件のうち，「将来における変動が不確実な事項につき」という部分を削除し，「不確実な事項につき断定的判断を提供したことにより」消費者が誤認した場合に，取消しを認めることとしている。これは，消費者契約法の基礎にあるのは，事業者が積極的な行為によって消費者を誤認させた以上，契約を取り消されてもやむを得ないという考え方で

あり，これによると，将来における変動が不確実な事項かどうかは，重要性を持たないはずであるという考慮に基づく。

その上で，本提案〈2〉では，第三者が断定的判断を提供した場合について，消費者契約法5条1項の考え方をさらに一般化して，〈ア〉で，「当該第三者が当該消費者の代理人その他その行為につき当該事業者が責任を負うべき者であるとき」は，それだけで取消しを認めることとし，それ以外の場合は，現民法96条2項を修正した上でここにも準用し，〈イ〉で，「当該消費者が当該消費者契約の申込みまたは承諾の意思表示をする際に，当該第三者が断定的判断を提供したことを当該事業者が知っていたとき，または知ることができたとき」に限り，取消しを認めることとしている。

また，本提案〈3〉では，消費者契約法5条2項のうち，消費者の代理人を消費者とみなしている部分について，疑義が生じないようにするために，明文で規定することとしている。

さらに，本提案〈4〉では，消費者契約法4条5項を修正し，【1.5.16】（詐欺）〈4〉にならって，断定的判断の取消しを理由とする取消しについても，第三者の保護要件を善意無過失としている。

解　説

1　断定的判断に基づく誤認による取消しの趣旨と位置づけ

(1)　消費者契約法の規律

消費者契約法4条1項2号は，事業者が消費者契約の締結について勧誘をするに際し，断定的判断を提供したことにより，消費者がその内容が確実であるとの誤認をし，それによって当該消費者契約の申込みまたは承諾の意思表示をしたときは，これを取り消すことができると定めている。

そこでいう断定的判断の提供とは，「当該消費者契約の目的となるものに関し」「将来における変動が不確実な事項につき」確実であるかのように決めつけることを意味する。たとえば，「将来におけるその価額，将来において当該消費者が受けるべき金額」などが，「将来における変動が不確実な事項」の例として挙げられている。この種の事項は，通常，契約を締結する動機に当たる。しかし，そうした動機に当たる事項の中でも，「将来における変動が不確実な事項」に断定的判断の対象が限定されているのが，この規定の特徴である。

(2)　断定的判断に基づく誤認による取消しの位置づけ

消費者契約法4条1項は，1号で，不実告知により消費者が誤認した場合を定め，それと並べて2号で，断定的判断の提供により消費者が誤認した場合に，取消

しを認めている。

このうち，不実告知については，【1.5.15】で，これを消費者契約に限らず，一般法化し，「相手方に対する意思表示について，表意者の意思表示をするか否かの判断に通常影響を及ぼすべき事項につき相手方が事実と異なることを表示したために表意者がその事実を誤って認識し，それによって意思表示をした場合」に，取消しを認めることとしている。これは，【1.5.15】について述べたように，次のような考慮に基づく。

まず，事実に関して取引の相手方が不実の表示を行えば，消費者でなくても，誤認をしてしまう危険性は高いと考えられる。しかも，前提となる事実が違っていれば，それを正確に理解しても，その結果行われる決定は不適当なものとならざるをえない。したがって，事実に関する不実表示については，表意者を保護すべき必要性は一般的に存在し，かつその必要性はとくに高いと考えられる。相手方もみずから誤った事実を表示した以上，それによって錯誤をした表意者から取り消されてやむを得ないだろう。不実表示による取消しを一般的に認めるのは，このような理由に基づく。

しかし，断定的判断の提供については，同じように考えることはできない。というのは，判断は，本来，各人の責任で行うべきものであり，相手方が誤った判断を提供したとしても，それを鵜呑みにするのではなく，みずから事実を正確に理解し，それに基づいて主体的に判断すべきだと考えられるからである。それにもかかわらず，断定的判断の提供によって誤った判断をした場合に消費者契約法が取消しを認めているのは，事業者と消費者の間に判断力の格差が構造的に存在することから，自己責任の原則を制限し，消費者を保護する必要があるためだと考えられる。したがって，断定的判断の提供を理由とする取消しは，一般法化することはできず，消費者契約に関する特則として位置づけた上で，民法に統合すべきである[1]。

2 規定の整備

(1) 取消要件の見直し

〔適用事例1〕 Aは，証券会社Bの担当者Cから，「いま株式甲を買えば確実に値上がりする」といわれたため，甲を5000株買い付けたところ，甲が値崩れを起こし，多額の損失が発生した。

〔適用事例2〕 Aは，エステティックサロンBの担当者Cから，「このままだと2，3年後には必ず肌がボロボロになる」といわれたので，Cが勧めるまま，30万円のコースを受ける旨の契約をした。

---

1) 山本敬三「消費者契約法の意義と民法の課題」民商123巻4＝5号（2001）47頁以下を参照。

第5章 法律行為 第2節 意思表示　　　　　　　　　　　　　　　　【1.5.18】

　以上のように，消費者契約法4条1項2号を民法に統合する場合には，さらにそこで定められた取消要件を見直す必要があるかどうかが問題となる。
　この点に関しては，断定的判断の提供による取消しが，「将来における変動が不確実な事項」に関して断定的判断が提供された場合（適用事例1）に限られていることが問題となる。これによると，将来に関する誤った判断でも，変動が不確実な事項でない限り，取消しは認められないことになる（適用事例2)[2]。
　しかし，消費者契約法の基礎にあるのは，事業者が積極的な行為によって消費者を誤認させた以上，契約を取り消されてもやむを得ないという考え方である。これによると，将来における変動が不確実な事項かどうかは，本来，重要性を持たないはずである。むしろ，将来における変動が不確実な事項は，もともと信じてはいけないといいやすい。そのような場合でも取消しを認めるのなら，その他の不確実な事項に関して断定的な判断が提供された場合は，なおさら取消しを認めてよいはずである。事業者と消費者の間に判断能力の格差が構造的に存在することを問題視する以上，事業者による誤った断定的判断の提供が消費者の誤認を惹起する限り，取消しを認めるべきだろう[3]。
　そこで，本提案〈1〉は，「将来における変動が不確実な事項につき」という部分を削除し，「不確実な事項につき断定的判断を提供したことにより」消費者が誤認した場合に，取消しを認めることとしている。

(2) 第三者による断定的判断の提供
　本提案〈2〉では，第三者が断定的判断を提供した場合について，消費者契約法

---

2) 逐条解説消費者契約法102頁・132頁。
3) 山本・前掲注1) 48頁以下を参照。金融商品取引法38条2号等も，「不確実な事項について断定的判断を提供」する行為としている。国民生活審議会消費者政策部会消費者契約法評価検討委員会『消費者契約法の評価及び論点の検討等について（平成19年8月）』13頁は，「不確実な事項を確実であると誤認させることにより消費者の意思表示に瑕疵をもたらすことに取消権を認める根拠があると考えれば，断定的判断の提供の対象を必ずしも消費者の財産上の利得に影響するものに限るべきではないとも考えられる」としつつ，「他方で，財産上の利得に影響するものに関する断定的判断の提供がされた場合について取消権を認めているのは，そのような場合であれば，不実告知と同様に消費者の意思表示に瑕疵をもたらし得る不適切な勧誘行為と評価することができることに基づくものであるところ，消費者の財産上の利得に影響するもの以外の事項に関する断定的判断の提供がされた場合のうち，不実告知と同様に消費者の意思表示に瑕疵をもたらし得る不適切な勧誘行為と評価できるものを，適切に抽出する必要があるとも考えられるところである」とし，「消費者の財産上の利得に影響するもの以外の事項として，消費生活相談事例に多く見られるのは商品やサービスの効能・効果に関する事項についてであるが，これらの事項に関する断定的判断の提供といっても様々なものがあることからすると，日常的な取引において社会通念上不適当とは思われない勧誘とは切り離して取消しの対象を画すべき必要があるとも考えられる」として，消費者契約法4条1項2号のあり方については「引き続き検討すべきである」としている。

153

【1.5.18】

5条1項の考え方をさらに一般化して，〈ア〉で，「当該第三者が当該事業者の代理人その他その行為につき当該事業者が責任を負うべき者であるとき」は，それだけで取消しを認めることとする。それ以外の場合は，現民法96条2項を修正した上でここにも準用し，〈イ〉で，「当該消費者が当該消費者契約の申込みまたは承諾の意思表示をする際に，当該第三者が断定的判断を提供したことを当該事業者が知っていたとき，または知ることができたとき」に限り，取消しを認めることとしている。その趣旨は，【1.5.15】〈3〉および【1.5.16】（詐欺）〈3〉と，基本的に同様である。

(3) 消費者の代理人の取扱い

消費者契約法5条2項は，「消費者契約の締結に係る消費者の代理人（復代理人（二以上の段階にわたり復代理人として選任された者を含む。）を含む。以下同じ。），事業者の代理人及び受託者等の代理人は，前条第1項から第3項まで（前項において準用する場合を含む。次条及び第7条において同じ。）の規定の適用については，それぞれ消費者，事業者及び受託者等とみなす」と定めている。

このうち，事業者の代理人を事業者とみなし，受託者等の代理人を受託者等とみなしている部分は，本提案〈2〉〈ア〉で，「当該事業者の代理人その他その行為につき当該事業者が責任を負うべき者」が断定的判断を提供したときは，それだけで取消しを認めることとしているため，これでカバーできると考えられる。

それに対して，消費者の代理人を消費者とみなしている部分は，とくに消費者の代理人がそれ自体としては事業者に当たる者である場合に意味を持つ。これは，明文の規定がなければ，疑義を生ずるおそれがある。そこで，本提案〈3〉は，この部分に限って規定を置くこととし，「消費者契約の締結に係る消費者の代理人（復代理人（二以上の段階にわたり復代理人として選任された者を含む。）を含む。）は，〈1〉〈2〉の適用については，消費者とみなす」と定めることとしている。

(4) 第三者との関係

消費者契約法4条5項は，誤認・困惑による取消しについて，「善意の第三者に対抗することができない」と定めている。この場合の第三者保護要件が「善意」とされたのは，詐欺取消しに関する現民法96条3項に準拠したためである[4]。

しかし，すでに述べたように，【1.5.16】〈4〉では，詐欺取消しに関し，現在の学説の多くに従い，第三者の保護要件として，善意だけでなく，無過失まで要求することとしている。

同様の趣旨は，事業者による断定的判断の提供によって消費者が誤認した場合にも当てはまると考えられる。そこで，本提案〈4〉では，断定的判断の提供を理由

---

4) 逐条解説消費者契約法132頁以下を参照。

とする取消しについても，第三者の保護要件を善意無過失としている。

【1.5.19】（消費者契約の特則——困惑）
〈1〉 消費者は，事業者が消費者契約の締結について勧誘をするに際し，以下のいずれかに該当する行為によるほか，当該消費者が勧誘の継続を望まない旨の意思を示したにもかかわらず，当該消費者に対して勧誘を継続することにより，当該消費者が当該消費者契約の申込みまたはその承諾の意思表示をするまで勧誘が継続するものと困惑し，それによって当該消費者契約の申込みまたはその承諾の意思表示をしたときは，これを取り消すことができる。
　〈ア〉 当該事業者に対し，当該消費者が，その住居またはその業務を行っている場所から退去すべき旨の意思を示したにもかかわらず，それらの場所から退去しないこと。
　〈イ〉 当該事業者が当該消費者契約の締結について勧誘をしている場所から当該消費者が退去する旨の意思を示したにもかかわらず，その場所から当該消費者を退去させないこと。
〈2〉【1.5.18】〈2〉〈3〉〈4〉は，〈1〉の場合に準用する。

〔関連条文〕　新設　消費者契約法4条3項5項・5条
〔参照提案〕　【1.5.07】，【1.5.08】，【1.5.18】

提　案　要　旨

　1　消費者契約法4条3項は，事業者が勧誘する際に，不退去または監禁により，消費者が困惑し，それによって消費者契約が締結された場合に，取消しを認めている。このように，消費者契約法によると，困惑を惹起する行為は限定されているものの，それによって惹起される「困惑」がどのようなものかについては，とくに限定されておらず，広い意味を持つものとしてとらえられている。
　消費者契約法において，このような場合でも取消しが認められたのは，事業者と消費者の間に情報および交渉力の格差が構造的に存在し，その点で劣位に立つ消費者が事業者の行為によって「困惑」に陥った場合には，望まない契約を拒絶することが期待できないと考えられたからだろう。消費者契約の場合を超えて，一般的に困惑による取消しを認めてよいかどうかについては，少なくとも現在では，コンセンサスが得られているとはいえないと考えられる。したがって，困惑による取消しは，一般法化することはできず，消費者契約に関する特則として位置づけた上で，

【1.5.19】

民法に統合すべきである。

2　以上のように，消費者契約法4条3項を民法に統合する場合には，さらにそこで定められた要件を見直す必要があるかどうかが問題となる。

ここで，本提案〈1〉は，消費者契約法4条3項が定める要件のうち，不退去と監禁という特定の行為による限定に代え，「事業者が消費者契約の締結について勧誘をするに際し」，「当該消費者が勧誘の継続を望まない旨の意思を示したにもかかわらず，当該消費者に対して勧誘を継続することにより，当該消費者が当該消費者契約の申込みまたはその承諾の意思表示をするまで勧誘が継続するものと困惑」したことを要件とし，不退去と監禁はその例示として位置づけることとしている。消費者契約法4条3項が不退去と監禁を明示したのは，まさにそれによって「当該消費者が勧誘の継続を望まない旨の意思を表示したにもかかわらず，当該消費者に対して勧誘を継続することにより，当該消費者が当該消費者契約の申込みまたはその承諾をするまで勧誘が継続するものと困惑」することになるためだと考えられる。したがって，このような修正は，同項の趣旨に照らしても容認できるというべきだろう。

この場合は，断定的判断の提供を理由とする取消しの場合と同様に，第三者が困惑を惹起した場合に関する規定のほか，消費者の代理人を消費者とみなす規定，困惑による取消しと第三者に関する規定を整備する必要がある。そこで，本提案〈2〉では，これらの問題について，【1.5.18】（消費者契約の特則——断定的判断の提供に基づく誤認）〈2〉〈3〉〈4〉を準用することとしている。

解　説

1　困惑による取消しの趣旨と位置づけ

(1)　消費者契約法の規律

消費者契約法4条3項は，事業者が消費者契約の締結について勧誘をするに際し，事業者が所定の行為をしたことにより消費者が困惑し，それによって当該消費者契約の申込みまたは承諾の意思表示をしたときは，これを取り消すことができると定めている。

ここで取消しを基礎づける困惑惹起行為として認められているのは，不退去と監禁である。前者の不退去とは，事業者に対し，消費者が，その住居またはその業務を行っている場所から退去すべき旨の意思を示したにもかかわらず，それらの場所から退去しないことである（消費契約4条3項1号）。後者の監禁とは，事業者が消費者契約の締結について勧誘をしている場所から消費者が退去する旨の意思を示したにもかかわらず，その場所から消費者を退去させないことである（消費契約4条

第5章 法律行為 第2節 意思表示　　　　　　　　　　　　　　【1.5.19】

3項2号)。これらはいずれも，一定の空間に消費者の身体を拘束することによって，困惑を惹起する行為である点で共通している。

(2) 困惑による取消しの位置づけ

このように，消費者契約法4条3項によると，困惑を惹起する行為は不退去と監禁に限定されているものの，それによって惹起される「困惑」がどのようなものかについては，とくに限定されていない。「困惑」の意味については，「困り戸惑い，どうしてよいか分からなくなるような，精神的に自由な判断ができない状況」をいい，「畏怖（恐れおののくこと，怖じること）をも含む，広い概念である」とされている[1]。

消費者契約法において，このような広い意味を持つ「困惑」によって意思表示がなされた場合でも取消しが認められたのは，事業者と消費者の間に情報および交渉力の格差が構造的に存在し，その点で劣位に立つ消費者が事業者の行為によって「困惑」に陥った場合には，望まない契約を拒絶することが期待できないと考えられたからだろう[2]。そのような消費者契約の場合を超えて，一般的に困惑による取消しを認めてよいかどうかについては，少なくとも現在では，コンセンサスが得られているとはいえないと考えられる。

したがって，困惑による取消しは，一般法化することはできず，消費者契約に関する特則として位置づけた上で，民法に統合すべきである。

2 規定の整備

以上のように，消費者契約法4条3項を民法に統合する場合には，さらにそこで定められた取消要件を見直す必要があるかどうかが問題となる。

(1) 取消要件の見直し

〔適用事例1〕 Aは，自宅に訪ねてきたB社の販売員Cから，夜の12時に至るまで学習教材甲の購入を勧められた。Aが「子供が寝ているので帰ってください」といってもCは一向に帰ろうとしないため，途方に暮れたAは，やむなく甲を20万円で購入する旨の契約をした。

〔適用事例2〕 Aの職場に，B企業経営協会から電話があり，企業経営コンサルタントの資格をとるために，Bの講座を受講するよう勧誘を受けた。Aは，上司に聞かれると困るので電話をしないよう頼んだが，それでもBが執拗に電話してくるため，職場への電話を避けたい一心で契約に応じてしまった。

〔適用事例3〕 Aは，友人から日用品の大安売りがあると誘われて，B社が主催する即売会に行ってみた。会場では，ティッシュペーパーや調味料が無料で配

---

1) 逐条解説消費者契約法124頁。
2) 逐条解説消費者契約法117頁を参照。

157

布され，前の方では，鍋やフライパン等の商品が順に定価の半額程度で売り出されていた。ほかの参加者たちが競うように商品を買いだしたので，会場は次第に異常な興奮状態に包まれ，最後に限定5名で羽毛布団甲が特別価格9万円で売り出されると，まわりから早く手をあげるよううながされたAは，勢いにのまれ，とうとう甲を購入する旨の契約をしてしまった。

　現行消費者契約法4条3項は，困惑を惹起する行為として不退去と監禁のみを挙げ，事業者が一定の空間に消費者の身体を拘束することによって困惑を惹起した場合に，取消しが認められる場合を限定している（適用事例1は不退去の例に当たる）。これによると，一定の空間に消費者の身体を拘束しない場合は，たとえ困惑を惹起したとしても，消費者契約法に基づく取消しは認められない。たとえば，適用事例2のように，執拗な電話勧誘が行われた場合や，既成事実を作ってもう断れないような状況に追い込んだりする場合などが，これに当たる。

　しかし，このような限定が，消費者契約法の本来の出発点からみて一貫したものといえるかどうかは，疑問といわざるをえない。

　消費者契約法が立法されたのは，事業者と消費者の間に「情報の質及び量並びに交渉力の格差」が構造的に存在するからである（消費契約1条）。そのような格差があるがゆえに，消費者の意思決定は，事業者によって容易にゆがめられる。困惑による取消しが認められたのも，そうした不当な誘導行為によって，本来ならば望まなかったはずの契約をさせられてしまった消費者を保護するためだったはずである。

　こうした趣旨からすると，決定的に重要なのは，消費者の意思決定がゆがめられたかどうかでなければならない。少なくとも，不退去や監禁という特定の行為が行われた場合に限る理由はない[3]。

　もちろん，消費者がただ単に困惑をしたというだけで取消しを認めるならば，何をもって「困惑」というのか必ずしも明確ではなく，しかも外部から容易にうかがい知ることができない事情によって取引の効果がくつがえされる可能性もあり，取引がいちじるしく不安定になるおそれがある。

　そこで，本提案〈1〉は，不退去と監禁という特定の行為による限定に代え，「事業者が消費者契約の締結について勧誘をするに際し」，「当該消費者が勧誘の継続を望まない旨の意思を示したにもかかわらず，当該消費者に対して勧誘を継続することにより，当該消費者が当該消費者契約の申込みまたはその承諾の意思表示をするまで勧誘が継続するものと困惑」したことを要件とし，不退去と監禁はその例示と

---

[3] 山本敬三「消費者契約法の意義と民法の課題」民商123巻4＝5号（2001）56頁を参照。さらに，沖野眞已「『消費者契約法（仮称）』における『契約締結過程』の規律——第17次国民生活審議会消費者政策部会報告を受けて」NBL685号（2000）21頁以下も参照。

して位置づけることとしている。消費者契約法4条3項が不退去と監禁を明示したのは、まさにそれによって「当該消費者が勧誘の継続を望まない旨の意思を表示したにもかかわらず、当該消費者に対して勧誘を継続することにより、当該消費者が当該消費者契約の申込みまたはその承諾をするまで勧誘が継続するものと困惑」することになるためだと考えられる。したがって、このような修正は、同項の趣旨に照らしても容認できるというべきだろう[4]。

このような修正を行うことにより、最近しばしば問題とされる不招請勧誘[5]——契約を望んでいない消費者に対する一方的な勧誘等——をめぐる問題についても、一定の対応が可能になると考えられる。

もちろん、消費者契約法4条3項については、たとえばSF商法のように、密室に置かれた消費者に対し、たくみな演出等を用いて、その場で購入しないと損であるかのような雰囲気を作り上げて契約させるような場合（適用事例3）は、取消しが認められないという問題もある。このように消費者がいわば眩惑された場合に、同項で取消しが認められないのは、不退去や監禁という行為がないだけでなく、そもそも消費者を困惑させたともいえないからである。上述したように、消費者契約法の本来の趣旨からすれば、決定的に重要なのは、消費者の意思決定がゆがめられたかどうかであり、眩惑された場合を排除すべき理由はない[6]。しかし、このような場合まで含めて、事業者が消費者の意思決定を不当に誘導した場合について、消費者に取消権を認めるためには、要件を設定するための考え方について、さらに慎重な検討を必要とする。そのため、本提案〈1〉では、この点の改正については、

---

4) 国民生活審議会消費者政策部会消費者契約法評価検討委員会『消費者契約法の評価及び論点の検討等について（平成19年8月）』15頁は、「消費生活相談事例においては、必ずしも場所的な不退去又は監禁を伴うわけではないが、電話による執拗な勧誘がされたり、断れない状況下で消費者がやむなく契約を締結していると見られる場合のほか、高齢者や認知症の傾向が見られる者等に対し、その弱みにつけ込むようにして不必要とも思える量及び性質の商品を購入させていると見られるいわゆるつけ込み型の勧誘事例等が見受けられる」とした上で、困惑類型の規定のありかたについては、「対象として拡張すべき勧誘行為の類型化について、消費者の属性をも考慮しつつ検討すべきである」としている。

5) 国民生活審議会消費者政策部会消費者契約法評価検討委員会・前掲注4) 29頁は、不招請勧誘に関するルールのあり方等については、「事業者の営業活動の自由に対する過度の制約になってはならないという要請に配慮する一方で、不招請勧誘は断れない消費者をターゲットとして勧誘する傾向があると考えられることをも踏まえつつ」、消費者契約法上の「困惑類型（第4条第3項）の規定の在り方について検討するのと合わせて、引き続き検討すべきである」としている。不招請勧誘に関する問題については、国民生活センター『不招請勧誘の制限に関する調査研究』(2007)、比較法研究センター＝潮見佳男編『諸外国の消費者法における情報提供・不招請勧誘・適合性の原則（別冊NBL121号）』（商事法務、2008）を参照。

6) 山本・前掲注3) 56頁を参照。

【1.5.20】　　　　　　　　　　　　　　　　　　　　　第1編　総則

今後の課題としている。
　(2)　その他の関連規定の整備
　以上のように，困惑による取消しに関する規定を民法に取り込む場合には，断定的判断の提供を理由とする取消しの場合と同様，第三者が困惑を惹起した場合に関する規定のほか，消費者の代理人を消費者とみなす規定，困惑による取消しと第三者に関する規定を整備する必要が出てくる。
　本提案〈2〉では，これらの問題については，断定的判断の提供を理由とする取消しの場合と同様に扱ってよいと考え，【1.5.18】〈2〉〈3〉〈4〉を準用することとしている。

【1.5.20】（意思表示の効力発生時期）
〈1〉　相手方のある意思表示は，その意思表示が相手方に到達した時からその効力を生ずる。
〈2〉　次のいずれかに該当する場合は，別段の合意または慣習がある場合を除き，その時に〈1〉の到達があったものとする。
　〈ア〉　相手方または相手方のために意思表示を受領する権限を有する者が意思表示を了知した場合。
　〈イ〉　相手方または相手方のために意思表示を受領する権限を有する者が設置または指定した受信設備に意思表示が着信した場合のほか，相手方または相手方のために意思表示を受領する権限を有する者が意思表示を了知することができる状態に置かれた場合。
〈3〉　相手方のある意思表示が相手方に通常到達すべき方法でされた場合において，相手方が正当な理由なしにその到達に必要な行為をしなかったために，その意思表示が相手方に到達しなかったときは，その意思表示は，通常到達すべきであった時に到達したものとみなす。

〔関連条文〕　現民法97条1項（改正）・526条1項，CISG24条・27条
〔参照提案〕　【3.1.1.22】

提　案　要　旨

　1　相手方のある意思表示の場合，その意思表示に効力が認められれば，表意者はもちろん，その相手方もその意思表示に拘束される。そのような効力の発生を認めるためには，相手方もまた，少なくともそのような効力が発生することを知りうる状態にあることが，原則として要求されてしかるべきである。現民法97条1

160

第5章　法律行為　第2節　意思表示　　　　　　　　　　　　　　【1.5.20】

項が到達主義の原則を採用したのは，このような考え方に基づくのであり，この立場は現在でも維持すべきである。

　この考え方は，隔地者に対する意思表示だけでなく，対話者間の意思表示を含めて，相手方のある意思表示一般に当てはまる。そこで，本提案〈1〉では，「相手方のある意思表示」は，「相手方に到達した時からその効力を生ずる」としている。

　また，現民法97条1項は，「隔地者に対する意思表示」は「その通知」が相手方に到達した時からその効力を生ずると定めている。このような文言の使い分けは，おそらく，「意思表示」は表意者が発した時に完了し，あとはそのような意思表示をしたという事実の「通知」が相手方に伝達されるという構成を前提にしていると考えられる。しかし，相手方に届けられるのは，意思表示をしたという事実の通知ではなく，意思表示そのものというべきだろう。したがって，本提案〈1〉では，「その通知が相手方に到達した時」を，「その意思表示が相手方に到達した時」と改めることとしている。

　2　現民法97条1項は，隔地者間の意思表示の効力発生時期を「到達」時とのみ定め，いつ「到達」したといえるかという点については，何も定めていない。しかし，意思表示がいつ「到達」したといえるかという問題は，実践的にもきわめて重要な問題であり，できる限り，その判断基準が示されることが望ましい。

　この点について，本提案〈2〉は，別段の合意または慣習がある場合を除き，意思表示の了知または了知可能性を「到達」の判断基準として定めることとしている。

　まず，本提案〈2〉〈ア〉は，「相手方または相手方のために意思表示を受領する権限を有する者が意思表示を了知した場合」に，「到達」があったものとしている。どのような方法であれ，表意者が発信した意思表示を相手方が了知すれば，「到達」を認めてよいと考えられる。同じことは，相手方のために意思表示を受領する権限を有する者が了知した場合にも当てはまる。

　次に，本提案〈2〉〈イ〉は，「相手方または相手方のために意思表示を受領する権限を有する者」が，「意思表示を了知することができる状態に置かれた場合」にも，「到達」があったものとしている。その際，この基準が持つ意味を明確化するため，これにより「到達」が認められる主要な典型例として，「相手方または相手方のために意思表示を受領する権限を有する者が設置または指定した受信設備に意思表示が着信した場合」を挙げることとしている。

　3　以上のほか，通常であれば意思表示が相手方に到達したはずなのに，相手方が意思表示の受領を拒絶するなどしたために，意思表示が到達しなかったり，延着したりした場合に，どう考えるべきかということが，これまで裁判例でしばしば問題とされている。そこで，本提案〈3〉では，「相手方のある意思表示が相手方に

161

【1.5.20】

通常到達すべき方法でされた場合において，相手方が正当な理由なしにその到達に必要な行為をしなかったために，その意思表示が相手方に到達しなかったときは，その意思表示は，通常到達すべきであった時に到達したものとみなす」と定め，この場合に到達の擬制を認めることとしている。

解　説

1　到達主義の原則

(1)　現行法の状況

　現民法 97 条および 526 条は，起草者間で立場が厳しく対立し──梅謙次郎・穂積陳重が発信主義，富井政章が到達主義を主張した──，激しい議論が行われた結果，定められるに至ったものである[1]。現民法 97 条については，主査会で，発信主義に立つ原案と到達主義に立つ修正案が同時に提出され，議論の結果，修正案が採用された。後の総会でも，到達主義に立つ原案と発信主義に立つ修正案が提出され，最終的に，到達主義に立つ原案が維持されることになった。しかし，契約に関する現民法 526 条については，法典調査会において，発信主義に立つ原案に対して，到達主義に基づく修正案がいくつか提出され，議論の結果，発信主義に立つ原案が維持されることになった。

　このうち，現民法 97 条については，次のように立法趣旨が説明されている。「一般ノ法律行為ニ付キ意思表示ノ一節ヲ設ケ其通則ヲ定ムルニ当リテハ唯一ニ契約ノ承諾ヲ眼中ニ置クコトヲ得ス」「必スヤ各種ノ意思表示ニ付キ深ク実際ノ利害ヲ考ヘ以テ一般ノ規定ヲ設ケサル可カラス」「故ニ仮令契約ノ承諾ニ付テハ甲主義ニ拠ルヲ便利トスルモ若シ他ノ多クノ種類ノ行為ニ付キ乙主義ニ従フヲ妥当トセハ通則ハ寧ロ之ヲ乙主義ニ採ラサルヲ得ス」「今諸般ノ意思表示ニ付キ考ルニ其種類極メテ多シト雖モ契約ヲ除ク外ハ何レモ単独行為ニ非サルハナシ」「即チ追認，催告，解約ノ如キ皆是ナリ」「若シ此等ノ行為ニ付キ発信主義ヲ採リ通知ヲ発シタル一事ヲ以テ其効力ヲ生スルモノトセハ相手方ノ迷惑実ニ少ナカラサルヘシ」「尤モ発信主義ニ拠ルヲ便トスル場合モ之ナキニ非スト雖モ多クノ場合ニ於テハ相手方ノ保護不充分ナルヲ以テ通則トシテハ之ニ拠ルコトヲ得サルナリ」「然ラハ了知主義ニ拠ランカ此主義弊害トシテ若相手方カ故意ニ意思表示ヲ了知スルコトヲ避ケ又ハ過失ニ依リテ之ヲ了知スルニ至ラサルトキハ意思表示ハ遂ニ其効力ヲ生スルコト能ハサルヘク加之相手方カ之ヲ了知シタルヘキトキト雖モ其時期極メテ不確実ナル為メ紛争ヲ生スルノ恐アリ」「故ニ本案ニ於テハ右両極端ノ主義ヲ斥ケ茲ニ主トシテ独逸

---

[1]　星野英一「編纂過程から見た民法拾遺──民法 92 条・法例 2 条論，民法 97 条・526 条・521 条論」同『民法論集(1)』(有斐閣，1970・初出 1966) 185 頁以下を参照。

民法草案[2]ニ倣ヒ受信主義ヲ採用セリ」[3]。

現民法では，契約の成立に関する526条1項のほか，次の規定において，発信主義を採用することが明示されている（その際，「○○を発しないときは」，「○○を発しなければならない」等の文言が採用されている）。
・現民法20条（制限行為能力者の相手方の催告権）
・現民法522条（承諾の通知の延着）
・現民法527条1項（申込みの撤回の通知の延着）

(2) 改正の方向

(a) 到達主義の原則の維持

現民法の起草過程において，発信主義を主張する立場がその基礎に置いていたのは，意思を尊重するという考え方である。意思は，表示されない限り，効力が認められることはないとしても，表示されれば，それで効力が認められるのが原則である。したがって，意思表示は，それが発せられた時に，効力を生じると考えるわけである。承諾の意思表示が発信された時に契約の効力が生じるとするのも，その時に意思の合致，つまり合意があったことになるからである。また，その他の単独行為は，まさに表意者の意思だけで足りるのだから，その意思の表示が発せられれば，それで効力の発生を認めてよいと考えるわけである。

しかし，相手方のある意思表示の場合，その意思表示に効力が認められれば，表意者はもちろん，その相手方もその意思表示に拘束される。たとえば，追認や追認拒絶，取消し，解除，解約申入れ，相殺の意思表示等の効力が認められれば，それによって相手方の権利義務も変動することになる。そのような効力の発生を認めるためには，相手方もまた，少なくともそのような効力が発生することを知りうる状態にあることが，原則として要求されてしかるべきである。現民法97条1項が到達主義の原則を採用したのは，このような考え方に基づくのであり，この立場は現在でも維持すべきであると考えられる。

(b) 適用対象

現民法97条1項は，「隔地者に対する意思表示」について，相手方に到達した時からその効力を生ずると定めている。意思表示の効力発生時期がとくに問題となる

---

2) ドイツ民法130条（隔地者に対する意思表示の効力発生）は，次のように定めている。
　(1) 相手方に対してなされるべき意思表示は，それが隔地者に対してなされたときは，それがその隔地者に到達した時に効力を生ずる。この意思表示は，相手方に対してあらかじめまたは同時に撤回が到達したときは，効力を生じない。
　(2) 表意者が意思表示を発した後に死亡しまたは行為無能力となったことは，意思表示の効力に影響しない。
　(3) 前2項の規定は，意思表示が官庁に対してなされるべきときも，準用する。
3) 民法修正案（前三編）の理由書153頁以下。

【1.5.20】

のは，意思表示が到達しなかったり，延着したりした場合に，誰がそのリスクを負担するかということや，表意者がいつまで意思表示を撤回できるかということが問題となる場面である。そのような場面が実際に問題となるのは，隔地者に対する意思表示の場合であることから，とくにこの場合について規定を置いたということだろう。

　ただ，従来の通説は，現民法97条は，実際上多く問題を生ずる場合について規定しただけで，対話者間でそれと異なる主義をとる意味ではないと考えている[4]。対話者間では，表白・発信・到達・了知がすべて同時に成立するのが普通であるが，たとえば，対談していながら，一方が，自分に都合の悪い部分は耳をおおって故意に了知しないような場合は，到達はしているが了知がない。しかし，このような場合には，やはり到達によって効力を発生すべきであるとされている。もっとも，通説の挙げる例は，故意の受領拒否と同様の扱いをすれば足りる場合であり，対話者間の意思表示では，到達と了知を区別できない——むしろそのように区別できない場合を「対話者間の意思表示」と呼ぶべきである——とする見解も主張されている[5]。

　〔適用事例1〕　Aは，毎月の報酬を5万円として，自己の財産の管理をBに委託する旨の契約を締結したが，その後，Bの財産管理に不明朗なところがあることから，B宅を訪れた際に，「これを受け取ってほしい」とのみ述べて，「財産管理委託契約解約通知書」と大書し，本日付をもってAB間の契約を解約する旨を記載した紙をBに手渡した。ところが，Bは，紙はまったく読まずに受け取っただけであり，Aが去った後に捨ててしまったとして，その後もAの財産の管理を続け，報酬の支払をAに求めた。

　適用事例1では，たとえBが実際に紙を読まず，その内容を了知しなかったとしても，Aの解約の意思表示はBに到達していると考えられる。このように相手方の面前で書面が交付され，しかも相手方がその書面の内容をただちに了知できる場合は，対話者間の意思表示に当たると考えられるが，この場合は，その到達により，意思表示の効力を生じさせてよいだろう。したがって，現民法97条1項の適用対象は，隔地者に対する意思表示に限る必要はなく，対話者間の意思表示も含めてよいと考えられる。これによると，同項の「隔地者に対する意思表示」のうち，「隔地者に対する」を削除することが考えられる。

　もっとも，隔地者に対する意思表示は，常に，相手方のある意思表示である。そして，現民法97条1項が「相手方に到達した時」に意思表示の効力が生じると定めることができるのも，そこでいう意思表示が相手方のある意思表示だからであ

---

4)　我妻・総則318頁，幾代・総則292頁以下等。

5)　新注民(3)521頁〔須永醇〕。

第5章 法律行為　第2節 意思表示　　　　　　　　　　　　　　【1.5.20】

る。たとえば，遺言は，相手方のない意思表示であり，そもそも相手方への到達を観念できない以上，この規定は適用できない。本提案〈1〉では，このことを明確にするために，単に「隔地者に対する」を削除するのではなく，それに代えて，「相手方のある意思表示」は，それが「相手方に到達した時からその効力を生ずる」と定めることとしている。

(c) 「通知」

このほか，現民法97条1項は，「隔地者に対する意思表示」は「その通知」が相手方に到達した時からその効力を生ずると定めている。このような文言の使い分けは，おそらく，「意思表示」は表意者が発した時に完了し，あとはそのような意思表示をしたという事実の「通知」が相手方に伝達されるという構成を前提にしていると考えられる。たとえば，「契約を解除する」という内容の書面を作成し，それを発送することによって解除の「意思表示」が行われ，あとはその書面が相手方に届けられることによって「その通知が相手方に到達する」と考えるわけである。

しかし，この場合も，相手方に届けられているのは，「契約を解除する」旨の意思表示をしたという事実の通知ではなく，「契約を解除する」という意思表示そのものというべきだろう。したがって，本提案〈1〉では，「その通知が相手方に到達した時」を，「その意思表示が相手方に到達した時」と改めることとしている。

2 「到 達」

(1) 現行法の状況

現民法97条1項は，隔地者間の意思表示の効力発生時期を「到達」時とのみ定め，いつ「到達」したといえるかという点については，何も定めていない[6]。

一般に，「到達」とは，意思表示が相手方の「支配圏内」に入ることをいうとされる[7]。これは，「相手方の支配圏内に入れば，相手方は意思表示を了知でき，そのように了知する可能性を与えられた以上，了知しなかったということは許されない」という考え方に基づく。このように，了知する可能性が与えられればよいため，意思表示が相手方の支配圏内に入れば足り，実際に受け取ったのが本人自身である必要はないとされる。たとえば，同居人が受領してもよいとされたほか[8]，たまたま会社に遊びに来ていた代表取締役の娘が受領して机の引出しに入れておいた場合でもよいとされている[9]。

---

6) この問題については，小林一俊「到達と表意者の信頼」同『意思表示了知・到達の研究』（日本評論社，2002・初出2001）54頁以下を参照。
7) 最判昭和36年4月20日民集15巻4号774頁。我妻・総則317頁等も参照。
8) 大判明治45年3月13日民録18輯193頁，大判昭和17年11月28日新聞4819号7頁。
9) 前掲注7) 最判昭和36年4月20日。

165

もっとも，判例では，このように相手方の支配権に入ったかどうかが問題とされていないケースも少なくない。たとえば，相手方のかつての住所でその弟に交付された場合は，相手方が了知することができる状態に置かれたといえないとして，到達が否定されている[10]。また，意思表示を含む書留内容証明郵便が，受取人不在により，不在配達通知を受けただけで表意者に返戻された場合でも，相手方がその郵便物の内容を十分に推知することができ，受領の意思があればさしたる労力，困難をともなうことなく受領できた以上，了知可能な状態に置かれたとして，到達が認められている[11]。ここでは，相手方の支配圏内に入ったかどうかではなく，端的に，相手方が了知することができる状態に置かれたかどうかが決め手とされていることがわかる。

(2) 改正の方向
(a) 到達の判断基準

意思表示がいつ「到達」したといえるかという問題は，実践的にもきわめて重要な問題であり，できる限り，その判断基準が示されることが望ましい。

もっとも，その際，意思表示が相手方の「支配圏内」に入ることを基準として定めるのは，適当といえない。何が「支配圏内」に当たるのか，必ずしも明らかではないほか，上述したように，相手方の「支配圏内」に入ったかどうかという基準では判断できないケースもあるからである。

しかし，その基礎にある考え方，つまり「相手方の支配圏内に入れば，相手方は意思表示を了知でき，そのように了知する可能性を与えられた以上，了知しなかったということは許されない」という考え方は，支持してよいと考えられる。本提案〈2〉は，このような考慮から，別段の合意または慣習がある場合を除いて，意思表示の了知または了知可能性を「到達」の判断基準として定めることとしている。

まず，本提案〈2〉〈ア〉は，「相手方または相手方のために意思表示を受領する権限を有する者が意思表示を了知した場合」に，「到達」があったものとしている。どのような方法であれ，表意者が発信した意思表示を相手方が了知すれば，「到達」を認めてよいと考えられる。同じことは，相手方のために意思表示を受領する権限を有する者が了知した場合にも当てはまる。これは，現民法では明文で定められていないが，当然のこととして認められていると考えられる。

次に，本提案〈2〉〈イ〉は，「相手方または相手方のために意思表示を受領する権限を有する者」が，「意思表示を了知することができる状態に置かれた場合」にも，「到達」があったものとしている。その際，この基準が持つ意味を明確化するため，これにより「到達」が認められる主要な典型例として，「相手方または相手方のた

---

10) 大判昭和6年2月14日新聞3236号9頁。
11) 最判平成10年6月11日民集52巻4号1034頁。

第 5 章　法律行為　第 2 節　意思表示　　　　　　　　　　　　　　　　【1.5.20】

めに意思表示を受領する権限を有する者が設置または指定した受信設備に意思表示が着信した場合」を挙げることとしている。相手方等が「設置または指定した受信設備」とは，郵便による場合は，相手方等の住所に設置された郵便受け等や，相手方等があらかじめ指定した郵送先の郵便受け等を指す。

　もっとも，E メールによる送信等の電子的な方法により意思表示が行われる場合については，なお検討の余地が残っている。

　このような場合については，①受信者の側が受信設備に当たる情報通信機器を指定していた場合や，その種の取引に関する受信先として通常使用していると信じることが合理的である情報通信機器がある場合には，その情報通信機器に記録された時に到達が認められ，②それ以外の場合は，受信者の受信設備に当たる情報通信機器に記録されただけでは足りず，受信者がその情報通信機器から情報を取り出してはじめて到達が認められるとする考え方が有力である。E メールによる場合は，そこでいう情報通信機器とは，メールサーバー中のメールボックスを指すものとされている[12]。

　これに対して，たとえば UNCITRAL の電子的コミュニケーション条約（10 条 2 項）[13]では，①受信者が指定した電子アドレス（electronic address）で情報を取り出すことが可能になった時に到達が認められ，②その他の電子アドレスに受信した場合は，受信者がその電子アドレスで情報を取り出すことが可能になり，かつその電子アドレスに送信されたことを了知した時に，到達が認められるとされている。②の場合に，送信の了知——通常は電子メールを開くことを意味するとされている——が必要とされているのは，今日では，多くの企業や個人が多数のメールアドレスを有しており，使用しなくなったメールアドレスを常時チェックすることは期待できないこと，また，企業では，メールアドレスは個人単位で割り当てられていることが多く，その個人が電子メールを開かない限り，同僚もその存在に気づきえないことを考慮した結果であるとされている[14]。

---

[12]　松本恒雄編『平成 20 年版電子商取引及び情報財取引等に関する準則と解説（別冊 NBL124 号）』（商事法務，2008）9 頁以下を参照。

[13]　正式名称は，国際契約における電子的コミュニケーションの使用に関する条約である。詳しくは，新掘聰「国際契約における電子通信の使用に関する国連条約(1)(2)」貿易と関税 54 巻 4 号 34 頁・5 号 20 頁（2006），山本豊「電子契約と民法法理」法教 341 号（2009）95 頁（とくに 98 頁以下）を参照。これに先行する UNCITRAL の電子商取引モデル法については，内田貴「電子商取引と法——UNCITRAL『電子商取引モデル法』および通産省『電子商取引環境整備研究会中間報告』を中心として(1)〜(4)」NBL600 号 38 頁・601 号 17 頁・602 号 32 頁・603 号 28 頁（1996），山本豊「電子契約の法的諸問題——消費者契約を中心に」ジュリ 1215 号（2002）75 頁を参照。

[14]　山本豊・前掲注 13）法教 341 号 98 頁以下を参照。

このように，電子的な方法により意思表示が行われる場合に「到達」の基準をどのように設定すべきかについては，なお考え方が確立しているとはいいがたい。また，消費者取引の場合を含めて考えてよいかどうか，さらには，従来の紙媒体等により意思表示が行われる場合と区別する必要があるかどうかについても，慎重に検討する必要がある。そこで，本提案では，〈ア〉および〈イ〉のような概括的な基準を挙げるにとどめ，これらの諸点については今後の検討に委ねることとしている。

(b) 到達擬制

以上のほか，通常であれば意思表示が相手方に到達したはずなのに，相手方が意思表示の受領を拒絶するなどしたために，意思表示が到達しなかったり，延着したりした場合に，どう考えるべきかということが，これまで裁判例でしばしば問題とされている。

〔適用事例2〕 Aは，借家人Bが再三催告したのに家賃を滞納し続けていたため，10月1日に「本賃貸借契約を解除しますので，2週間以内に立ち退くようお願いいたします」と書いた手紙をB宛に送った。この手紙は10月2日にB宅に配達されたが，Bと同居していた内縁の妻Cが，Bは出張中で1週間後にならないと帰らないといって手紙の受取りを拒んだため，手紙はBが帰宅した10月9日に配達された。

〔適用事例3〕 適用事例2において，10月2日に手紙がB宅に配達された際に，Bが実は在宅であったが，CがBに指示されて，Bはずっと留守であると偽ったため，手紙は配達されず，Aに返送された。

〔適用事例4〕 Cの相続人Aは，CからAの全財産の遺贈を受けたBに対して，遺留分減殺請求の意思表示を含む書留内容証明郵便を発送したが，Bが不在だったため，配達されなかった。Bは，不在配達通知書の記載により，Aから書留郵便が送付されたことを知り，従来の経緯から，その内容が遺産分割に関するものではないかと推測したが，仕事が多忙であるとして受領におもむかなかった。そのため，この内容証明郵便は，留置期間の経過により，Aに返送された。その後，AがあらためてBにAの遺留分を認めるかどうかを照会する普通郵便を送付し，Bがそれを受領したが，その時は，すでにCからAへの遺贈を知った時から1年を経過していた。

判例は，原則として，実際に配達された時に到達があったとし，適用事例2では，10月9日に到達を認める[15]。しかし，受領拒絶に正当な理由がないときは，実際に受領しなかったとしても，それで到達があったものとし，適用事例3では，10月2日に到達したものとする[16]。また，適用事例4のように，従来の経緯から郵便物の内容を十分に推知できたときは，相手方としても，郵便物の受領方法を指

---

15) 大判昭和9年10月24日新聞3773号17頁。
16) 大判昭和11年2月14日民集15巻158頁。

第5章 法律行為　第2節 意思表示　　　　　　　　　　　【1.5.21】

定することによってさしたる労力・困難を要せずに受領できた以上，遅くとも留置期間が満了した時点で到達したものと認められるとしている[17]。

　これらの場合は，本提案〈2〉の基準に照らすと，実際に「到達」したといえるかどうか，疑義が残る。しかし，いずれにしても，「到達」があったものとするのであるから，〈2〉とは別に，到達の擬制が認められる場合を定めておくのが適当と考えられる。そこで，本提案〈3〉では，「相手方のある意思表示が相手方に通常到達すべき方法でされた場合において，相手方が正当な理由なしにその到達に必要な行為をしなかったために，その意思表示が相手方に到達しなかったときは，その意思表示は，通常到達すべきであった時に到達したものとみなす」と定めることとしている。

《比較法》　イタリア民法1334条・1335条，ドイツ民法130条1項，オーストリア民法862条，オランダ民法3:37条，スイス債務法9条・10条，韓国民法111条1項，中華民国民法94条・95条1項，UNIDROIT（2004）1.9条，PECL1:303条，DCFR Ⅱ-1:106条・4:301条，電子商取引に関するUNCITRALモデル法15条，国際契約における電子的コミュニケーションの使用に関する国連条約10条

【1.5.21】（表意者の死亡または意思能力の欠如・行為能力の制限）
　隔地者に対する意思表示は，表意者がその意思表示を発した後に死亡し，または意思能力を欠く状態となったとき，もしくはその意思表示について行為能力が制限されたときであっても，そのためにその効力を妨げられない。

〔関連条文〕　現民法97条2項（改正）
〔参照提案〕　【1.5.09】

提 案 要 旨

　現民法97条2項は，隔地者に対する意思表示は，表意者がその通知を発した後に死亡し，または行為能力を喪失したときでも，そのために効力を妨げられないと定めている。このような場合は，相手方も表意者の死亡や行為能力の喪失を知らないか，適当な期間内に知らないことが多いと考えられることから，仮に意思表示の効力が生じないものとすれば，意思表示を受けた相手方が不測の損害をこうむる可能性があるためである。

---
17)　前掲注11）最判平成10年6月11日。

【1.5.21】

このような考慮はもっともであり，この規定は基本的に維持してよいと考えられる。ただし，同様の考慮は，表意者が意思能力（【1.5.09】（意思能力）を参照）を欠く状態になったときもあてはまるため，この点を補足する必要がある。また，現民法 97 条 2 項が「行為能力を喪失した」と定めているのは，成年後見制度の導入前の文言がそのまま残されたものであり，現在では，適当とはいいがたい。そこで，本提案では，「その意思表示について行為能力が制限された」と改めることとしている。

解　説

現民法 97 条 2 項は，隔地者に対する意思表示は，表意者がその通知を発した後に死亡し，または行為能力を喪失したときでも，そのために効力を妨げられないと定めている。

現民法の起草者は，この規定は「便宜上之ヲ設ケタルモノトス」とし，もしこの規定を置かなければ，反対の解釈をとらざるをえなくなるとする。意思表示を発信した後，到達するまでに，表意者が死亡したり，行為能力を喪失したりしたときは，到達主義によれば，意思表示は到達した時に効力が生じるのだから，表意者の死亡や行為能力の喪失によって意思表示の効力が影響を受ける可能性があるからだろう。しかし，このような場合は，相手方も表意者の死亡や行為能力の喪失を知らないか，適当な期間内に知らないことが多いと考えられるため，「意思表示ノ通知ヲ受ケタルカ為メ種々用意ヲ為スコトナキヲ保セス」。「若シ此ノ如キ場合ニ於テ其意思表示ヲ無効トセハ相手方ハ已レニ寸毫ノ過失ナキニ拘ハラス往々少ナカラサル損害ヲ蒙ルニ至ル可シ」[1]。起草者は，このような考慮から，現民法 97 条 2 項を定めたとしている。

その後の学説では，到達は，すでに成立した意思表示が相手方の支配内に入るという客観的な事実であり，その事実が生じるために表意者が権利能力や行為能力を有する必要はないとして，現民法 97 条 2 項の趣旨を説明する[2]。

以上のうち，少なくとも起草者のあげる理由はもっともであり，この規定は基本的に維持してよいと考えられる。

ただし，同様の考慮は，表意者が意思能力（【1.5.09】を参照）を欠く状態になったときも当てはまるため，この点を補足する必要がある。

また現民法 97 条 2 項が「行為能力を喪失した」と定めているのは，成年後見制度の導入前の文言がそのまま残されたものであり，現在では，適当とはいいがたい。そこで，本提案では，「その意思表示について行為能力が制限された」と改め

1) 民法修正案（前三編）の理由書 155 頁。
2) 我妻・総則 319 頁。

第5章 法律行為 第2節 意思表示　　　　　　　　　　　　　【1.5.22】

ることとしている。

《比較法》　イタリア民法1329条2項・1330条，ドイツ民法130条2項，オーストリア
　　　民法862条，オランダ民法6:222条，韓国民法111条2項，中華民国民法95条2
　　　項

【1.5.22】（意思表示の受領能力）
　意思表示の相手方がその意思表示を受けた時に意思能力を欠く状態にあったとき，または未成年者もしくは成年被後見人であったときは，その意思表示をもってその相手方に対抗することができない。ただし，その法定代理人がその意思表示を知った後は，この限りでない。

〔関連条文〕　現民法98条の2（改正）
〔参照提案〕　【1.5.09】

提　案　要　旨

　現民法98条の2は，意思表示の相手方が未成年者または成年被後見人であったときは，その意思表示をもってその相手方に対抗できないことを原則とする。これは，意思表示を受けてもその内容を理解する能力のない者を保護することを目的とする。ただし，法定代理人がその意思表示を知った後は，それにより未成年者または成年被後見人の保護がはかられるため，表意者はその意思表示をもって相手方に対抗できるものとされている。
　本提案は，この規定を基本的に維持した上で，意思表示の相手方が意思能力（【1.5.09】（意思能力）を参照）を欠く状態にあった場合も，同様に扱うこととしている。たしかに，意思無能力者には法定代理人がいるとは限らないとしても，意思無能力者を相手方とする意思表示を常に有効とするならば，その意思表示の意味を理解できない意思無能力者の保護に欠け，現民法98条の2の立場とも相容れないことになるからである。意思表示の相手方が意思無能力者であるが，法定代理人がいない場合は，表意者自身が申立権者でなければ，検察官をうながして，後見開始の審判の申立てをさせることによって，対処するしかない。本提案では，このような考慮から，「意思表示の相手方がその意思表示を受けた時に意思能力を欠く状態にあったとき」も，未成年者や成年被後見人と同様に扱うこととしている。

171

解　説

1　意思表示の相手方が制限行為能力者である場合

現民法98条の2（制定時の98条）は，意思表示の相手方が未成年者または成年被後見人であったときは，その意思表示をもってその相手方に対抗できないことを原則とする。これは，未成年者または成年被後見人は「其意思表示ヲ受クルモ十分其効力ヲ了解スルノ智能ヲ具ヘサルヲ以テ特ニ之ヲ保護」するために，「之ニ利アルトキハ表意者ニ対シテ之ヲ採用スルコトヲ得ヘク」，「之ニ利アラサルトキハ表意者ヨリ之ヲ対抗スルコトヲ得サラシメタルナリ」とされている。ただし，法定代理人がその意思表示を知った後は，未成年者または成年被後見人の「利益ヲ保護スルニ十分ノ担保アリ」と考えられるため，表意者はその意思表示をもって相手方に対抗できるものとされている[1]。

現民法98条の2が未成年者と成年被後見人に限っているのは意図的であり，その他の制限行為能力者には同様の保護を必要としないという判断に基づく[2]。これは，一般に，他人の意思表示の内容を理解するための能力は，みずから意思を決定して表示する能力よりも低いもので足りるという考え方によるものと理解されている[3]。

現民法98条の2については，これまで，公表裁判例で問題とされたケースは見当たらないほか，立法論として，その内容について疑義が示されているわけでもない。したがって，本提案では，これを基本的に維持することとしている。

2　意思表示の相手方が意思能力を欠く状態にあった場合

問題は，意思表示の相手方が意思能力（【1.5.09】を参照）を欠く状態にあった場合にどう考えるべきかである。

現民法98条の2の本文が，未成年者または成年被後見人をとくに保護するために，これらの者に意思表示を対抗できないとするのであれば，同様のことは意思無能力者にも当てはまるはずである。

もっとも，未成年者や成年被後見人については，通常は法定代理人がいるはずであり，現民法98条の2のただし書によると，表意者は，法定代理人を相手とすることによって対処できる。意思能力を欠く者は，この点で前提を異にするため，未成年者や成年被後見人と同様に扱うことはできないと考える余地もある。

---

1) 民法修正案（前三編）の理由書155頁以下。
2) 民法修正案（前三編）の理由書156頁。
3) 我妻・総則322頁を参照。

しかし，とりわけ未成年者については，法定代理人がいない場合も考えられ，意思無能力者の場合と同様の問題が生じる可能性がある。意思表示の相手方が意思無能力者であるが，法定代理人がいない場合は，表意者自身が申立権者でなければ，検察官をうながして，後見開始の審判の申立てをさせることが考えられる（現民法7条を参照)[4]。これはもちろん，表意者に煩些な手続を要求することを意味する。しかし，意思無能力者を相手方とする意思表示を常に有効とするならば，その意思表示の意味を理解できない意思無能力者の保護に欠け，現民法98条の2の立場とも相容れない以上，やむを得ないというべきだろう。

学説の中には，一時的な意思無能力の場合は，これと異なり，常に意思表示を有効としてよいとする見解も主張されている[5]。意思表示が客観的に到達している以上，受領者の一時的な主観的態様によって，その効力が左右されるべきではないと考えるわけである。しかし，一時的であっても，意思能力を欠く状態にある場合は，意思表示を了知することができないのであり，到達主義をそのまま適用する前提を欠いている。しかも，一時的な意思無能力には，飲酒や薬物等による場合だけでなく，知的判断能力の状態が不安定である場合も含まれる。したがって，意思能力の欠如が一時的かどうかで，一律に意思表示の効力を区別するのは適当とはいいがたい。

本提案では，このような考慮から，「意思表示の相手方がその意思表示を受けた時に意思能力を欠く状態にあったとき」も，未成年者や成年被後見人と同様に扱うこととしている。

《比較法》　ドイツ民法131条，韓国民法112条，中華民国民法96条

【1.5.23】（公示による意思表示）
〈1〉　意思表示は，表意者が相手方を知ることができず，またはその所在を知ることができないときは，公示の方法によってすることができる。
〈2〉　〈1〉の公示は，公示送達に関する民事訴訟法（平成八年法律第百九号）の規定に従い，裁判所の掲示場に掲示し，かつ，その掲示があったことを官報に少なくとも一回掲載して行う。ただし，裁判所は，相当と認めるときは，官報への掲載に代えて，市役所，区役所，町村役場またはこれらに準ずる施設の掲示場に掲示すべきことを命ずることができる。
〈3〉　公示による意思表示は，最後に官報に掲載した日またはその掲載に代わ

---

[4] 石田編・総則126頁［磯村保］を参照。
[5] 川島・総則219頁。石田編・総則126頁［磯村］も同旨か。

【1.5.23】

る掲示を始めた日から二週間を経過した時に，相手方に到達したものとみなす。ただし，表意者が相手方を知らないことまたはその所在を知らないことについて過失があったときは，到達の効力を生じない。
〈4〉 公示に関する手続は，相手方を知ることができない場合には表意者の住所地の，相手方の所在を知ることができない場合には相手方の最後の住所地の簡易裁判所の管轄に属する。
〈5〉 裁判所は，表意者に，公示に関する費用を予納させなければならない。

〔関連条文〕 現民法 98 条（維持）

提 案 要 旨

　公示による意思表示に関する現民法 98 条（2004〔平成 16〕年民法現代語化の前の旧 97 条ノ 2）は，1938（昭和 13）年の改正で，ドイツ民法 132 条 2 項にならって，追加された規定である。これは，それまで，相手方のある意思表示について，その相手方が不明な場合や，相手方が明らかであっても，その所在が不明な場合に，相手方に対して意思表示を行う方法がなかったため，この不備を補ったものである。
　その際，立法過程における議論によると，公示の手続のすべてが公示送達に関する民事訴訟法の規定によるのではなく，公示方法のみが民事訴訟法の規定（旧民訴 179 条，現民訴 111 条・民訴規 46 条 2 項）によると考えられていた。したがって，現民法 98 条 2 項で，「公示送達に関する民事訴訟法の規定に従い」という部分は，その直後の「裁判所の掲示場に掲示し，かつ，その掲示があったことを官報に少なくとも 1 回掲載して行う」のみにかかると理解されることになる。
　本提案では，このような経緯にかんがみ，現民法 98 条は基本的にそのまま維持することとしている。ただし，実務において，とくに不都合等が生じていないかどうかは定かではなく，所用の調査を行った上で，最終的に判断すべきである。

解　説

　公示による意思表示に関する現民法 98 条（2004〔平成 16〕）年民法現代語化の前の旧 97 条ノ 2）は，1938（昭和 13）年の改正で，ドイツ民法 132 条 2 項にならって，追加された規定である。これは，それまで，相手方のある意思表示について，その相手方が不明な場合や，相手方が明らかであっても，その所在が不明な場合に，相手方に対して意思表示を行う方法がなかったため，この不備を補ったものである。
　その際，立法過程においてとくに議論されたのは，公示の手続のすべて——申立て，審理方法，裁判，不服申立て等——が公示送達に関する民事訴訟法の規定によ

第5章　法律行為　第2節　意思表示　　　　　　　　　　　　【1.5.23】

るのか，それとも公示方法のみが民事訴訟法の規定（旧民訴179条，現民訴111条，民訴規46条2項）によるのかという問題である。法案を提出した際の政府見解は，公示手続のすべてが民事訴訟法の規定によるというものであったのに対し，貴族院特別委員会において，意思表示の公示に関する手続は事柄の性質上非訟事件手続であるから，民法旧97条ノ2は公示の方法についてのみ民事訴訟法の規定に従うべきことを定めたものであり，それ以外の公示の手続については非訟事件手続法によるべきであるという主張がなされた。そこで，審議の結果，公示方法以外の公示に関する手続については，事柄の性質上，非訟事件手続法の規定によることにするという了解が成立し，貴族院本会議において同旨の報告がなされて，承認に至った[1]。これによると，現民法98条2項で，「公示送達に関する民事訴訟法の規定に従い」という部分は，その直後の「裁判所の掲示場に掲示し，かつ，その掲示があったことを官報に少なくとも1回掲載して行う」[2]のみにかかると理解されることになる。

　その後，公示送達制度に関しては，1996（平成8）年の民事訴訟法改正の際に，裁判長の許可を不要とし，受訴裁判所の裁判所書記官がみずから送達をすることができるものとされたほか（民訴100条・110条），所在不明の相手方に対する私法上の意思表示を記載した訴訟書類の公示送達によって私法上の意思表示の到達を認める旨の特則（民訴113条）が定められた。これにより，裁判所書記官の処分については，異議申立てが認められるため（民訴121条），相手方からの不服申立てが認められる点では，非訟事件手続法（非訟20条）によるのと――異議申立てと抗告（上訴）の違いはあるものの――違いは小さくなっている。しかし，たとえば，公示の申立て等の手続について，代理人となることができるのは，民事訴訟法によれば弁護士でなければならないのに対して（民訴54条），非訟事件手続法によると，

---

1) 以上の立法過程の理解については，小林一俊「意思表示の公示に関する適用法規――立法趣旨と資料」同『意思表示了知・到達の研究』（日本評論社，2002・初出2001）162頁以下を参照。
2) 1938（昭和13）年改正時には，「裁判所ノ掲示場ニ掲示シ」，かつ，「其掲示アリタルコトヲ官報及ヒ新聞紙ニ少クトモ一回掲載」する必要があるとされていた。しかし，1942（昭和17）年に制定された戦時民事特別法3条で，裁判所が官報および新聞紙によってすべき公告は官報のみによってすべきこととされた。1945（昭和20）年に制定された戦時民事特別法廃止法律により，この戦時民事特別法は廃止されたものの，その附則2項により，新聞紙への掲載を不要とする措置は当分の間維持することとされた。その後，この点に関する法改正が行われないままとなり，公示による意思表示は，民法の定める原則と異なり，新聞紙による掲載のないかたちで行われる状態が続いた。そこで，2004（平成16）年民法現代語化の際に，新聞紙への掲載を要求するために新たな立法措置が講じられる可能性は実際上なくなっているとして，公示による意思表示における公告の方法としては，官報への掲載のみを掲げ，新聞紙にかかる文言は削除された。この経緯については，吉田徹＝筒井健夫編著『改正民法［保証制度・現代語化］の解説』（商事法務，2005）123頁以下を参照。

【1.5.23】

訴訟能力者であればよい等（非訟6条）の違いがあり，意思表示の公示に関しては後者による方が適切であるということも指摘されている[3]。

　本提案では，以上のような経緯にかんがみ，現民法98条は基本的にそのまま維持することとしている。ただし，実務において，とくに不都合等が生じていないかどうかは定かではなく，所用の調査を行った上で，最終的に判断すべきである。

《比較法》　ドイツ民法132条，韓国民法113条，中華民国民法97条

---

[3]　小林・前掲注1）166頁。新注民(3)548頁［須永醇］も同旨。

第5章 法律行為 第3節 代理および授権　　　　　　　　　　　　【1.5.C】

第3節　代理および授権

【1.5.C】（委任と代理の区別）
　現民法と同様に，委任等の契約当事者間の内部関係と，行われた行為の相手方との外部関係を区別した上で，後者の外部関係は，「代理」に関する問題として，前者の内部関係とは独立に定める。内部関係については，基本的に債権編の各種の契約の規律に委ねるが，外部関係の規律と密接に関連する場合は，「代理」の規律とあわせて定めることとする。

〔参照提案〕【3.2.10.01】，【3.2.13.14】，【3.2.13.15】

提案要旨

　現民法は，旧民法と異なり，委任の内部関係を債権編の契約各則に定め，外部関係を総則編に定めることとし，総則編の「代理」の節では，外部関係に関する規定のほか，委任契約と直接関係しない規定を定めている。
　本提案でも，この現民法の立場を基本的に維持し，相手方との外部関係を「代理」に関する問題として，委任等とは独立して規律することとする。代理が問題となる場面では，法律行為を実際に行う者——法律行為の「行為者」——とその法律行為に基づく権利義務が帰属する者——法律行為の「当事者」——とが異なることになり，法律行為の行為者と当事者が一致している場合にはとくに問題とならなかった法律行為の当事者を確定する規範が必要になると考えられるからである。
　これによると，内部関係については，基本的に債権編の各種の契約の規律に委ねることになる。もっとも，外部関係の規律が内部関係の規律を前提とするなど，両者が密接に関連する場合には，両者を完全に分断して規律しようとすれば，規律の意味がかえってわかりにくいものになるおそれもある。したがって，内部関係については，基本的に債権編の各種の契約の規律に委ねるものの，外部関係の規律と密接に関連する場合は，「代理」の規律と併せて定めることとする。

解　説

1　現民法の立場

　旧民法は，フランス民法典にならい，委任を代理の効果を生じさせる契約（「代

【1.5.C】

理」契約）であるととらえ[1]，契約当事者間の内部関係と，行われた行為の相手方との外部関係を併せて規定していた（旧民財取第11章229条～259条）。

これに対して，現民法は，このような立場を意識的にしりぞけ，委任の内部関係を債権編の契約各則に定め，外部関係を総則編に定めることとし，総則編の「代理」の節では，外部関係に関する規定のほか，委任契約と直接関係しない規定を定めた。その理由は，次のように述べられている。「既成法典ハ財産取得編第十一章ニ於テ代理ト云ヘル標題ニテ委任者ト代理人トノ関係及ヒ第三者ト委任者又ハ代理人トノ関係ヲ併セ規定シタリト雖モ其規定ノ十中八九ハ委任者ト代理人トノ契約関係ニ属シ彼ノ第三者ト本人又ハ代理人トノ関係ニ至リテハ之ヲ規定スル条項甚タ不充分ナリトス」「既成法典ハ近世ノ学理ニ基キ実際ノ必要上ヨリ一般ノ法律行為ニ付キ純然タル代理ヲ認メタルニ拘ラス尚ホ此点ニ付キ羅馬法ノ旧套ヲ脱セサル如キ観アルハ頗ル惜ムヘキコトト謂フヘシ」「今本案ニ於テ茲ニ代理ニ関スル規定ヲ掲クルモノハ主トシテ此缺点ヲ補ハントスルノ主意ニ外ナラサルナリ」[2]。

このように，委任と代理を区別するという考え方は，委任に関する現民法643条にも表れている。旧民法では，「当事者ノ一方カ其名ヲ以テ其利益ノ為メ或ル事ヲ行フコトヲ他ノ一方ニ委任スル契約」とされ（旧民取229条1項），契約の目的は代理に限られていた。これに対して，現民法643条は，委任は「法律行為をすることを相手方に委託」する契約であると定め，目的を代理に限っていない。起草者によると，「委任者ノ為ニ代理ヲ為スト云フコトテナクトモ第三者ノ為メ又稀ナ場合デハアリマセウガ受任者，受任者ノ為メニモ法律行為ヲ為スト云フコトテアレハ同シ規則カ行ハレテ至当テアラウ」とされている[3]。このように，現民法の委任契約は，受任者が自己の名で委任者のために法律行為をする場合——【1.5.L】（間接代理）で扱う間接代理の場合——等も含めることを明確に意図して立法されたものであり，少なくとも委任と代理を直結するという立場はしりぞけられている。

2　改正の方向

本提案では，以上のような現民法の立場を維持することとしている。

たしかに，代理権の発生原因を委任契約そのものに求めるかどうかについては，現民法のもとでも争いがある。現民法の起草者も，代理権の発生原因は委任契約であるという考え方を前提としていたことは，「委任による代理」（現民法104条・111条2項）という表現が用いられていることなどからもうかがえる。

---

1) 旧民法財産取得編第11章の表題は「代理」であり，229条1項は「代理ハ当事者ノ一方カ其名ヲ以テ其利益ノ為メ或ル事ヲ行フコトヲ他ノ一方ニ委任スル契約ナリ」と定めていた。
2) 民法修正案（前三編）の理由書156頁以下。
3) 法典調査会速記録（学振版）35巻38丁裏［富井政章の発言］。

第5章 法律行為　第3節　代理および授権　　　　　　　　　　　　【1.5.D】

　しかし，そのように代理権の発生原因を委任契約そのものに求めるかという問題と，相手方との外部関係を「代理」に関する問題として独立に規律するかどうかという問題とは，密接に関連するとはいえ，ひとまず別の問題というべきだろう。

　相手方との外部関係を「代理」に関する問題として独立に規律する必要があると考えられるのは，法律行為を実際に行う者――法律行為の「行為者」――とその法律行為に基づく権利義務が帰属する者――法律行為の「当事者」――とが異なることに着目するためである。このような場合には，法律行為の――以上の意味での――行為者と当事者が一致している場合にはとくに問題とならなかった法律行為の当事者を確定する規範が必要となる。問題をこのようにとらえるならば，代理権が委任等に基づいて発生するときでも，相手方との外部関係は「代理」に関する問題として委任等とは独立して規律することが要請される。

　これによると，内部関係については，基本的に債権編の各種の契約の規律に委ね，外部関係については，それとは別に「代理」の問題として規律することになる。もっとも，外部関係の規律が内部関係の規律を前提とするなど，両者が密接に関連する場合も考えられる。たとえば，代理権の範囲や復代理，代理権の消滅に関する問題などがそれに当たる。そのような場合にまで，両者を完全に分断して規律しようとすれば，結果として，規律の意味がわかりにくいものになるおそれがある。したがって，基本方針としては，「代理」の個所では，外部関係について規律するとしても，必要がある場合には，内部関係についても併せて規律することを妨げないものとする。

【1.5.D】（任意代理と法定代理）

　　現民法と同様に，「代理」においては，任意代理と法定代理をあわせて規律し，必要に応じて，それぞれに特有の規律を定める。

提 案 要 旨

　現民法の「代理」に関する規定は，基本的に，任意代理と法定代理に共通して適用されるものとして構想されている。ただし，両者を完全に同じものとしてとらえているわけではなく，「委任による代理」にのみ適用される規定，法定代理にのみ適用される規定が置かれていることからもわかるように，必要に応じてそれぞれに特有の規律を定める必要があるという態度がとられている。

　本提案でも，この現民法の立場を基本的に維持することとする。【1.5.C】（委任と代理の区別）で述べたように，法律行為の行為者と当事者が異なる場合に，法律

【1.5.D】   第1編　総則

行為の当事者を確定するための規範を整備するところに「代理」を独立して定める必要があるとするならば，ひとまず現民法と同様に，任意代理と法定代理を一括して規定することにも意味があると考えられるからである。

　もちろん，このことは，任意代理と法定代理の間に質的な違いがあることを無視するものではなく，必要に応じてそれぞれの特性に従った規律を定めるべきであることはいうまでもない。現民法の中には，本来は任意代理を想定した規定を過度に一般化したものもあるため，現民法の規定が法定代理にもそのまま当てはまるかどうかについて，改めて検討し直し，適宜修正を加える必要がある。

解　　説

1　現民法の立場

　【1.5.C】について述べたように，旧民法は，委任を代理の効果を生じさせる契約として両者を一体としてとらえていたのに対し，現民法は，委任の内部関係を債権編の各種の契約に定め，外部関係を総則編に定めることとし，総則編の「代理」の節では，委任契約と直接関係しない規定を付け加えた。その際，とくに意識されたのは，「委任による代理」（任意代理）だけでなく，「法律上の代理」（法定代理）も含めて，「代理」の相手方と本人・代理人との関係に関する規定を整備することである。

　これは，「代理」の節の立法理由として，次のように述べられているところからもうかがえる。「凡ソ法律行為ハ其ノ行為ノ性質ニ反セサル限ハ他人ヲシテ之ヲ為サシムルコトヲ得サル可カラス」「加之法律ハ或場合ニ於テ他人ノ代理人トシテ諸般ノ法律行為ヲ為サシムル必要アリ」「是ニ於テカ委任ニ因ル代理ト法律上ノ代理トノ区別ヲ生ス」「而シテ代理カ其何レノ種類ニ属スルヲ問ハス常ニ二種ノ関係ヲ生ス」「本人ト代理人トノ関係及ヒ第三者ト本人竝ニ代理人トノ関係即チ是ナリ」「本案ニ於テハ独逸民法草案ノ例ニ倣ヒ茲ニ主トシテ第三者ト本人及ヒ代理人トノ関係ニ付キ必要ノ規定ヲ掲ケタリ」[1]。

　このように，現民法の「代理」に関する規定は，基本的に，任意代理と法定代理に共通して適用されるものとして構想されている。ただし，両者を完全に同じものとしてとらえているわけではなく，「委任による代理」にのみ適用される規定（現民法104条・111条2項），法定代理にのみ適用される規定（現民法106条）が置かれていることからもわかるように，必要に応じてそれぞれに特有の規律を定めるという態度がとられている。

---

1)　民法修正案（前三編）の理由書156頁以下。

2 改正の方向

本提案では，以上のような現民法の立場を基本的に維持することとしている。

たしかに，現民法については，旧民法から転換する際に，本来は委任による場合を前提としていた規定を代理一般に当てはまるものとして定めたために，法定代理にまで適用する根拠が明らかでない場合や適用すると実際に問題が生じる場合があることも指摘されている[2]。たとえば，現民法102条が「代理人は，行為能力者であることを要しない」と定めているのは，「委任による代理」の場合は，本人の判断でそのような者を代理人とすることは妨げないという考慮から正当化できる。しかし，同じ考慮は法定代理の場合には当てはまらない上，現民法111条1項2号で，事後的に代理人が後見開始の審判を受けたときには，代理権は消滅すると定めていることと実質的には抵触している。このほか，表見代理に関しては，従来から，法定代理の場合に適用を認めるべきではないとする学説が有力に主張されているところである。

このような問題は，旧民法のように，「代理」に関する問題も委任の規律の中に統合して定めることとすれば，回避することができる。しかし，それでは，法定代理の場合に，本人および法定代理人と相手方との関係がどのようになるのか，定かではなくなり，混乱を招くことになる。現民法において，法定代理にも当てはまるルールを定めておきながら，いまになって旧民法の立場に立ち戻ることは，現実的とはいいがたい。

もちろん，「代理」については，任意代理を前提とした規定を定めた上で，法定代理については，それらの規定を準用し，必要に応じて特則を定めるという方法も考えられる。任意代理と法定代理とでは，そもそも代理人のした行為の効果が本人に帰せられる根拠に違いがあり，そのような違いをふまえて規定するためには，こうした方法を採用することも十分考えられる。

しかし，【1.5.C】で述べたように，法律行為の行為者と当事者が異なる場合に，法律行為の当事者を確定するための規範を整備するところに「代理」を独立して定める必要があるとするならば，ひとまず現民法と同様に，任意代理と法定代理を一括して規定することにも意味があると考えられる。

もちろん，このことは，任意代理と法定代理の間に質的な違いがあることを無視するものではなく，必要に応じてそれぞれの特性に従った規律を定めるべきであることはいうまでもない。上述したように，現民法の規定の中には過度に一般化したかたちで規定されているものがあると考えられるため，現民法の規定が法定代理に

---

[2] 柳勝司「委任契約における代理(1)～(3)」名城法学39巻1号1頁・2号1頁・41巻2号73頁 (1989～1991)（とくに(3)73頁以下・156頁以下）を参照。

【1.5.E】

もそのまま当てはまるものかどうか，改めて慎重に検討し直し，適宜修正を加える必要がある。

【1.5.E】（代理および授権に関する規律の構成）
〈1〉 授権を代理に並ぶ問題として位置づけ，現民法の「代理」に相当する節を「代理および授権」に改める。
〈2〉 「代理」に関する規律を代理の「基本原則」，「表見代理」，「無権代理」に区分し，この順序で規定する。

提　案　要　旨

　1　【1.5.45】（授権）で検討するように，本試案では，授権を「代理」に並ぶ問題として規律する。この代理と授権は，いずれも「法律行為の当事者」――法律行為に基づく権利義務が誰に帰属するか――という問題に属するものであり，共通性を有すると考えられる。そこで，本提案では，現民法の「代理」に相当する節を「代理および授権」と改め，その中に代理に関する規定に続けて，授権に関する規定を置くこととする。
　2　その上で，「代理」の節に含まれる規律を明確化するために，新たに目を設けて整理することとする。
　まず，現民法99条から108条までと111条に相当する規律を代理の「基本原則」に関するものとして位置づけ，これを第1目として規定することとする。
　次に，現民法109条以下は，「表見代理」を「有権代理」と同じ効果を持つものとして定め，それに続いて現民法113条以下で「無権代理」を定めるという考え方に基づいている。本提案では，これを維持して，現民法109条から112条（111条を除く）に相当する規律を「表見代理」，現民法113条以下に相当する規律を「無権代理」と位置づけ，この順序で，第2目を「表見代理」，第3目を「無権代理」として規定することとする。
　これに対して，表見代理も無権代理であることを重視すれば，無権代理の原則を確認した上で，その例外として表見代理に関する規定を続けることも考えられる。しかし，相手方からみれば，自分のした法律行為の効果が本人に帰属することになるかどうかが第1次的な問題であり，有権代理であるといえなくても，表見代理の要件をみたすならば，同じ結果がもたらされる。このように考えるならば，現民法の規定の仕方にも合理性があり，これをあえて変更する必要はないと考えられる。

第5章 法律行為　第3節　代理および授権　　　　　　　　　　【1.5.E】

解　説

1　法律行為の当事者・代理に関する規律の構成

【1.5.45】で検討するように，本提案では，授権を「代理」に並ぶ問題として規律する。これによると，代理と授権を実際にどのように規定するかが問題となる。

代理と授権は，いずれも「法律行為の当事者」——法律行為に基づく権利義務が誰に帰属するか——という問題に属するものであり，その意味で共通性を有すると考えられる。そこで，本提案では，現民法の「代理」に相当する節を「代理および授権」と改め，その中に代理に関する規定に続けて，授権に関する規定を置くこととする。

2　代理に関する規律の構成

このほか，現民法の代理の節の中には，多様な規定が定められているため，見通しがよいとはいえない。これを明確化するため，新たに目を設けて，整理をすることが望ましいと考えられる。

本提案では，まず，現民法99条から108条までと111条に相当する規律を代理の「基本原則」に関するものとして位置づけ，これを第1目として規定することとする。

次に，現民法109条以下は，「表見代理」を「有権代理」と同じ効果を持つものとして定め，それに続いて現民法113条以下で「無権代理」を定めるという考え方に基づいている。本提案では，これを維持して，現民法109条から112条（111条を除く）に相当する規律を「表見代理」，現民法113条以下に相当する規律を「無権代理」と位置づけ，この順序で，第2目を「表見代理」，第3目を「無権代理」として規定することとする。

これに対して，表見代理も無権代理であることを重視すれば，無権代理の原則を確認した上で，その例外として表見代理に関する規定を続けることも考えられる。しかし，相手方からみれば，自分のした法律行為の効果が本人に帰属することになるかどうかが第1次的な問題であり，有権代理であるといえなくても，表見代理の要件をみたすならば，同じ結果がもたらされる。このように考えるならば，現民法の規定の仕方にも合理性があり，これをあえて変更する必要はないと考えられる。

183

【1.5.24】

第1款　代　理

第1目　基本原則

【1.5.24】（代理の基本的要件）
〈1〉　代理人が本人の名で法律行為をする権限（以下「代理権」という。）を本人から与えられた場合（以下，この場合の代理を「任意代理」，この場合の代理権を「任意代理権」という。）または法律の規定によって有する場合（以下，この場合の代理を「法定代理」，この場合の代理権を「法定代理権」という。）において，代理人がその代理権の範囲内において本人の名ですることを示してした法律行為は，本人に対して直接にその効力を生ずる。
〈2〉　〈1〉は，第三者が代理人に対してした法律行為について準用する。

＊　〈1〉のうち，「代理人がその代理権の範囲内において本人の名ですることを示してした法律行為は，本人に対して直接にその効力を生ずる」の「法律行為」を「意思表示」とし，〈2〉のうち，「第三者が代理人に対してした法律行為について準用する」の「法律行為」を「意思表示」とするという考え方もある。

〔関連条文〕　現民法99条（改正）
〔参照提案〕　【3.2.13.14】，【3.2.13.15】

提　案　要　旨

　1　現民法99条1項は，代理人のした行為の効果が代理人ではなく本人に帰属するための要件として，代理人が「本人のためにすることを示して」することを要求している。このように代理人が「本人のためにすることを示して」することは，一般に，顕名と呼ばれ，現民法99条1項は，代理に関する顕名主義の原則（以下「顕名原則」という）を定めた規定として理解されている。
　少なくとも民事代理について顕名原則を採用することに対して，とくに異論はない。本提案でも，これを維持することとしている。
　この顕名原則の趣旨については，争いがあるが，ここでは，顕名は——本人への効果帰属を基礎づける——意思表示ではなく，代理人のした行為の効果が本人に帰属し，代理人に帰属しないという効果が認められるための1つの要件として位置づ

第5章 法律行為 第3節 代理および授権　　　　　　　　　　　【1.5.24】

けることとしている。このような意味で顕名が要件とされるのは，相手方がした行為の当事者——効果が帰属する主体——が誰であるかを明らかにすることにより，相手方に不測の不利益をこうむらせないようにするためである。

　顕名の表記については，現民法の「本人のためにすることを示して」という文言を，本提案〈1〉では，「本人の名ですることを示して」に改めている。「本人のためにする」という表現は，一般的な用語法によると，本人の「利益」のためにするという意味で理解される余地もあるからである。これにより，Bが，Aの代理人として，Aが当事者となることを示して行為する場合はもちろん，BがAとして行為する場合（いわゆる署名代理）も，ここに含まれることが明確になる。

　2　現民法99条1項は，「代理人がその権限内において」とのみ定め，代理人の「権限」が認められる原因について，とくに明示していない。しかし，【1.5.D】（任意代理と法定代理）で述べたように，代理においてひとまず任意代理と法定代理をともに規定するとするならば，代理の基本的要件と効果を定めた同条にその旨を明記すべきであると考えられる。

　このうち，任意代理権の発生原因については，これまで，本人の代理権授与行為という単独行為で足りるのか，両当事者の契約が必要なのか，後者であるとして，その契約は委任契約そのものか，無名契約か，事務処理契約かということが争われてきた。しかし，最近では，いずれの見解によっても，結論に違いは出てこないため，議論の意味自体が疑われている。そこで，本提案〈1〉では，任意代理権の発生原因について，単に「権限を本人から与えられた場合」とするにとどめ，代理権授与行為の性質決定については立ち入らないこととしている（【3.2.13.14】（組合員の代理権），【3.2.13.15】（業務執行者の代理権）も参照）。

　3　現民法99条は，ドイツ民法164条にならい，「意思表示」の代理を定め，1項で能働代理，2項で受働代理を規定している。＊で示したように，このような立場は，それ自体不都合を来しているわけではなく，そのまま維持すれば足りるという考え方もある。

　これに対し，法律行為の行為者と当事者が異なる場合に，法律行為の当事者を確定するための規範を整備するところに代理を独立して定める必要があると考えるならば，代理の規律においても，「法律行為」の代理を定める方が適当と考えられる。本提案〈1〉は，このような考慮から，「代理人がその代理権の範囲内において本人の名ですることを示してした法律行為は，本人に対して直接にその効力を生ずる」と定めている。

　もっとも，このように規定するだけでは，受働代理の場合は，厳密にいえば，これに含まれないことになる。そこで，本提案〈2〉では，「第三者が代理人に対してした法律行為」についても，能働代理に関する〈1〉を準用することとしている。

185

【1.5.24】

これによると，第三者の意思表示がそれだけでは法律行為を構成しないとき——たとえば契約の申込み・承諾の意思表示等——は，厳密にいえば，〈2〉ではなく，双方の意思表示によって1つの法律行為が行われる場合として，〈1〉によると考えることになる。

解　説

〔**適用事例1**〕　Aは，自分の所有する土地甲の売却をBに任せることにし，甲の売却に関する一切の権限をBに与え，必要書類と印鑑をBに預けた。Bは，これに基づいて，Aを代理して甲をCに5000万円で売却する旨の契約を締結した。

〔**適用事例2**〕　Aは，自分の所有する土地甲の売却をBに任せることにし，甲の売却に関する一切の権限をBに与え，必要書類と印鑑をBに預けた。Bは，これに基づいて甲をCに5000万円で売却する旨の契約を締結する際に，直接Aの名を名乗り，契約書にもAの名で署名押印した。

1　顕名原則の維持

(1)　顕名原則の趣旨

現民法99条1項は，代理人のした行為の効果が代理人ではなく本人に帰属するための要件として，代理人が「本人のためにすることを示して」することを要求している。このように代理人が「本人のためにすることを示して」することは，一般に，顕名と呼ばれ，同項は，代理に関する顕名主義の原則（以下「顕名原則」という）を定めた規定として理解されている。

少なくとも民事代理について顕名原則を採用することに対して，とくに異論はない。本提案でも，これを維持することとしている。

もっとも，同じく顕名原則を維持するといっても，顕名原則の趣旨をどのように理解するかによって，その意味も違ってくる。この点については，次の2つないし3つの考え方がある[1]。

第1は，顕名を——本人への効果帰属を基礎づける——意思表示としてとらえる見解である（意思表示説）。これは，代理人のした行為の効果が本人に帰属するのは，代理人に代理権があるだけでなく，代理人が代理意思を有し，それを表示したからであるとみる。この代理意思の表示が顕名であり，本人への効果帰属はそうした代理人の意思表示に基づいて認められると考えるわけである。これは，いわゆる代理人行為説に典型的にみられる理解であるが，必ずしもそれに限られるわけではない。

---

1)　平野裕之「代理における顕名主義について——民法100条と商法504条の横断的考察」法律論叢75巻2=3号（2002）37頁以下を参照。

第5章　法律行為　第3節　代理および授権　　　　　　　　　　　【1.5.24】

　第2は，顕名をこの意味での——本人への効果帰属を基礎づける——意思表示としてとらえず，代理人のした行為の効果が本人に帰属し，代理人に帰属しないという効果が認められるための1つの要件にすぎないとみる見解である（要件説）。これはさらに，顕名を要件とする目的ないし理由をどのように理解するかによって，次の2つの考え方に分かれる。

　1つは，顕名は，相手方がした行為の当事者——効果が帰属する主体——が誰であるかを明らかにすることにより，相手方に不測の不利益をこうむらせないようにするために必要とされる要件であるとみる見解である（相手方保護要件説）。これは，本人の側からみれば，代理人に代理権がある限り，代理人が代理意思を持ってした行為の効果が本人に帰属したとしても，問題はないという理解を前提とする。むしろ，それが代理人に代理権が与えられた目的に合致すると考えるわけである。しかし，相手方の側からすれば，それだけでただちに本人への効果帰属が認められると，意図していなかった者との法律行為を強いられることになる。顕名は，相手方にとって，誰が法律行為の当事者になるかを明らかにすることにより，そのような不測の事態を防ぐための要件として位置づけられる。

　もう1つは，顕名は，代理人が自分のした行為の効果が帰属することを免れるために必要とされる要件であるとみる見解である（代理人免責要件説）。この見解は，本人への効果帰属に関する限り，代理人が代理権を有し，代理意思を持って行為をすれば，本来，それで認めてよいはずであると考える（その限りでこれは非顕名主義に連なる）。顕名がとくに必要とされるのは，本人への効果帰属というよりも，代理人への効果帰属を排除するためだと理解するわけである。

　このように，顕名の趣旨をどのように考えるかによって，顕名原則の意味と射程も違ってくる。たとえば，意思表示説によると，顕名は，本人への効果帰属が認められるために不可欠であり，現民法100条ただし書は限定的に理解されることになる。これに対して，相手方保護要件説によると，顕名が必要とされるのは，相手方に不測の不利益をこうむらせないようにするためでしかないことから，顕名は必ずしも不可欠なものではなく，相手方が不測の不利益をこうむらない場合は本人への効果帰属を認めてもよいことになる（現民法100条ただし書はそのような趣旨の規定として理解される）。また，代理人免責要件説によっても，本人への効果帰属について，顕名は少なくとも不可欠の要件ではなく（この見解を貫くと要件ですらなくなる），代理人の免責要件についても，顕名に限る必要はないという理解が導かれやすくなる。

　以上のうち，現民法の規定ともっとも整合的なのは，相手方保護要件説と考えられる。本提案でも，差し当たりこの見解を基礎としている。ただし，これに従った具体的な提案は，現民法100条に相当する【1.5.25】（顕名がない場合）で検討する

187

(2) 顕名の表記

現民法で「本人のためにすることを示して」とは，その行為の効果が本人に帰属することを示してという意味であり，他の立法例等において「本人の名において」というのと同様であると理解されている。このような理解は，少なくとも法律の専門家の間では確立したものであり，とくに問題はないということもできる。

しかし，「本人のためにする」という表現は，一般的な用語法によると，本人の「利益」のためにするという意味で理解される余地もある。実際また，商法の問屋に関する規定でも，「問屋トハ自己ノ名ヲ以テ他人ノ為ニ物品ノ販売又ハ買入ヲ為スヲ業トスル者ヲ謂フ」とされ（商法551条），法律においても，用語法は必ずしも一貫しているわけではない。

この点を明確化するために，これを「本人の名でした」と改めることも考えられる。これは，他の立法例等（ドイツ民法164条・PECL3:201条等）にもみられる方法であり，商法551条の規定とも対応している。

もっとも，「本人の名でした」という場合，常に本人の名を名乗る——本人がAで代理人がBである場合に，Bが「Aとして」行為をする（適用事例2のように，いわゆる署名代理の場合がこれに当たる）——必要があると誤解される可能性もないわけではない。

そこで，このような疑義を払拭するために，本提案〈1〉では，これを「本人の名ですることを示して」と改めることとした。これにより，Bが，Aの代理人として，Aが当事者となることを示して行為する場合（適用事例1）はもちろん，BがAとして行為する場合（適用事例2）もここに含まれることが明確になる。

2 代理権の発生原因

現民法99条1項は，「代理人がその権限内において」とのみ定め，代理人の「権限」が認められる原因について，とくに明示していない。この点については，現民法104条（復代理人の選任）および同111条2項（代理権の消滅事由）において「委任による代理」と述べられ，同106条において「法定代理人」が言及されていることから，間接的に示唆されているにすぎない。

しかし，【1.5.D】で述べたように，代理においてひとまず任意代理と法定代理をともに規定するとするならば，代理の基本的要件と効果を定めた現民法99条に，その旨を明記すべきである。これにより，本人への効果帰属を主張する者は，代理人が代理権を本人から与えられたこと，または法律の規定によって有すること（法律により定められた代理権の発生原因事実があること）を主張・立証する必要があることも明らかとなる。

このうち，任意代理権の発生原因については，これまで，本人の代理権授与行為という単独行為で足りるのか，両当事者の契約が必要なのか，後者であるとして，その契約は委任契約そのものか，無名契約か，事務処理契約かということが争われてきた。これは，主として，代理人側の事情——たとえば制限行為能力等——を理由として，本人と代理人間の内部関係をなす法律行為——委任契約等——が無効とされる場合に，相手方がどのようにして保護されるかという問題を念頭において論じられてきた。しかし，最近では，いずれの見解によっても，結論に違いは出てこないため，議論の意味自体が疑われている[2]。

そこで，本提案〈1〉では，任意代理権の発生原因について，単に「権限を本人から与えられた場合」とするにとどめ，代理権授与行為の性質決定については立ち入らないこととした（【3.2.13.14】，【3.2.13.15】も参照）。

3　「法律行為」の代理——能働代理と受働代理

現民法 99 条は，ドイツ民法 164 条にならい，「意思表示」の代理を定め，1 項で能働代理，2 項で受働代理を規定している。その理由は，「第二項ハ第三者カ代理人ニ対シテ催告又ハ解約ノ通知ノ如キ単独行為ヲ為シタル場合ヲ規定シタルモノトス」「蓋シ此場合ニ於テハ直ニ第一項ノ規定ヲ適用スルコト能ハサルニ因リ特ニ之ヲ置ケリ」と述べられている[3]。このような立場は，それ自体不都合を来しているわけではなく，そのまま維持すれば足りるという考え方もある（＊で示した考え方である）。

これに対して，上述したように，法律行為の行為者と当事者が異なる場合に，法律行為の当事者を確定するための規範を整備するところに代理を独立して定める必要があると考えるならば，代理の規律においても，「法律行為」の代理を定める方が適当と考えられる。本提案〈1〉は，このような考慮から，「代理人がその代理権の範囲内において本人の名ですることを示してした法律行為は，本人に対して直接にその効力を生ずる」と定めている。

もっとも，このように規定するだけでは，「第三者カ代理人ニ対シテ催告又ハ解約ノ通知ノ如キ単独行為ヲ為シタル場合」は，厳密にいえば，これに含まれないことになる。現民法 99 条では明確だったことが改正によって不明確になるならば，混乱をもたらすおそれがある。そのように考えるならば，「法律行為」の受働代理についても，明文の規定を定めるべきである。本提案は，このような考慮から，〈2〉で，受働代理，つまり「第三者が代理人に対してした法律行為」についても，

---

[2] この問題について，佐久間毅「代理権の本質と代理権授与行為の法的性質」同『代理取引の保護法理』（有斐閣，2001）32 頁，山本 I 309 頁以下を参照。

[3] 民法修正案（前三編）の理由書 157 頁。

【1.5.F】

能働代理に関する〈1〉を準用することとしている。

　このように「法律行為」の受働代理として規定すると，第三者の意思表示がそれだけでは法律行為を構成しない場合——たとえば契約の申込み・承諾の意思表示等——は，厳密にいえば，〈2〉ではなく，双方の意思表示によって1つの法律行為が行われる場合として，〈1〉によると考えることになる。

《比較法》　フランス民法1998条，フランス民法（カタラ草案）1119条・1119-1条・1120条，イタリア民法1387条・1388条，ドイツ民法164条・167条，オーストリア民法1017条・1034条，スイス債務法32条，オランダ民法3:60条・3:61条・3:66条，韓国民法114条，中華民国民法103条，中国民法通則63条〜65条，カンボディア民法364条・365条，第3次代理法リステイトメント1.01条・1.04条・2.01条・3.01条・6.01条，国際動産売買における代理に関する条約9条・10条・12条，UNIDROIT（2004）2.2.2条・2.2.3条，PECL3:102条・3:201条・3:202条，DCFRⅡ-6:101条〜6:103条・6:105条

【1.5.F】（商行為の代理）
　　商法504条の準則は，一般法化しない。

〔関連条文〕　現民法99条，商法504条
〔参照提案〕　【1.5.24】，【1.5.45】，【3.2.10.20】，【3.2.10.21】

提 案 要 旨

　【1.5.24】（代理の基本的要件）で提案したように，民法では，顕名原則を維持すべきであり，商法504条を一般法化しないこととする。その上で，同条をどのように改正するかは，商事代理について民法の特則を定める必要がどの程度あると考えるかによる。これは，商法の問題であるが，取引の実情を広く調査するとともに，後述する現民法100条に相当する規律では本当に足りないのかどうか，さらに，【1.5.45】（授権）および取次に関する新たな提案（【3.2.10.20】（取次契約の定義），【3.2.10.21】（財産権の取得に係る取次契約における権利移転の効力））をふまえて，なお商事代理について特則を定める必要があるのかどうかを慎重に検討すべきである。

解　　説

　商法504条について，商行為法WG報告書（504条）は，次のように述べてい

第5章 法律行為　第3節　代理および授権　　　　　　　　　　　【1.5.F】

る。

「○民法の代理に関する顕名主義の例外として非顕名代理を定める本条の規定の立法論的なあり方は商法固有の問題であるが，その前提では，以下のような選択肢があると考えられ，今後各方面からの意見を仰ぐ必要がある。

　A案　最判昭和43年4月24日民集22巻4号1043頁の判示をリステイトした規定に改める。

　B案　上記最判のような相手方に契約当事者を本人とするか代理人とするかの選択肢を与える解決とは異なる別の規定に改める。

　C案　本条を廃止する。

　(1)　本条は，商行為の便宜のために英米法上の undisclosed principal の法理を参考にして民法の代理の顕名主義の原則に対する例外を規定したものであるが，かつては，商行為の代理といえども顕名主義の例外を認めることは立法論としては適切でないとして，廃止すべきであるという意見が商法学説上は有力であった。しかし，前掲最判により一応の判例法理が確定されたことなどもあり，最近の学説では本条を廃止すべきであるという意見が多数を占めるとはいえない状況となっている。もっとも，商取引の実務において本条の非顕名代理がどのように利用されているのかは必ずしも明らかでなく，本条が立法論的にきわめて合理的であるという実証もされていないと思われる。以上を踏まえて，上記のとおり3つの選択肢を提示するものである。」

　現民法の起草者の1人であった梅謙次郎は，商法504条に相当する規定（旧商法342条）について，「是レ頗ル実際ニ便利ナル所ニシテ世ノ進運ニ伴ヒ漸々此主義ヲ採用スルニ至ルヘキハ余カ信シテ疑ハサル所ナリ」「然リト雖モ民法ニ於テハ各国ノ立法例及ヒ学説大抵皆此主義ヲ採ラス代理人カ本人ノ為メニ法律行為ヲ為スノミニテハ未タ足レリトセス必ス本人ノ名ヲ以テ之ヲ為スコトヲ要スルモノトセリ」「本条ニ於テハ此普通説ヲ採リ本人ノ為メニスルコトヲ示シテ意思表示ヲ為スコトヲ必要トセリ」と述べている[1]。しかし，商法504条については，上記商行為法WG報告書も指摘しているように，商法学者の中でも問題視する者が少なくなく，これをそのまま民事代理にも妥当すべき一般原則として位置づける者は，現在ではみられないといってよいだろう。

　上述したように，民法においては，顕名原則を維持すべきであり，少なくとも商法504条を一般法化する必要はないと考えられる。

　その上で，商法504条をどのように改正するかは，商事代理について民法の特則を定める必要がどの程度あると考えるかによる。これは，いうまでもなく，商法の

---

1)　梅・要義一211頁。

【1.5.G】 第 1 編 総則

問題である。ただし，その際，商行為法 WG がいうように（商行為法 WG 最終報告書 4 頁），取引の実情を広く調査するとともに，後述する現民法 100 条に相当する規律では本当に足りないのかどうか，さらに，【1.5.45】および取次に関する新たな提案（【3.2.10.20】，【3.2.10.21】）をふまえて，なお商事代理について特則を定める必要があるのかどうかを慎重に検討すべきだろう。

【1.5.G】（本人を特定しない顕名）
　本人を特定しない顕名について，とくに規定しない。

〔関連条文〕　現民法 99 条
〔参照提案〕　【1.5.24】

提 案 要 旨

　【1.5.24】（代理の基本的要件）で提案したように，顕名原則を採用する場合，代理人が代理人として行為していることは示しているが，本人を特定しないで法律行為をした場合に，その効果が本人に帰属するかどうかが問題となる。しかし，これについては，日本では十分に議論されていない状況にあり，実際にどの程度問題になるかも定かではない。そこで，本提案では，この問題については明文の規定を置かず，今後も解釈に委ねることとしている。

解　　説

　〔適用事例〕　A は，日ごろから買いたいと思っていた C 所蔵の絵画甲がオークションで売りに出されることを知り，B を代理人として，1 億円までならば買い入れるよう指示したが，その際，自分の名が表に出るのは好ましくないと考え，A の名は伏せるよう頼んだ。そこで，B は，その指示に従い，「某資産家」の代理人として，甲を 1 億円で落札した。

　【1.5.24】で提案したように，顕名原則を採用する場合，代理人が代理人として行為していることは示しているが，本人を特定しないで法律行為をした場合に，その効果が本人に帰属するかどうかが問題となる。
　この問題について，学説の中には，「法律行為の主体が誰であるかを示すものが顕名だと考えるならば，それが誰であるかは特定されなければならないであろう」として，この場合に本人への効果帰属を否定する者もあるのに対し[1]，この場合も

---

1)　石田編・総則 201 頁〔高森八四郎〕。

「効果の帰属者がだれであるかが重要な意味をもつような契約の場合なら，相手方のほうで契約を成立させる意思表示をしないであろうし，当事者がだれかを問わないような種類・内容の取引であって，ただちに本人が確定されなくてもよいと相手方が了解する場合なら，代理行為の成立を認めても格段不都合はないように思われる」として，この場合に本人への効果帰属を認める者もある[2]。

　比較法的にみると，このような場合に，代理人に無権代理人と同様の責任を認めたり，代理人に効果の帰属を認めたりするものも少なくない。たとえば，PECL3:203条は，「代理人が本人の名で契約を締結する場合において，この本人が誰であるかを後に明らかにするべきものとしていながら，相手方が要求した後の合理的な期間内にこれを明らかにしなかったときには，代理人自身が当該契約に拘束される」としている。これは，代理人は，本人が誰であるかを明らかにすることを拒むことによって，みずから相手方に拘束されるというリスクを引き受けているからであると基礎づけられている。

　もっとも，はたして代理人にそこまでの責任を課すことが適当かどうかについては，慎重に検討する必要がある。いずれにしても，これらの問題について，日本では十分に議論されていない状況にあり，実際にどの程度問題になるかも定かではない。そこで，本提案では，この問題については明文の規定を置かず，今後も解釈に委ねることとしている。

《比較法》　イタリア民法1401条〜1405条，オランダ民法3:67条，第3次代理法リステイトメント6.02条，PECL3:203条，DCFR Ⅱ-6:108条

【1.5.25】（顕名がない場合）
〈1〉　代理人が本人の名ですることを示さない場合でも，相手方が，代理人が本人の名ですることを知り，または知ることができたときは，代理人が本人の名でしたものとみなす。
〈2〉　代理人が本人の名ですることを示さないでした法律行為は，〈1〉の場合を除き，自己の名でしたものとみなす。

〔関連条文〕　現民法100条（改正）
〔参照提案〕　【1.5.24】

---

2)　幾代・総則310頁。

【1.5.25】 第1編 総則

提 案 要 旨

1 現民法100条は,代理人が顕名をしなかった——「代理人が本人のためにすることを示さないでした」——場合に,本文で,代理人が「自己のためにした」ものとみなし,ただし書で,相手方が,「代理人が本人のためにすることを知り,又は知ることができたとき」は,本人に効果が帰属するとしている。

これは,現民法制定時の理解によると,代理取引の円滑を確保するために,代理人に「制裁」として効果帰属を認めることを目的とした規定であり,ただし書も,そのような「制裁」を認める必要がない場合として位置づけられていた。しかし,ただし書は,顕名がなくても本人に効果が帰属することを意味するため,顕名原則との関係が問題となる。

2 【1.5.24】(代理の基本的要件)で明らかにしたように,顕名は,代理人のした行為の効果が本人に帰属し,代理人に帰属しないという効果が認められるための1つの要件として位置づけられる。このような意味で顕名が要件とされるのは,相手方がした行為の当事者——効果が帰属する主体——が誰であるかを明らかにすることにより,相手方に不測の不利益をこうむらせないようにするためである。

このような顕名原則の趣旨からすると,代理人が顕名しないときでも,相手方が,代理人が本人の名ですることを知り,または知ることができたときは,本人への効果帰属が認められても,相手方に不測の事態が生じるわけではない。したがって,現民法100条ただし書は,この考え方によると,維持してよい。もちろん,その場合でも,代理人が本人の名ですることを相手方が知らなかったときには,相手方は,法律行為の当事者の同一性について錯誤に陥っていることになる。この場合は,【1.5.13】(錯誤)の要件をみたす限り,相手方は当該意思表示を取り消すことができる。

以上によると,現民法100条ただし書は,顕名原則を補完する準則として位置づけられるため,そのことを明確にすることが望ましい。そこで,本提案では,これを〈1〉として,顕名が行われない場合でも,同条ただし書に相当する要件がそなわれば,本人への効果帰属が認められることを明記した。その上で,〈2〉では,顕名が行われない場合には,〈1〉の場合を除き,代理人に効果帰属が認められることを明らかとしている。

解 説

1 現民法の立場

顕名原則を採用する場合は,代理人が顕名をしないときにどうなるかということ

第5章　法律行為　第3節　代理および授権　　　　　　　　　　【1.5.25】

が問題となる。現民法100条は，そのような場合の準則として，代理人が顕名をしなかった──「代理人が本人のためにすることを示さないでした」──場合に，本文で，代理人が「自己のためにした」ものとみなし，ただし書で，相手方が，「代理人が本人のためにすることを知り，又は知ることができたとき」は，本人に効果が帰属すると定めている。

　起草者が現民法100条を定めた理由は，次のように説明される[1]。

　まず，代理人が法律行為をするに当たって，本人のためにする意思を表示せず，しかも自己のためにする意思を持たないときは，真実の意思は表示されず，現に表示された意思は真実の意思と異なるのだから，「一般ノ原則」によるときは，この意思表示はまったく効力を生じない。

　しかし，代理人が本人のためにする意思を表示することを怠った場合は，たとえ自己のためにする意思を持たなかったときでも，「其意思表示ノ拘束ヲ受ケシムルコトハ実際ニ於テ極メテ必要ナリトス」。要するに，現民法100条本文は，本人のためにすることを示して意思表示をなすべき要件に「背キタル制裁ナリトス」。もしこの場合に法律行為がまったく効力を生じないとするならば，相手方はそのために不測の損害をこうむることになる。

　もっとも，これは，代理人が本人のためにすることを示さなかったために，代理人が本人に代わって法律行為をすることを相手方が知らなかった結果として，代理人は法律行為をする意思を有したものと認めるべき場合に適用すべきものである。もし相手方が代理人の資格を知っていたか，これを知ることができた場合は，現民法99条1項の規定を準用するのが適当である。「是レ日常取引ノ円滑ヲ保ツニ缺クヘカラサル制限タルヲ信スルナリ」。

　現民法100条の起草過程をみると，本文に当たる規定は当初から提案され，議論されていたのに対して，ただし書に当たる規定は，法典調査会でも整理会でも表われておらず，その後の段階で付加されたものであり，その経緯は明らかではない[2]。以上の説明をみても，起草者が主として念頭においていたのは，代理取引の円滑を確保するために，代理人に「制裁」として効果帰属を認めることであり，ただし書も，そのような「制裁」を認める必要がない場合として位置づけられていることがわかる。

---

1)　民法修正案（前三編）の理由書157頁以下。
2)　柳勝司「委任契約における代理(3)」名城法学41巻2号（1991）91頁以下，平野裕之「代理における顕名主義について──民法100条と商法504条の横断的考察」論究75巻2＝3号（2002）26頁以下を参照。

2 現民法100条ただし書の理解

現民法100条ただし書は，顕名がなくても本人に効果が帰属することを意味するため，顕名原則との関係が問題となる。顕名原則の趣旨については，【1.5.24】で述べたように，考え方に対立があり，現民法100条ただし書の意味についても，それを反映して，次のような見解が主張されている[3]。

まず，顕名原則に関する意思表示説によると，顕名は，本人への効果帰属が認められるために不可欠であり，顕名によらずに本人への効果帰属を認めることはできないため，現民法100条ただし書は，顕名は黙示でもよいことを注意的に規定したものと理解されることになる。同条ただし書を文言どおり顕名のない場合の規定であると解すると，代理の場合に限って，表意者が表示しなかった内心の意思（本人のためであるという意思）によって，意思表示の内容が定められることになるが，相手方が表意者の意思を知っていた場合はともかく，相手方が表意者の意思を過失によって知らなかった場合にまで，表意者の内心の意思が積極的に表示内容として認められる理由はないはずであるといわれるのも[4]，顕名を意思表示とみる理解を前提としている。

これに対して，顕名原則に関する相手方保護要件説によると，顕名が必要とされるのは，相手方に不測の不利益をこうむらせないようにするためでしかないことから，顕名は必ずしも不可欠なものではなく，相手方が不測の不利益をこうむらない場合は本人への効果帰属を認めてもよいことになる[5]。現民法100条ただし書は，まさにそのことを定めた規定として理解される。

また，顕名原則に関する代理人免責要件説によっても，本人への効果帰属について，顕名は少なくとも不可欠の要件ではなく（この見解を貫くと要件ですらなくなる），代理人の免責要件についても，顕名に限る必要はないという理解が導かれやすくなる[6]。ただし，この点については，代理人は顕名さえすれば効果帰属を免れることができるのに，それを怠ったにもかかわらず，なにゆえ相手方に悪意または過失があれば，代理人が免責されるのかが問題となり，代理人の免責要件という観点だけでは現民法100条ただし書を説明しきれないという疑問もある。

---

3) 平野・前掲注2) 37頁以下を参照。
4) 佐久間(1)249頁。
5) 四宮和夫「財産管理制度としての信託について」同『四宮和夫民法論集』（弘文堂，1990・初出1974）56頁以下，四宮230頁等。
6) 辻正美『民法総則』（成文堂，1999）273頁以下。

3 改正の方向

　相手方保護要件説のいうように，本人の側からみれば，代理人に代理権がある限り，代理人が代理意思を持ってした行為の効果が本人に帰属したとしても，問題はない。むしろ，それが代理人に代理権が与えられた目的に合致する。

　しかし，相手方の側からすれば，それだけでただちに本人への効果帰属が認められると，意図していなかった者との法律行為を強いられることになる。顕名は，相手方にとって，誰が法律行為の当事者になるかを明らかにすることにより，そのような不測の事態を防ぐための要件として位置づけられる。

　このような考え方は，【1.5.45】（授権）で提案するように，処分授権を認めるという立場とも整合的である。授権においては，被授権者は自己の名で行為するため，顕名に相当するものは行われない。それにもかかわらず，授権者への効果帰属が認められるのは，授権者にとっては，まさにそれがみずから意図したことだからである。しかし，それのみで授権を一般的に認めるならば，相手方は被授権者が契約当事者（債務者）であると信じていたのに，授権者が契約当事者（債務者）だったことになり，相手方に不測の不利益を与えるおそれがある。そのため，【1.5.45】では，そのようなおそれがない処分授権に限ってこれを認め，義務設定授権は認めないこととしている。これはまさに，顕名に関する相手方保護要件説と同様の考え方に基づく。

　このように，顕名原則の趣旨を相手方保護要件説に従って理解するならば，代理人が顕名しないときでも，相手方が，代理人が本人の名ですることを知り，または知ることができたときは，本人への効果帰属が認められても，相手方に不測の事態が生じるわけではない。したがって，現民法100条ただし書は，この考え方によると，維持してよいと考えられる。

　もちろん，その場合でも，代理人が本人の名ですることを相手方が知らなかったときには，相手方は，法律行為の当事者の同一性について錯誤に陥っていることになる。この場合は，【1.5.13】の要件をみたす限り，相手方は当該意思表示を取り消すことができる。

　以上によると，現民法100条ただし書は，顕名原則を補完する準則として位置づけられるため，そのことを明確にすることが望ましい。そこで，本提案では，これを〈1〉として，顕名が行われない場合でも，同条ただし書に相当する要件がそなわれば，本人への効果帰属が認められることを明記した。その上で，〈2〉では，顕名が行われない場合には，〈1〉の場合を除き，代理人に効果帰属が認められることを明らかとしている。

【1.5.26】

《比較法》 ドイツ民法164条，スイス債務法32条，韓国民法115条，カンボディア民法373条，国際動産売買における代理に関する条約13条，UNIDROIT(2004)2.2.3条・2.2.4条，PECL3:202条・3:203条，DCFRⅡ-6:106条

【1.5.26】（代理行為の瑕疵）
〈1〉 代理人のした意思表示の効力に影響を及ぼすべき事実の有無は，代理人について決するものとする。
〈2〉 任意代理の場合は，本人は，みずから知っていた事情について代理人（以下，この場合の代理人を「任意代理人」という。）が知らなかったことを主張することができない。ただし，本人がその事情を代理人に告げることが期待できなかったときは，この限りでない。
〈3〉 〈2〉は，任意代理の場合に，本人が過失によって知らなかった事情についても，準用する。

〔関連条文〕 現民法101条（改正）

提 案 要 旨

1 現民法101条1項は，「意思表示の効力が意思の不存在，詐欺，強迫又はある事情を知っていたこと若しくは知らなかったことにつき過失があったことによって影響を受けるべき場合には，その事実の有無は，代理人について決するものとする」と定めている。代理においては，意思表示の内容を決定し，実際に意思表示を行うのは代理人である以上，その意思表示が無効となるかどうか，または取り消すことができるかは，代理人について決すべきである。したがって，同項は，基本的に維持してよいと考えられる。

ただし，「意思表示」に関する提案では，事実錯誤や不実表示による取消しを認めることとしているため（【1.5.13】（錯誤）〈2〉，【1.5.15】（不実表示）），意思の不存在と意思表示の瑕疵という単純な二分法におさまらなくなっているほか，意思能力が欠けている場合についても，取消し（ないし無効）を認めることとしている（【1.5.09】（意思能力））。そこで，本提案〈1〉では，「意思表示の効力に影響を及ぼすべき事実の有無」と改めることにより，ここで問題とされるべき場合を包括的にとらえることとしている。

また，現民法101条1項については，代理人が詐欺・強迫を受けた場合だけでなく，代理人が詐欺・強迫をした場合も含んでいるかどうかについて，争いがある。

この点については、代理人が詐欺・強迫または不実表示をした場合は、現民法96条1項に相当する【1.5.16】（詐欺）、【1.5.17】（強迫）または【1.5.15】がそのまま適用されると考えれば足りることから、本提案〈1〉では、「代理人のした意思表示の効力に影響を及ぼすべき事実の有無」と定めることにより、代理人が詐欺・強迫または不実表示を受けた場合に限って適用されることを明らかにしている。

2　現民法101条2項は、「特定の法律行為をすることを委託された場合において、代理人が本人の指図に従ってその行為をしたとき」に、本人は、みずから知っていた事情について代理人の善意を主張できず、また、みずから過失によって知らなかった事情についても代理人の無過失を主張できないと定めている。しかし、学説では、特定の法律行為を委託したかどうかにかかわりなく、本人が代理人に知らせて、代理人の行動をコントロールする可能性があったときは、それを怠った本人は、代理人の善意・無過失を主張できなくなってもやむを得ないと考える見解も主張されている。

本提案〈2〉〈3〉では、この見解を基礎としつつ、まず、本人が代理人の行動をコントロールできないと定型的に考えられる法定代理の場合と、本人がみずから代理人を選任する任意代理の場合を区別し、本人がみずから知っていた事情および過失によって知らなかった事情について代理人の善意・無過失を主張できなくなるのは、任意代理の場合に限ることとしている。ただし、任意代理であっても、実際には、本人が代理人の行動をコントロールできない場合も考えられる。そこで、本提案〈2〉〈3〉では、ただし書で、「本人がその事情を代理人に告げることが期待できなかったときは、この限りでない」とし、この場合は、本人は代理人の善意・無過失を主張できることとしている。

解　説

1　現民法101条1項

現民法101条1項は、「意思表示の効力が意思の不存在、詐欺、強迫又はある事情を知っていたこと若しくは知らなかったことにつき過失があったことによって影響を受けるべき場合には、その事実の有無は、代理人について決するものとする」と定めている。これは、「代理人ハ自己ノ意思ヲ表示スルモノトスルノ主義」に従って起草されたとされ[1]、いわゆる代理人行為説に基づくものと理解されている。

もっとも、代理においては、意思表示の内容を決定し、実際に意思表示を行うのは代理人である以上、その意思表示が無効となるかどうか、または取り消すことが

---

1)　民法修正案（前三編）の理由書158頁以下。

【1.5.26】

できるかは，必ずしも代理人行為説によらなくても，代理人について決すべきである。したがって，現民法101条1項は，基本的に維持してよいと考えられる。
　しかし，現民法101条1項の規定の仕方については，再考を要する。

(1)　意思の不存在と意思表示の瑕疵の二分法の削除

　まず，現民法101条1項は，「意思表示の効力が意思の不存在，詐欺，強迫又はある事情を知っていたこと若しくは知らなかったことにつき過失があったことによって影響を受けるべき場合」と定めている。これは，意思表示について，意思の不存在——2004年民法現代語化の前は「意思ノ欠缺」——と意思表示の瑕疵という二分法を前提としている。

　しかし，「意思表示」に関する提案では，錯誤についても，事実錯誤の場合に取消しを認めるほか（【1.5.13】〈2〉），不実表示による取消しも認めることとしているため（【1.5.15】），意思の不存在と意思表示の瑕疵という単純な二分法にはおさまらなくなっている。そのほか，意思能力が欠ける場合についても，新たに取消し（ないし無効）を認めることを提案しているため（【1.5.09】），この点についても手当てが必要となる。

　そこで，本提案〈1〉では，「意思表示の効力に影響を及ぼすべき事実の有無」と改めることにより，ここで問題とされるべき場合を包括的にとらえた上で，これを代理人について決すると定めることとした。

(2)　代理人側の意思表示への限定

　次に，現民法101条1項については，代理人が詐欺・強迫を受けた場合だけでなく，代理人が詐欺・強迫をした場合も含んでいるかどうかについて，争いがある。

　判例は，代理人が詐欺・強迫をした場合も含むと考えているのに対して[2]，学説では，代理人が詐欺・強迫をした場合は，現民法101条1項の問題ではなく，現民法96条1項がそのまま適用されると考える見解が有力である[3]。もともと起草者は代理人の意思表示について規定するつもりであったことのほか，現民法101条1項を本人側の詐欺・強迫についても適用すると，本人が詐欺・強迫を行った場合に説明に窮することになるというのがその理由である。

　ここでは，この学説に従い，代理人が詐欺・強迫または不実表示をした場合は，【1.5.16】，【1.5.17】または【1.5.15】がそのまま適用されると考えれば足り，本提案〈1〉では，「代理人のした意思表示の効力に影響を及ぼすべき事実の有無」と定めることにより，代理人が詐欺・強迫または不実表示を受けた場合に限って適用されることを明らかにすることとしている。

---

[2]　大判明治39年3月31日民録12輯492頁
[3]　我妻・総則349頁，佐久間(1)253頁等。

第5章　法律行為　第3節　代理および授権　　　　　　　　　　【1.5.26】

2　現民法101条2項

　現民法101条2項は，「特定の法律行為をすることを委託された場合において，代理人が本人の指図に従ってその行為をしたとき」に，本人は，みずから知っていた事情について代理人の善意を主張できず，また，みずから過失によって知らなかった事情についても代理人の無過失を主張できないと定めている。1項に対してこのような例外が定められたのは，「此場合ニ於テハ本人ハ代理人ノ意思ニ一任セサリシヲ以テナリ」とされている[4]。これによると，本人が特定の法律行為を委託したといえない場合には，本人が事情を知っていたとしても，その事情を考慮することができないことになる。

　これに対し，学説では，少なくとも本人が代理人の行動をコントロールできる場合は，その事情を代理人に知らせるべきであり，それを怠った以上，代理人の善意・無過失を主張できないと考える見解が有力である[5]。この見解は，「自己の利益を守ることができたのに，それを怠った本人は，それによって不利益をこうむってもやむを得ない」という考え方に従って，現民法101条2項を理解する。それによると，特定の法律行為を委託したかどうかにかかわりなく，本人が代理人に知らせて，代理人の行動をコントロールする可能性があった以上，それを怠った本人は，代理人の善意・無過失を主張できなくなってもやむを得ないと考えるわけである。

　本提案〈2〉〈3〉では，この見解を基礎としつつ，まず，本人が代理人の行動をコントロールできないと定型的に考えられる法定代理の場合と，本人がみずから代理人を選任する任意代理の場合を区別し，本人がみずから知っていた事情および過失によって知らなかった事情について代理人の善意・無過失を主張できなくなるのは，任意代理の場合に限ることとしている。ただし，任意代理であっても，実際には，本人が代理人の行動をコントロールできない場合も考えられる。そこで，本提案〈2〉〈3〉では，ただし書で，「本人がその事情を代理人に告げることが期待できなかったときは，この限りでない」とし，この場合は，本人は代理人の善意・無過失を主張できることとした。その際，〈2〉で，「本人がみずから知っていた事情」について定め，〈3〉で，「本人が過失によって知らなかった事情」について定めているのは，以上のような原則・例外構成を定式化するための技術的な理由による。

《比較法》　イタリア民法1390条・1391条，ドイツ民法166条，オランダ民法3:66条，
　　　韓国民法116条，中華民国民法105条，カンボディア民法374条

---

[4]　民法修正案（前三編）の理由書159頁。
[5]　四宮246頁以下等。

【1.5.27】（代理人の行為能力）
〈1〉 代理人は，行為能力者であることを要しない。
〈2〉 【1.5.24】に基づき本人に対して直接にその効力を生ずべき法律行為は，その代理人が制限行為能力者であることによってその効力を妨げられない。

＊次のように定めるという考え方もありうる。
〈1〉 本人は，制限行為能力者に代理権を与えることができる。この場合において，【1.5.24】に基づき本人に対して直接にその効力を生ずべき法律行為は，その代理人が制限行為能力者であることによってその効力を妨げられない。
〈2〉 法令の規定によって代理権を有する者（以下「法定代理人」という。）が制限行為能力者であるときは，当該法定代理人が本人の名でした法律行為は，当該法定代理人が自己の名でしたのであれば取り消すことができた限りで，これを取り消すことができる。

〔関連条文〕　現民法 102 条（改正）
〔参照提案〕　【1.5.24】，【1.5.34】

提案要旨

1　民法 102 条は，「代理人は，行為能力者であることを要しない」と定める。これは，旧民法財産取得編 234 条が委任について定めていたことを，法定代理を含む一般規定として定めたものである。しかし，起草者が挙げる理由のうち，本人があえて無能力者を代理人に選ぶのであれば，それを禁じる必要はないという理由は，任意代理の場合にのみ当てはまることである。また，代理人自身は損失を受けないため，無能力者の保護を害することはないという理由も，本人が無能力者たる代理人がした行為の効果を帰せられる理由を述べていない。近時の学説でも，制限行為能力者その者は保護されるのに，制限行為能力者を法定代理人とする本人は，その制限行為能力者の判断能力の不十分さから生ずる危険をそのまま負担することになってしまうという問題が生じていることが指摘されている。

2　このように，現民法 102 条は，本人が代理人を選任する任意代理については，基本的に維持してよいと考えられるものの，本人が代理人を選任するわけではない法定代理については，同じように考えてよいかどうかが問題となる。法定代理については，そもそも制限行為能力者が法定代理人となることを（どのような場合に）認めるべきか，また，法定代理人が制限行為能力者となった場合に，どのように対処すべきかということが問題となる。もっとも，これは，現民法 102 条だけで

第5章 法律行為 第3節 代理および授権　　　　　　　　　　【1.5.27】

なく，代理権の消滅事由に関する現民法111条に相当する規定のほか，親子法や親族法と深くかかわる問題である。

　たとえば，後見法では，ノーマライゼーションの考え方から，後見開始の審判を受けたことは後見人の欠格事由とされていない（現民法847条）。ところが，現民法111条1項2号では，後見開始の審判を受けたことが代理権の消滅事由とされ，その限りで抵触している。ただ，現実の問題として，成年被後見人が後見人になることが本人にとって積極的に望ましいと考えられているわけではなく，後見法でも，実際には，そのような者が家庭裁判所によって後見人に選任されることはないと想定されていた。

　ここで，仮に両者の抵触をなくすため，現民法111条1項2号を削除すれば，事後的に後見人が後見開始の審判を受けたときは，一定の要件――「後見の任務に適しない事由があるとき」――のもとで解任請求（現民法846条）によって対処するしかないことになる。しかし，後見人が後見開始の審判を受けたことがただちに「後見の任務に適しない事由」に当たるとするのは，後見人の欠格事由に当たるとするのと変わりはなく，前提となる考え方と齟齬を来さざるをえない。

　このように，後見法の理念と現実との間にはジレンマが存在しているのであり，現民法111条1項2号は，そうしたジレンマが顕在化するのを防ぐ役割をはたしていると評することもできる。このことは，同号，およびそれと関連する現民法102条の当否は，後見法の見直しと切り離して語れないことを意味している。

　また，親子法に関しても，制限行為能力者が親権者となった場合と親権者が制限行為能力者となった場合について，現在では，現民法835条の管理権喪失宣告制度しか用意されていない。はたしてそれで現実の問題に十分対処できるかどうかは，問題である。ここでも，現民法111条や102条だけではなく，親子法を含めて，制度全体の見直しを検討する必要がある。

　しかし，本委員会の作業対象は債権法を中心としたものであり，親族法は当面の対象としていない。そのため，現民法102条および111条1項2号についても，ここで親族法を含めた抜本的な改正を提案することはできず，全面的な見直しは将来の課題とするほかない。そこで，本提案〈1〉では，差し当たり現民法102条をそのまま維持することとしている。

　ただ，現民法102条のように「代理人は，行為能力者であることを要しない」と定めるだけでは，その実践的な意味がただちにみてとれない。そこで，本提案〈2〉では，この場合において，【1.5.24】（代理の基本的要件）に基づき本人に対して直接にその効力を生ずべき法律行為は，「その代理人が制限行為能力者であることによってその効力を妨げられない」と定めることとしている。

　3　以上に対して，このように現民法102条をそのまま法定代理にも適用する

【1.5.27】

ことは，本人の保護という観点からすると，問題があることは否定できない。そこで，＊で示したように——任意代理については，〈1〉で，「本人は，制限行為能力者に代理権を与えることができる」と定め，制限行為能力者を任意代理人として選任できることを明らかにした上で——，法定代理については，〈2〉で，いわば最低限の手当てとして，制限行為能力者が法定代理人としてした行為は，制限行為能力者が自己の行為としてしたのであれば取り消すことができる限度で，取消しを認めると定めることも考えられる。これは，ノーマライゼーションの考え方を前提としつつ，それと不整合を来さない限度で，本人の保護をはかることを目的としたものである。しかし，このような手当てでも，親族法の改正を方向づけることは避けられないため，上述したように，本提案では，現民法102条および111条1項2号には基本的に手をつけないこととしている。

解　説

1　現行法の状況

(1)　起草過程

現民法102条は，「代理人は，行為能力者であることを要しない」と定める。これは，旧民法財産取得編234条前段[1]が委任について定めていたことを，法定代理を含む一般規定として定めたものである。その理由は，「代理行為ニ依リテ自ラ損失ヲ受クルコトナキヲ以テ無能力者ノ保護ヲ害スルコトナシ」，「無能力者ト雖モ苟モ本人ニ於テ自己ノ代理人ト為スニ足ルモノトセハ敢テ之ヲ禁スルノ必要ヲ見サルナリ」とされている[2]。

もっとも，後者の理由——本人が無能力者をあえて代理人として選ぶのであれば禁じる必要はない——は，任意代理にのみ当てはまることであり，前者の理由——代理人自身は損失を受けないため無能力者の保護を害することはない——も，本人が無能力者たる代理人がした行為の効果を帰せられる理由を述べていない。

実際また，起草者自身，「実際ハ殆ド委任ノ場合ニ付テノミ適用セラルルデアラウト考ヘマス」と述べ，「法律上ノ代理ニ付テハ少シ只今ノ申上ゲタ理由ニ依ルコトハ出来マセヌ」，「併ナガラ広イ規定ニシテ置イタ方ガ実際便利デアラウト考ヘタ」，「若シ委任ニ限ル規定トシテ置ケバ法律上ノ代理ニ付テハ一々反対ノ規定ヲ掲ゲネバナラヌ事ニナリマス」と述べている[3]。

このように，現民法102条は，主として任意代理の場合を想定した規定であり，

---

1) 旧民財取234条　代理ハ無能力者ニモ有効ニ之ヲ委任スルコトヲ得然レトモ其代理人ハ委任者ニ対シテハ無能力者ノ制限アル責任ノミヲ負担ス

2) 民法修正案（前三編）の理由書159頁。

法定代理の場合は，同様の理由は当てはまらないものの，一々規定を置かずにすむようにするために，差し当たり法定代理の場合も含めて規定されたということができる。

(2) 学　説

学説では，これまで，「法定代理人は，本人の意思に基づくものではないから，事情が異なる」としつつ，現民法 102 条は法定代理にも適用があるとするのが一般であった。たしかに，民法では，本人の利益を保護するために，制限行為能力者が法定代理人となることを禁ずる特別の規定を設けている場合が少なくない（現民法 833 条・847 条・867 条等）。しかし，このような制限のない場合——たとえば制限行為能力者が親権者になる場合等——には，制限行為能力者も法定代理人となることは妨げられないとされている[4]。

これに対し，最近では，このように法定代理の場合に現民法 102 条をそのまま適用するのは問題であることが指摘されている[5]。制限行為能力制度によって，制限行為能力者その者は保護されるのに，制限行為能力者を法定代理人とする本人は，その制限行為能力者の判断能力の不十分さから生ずる危険をそのまま負担することになってしまうのは問題だからである。とくに，親権者が後発的に後見開始の審判を受けたときは，現民法 111 条 1 項 2 号により，代理権は消滅し，本人の保護がはかられるのに対して，子の出生当初から成年被後見人であったときは，その判断能力が不十分であることによる危険を子が負担するのは，明らかに保護のバランスをくずしているというわけである。

このような問題は，上記のように，従来から制限行為能力者が親権者になる場合等において生じていたが，1999（平成 11）年の改正で，行為無能力制度が制限行為能力制度へと変更されたことにより，問題となる場面が拡大することになった。改正前は，民法旧 846 条 2 号により，禁治産者と準禁治産者は後見人になることができないとされていたのに対し，改正によって，この欠格事由は削除された（現民法 847 条）。その結果，たとえば，未成年者の親権者が死亡した場合に，その親権者が遺言で指定した後見人が制限行為能力者であるときでも，その指定された者が後見人となることは妨げられないというような事態が生じることになった。そのため，少なくともこの改正の際に，現民法 102 条についても改正を検討する必要があったとされている。

---

3) 法典調査会速記録（学振版）66 丁表以下［富井政章委員の発言］。現民法 102 条の立法過程について，詳しくは，柳勝司「委任契約における代理(3)」名城法学 41 巻 2 号（1991）96 頁以下を参照。

4) 我妻・総則 350 頁以下等。

5) 加藤 I 301 頁。中山知己「代理人の能力について」法時 79 巻 1 号（2007）139 頁も参照。

2 問題点の確認

現民法102条の起草過程からもわかるように，この規定が主として想定しているのは，本人が代理人を選任する場合，つまり任意代理の場合である。少なくとも，この任意代理については，現民法102条を維持してよいと考えられる。

これに対し，法定代理の場合は，本人が代理人を選任するわけではないため，現民法102条をそのまま維持してよいかどうかが問題となる。

その前提として，まず，現行法上，制限行為能力者が法定代理人となるのはどのような場合であり，その場合にどのような可能性があるかということを確認しておこう。

(1) 成年被後見人の場合

法定代理人が後見開始の審判を受けた場合は，現民法111条1項2号により，代理権が消滅する。したがって，この場合は，成年被後見人が法定代理人として本人を代理しても，無権代理となり，相手方の保護は，代理権消滅後の表見代理に関する現民法112条に委ねられることになる。いずれにしても，この場合は，現民法102条は問題とならない。

これに対し，すでに後見開始の審判を受けている成年被後見人が法定代理人になることができるかどうかは，問題である。

たしかに，現民法111条1項2号によると，法定代理人が事後的に後見開始の審判を受けたときは，代理権が消滅するのだから，成年被後見人は——法定代理人となると同時に代理権が消滅する以上——そもそも法定代理人になることができないと考えることもできる。

ところが，現民法847条は，後見人の欠格事由として，後見開始の審判を受けたことを挙げていない。これは，ノーマライゼーションの考え方から，成年被後見人が一律に後見人となることができないとするのは問題だと考えられたためである[6]。これによると，現行法上，成年被後見人も後見人——したがってまた法定代理人——となることは排除されていないといわざるをえない。

もっとも，現民法843条4項によると，成年後見人を選任する際には，「成年後見人となる者の職業及び経歴並びに成年被後見人との利害関係の有無」，「その他一切の事情」を考慮しなければならないとされている（保佐・補助の場合も，現民法876条の2第2項・876条の7第2項でこの規定が準用されている）。そのため，後見開始の審判を受けている者をわざわざ成年後見人に選任することは，実際には考えられないということが，改正時から指摘されていた[7]。

---

6) 小林昭彦＝大鷹一郎＝大門匡編『一問一答新しい成年後見制度〔新版〕』（商事法務，2006）118頁・154頁以下（321頁以下も参照）。

これに対して，成年被後見人が親権者となることは，当然可能である。この場合は，現民法835条によると，「親権を行う父又は母が，管理が失当であったことによってその子の財産を危うくしたとき」に限り，子の親族または検察官の請求によって，家庭裁判所がその親権者の管理権の喪失を宣告することができる。これにより，管理権の喪失が宣告されれば，現民法838条1号により，未成年後見が開始し，現民法839条以下により，未成年後見人が選任されることになる。しかし，このような管理権の喪失の宣告が認められない場合や，認められる場合でも実際に宣告が行われるまでは，成年被後見人が未成年者の法定代理人として代理行為をすることが可能である。現民法102条は，この場合に適用される可能性がある。

(2) **被保佐人・被補助人の場合**

次に，法定代理人が保佐開始の審判もしくは補助開始の審判を受けた場合は，現民法111条によると，代理権は消滅しない。この場合は，まさに現民法102条の問題となる。

ここで，この法定代理人が後見人である場合は，現民法846条により，後見人について「後見の任務に適しない事由があるとき」は，家庭裁判所は，後見監督人，被後見人もしくはその親族もしくは検察官の請求によりまたは職権で，これを解任することができるとされている（保佐・補助の場合も，現民法876条の2第2項・876条の7第2項でこの規定が準用されている）。したがって，後見人等が保佐開始の審判もしくは補助開始の審判を受けたときは，現実には，この解任請求によって対処するしかない。

この法定代理人が親権者である場合は，上述したところと同様に，現民法835条により，その親権者が「管理が失当であったことによってその子の財産を危うくした」ときに，管理権の喪失の宣告を家庭裁判所に請求し，未成年後見に移行することによって対処することになる。

これに対し，すでに保佐開始の審判もしくは補助開始の審判を受けている被保佐人・被補助人が法定代理人になることができるかどうかは，基本的に，成年被後見人の場合と同様である。つまり，後見・保佐・補助に関しては，このような者が成年後見人・保佐人・補助人に選任されることは排除されていないものの，実際には考えられない。また，被保佐人・被補助人が親権者となった場合は，ここでも，管理権の喪失の宣告という方法によるしかない。その場合は，そもそも管理権の喪失の宣告が認められない場合や，認められる場合でも，実際に未成年後見に移行するまでの間は，現民法102条が問題となる可能性がある。

---

7) 小林＝大鷹＝大門編・前掲注6) 154頁以下を参照。

3 改正の方向

(1) 親族法改正の必要性

以上のように，制限行為能力者が法定代理人となることを（どのような場合に）認めるべきか，法定代理人が制限行為能力者となった場合に，どのように対処すべきかという問題は，現民法102条や111条といった代理に関する規律だけでなく，親子法や後見法と深くかかわっている。ところが，現行法のもとでは，代理に関する規律と親子法・後見法との間に抵触がみられるほか，はたして制度全体として現実に対処することができているのかどうかという問題も生じている。

たとえば，上述したように，後見法では，ノーマライゼーションの考え方から，後見開始の審判を受けたことは後見人の欠格事由とされていない。ところが，現民法111条1項2号では，後見開始の審判を受けたことが代理権の消滅事由とされ，その限りで抵触しているといわざるをえない。後見法によると，成年被後見人が法定代理人となることは排除されていないにもかかわらず，後見開始の審判を受けただけで代理権が消滅することは，説明がつかないからである。後見法の立場を貫けば，本来，現民法111条1項2号は削除する必要があるはずである。ただ，現実の問題として，成年被後見人が後見人になることが本人にとって積極的に望ましいと考えられているわけではなく，後見法でも，実際には，そのような者が家庭裁判所によって後見人に選任されることはないと想定されていた。

ここで，仮に両者の抵触をなくすため，単純に現民法111条1項2号を削除すれば，事後的に後見人が後見開始の審判を受けたときは，一定の要件――「後見の任務に適しない事由があるとき」――のもとで解任請求によって対処するしかないことになる。しかし，後見人が後見開始の審判を受けたことがただちに「後見の任務に適しない事由」に当たるとするのは，後見人の欠格事由に当たるとするのと変わりはなく，前提となる考え方と齟齬を来さざるをえない。

このように，後見法の理念と現実との間にはジレンマが存在しているのであり，現民法111条1項2号は，そうしたジレンマが顕在化するのを防ぐ役割をはたしていると評することもできる。このことは，同号，およびそれと関連する現民法102条の当否は，後見法の見直しと切り離して語れないことを意味している。

このほか，後見人・保佐人・補助人が，事後的に保佐開始の審判や補助開始の審判を受けた場合は，現行法のもとでは，上記の解任請求によって対処するしかない。ここでも，保佐開始の審判や補助開始の審判を受けたことがただちに後見等の「任務に適しない事由」に当たるとすれば，ノーマライゼーションの考え方と齟齬を来すことになる。しかし，その一方で，現実にこのような事態が生じれば，本人の保護をどのようにしてはかるかということが問題とならざるをえない。ここで

は，現民法111条や102条だけではなく，後見法を含めて，制度全体の見直しを検討する必要があるというほかない。

また，親子法に関しても，制限行為能力者が親権者となった場合と親権者が制限行為能力者となった場合について，現在では，現民法835条の管理権喪失宣告制度しか用意されていない。はたしてそれで現実の問題に十分対処できるかどうかは，問題である。ここでも，現民法111条や102条だけではなく，親子法を含めて，制度全体の見直しを検討する必要がある。

(2) **現行法維持案**

以上のように，法定代理に関する限り，現民法102条および111条1項2号に相当する規定を見直すためには，親族法の改正を含めて検討せざるをえない。しかし，本委員会の作業対象は債権法を中心としたものであり，親族法は当面の対象としていない。そのため，現民法102条および111条1項2号についても，ここで親族法を含めた抜本的な改正を提案することはできず，全面的な見直しは将来の課題とするほかない。そこで，本提案〈1〉では，差し当たり現民法102条をそのまま維持することとしている。

ただ，現民法102条のように，「代理人は，行為能力者であることを要しない」と定めるだけでは，その実践的な意味がただちに理解できない。同条の実践的な意味は，代理人が制限行為能力者の場合でも，【1.5.24】の原則どおり，代理人がした法律行為の効果は本人に帰属し，代理人が制限行為能力者であったことを理由としてその法律行為の効力が否定されないことにある。そこで，本提案〈2〉では，この場合において，【1.5.24】に基づき本人に対して直接にその効力を生ずべき法律行為は，「その代理人が制限行為能力者であることによってその効力を妨げられない」と定め，この趣旨を明確化することとしている。

(3) **現行法修正案**

以上によると，制限行為能力者も法定代理人となることができ，現行法のもとでは，後見人の解任請求や親権者の管理権喪失制度によって，本人の保護をはかることになる。そのような対処ができない場合やそのような対処が実際にされるまでに行われた代理行為については，本提案〈2〉で，その効力は妨げられないことになる。

しかし，上述した近時の学説が指摘するとおり，このように現民法102条をそのまま法定代理にも適用することは，本人の保護という観点からすると，問題があることは否定できない。

そこで，＊で示したように──任意代理については，〈1〉で，「本人は，制限行為能力者に代理権を与えることができる」と定め，制限行為能力者を任意代理人として選任できるという趣旨を明らかにした上で──，法定代理については，〈2〉

【1.5.28】

で、いわば最低限の手当てとして、制限行為能力者が法定代理人としてした行為は、制限行為能力者が自己の行為としてしたのであれば取り消すことができる限度で、取消しを認めると定めることも考えられる[8]。これは、ノーマライゼーションの考え方を前提としつつ、それと不整合を来さない限度で、本人の保護をはかることを目的としたものである。

このように、制限行為能力者が法定代理人としてした行為について取消しを認める場合、誰が取消しを行うことができるかということが問題となる。これは、現民法120条に相当する【1.5.53】（取消権者の範囲）〈1〉によると、「制限行為能力者またはその代理人、承継人もしくは同意をすることができる者」ということになる。この点についても、本来、親族法の全体的な見直しを必要とするところであるが、当面の対処としては、これによることになる。

以上に対して、制限行為能力者自身の自己決定の尊重と本人のための財産管理を行う資格とは別次元の問題であり、むしろここでは、本人を保護するために、制限行為能力者はそもそも法定代理人になることはできないとすることも、十分考えられる。しかし、本当にそのような立場を採用すべきかどうかは、親族法全体のあり方とかかわる問題であり、＊の考え方によるとしても、将来の検討課題とせざるをえない。

いずれにしても、このような手当てでも、親族法の改正を方向づけることは避けられないため、上述したように、本提案では、現民法102条および111条1項2号には基本的に手をつけないこととしている。

《比較法》　フランス民法1990条、フランス民法（カタラ草案）1120-2条、イタリア民法1389条、ドイツ民法165条、オーストリア民法1018条、オランダ民法3:63条、韓国民法117条、中華民国民法104条、中国民法通則70条、カンボディア民法375条、第3次代理法リステイトメント3.05条

【1.5.28】（代理権の範囲）
〈1〉　任意代理人は、その任意代理権が与えられる原因となった契約により定められた行為のほか、その目的を達成するために必要な行為をする権限を有する。
〈2〉　法令の規定によって代理権を有する者（以下「法定代理人」という。）

---

[8] これは、加藤 I 301頁の提案——現民法102条に、ただし書として、「ただし、制限行為能力者である法定代理人の代理行為は、自らの行為を取り消すことができる範囲内において取り消すことができる」という文言を付加すればよいとする——を参考にしたものである。

第5章 法律行為 第3節 代理および授権　　　　　　　　　　【1.5.28】

は，法令の規定により代理権の範囲が明らかでないときは，次に掲げる行為のみをする権限を有する。
〈ア〉　保存行為
〈イ〉　代理の目的である物または権利の性質を変えない範囲内において，その利用または改良を目的とする行為

〔関連条文〕　現民法103条（改正）・28条・918条3項・943条2項・950条2項・953条
〔参照提案〕　【3.2.13.14】，【3.2.13.15】

提　案　要　旨

　1　現民法103条は，「権限の定めのない代理人」に認められる代理権の範囲について定め，1号で「保存行為」，2号で「代理の目的である物又は権利の性質を変えない範囲内において，その利用又は改良を目的とする行為」を挙げている。しかし，代理権の範囲は，本来，代理権の発生原因――任意代理の場合は代理権の授与行為，法定代理の場合は法令の規定――の解釈によって定まるのが原則である。同条が「権限の定めのない代理人」というのも，そのような代理権の発生原因の解釈によっても代理権の範囲が確定できない場合を意味すると考えられる。
　もっとも，同じく代理権の発生原因の解釈によって代理権の範囲が定まるといっても，任意代理と法定代理とでは発生原因を異にするため，両者を統一的に定めるのは適当ではない。そこで，本提案では，代理権の範囲について，任意代理と法定代理を区別して規定することとしている。
　2　まず，任意代理については，任意代理人が「その任意代理権が与えられる原因となった契約により定められた行為」をする権限を有することは，当然である。また，任意代理人が「その目的を達成するために必要な行為をする権限」を有しなければ，「その任意代理権が与えられる原因となった契約」――代理権授与行為――をした意味がない以上，やはり任意代理人はそこまでの権限を有すると考える必要がある。このことは，多くの場合，代理権授与行為の解釈によって導くことが可能だと考えられるが，自明のこととまではいえないため，明文の規定で確認しておくことに意味があると考えられる。
　以上のような考慮から，本提案〈1〉は，最近の比較法的な動向も参考にして，任意代理権の範囲に関する原則として，「任意代理人は，その任意代理権が与えられる原因となった契約により定められた行為のほか，その目的を達成するために必要な行為をする権限を有する」と定めることとしている。
　なお，【3.2.13.14】（組合員の代理権），【3.2.13.15】（業務執行者の代理権）は，代

211

【1.5.28】

理権の範囲に関する限りで，本提案の特則として位置づけられる。

3 これに対して，法定代理の場合は，代理権の範囲は法令の規定の解釈によって確定されるのが原則である。しかし，このこと自体は自明のことであり，明文で定める必要は乏しい。そうすると，残る問題は，法令の規定により法定代理権の範囲が明らかでない場合である。

現民法では，法定代理権の範囲を法律で定める際に，現民法103条を直接または間接に参照して，それを超える範囲で代理権を認める場合に一定の要件や手続を定めている（現民法28条・918条3項・943条2項・950条2項・953条）。ここで，仮に現民法103条に相当する規定を全面的に削除すれば，法定代理について，法令の規定により代理権の範囲が明らかでない場合に，疑義が残ることになる。そこで，本提案〈2〉では，現民法103条に相当する規定を法定代理について存置することとしている。

解 説

1 現行法の趣旨

現民法103条は，「権限の定めのない代理人は，次に掲げる行為のみをする権限を有する」とし，1号で「保存行為」，2号で「代理の目的である物又は権利の性質を変えない範囲内において，その利用又は改良を目的とする行為」を挙げている。

これは，委任による代理権の範囲に関する旧民法財産取得編232条2項[1]を受けた規定である。その趣旨についても，「抑モ代理権ノ範囲ヲ定ムルハ畢竟意思ノ解釈ニ帰スヘキモノタルコト論ヲ俟タスト雖モ若シ本人カ代理権ノ範囲ヲ定メスシテ汎博ナル委任ヲ与ヘタル場合ニ於テ代理人カ売買贈与其他ノ処分行為ヲモ為スコトヲ得ルモノトセハ本人ノ意思ニ反スルコト多ク其危険甚タ大ナルヘキニ依リ法律ヲ以テ其権限ノ範囲ヲ定ムルニ便トス」とされ，任意代理を念頭に置いた説明がなされている[2]。

ただ，起草者も，現民法103条が法定代理にも適用されるものとして想定していた。実際，梅謙次郎は，その旨を明言し，法定代理について規定ごとに代理権の範囲を定めるとすると，「大変錯雑ヲ来シマスルカラ，夫レヨリカ此処ニ規定ヲシテ

---

1) 旧民財取232条
  (1) 代理ニハ総理ノモノ有リ部理ノモノ有リ
  (2) 総理代理ハ為スヘキ行為ノ限定ナキ代理ニシテ委任者ノ資産ノ管理ノ行為ノミヲ包含ス
  (3) 代理カ或ハ管理或ハ処分或ハ義務ニ関シテ一箇又ハ数箇ノ限定セル行為ヲ目的トスルトキハ其代理ハ部理ナリ
2) 民法修正案（前三編）の理由書159頁以下。

置ケバ」「其場所場所ニ於テ委イ規定ヲ設クル必要ガナイト云フ便利ガアル」と述べている[3]。

2 改正の方向

　代理権の範囲は，本来，代理権の発生原因——任意代理の場合は代理権の授与行為，法定代理の場合は法律の規定——の解釈によって定まるのが原則である。現民法103条が「権限の定めのない代理人」というのも，そのような代理権の発生原因の解釈によっても代理権の範囲が確定できない場合を意味すると考えられる。

　現民法103条の問題は，原則に相当するものが定められていないため，代理権の範囲が原則としてどのようなものなのかが明らかにされていないところにある。したがって，改正に当たっても，代理権の範囲に関する原則を明文化することが望ましいと考えられる。

　もっとも，任意代理と法定代理とでは，発生原因を異にするため，この基本原則に相当するルールを統一的に定めるのは適当ではない。そこで，本提案では，代理権の範囲について，任意代理と法定代理を区別して規定することとしている。

(1) 任意代理

　まず，任意代理については，任意代理人が「その任意代理権が与えられる原因となった契約により定められた行為」をする権限を有することは，当然である。これは，任意代理権の授与についても，【3.1.1.01】（契約自由の原則）が妥当することから基礎づけられる。

　問題は，どのような行為をする権限が「その任意代理権が与えられる原因となった契約により定められた」といえるかである。これはまさに，「その任意代理権が与えられる原因となった契約」——代理権授与行為——の解釈の問題である。

　その際，本人が任意代理人に任意代理権を与える旨の契約をするのは，それによって一定の目的を達成するためだと考えられる。ここで，任意代理人がその目的を達成するために必要な行為をすることができなければ，任意代理人に任意代理権を与える旨の契約をした意味がない。したがって，任意代理人は，「その目的を達成するために必要な行為をする権限を有する」と考える必要がある。

　このことは，たとえ代理権授与行為で明示されていなくても，多くの場合，その解釈——【3.1.1.40】（本来的解釈）ないしは少なくとも【3.1.1.42】（補充的解釈）——によって導くことが可能だと考えられる。しかし，これは，自明のこととまではいえないため，明文の規定で確認しておくことに意味があると考えられる。

　以上のような考慮から，本提案〈1〉では，任意代理権の範囲に関する原則とし

---

[3] 法典調査会速記録（学振版）1巻110丁表。

【1.5.28】

て,「任意代理人は,その任意代理権が与えられる原因となった契約により定められた行為のほか,その目的を達成するために必要な行為をする権限を有する」と定めることとしている。

比較法的にいえば,国際動産売買に関する代理に関する条約9条2項のほか,UNIDROIT (2004) 2.2.2条2項,PECL 3:201条2項等で,代理人は,代理権が与えられた目的を達成するために必要な行為をする権限を有することが明文で定められている。また,DCFR Ⅱ-6.104条では,1項で,代理権の範囲は代理権授与行為によって定まるという原則を確認した上で,2項で,代理人は,代理権が与えられた目的を達成するために必要なすべての付随的行為を行う権限を有すると定められている。本提案〈1〉は,このような立場を参考にしたものである[4]。

問題は,このような基本原則によっても任意代理権の範囲を確定できない場合があり,その場合のためのデフォルト・ルールとして,現民法103条に相当する規定を残す必要があるかどうかである。

しかし,「目的を達成するために必要な行為」が確定できない場合とは,そもそも目的が確定できない場合か,目的は確定できても,何がその達成のために必要かが確定できない場合である。前者の場合は,そもそも法的に有効な代理権授与行為が行われたかどうか,疑問である。後者の場合は,目的を確定できるにもかかわらず,現民法103条1号2号所定の行為に代理権の範囲を限定することが,はたして常に適当といえるかどうか,やはり疑問が残る。

本提案〈1〉では,このような理由から,任意代理に関する限り,上記の基本原則を定めれば足りると考え,現民法103条に相当する規定を削除することとしている。

(2) **法定代理**

これに対して,法定代理の場合は,代理権の範囲は法令の規定の解釈によって確定されるのが原則である。しかし,このこと自体は自明のことであり,明文で定める必要は乏しいと考えられる。

そうすると,残る問題は,法令の規定により法定代理権の範囲が明らかでない場合である。

現民法では,法定代理権の範囲を法律で定める際に,現民法103条を直接または間接に参照して,それを超える範囲で代理権を認める場合に一定の要件や手続を定めている。現民法28条・918条3項・943条2項・950条2項・953条がそれに当たる。具体的には,不在者の財産管理人に関する現民法28条が103条を直接参照し,その他の規定は,すべて28条を準用するという形式となっている。

---

[4] 旧民法財産取得編233条1項も,「凡ソ代理ハ総理ナルト部理ナルトヲ問ハス其目的タル行為ヨリ必然ニ生ス可キ事柄ヲ暗ニ包含ス」と定めていた。

第5章 法律行為 第3節 代理および授権　　　　　　　　　　　【1.5.H】

　仮に現民法103条に相当する規定を全面的に削除してしまえば，法定代理について，法令の規定により代理権の範囲が明らかでない場合に，疑義が残ることになる。そこで，本提案〈2〉では，同条に相当する規定を法定代理について存置することとしている。
　これによると，現民法103条1号2号の行為が，法定代理権の範囲に最低限含まれるものとして位置づけられる。その際，1号の保存行為，2号の利用行為がそれに当たるとしても，2号の改良行為まで，そのような最低限の行為に含めることについては，疑義があるかもしれない。しかし，あまり代理権の範囲を絞りすぎると，特別な手続を発動すべき場合が多くなり，当事者および裁判所等の負担が大きくなるおそれもある。そこで，本提案〈2〉では，同条にならって，その1号2号の行為をそのまま挙げることとしている。

《比較法》　フランス民法1988条，フランス民法（カタラ草案）1119-2条，イタリア民法1708条，オーストリア民法1028条〜1033条，スイス債務法33条，オランダ民法3:62条，韓国民法118条，カンボディア民法366条，第3次代理法リステイトメント2.02条，国際動産売買における代理に関する条約9条，UNIDROIT（2004）2.2.2条，PECL 3:201条，DCFR II-6:104条

【1.5.H】（復代理に関する規律の配置）
　任意代理人による復代理人の選任については，任意代理人と復代理人の間の内部関係と，相手方との外部関係を区別し，「代理」の節では，後者の外部関係の規律に必要なことを規定し，前者の内部関係の規律は，債権編の各種の契約の規律に委ねる。

〔関連条文〕　現民法104条・105条・106条・107条
〔参照提案〕　【1.5.29】，【1.5.I】，【1.5.30】，【1.5.31】，【3.2.10.05】，【3.2.10.06】

提　案　要　旨

　現民法は，総則編の「代理」の節において，復代理人の選任に関する問題を規定している。そこでは，相手方との外部関係に関する規定だけでなく，本人と代理人の間の内部関係に関する規定も定められている。
　しかし，任意代理に関する限り，本人と代理人間の内部関係は，委任契約等に関する問題にほかならない。そこで，本提案では，内部関係の規律は，債権編の各種の契約の規律に委ね，「代理」の節では，外部関係の規律に必要なことに限って規

【1.5.29】

定することとしている。

解　説

　現民法は，総則編の「代理」の節において，復代理人の選任に関する問題を規定している。そこでは，相手方との外部関係に関する規定だけでなく，本人と代理人の間の内部関係に関する規定も定められている。

　しかし，任意代理に関する限り，本人と代理人間の内部関係は，委任契約等に関する問題にほかならない。それにもかかわらず，内部関係に関する問題の一部のみを委任契約等とは切り離して「代理」の節で定めるのは，必ずしも適当とはいいがたい。

　したがって，本提案では，内部関係の規律は，債権編の各種の契約に委ね，「代理」の節では，外部関係の規律に必要なことに限って規定することとしている。

【1.5.29】（任意代理人による復代理人の選任）

**　任意代理人は，復代理人を選任することができない。ただし，本人の許諾を得たとき，または代理人に自ら代理権に係る行為をすることを期待するのが相当でないときは，この限りでない。**

〔関連条文〕　現民法 104 条（改正）
〔参照提案〕　【1.5.H】，【3.2.10.05】〈1〉，【3.2.11.05】〈1〉

提　案　要　旨

　1　現民法 104 条は，任意代理人が復代理人を選任できるかどうかについて定めている。これは，委任契約からみれば，自己執行義務に関する問題であり，【1.5.H】（復代理に関する規律の配置）で示した区別に照らせば，債権編の各種の契約で定めるべき事柄としてとらえられる。

　しかし，代理人が復代理人を選任できるかどうかは，復代理人として行為する者に代理権が認められるかどうかという問題にほかならない。その意味で，この問題に関する規定は，外部関係を規律する上で不可欠といわざるをえない。したがって，「代理」の節においても，現民法 104 条に相当する規定を定めるべきである。

　2　現民法 104 条は，「委任による代理人は，本人の許諾を得たとき，又はやむを得ない事由があるときでなければ，復代理人を選任することができない」と定めている。これは，復代理禁止原則を採用し，2 つの場合にその例外を認めているものと理解できる。本提案では，この規範構造を明確化し，本文で，「任意代理人は，

復代理人を選任することができない」という原則を宣言した上で，ただし書で，「本人の許諾を得たとき」または「やむを得ない事由があるとき」に相当する場合は，例外的に復代理人を選任できることとしている。

もっとも，このうち，「やむを得ない事由があるとき」の意味は必ずしも明らかではなく，例外が許される場合を限定しすぎている可能性もある。本提案では，例外が認められる場合を必要に応じて拡張できるようにするために，「代理人に自ら代理権に係る行為をすることを期待するのが相当でないとき」と改めることとしている。

解　説

1 「代理」における規定の必要性

現民法104条は，任意代理人が復代理人を選任できるかどうかについて定めている。これは，委任契約からみれば，自己執行義務に関する問題であり，【1.5.H】で示した区別に照らせば，債権編の各種の契約で定めるべき事柄としてとらえられる。

しかし，代理人が復代理人を選任できるかどうかは，復代理人として行為する者に代理権が認められるかどうかという問題にほかならない。その意味で，この問題に関する規定は，外部関係を規律する上で不可欠といわざるをえない。したがって，「代理」の節においても，現民法104条に相当する規定を定めるべきである。

2 現行法の趣旨

現民法104条は，「委任による代理人は，本人の許諾を得たとき，又はやむを得ない事由があるときでなければ，復代理人を選任することができない」と定めている。これは，現民法を起草する際に，旧民法の立場を転換して定められたものである[1]。

旧民法財産取得編235条1項前段は，「代理人ハ其管理行為ノ全部又ハ一分ニ付キ他人ヲシテ自己ニ代ハラシムルコトヲ得但此ノ明示ニテ禁止セサルトキ又ハ事件ノ性質ニ因リテ専ラ代理人ノミニ委任シタリト看做ス可カラサルトキニ限ル」と定めていた。これは，「限ル」という書き方をしているが，まさに明示で禁止された場合または事件の性質上もっぱら代理人のみに委任したとみるべき場合を除き，原則として代理人は復代理人を選任できることを示している。その意味で，旧民法

---

[1] 復代理の規定に関する立法過程については，山本敬三「受託者の自己執行義務と責任の範囲——復代理制度と履行補助者責任論の再検討を手がかりとして」道垣内弘人＝大村敦志＝滝沢昌彦編『信託取引と民法法理』（有斐閣，2003）97頁（とくに109頁以下）を参照。

【1.5.29】

は，原則として復代理を認めるという立場を採用していた。

これに対して，現民法を制定する際に，起草者が法典調査会に提出した原案（106条）は，「代理人ハ左ノ場合ニ非サレハ復代理人ヲ選任スルコトヲ得ス」として，①「法令又ハ裁判所ノ命令ヲ以テ之ヲ許シタルトキ」，②「本人ノ許諾ヲ得タルトキ」，③「急迫ノ必要アルトキ」を挙げている。これはまさに復代理を原則として禁止するものであり，旧民法の立場とはいわば正反対になっている。

その際，起草委員（富井政章）は，旧民法のような立場は「委任契約ノ性質」に反すると指摘している[2]。それによると，委任契約というものは，代理人その人を信用して締結するものである。つまり，代理人に履行の能力があることを信用して締結するものであり，代理人が自分に代わる適任者を選べるということまで信用したわけではない。代理人として選任した者に履行の能力があると信じた場合に，その代理人が信用のおける者を選べばその者が行ってもよいという意思が本人にあると推定することはできない。したがって，代理人は復代理人を選任できないということを原則とする必要がある。もちろん，例外はあるとしても，それはここに挙げた3つの場合くらいであるというわけである。

その後，現民法104条に相当する規定については，整理会の段階で，これを委任による代理に限ることとし，規定の体裁も少し変えて，例外的に復代理人を選任できる場合を，「本人ノ許諾ヲ得タルトキ」と「已ムコトヲ得サル事由アルトキ」の2つにまとめることとなった（民法修正案104条）。上記の①「法令又ハ裁判所ノ命令ヲ以テ之ヲ許シタルトキ」が削除された理由はふれられていないが，おそらく法定代理について別の規定が置かれたことと関係していると推測される。また，「急迫ノ必要アルトキ」を「已ムコトヲ得サル理由アルトキ」に変えたのは，前者だと少し狭すぎるように感じられたからであると説明されている[3]。これがそのまま認められて，現民法104条となった。同条の規定の体裁は二重否定となっているため，理解しづらいところがあるが，以上の経緯からみても，その趣旨は，復代理禁止原則を採用し，2つの場合にその例外を認めたものと理解することができる。

以上のように，復代理の可能性について，旧民法では原則としてその使用を許すという立場がとられていたのに対して，起草者は意識的にその転換をはかろうとして，現民法104条を定めたことは間違いない。これはおそらく，フランス以外の法制，とくにドイツ法とスイス法にならったものと考えられる[4]。委任が「個人的な信頼」に基づくことを理由に復代理を原則として禁止するという起草者が指摘する考え方は，まさにドイツ民法第1草案の理由書で明示的に述べられていたことである[5]。

2) 法典調査会速記録（学振版）第1巻121丁裏以下を参照。
3) 整理会速記録（学振版）第3巻27丁表における富井政章委員の趣旨説明を参照。

3　改正の方向

このように，委任が「個人的な信用」に基づくものであるという理解は，その後もずっと影響力を持ち続けてきた考え方である。しかし，それがどこまで妥当すべきものかという点については，現民法の立法時においても慎重に考える余地があったということができる。

まず，旧民法が復代理可能原則をとる際に重視されていたのは，営業の場合であった[6]。そこでは，同じく信頼関係といっても，個人的というよりは，委託した事務を適切に処理してくれるはずであるという結果に着目したものであることが多い。だからこそ，委託した事務を処理するために復代理人を選任することが必要なら，それを適切に選んで監督することまで委ねたと考えたわけである。

また，当事者間の「個人的な信頼」を重視するもととなったと考えられるドイツ法も，子細にみるとそう単純ではない。というのは，ドイツ民法では，第2草案以降，委任は無償のものに限定されたからである[7]。つまり，個人的な信頼関係に基づくから，受任者が事務を処理しなければならないといえるのは，無償である委任に限られる。それに対して，有償の事務処理契約については，たしかに委任に関する規定が数多く準用されているものの，復任禁止原則に関する規定は準用されていない[8]。

---

4)　ドイツ民法664条1項「受任者は，疑わしいときは，委任の執行を第三者に委託してはならない。委託が許されるときは，受任者は，委任に際する自己の過失についてのみ責めを負う。補助者の過失については，受任者は，278条［履行補助者責任に関する規定］により，責任を負う。」スイス債務法398条3項（当時の396条3項に対応）「受任者は，みずから事務を処理しなければならない。ただし，受任者が第三者に委託する権限を有する場合，もしくはやむを得ない事情がある場合，もしくは復任が慣習上許されるものとみなされる場合はこの限りでない。」

5)　Motive zu dem Entwurfe eines Bürgerlichen Gesetzbuches für das Deutsche Reich, Bd. Ⅱ, 1888, S. 531を参照。ドイツ民法第1草案588条では，「疑わしいときは，受任者はみずから（in Person）委任を執行する義務を負うものとする」と定められていた。

6)　『ボアソナード氏起稿再閲修正民法草案註釋第三編・特定名義獲得ノ部・下巻』284頁（ボワソナード民法典研究会編『ボワソナード民法典資料集成第Ⅰ期・ボワソナード氏起稿再閲修正民法草案註釈Ⅲ』〔雄松堂出版，2000〕974頁），Gustave Boissonade, Projet de Code civil pour l'Empire du Japon, tome 3, 1888, no. 757 p. 914を参照。

7)　この間の経緯については，一木孝之「委任の無償性——その史的系譜(1)〜(4)」早稲田大学大学院法研論集89号29頁・90号51頁・91号29頁・92号31頁（1999）（とくに90号70頁・91号30頁以下）を参照。

8)　ドイツ民法675条は「事務処理を目的とする雇用契約または請負契約については，本款に別段の定めがない限り，663条，665条ないし670条および672条ないし674条の規定を準用し，債務者が告知期間の定めによらずに告知する権利を有するときは，671条2項の規定も準用する」と定め，復任禁止原則を定めた664条を準用していない。

【1.5.I】

　このような考慮からすると，改正に当たっても，たとえば商事代理の場合や有償委任に基づく代理権授与の場合について，復代理を原則として認めるとすることが考えられる。また，さらに進んで，現在の複雑な取引社会では，むしろ復代理を積極的に認めてよいと考え，旧民法と同様に，復代理禁止原則を放棄し，復代理人を選任することが，本人から代理権を与えられた目的に照らして相当であると認められる場合には，広くその選任を認めてよいという考え方もありうる。

　しかし，本人が信頼して任せた代理人以外の者が本人を代理する可能性を広く認めることは，本人の私的自治を害するおそれがあることは否定できない。少なくとも，民法に定める民事代理の一般原則としては，例外が認められる場合を必要に応じて拡張するとしても，それはあくまでも例外として位置づける必要がある。そこで，本提案では，現民法104条と同様に，復代理禁止原則を維持することとしている。その際，本提案では，同条の規範構造を明確化し，本文で，「任意代理人は，復代理人を選任することができない」という原則を宣言した上で，ただし書で，「本人の許諾を得たとき」または「やむを得ない事由があるとき」に相当する場合は，例外的に復代理人を選任できることとしている。

　もっとも，現民法104条の例外事由のうち，「やむを得ない事由があるとき」の意味は必ずしも明らかではなく，また，例外が許される場合を限定しすぎている可能性もある。この点を考慮して，例外が認められる場合を必要に応じて拡張できるようにするために，本提案では，「代理人に自ら代理権に係る行為をすることを期待するのが相当でないとき」と改めることとしている。

《比較法》　ドイツ民法664条，オーストリア民法1010条，スイス債務法398条3項，オランダ民法3：64条，韓国民法120条，中華民国民法537条，中国民法通則68条，カンボディア民法376条，第3次代理法リステイトメント3.15条，UNIDROIT（2004）2.2.8条，PECL 3：206条，DCFR Ⅱ-6：104条3項

【1.5.I】（復代理人を選任した場合の代理人の責任）
　復代理人を選任した場合の代理人の責任に関する現民法105条に相当する規律は，債権編の各種の契約の規律（【3.2.10.05】〈2〉〈3〉）に委ねる。

〔関連条文〕　現民法105条
〔参照提案〕　【1.5.H】，【3.2.10.05】〈2〉〈3〉，【3.2.11.05】〈2〉

第5章 法律行為 第3節 代理および授権　　　　　　　　　　　【1.5.30】

提案要旨・解説

　復代理人を選任した場合の代理人の責任に関する現民法105条に相当する規律は，内部関係に関する事柄である。そのため，本提案は，これを債権編の各種の契約の規律（【3.2.10.05】（受任者の自己執行義務）〈2〉〈3〉）に委ねることとしている。

《比較法》　フランス民法1994条，イタリア民法1717条，ドイツ民法664条，オーストリア民法1010条，スイス債務法399条，韓国民法121条，中華民国民法538条，カンボディア民法377条

【1.5.30】（法定代理人による復代理人の選任）
〈1〉　法定代理人は，復代理人を選任することができる。
〈2〉　法定代理人は，復代理人を選任したときは，復代理人の行為について責任を負う。ただし，法定代理人が，みずから代理権に係る行為をすることを期待するのが相当でない場合において，復代理人を選任したときは，その選任および監督についてのみ，本人に対してその責任を負う。

〔関連条文〕　現民法106条（改正）

提案要旨

　1　現民法106条は，「法定代理人は，自己の責任で復代理人を選任することができる。この場合において，やむを得ない事由があるときは，前条第1項の責任のみを負う」と定めている。この第1文の「復代理人を選任することができる」という部分は，法定代理人が復代理人を選任することができるかどうかという外部関係に関する問題を規律するものであるのに対して，第1文の「自己の責任で」という部分と第2文は，この場合に法定代理人が本人に対して負うべき責任という内部関係に関する規律である。
　2　もっとも，任意代理と異なり，法定代理に関しては，「代理」の節で外部関係のみを規律することにすれば，法定代理の内部関係は，規律すべき場所がなくなることになる。そこで，本提案では，現民法106条を基本的に維持し，外部関係だけでなく，内部関係についても「代理」の節に規定した上で，両者の区別を明確化するために，〈1〉で外部関係に相当する部分を定め，〈2〉で内部関係に相当する部分を定めることとしている。
　〈2〉の内部関係に関しては，現民法106条第1文に含まれる規律が原則に当た

ため，これを本文とし，同条第2文がその例外に当たるため，これをただし書として規定している。その際，同条第2文が責任の軽減事由としてあげる「やむを得ない事由があるとき」は，【1.5.29】（任意代理人による復代理人の選任）と同様に，「自ら代理権に係る行為をすることを期待するのが相当でない場合」に改めることとしている。

解　説

1　規律の配置

　現民法106条は，「法定代理人は，自己の責任で復代理人を選任することができる。この場合において，やむを得ない事由があるときは，前条第1項の責任のみを負う。」と定めている。この第1文の「復代理人を選任することができる」という部分は，法定代理人が復代理人を選任することができるかどうかという外部関係に関する問題を規律するものであり，任意代理人に関する現民法104条の規定に対応する。それに対して，第1文の「自己の責任で」という部分と第2文は，この場合に法定代理人が本人に対して負うべき責任という内部関係に関する規律であり，任意代理人に関する現民法105条の規定に対応する。

　もっとも，任意代理に関しては，内部関係の規律は債権編の各種の契約に委ねることができるとしても，法定代理に関しては，同様に考えることができない。「代理」の節で外部関係のみを規律することにすれば，法定代理の内部関係は，規律すべき場所がなくなることになってしまう。したがって，法定代理の場合に関しては，現行法どおり，外部関係だけでなく，内部関係についても「代理」の節に規定せざるをえない。

2　現行法の趣旨

　現民法106条前段が，法定代理人は，自己の責任で復代理人を選任することができると定めたのは，そうしておかないと，法定代理人が本人の財産を管理することが非常に困難になる場合があるからである。とくに現民法104条が定めるように，本人の許諾を得て復代理人を選任することは，法定代理の場合には通常考えられない。そこで，法定代理人の権限を広げる必要があるが，そうする以上，法定代理人の責任を重くする必要がある。そこで，この場合は「自己の責任で」復代理人を選任することができるとしたわけである。

　ただ，やむを得ない事由があるときは，委任による代理人と責任を異にすべき理由はない。そこで，現民法106条後段で，この場合は，復代理人の選任・監督についての責任に限ることが明示された[1]。

3 改正の方向

以上のような現民法 106 条の趣旨は現在でも是認できると考えられることから，本提案では，これを基本的に維持することとしている。

ただし，その際，外部関係と内部関係の規律の区別を明確化するために，現民法 106 条第 1 文の外部関係に関する部分を〈1〉とし，同条第 1 文および第 2 文の内部関係に関する部分を〈2〉として定めることとしている。

〈2〉の内部関係に関しては，現民法 106 条第 1 文に含まれる規律が原則に当たるため，これを本文とし，同条第 2 文がその例外に当たるため，これをただし書として規定している。

また，現民法 106 条第 2 文では，法定代理人の責任が軽減される事由として「やむを得ない事由があるとき」が定められている。しかし，この意味は，必ずしも明らかではなく，また，単に緊急時等で復代理人を選任しなければならないときに，一般的に責任の軽減が正当化されるかどうかも，疑義がある。そこで，これについては，【1.5.29】と同様に，「自ら代理権に係る行為をすることを期待するのが相当でない場合」と改めることとしている。

《比較法》 韓国民法 122 条

【1.5.31】（復代理人の権限）
〈1〉 復代理人が本人の名においてその権限内の法律行為をしたときは，本人に対して直接にその効力が生ずる。

〈2〉 復代理人は，第三者に対して，代理人と同一の権利を有し，義務を負う。

〔関連条文〕 現民法 107 条（改正）
〔参照提案〕 【1.5.H】，【1.5.29】，【1.5.30】，【3.2.10.06】

---

1) 以上につき，整理会速記録（学振版）第 3 巻 27 丁表における富井委員の趣旨説明および民法修正案（前三編）の理由書 161 頁を参照。このほか，現民法 106 条を含む復代理に関する規定の立法過程について，詳しくは，山本敬三「受託者の自己執行義務と責任の範囲——復代理制度と履行補助者責任論の再検討を手がかりとして」道垣内弘人＝大村敦志＝滝沢昌彦編『信託取引と民法法理』（有斐閣，2003）97 頁（とくに 109 頁以下）を参照。

【1.5.31】

提 案 要 旨

1　現民法107条1項は，「復代理人は，その権限内の行為について，本人を代表する」と定める。これは，相手方との外部関係に関する規律であり，「代理」において定めるべき事柄に当たる。その際，この規定は，復代理人は「本人を代表する」と定め，法定代理人について用いられる文言を採用しているが，その理由は必ずしも明らかではない。むしろ，復代理人も代理人として行為していることに変わりはないことからすると，現民法99条1項と同様の定め方をした方が適当と考えられる。そこで，本提案〈1〉では，「復代理人が本人の名においてその権限内の法律行為をしたときは，本人に対して直接にその効力が生ずる」と定めることとしている。

2　現民法107条2項は，「復代理人は，本人及び第三者に対して，代理人と同一の権利を有し，義務を負う」と定める。このうち，「本人」に対してという部分は，本人と復代理人の間の内部関係に関する規律であり，債権編の各種の契約において定めるべき事柄に当たる。それに対して，「第三者に対して」という部分は，相手方との外部関係に関する規律であるため，「代理」において定めるべき事柄に当たる。そこで，本提案〈2〉では，前者の部分は削除して，委任に関する【3.2.10.06】（委任者と復受任者との法律関係——直接請求権等）に委ね，ここでは，「復代理人は，第三者に対して，代理人と同一の権利を有し，義務を負う」と定めることとしている。

解　説

1　現民法107条1項の修正

　現民法107条1項は，「復代理人は，その権限内の行為について，本人を代表する」と定める。これは，相手方との外部関係に関する規律であり，【1.5.H】（復代理に関する規律の配置）で述べたところによると，「代理」において定めるべき事柄に当たる[1]。

　現民法107条1項は，復代理人は「本人を代表する」と定め，法定代理人について用いられる文言を採用しているが，その理由は必ずしも明らかではない。むしろ，復代理人も代理人として行為していることに変わりはないことからすると，現民法99条1項と同様の定め方をした方が適当と考えられる。そこで，本提案〈1〉では，「復代理人が本人の名においてその権限内の法律行為をしたときは，本人に対して直接にその効力が生ずる」と定めることとしている。

2 現民法107条2項の修正

現民法107条2項は、「復代理人は、本人及び第三者に対して、代理人と同一の権利を有し、義務を負う」と定める。このうち、「本人」に対してという部分は、本人と復代理人の間の内部関係に関する規律であり、【1.5.H】で述べたところによると、債権編の各種の契約において定めるべき事柄に当たる。それに対して、「第三者に対して」という部分は、本人への効果帰属に関する問題とは異なるものの、相手方との外部関係に関する規律であるため、「代理」において定めるべき事柄に当たる。そこで、本提案〈2〉では、前者の部分は削除し、「復代理人は、第三者に対して、代理人と同一の権利を有し、義務を負う」と定めることとしている。

現民法107条2項のうち、「本人」に対してという部分は、一般に、本人と復代理人の間に、直接の委任関係があるのと同様の権利義務を認めるものと理解されている[2]。

この規定に関連して、最近の学説では、一般的な理解[3]に従い、復代理を「代理人が自己の名で復代理人を選任すること」ととらえるならば、現民法107条2項により本人と復代理人間に直接の委任関係に相当するものが認められていることを基礎づけるのが困難になるという指摘もある。それによると、復代理を「代理人が本人の名で復代理人を選任すること」と理解するならば、本人と復代理人の間にはまさに直接の委任契約が締結されることになるため、同項は当然のことを定めたものと理解できるとされている[4]。

もっとも、現民法107条2項は、むしろ「代理人が自己の名で復代理人を選任する」場合にこそ必要になる規定というべきである。というのは、この場合は、たしかに本人と復代理人の間には、直接の委任関係はないとしても、復代理人はまさに本人の事務を処理している以上、一種の直接訴権に相当するものを認めるべき関係

---

1) 旧民法財産取得編236条1項は、「……委任者ハ復代人ニ対シ其管理ニ関スル訴権ヲ直接ニ行フコトヲ得又之ニ対シ直接ニ責任ヲ負担ス」と定め、復代理人は本人に対して代理人と同一の権利義務を負うことを規定していただけである。これに対して、現民法の起草過程で、現民法107条1項に相当する規定（復代理人による代理行為の効果帰属を基礎づける規定）と同条2項のうち復代理人が「第三者」に対して代理人と同一の権利義務を負う旨の規定が新たに付け加えられた。以上の経緯を含め、復代理に関する規定の立法過程について、詳しくは、山本敬三「受託者の自己執行義務と責任の範囲——復代理制度と履行補助者責任論の再検討を手がかりとして」道垣内弘人＝大村敦志＝滝沢昌彦編『信託取引と民法法理』（有斐閣、2003）97頁（とくに109頁以下）を参照。
2) 我妻・総則357頁以下等。
3) 我妻・総則355頁等。
4) 加藤Ⅰ311頁以下。

【1.5.32】

にあるからである[5]。

これによると，現民法107条2項は，代理人が無資力かどうかを問題とすることなく，本人は，代理人が復代理人に対して有する権利を直接行使することができ，復代理人は，代理人が本人に対して有する権利を直接行使することができることを定めたものと考えられる。ただし，上述したように，この問題は債権編の各種の契約で定めるべき事柄であることから，【3.2.10.06】でこのような趣旨を明確化する規定を置くこととしている。

《比較法》 フランス民法1994条，イタリア民法1717条，スイス債務法399条，韓国民法123条，中華民国民法539条，カンボディア民法378条，UNIDROIT（2004）2.2.8条，PECL3:206条

【1.5.32】（利益相反行為）
〈1〉 代理人が次に掲げる法律行為をしたときは，本人は，自己に対してその行為の効力が生じないことを主張できる。ただし，代理人が当該行為をすることについて本人が許諾したとき，または本人の利益を害しないことが明らかであるときは，この限りでない。
　〈ア〉 本人を代理してみずからと行為をすること
　〈イ〉 本人および相手方の双方を代理して行為をすること
　〈ウ〉 〈ア〉〈イ〉のほか本人と代理人またはその利害関係人との利益が相反する行為
〈2〉 代理人が〈1〉の行為（〈1〉〈ア〉〈イ〉に該当する行為を除く。）をしたことについて，相手方が善意であり，かつ，重大な過失がなかったときは，本人は，自己に対してその行為の効力が生じないことを主張できない。
〈3〉 〈1〉の場合において，第三者が，〈1〉の行為がされたことについて善意であり，かつ，重大な過失がなかったときは，本人は，自己に対してその行為の効力が生じないことを主張できない。

〔関連条文〕 現民法108条（改正）
〔参照提案〕 【1.5.33】，【3.2.10.04】

---

5) 平野裕之「間接代理（問屋）をめぐる責任財産及び直接訴権(2)」慶應法学2号（2005）93頁以下を参照。

第5章　法律行為　第3節　代理および授権　　　　　　　　　　　【1.5.32】

提 案 要 旨

1　現民法108条は，文言上は親権者に関する現民法826条や後見人に関する860条と異なり，自己契約と双方代理に限ってこれを禁止しているが，その基礎には，代理人は本人に対して忠実義務を負い，それに反する利益相反行為を禁止するという共通の考え方があるとみることができる。実際また，このような考慮から，判例および学説でも，現民法108条について，自己契約・双方代理そのものに該当しないけれども，本人と代理人（またはその利害関係人）の利益が相反する行為に拡張ないし類推することが認められてきた。

そこで，本提案〈1〉では，これを正面から認め，自己契約と双方代理と並んで，利益相反行為を一般的に禁止する規定を置くこととしている。その際，まず，〈ア〉で自己契約，〈イ〉で双方代理を定めた上で，〈ウ〉で利益相反行為に関する受け皿規定として，「本人と代理人またはその利害関係人との利益が相反する行為」を定めることとしている。利益相反に当たるかどうかについては，現民法826条・860条に関するいわゆる形式説に従い，「行為の外形」のみから判断すべきであり，行為の縁由や動機，行為の結果等の具体的事情を考慮すべきではないという考え方を前提としている。このように，代理人の忠実義務違反が「行為の外形」から定型的・客観的に認められる場合を利益相反行為としてとらえることとしても，そこからもれる場合——代理人の背信的な目的に即して具体的・主観的に忠実違反が認められる場合——は，【1.5.33】（代理権の濫用）でカバーできると考えられる。

本提案〈1〉ただし書では，現民法108条が自己契約と双方代理の禁止の例外として定めるもののうち，本人が許諾した場合は，そのまま維持している。これに対して，「債務の履行」は，代物弁済のほか，期限が到来していない債務や争いのある債務の弁済などについては，本人を害するような新たな利益の変動が生ずる可能性があるため，適当とはいいがたい。そこで，これは「本人の利益を害しないことが明らかであるとき」に改めることとしている。

現民法108条に違反した場合の効果は，無権代理と考えるのが一般である（無権代理構成）。しかし，利益相反行為は，あくまでも内部関係において代理人が本人に対して負う忠実義務の違反行為である（【3.2.10.04】（受任者の忠実義務）を参照）。しかも，利益相反行為は定型的・客観的に忠実義務に反すると評価されるだけであり，本人がそれによって実際に自己の利益が害される——実質的に忠実義務に反している——とみずから判断した場合に限って，効果の不帰属を認めれば足りるはずである。そこで，本提案では，「本人は，自己に対してその行為の効力が生じないことを主張できる」という構成を採用することとしている（効果不帰属主張構成）。

2　現民法108条は，自己契約と双方代理が行われた場合の効果を定めておら

ず，相手方の信頼保護についてもとくに言及していない。たしかに，自己契約と双方代理では，相手方の信頼保護は問題にならないとしても，それ以外の利益相反行為については，相手方の信頼保護が問題となる余地がある。

ここで，利益相反行為の効果を無権代理ととらえるならば，相手方の信頼保護は表見代理に関する規定に委ねられることになる。しかし，本提案〈1〉では，無権代理構成ではなく，効果不帰属主張構成を採用することとしたため，この場合は，表見代理の規定は直接適用されない以上，相手方の信頼保護について特別な規定を置く必要がある。

利益相反行為は，代理人が本人に対して負う忠実義務の違反である点で，【1.5.33】と同じである。しかし，利益相反行為は定型的・客観的に忠実義務に反すると評価される行為であるため，相手方は，通常，それが忠実義務に違反する行為であることを知っているか，少なくとも，知らなかったとしても重大な過失があると考えられる。このような考慮から，本提案〈2〉では，証明責任の転換を認め，相手方が善意であり，かつ，重大な過失がなかったことを主張・立証したときに，本人による効果不帰属の主張を認めないこととしている。

3　相手方からの転得者等の第三者の保護については，無権代理構成によると，表見代理に関する規定によって相手方が保護される場合は，相手方からの転得者等の第三者も，権利者からの譲受人等として保護される。それに対して，表見代理に関する規定によって相手方が保護されない場合は，代理行為の効果は本人に帰属しない以上，相手方からの転得者等の第三者の保護は，善意取得や94条2項類推適用法理などの一般法理に委ねられることになる。しかし，利益相反行為に関しては，無権代理構成ではなく，効果不帰属主張構成を採用することとしたため，代理行為の効果は本人に帰属することを原則とする以上，第三者の保護を善意取得や94条2項類推適用法理などの一般法理に委ねることはできない。したがって，ここで第三者の信頼を保護するためには，どのような場合に第三者との関係で効果不帰属の主張が否定されるかということを定める必要がある。

この問題は，第三者の側からみれば，本人側の内部的な事情を理由に効果不帰属の主張が認められることになるため，意思表示の無効・取消しに関する問題と同様の問題としてとらえることができる。

利益相反行為の場合は，第三者の側からみれば，代理人は本人の側に属する者であり，そのような者が内部関係において背信的行為を行っている以上，非真意表示・狭義の心裡留保・虚偽表示と同様に，第三者の保護要件として，善意に加えて無過失まで要求することはできないと考えられる。ただし，利益相反行為の場合は，本人自身は知りつつそのような行為をしたわけではないため，重大な過失のある第三者まで，本人による効果不帰属の主張を否定できると考えるべきではない。

第5章 法律行為　第3節　代理および授権　　　　　　　　　　　【1.5.32】

そこで，本提案〈3〉では，利益相反行為が行われたことについて第三者が善意であり，かつ，重大な過失がなかったときに，本人は効果の不帰属を主張できないとしている。

解　説

1　利益相反行為の禁止

〔適用事例1〕　Aは，自己の所有する土地甲（時価5000万円）の売却について，Bに代理権を与えた。この場合において，Bは，Aを代理してみずから甲を4000万円で買い受ける旨の契約をした。

〔適用事例2〕　Aは，自己の所有する土地甲（時価5000万円）の売却について，Bに代理権を与えた。この場合において，Bは，Cから適当な土地の購入を頼まれていたので，AとCを代理して，AC間で甲を4000万円で売却する旨の契約をした。

(1) 利益相反行為の禁止──原則
(a) 現行法の状況

　現民法108条は，自己契約と双方代理の禁止を定めている。このような禁止が定められた趣旨は，「凡ソ代理人カ本人ノ為メニ代理ヲ為スニ当リテハ忠実以テ其事ニ従ハサル可カラス」というところに求められている。自己契約（適用事例1）においては，本人の利益と代理人の利益が衝突し，代理人が自己の利益を優先しやすく，そのような場合に代理人に本人の利益を優先せよというのも「難キヲ人ニ責ムル」ものといわざるをえない。また，双方代理（適用事例2）においても，その一方の本人の利益をはかろうとすると，他の一方の本人の利益を顧みることができなくなることが多い。したがって，これらの行為はそもそもできないということを原則としたわけである[1]。

　このように，現民法108条は，たしかに文言上は親権者に関する現民法826条や後見人に関する860条と異なり，自己契約と双方代理に限ってこれを禁止しているが，その基礎には，代理人は本人に対して忠実義務を負い，それに反する利益相反行為を禁止するという共通の考え方があるとみることができる。

　実際また，このような考慮から，判例および学説でも，現民法108条について，自己契約・双方代理そのものに該当しないけれども，本人と代理人（またはその利害関係人）の利益が相反する行為に拡張ないし類推することが認められてきた。たとえば，次のような場合が，その代表例として挙げられる。

---

[1] 民法修正案（前三編）の理由書162頁。

【1.5.32】

〔適用事例3〕 Cは，C所有のアパート甲をAに月5万円で賃貸する旨の契約を締結する際に，将来の紛争にそなえて，Aの代理人を選ぶ権限をCに与える旨の特約を付けた。その1年後，Cは家賃を増額しようと考え，Aの代理人としてBを選任し，Bと交渉の結果，家賃を月10万円にする旨の契約を締結した。

適用事例3のCは，Aの代理人Bと交渉して契約を締結しているため，自己代理にも双方代理にも当たらない。しかし，相手方であるCが本人Aの代理人を自由に選ぶ権限を与えられている場合は，Cが自分に都合のよい人間を代理人に選べば，結局，Aの利益が害されるおそれが強い。その意味で，この場合は，自己契約と結果において大差がないため，現民法108条の趣旨に準拠すると，このような委任は無効であり，締結された契約は本人Aに対してその追認がないかぎり効力を生じないとされている[2]。

(b) 改正の方向

以上のような現民法108条の拡張ないし類推を認めることについては，とくに異論はない。そこで，本提案〈1〉では，これを正面から認め，自己契約と双方代理と並んで，利益相反行為を一般的に禁止する規定を置くこととしている。

その際，まず，〈ア〉で自己契約，〈イ〉で双方代理を定めた上で，〈ウ〉で利益相反行為に関する受け皿規定を定めることとしている。〈ウ〉では，自己契約と双方代理もこの利益相反行為の下位事例であることを示すために，「〈ア〉〈イ〉のほか」という文言を挿入している。

また，〈ウ〉では，利益相反行為を「本人と代理人またはその利害関係人との利益が相反する行為」と定式化している。単に「本人と代理人との利益が相反する行為」としなかったのは，本人と相手方との利益が相反し，必ずしも本人と代理人自身の利益が相反しているとはいえない双方代理も，利益相反行為の下位事例として位置づけるためである。また，このような定式を採用することにより，たとえば代理人の配偶者などのように，代理人と経済的基盤を同じくする者を相手方とする場合もここに含められることになる。

いずれにしても，このように利益相反行為を一般的に禁止するという定め方をする場合は，そこでいう利益相反の有無をどのように判断するかが問題となる。

この問題は，現民法では，826条・860条について議論されている。そこでは，争いがあるものの，判例および通説的な見解は，いわゆる形式説を採用している。それによると，利益相反行為に当たるかどうかは，「行為自体」ないし「行為の外形」のみから判断すべきであり，行為の縁由や動機，行為の結果等の具体的事情を

---

[2] 大判昭和7年6月6日民集11巻1115頁。

考慮すべきではないとされる[3]。これは，そのように解さなければ，相手方に不測の損害を及ぼすおそれがあるからであるとされる。

このような立場は，現民法108条の改正に当たっても踏襲してよいと考えられる。それは，単に現民法826条・860条の解釈との整合性を保つという考慮によるだけではなく，【1.5.33】において，代理権濫用に関する規定を新設することとも関係している。というのは，同じく代理人が本人に対して負う忠実義務に違反している場合のうち，その違反が「行為の外形」から定型的・客観的に認められる場合を利益相反行為としてとらえることとしても，そこからもれる場合——代理人の背信的な目的に即して具体的・主観的に忠実違反が認められる場合——は，代理権濫用に関する規定でカバーできると考えられるからである。

〔適用事例4〕 資産家Aは，自分では財産を管理・運用できないため，事情に詳しいBに，自分の財産の管理・処分について一切の権限を与えた。Bは，自分が金融業者Cから2000万円を借り入れる際に，その担保としてAを代理してAの所有する土地甲に抵当権を設定する旨の契約をした。

この適用事例4の抵当権設定契約は，自己契約にも双方代理にも当たらない。しかし，このような抵当権設定契約は，「行為の外形」上，代理人Bの利益になるだけで，本人Aには何の利益にもならない。したがって，このような行為は利益相反行為に当たることになる。

このように，利益相反行為を一般的に禁止する旨の規定に改めたとしても，現民法826条や860条等の規定は，意味を失わない。とくに，例外を認める手続として特別代理人の選任を定めているところなどに，特則としての意味があるからである。もちろん，それらの場合において，特別代理人の選任制度が立法論としてはたして適当といえるかどうかは別問題である。しかし，この点は親権・後見等に関する全体的な制度設計とかかわるところであり，そのようなものとして慎重な検討を要する。

(2) 利益相反行為の禁止——例外
(a) 現行法の状況

現民法108条は，自己契約と双方代理の禁止の例外として，立法当時は「債務の履行」のみを定め，2004年民法現代語化の際に，「本人があらかじめ許諾した行為」が付け加えられた。

現民法108条は，全体としてドイツ民法（第2草案126a条，現181条）にならっ

---

[3] 大判大正7年9月13日民録24輯1684頁，最判昭和37年10月2日民集16巻10号2059頁等。詳しくは，阿部徹「親子間の利益相反行為——未成年者の財産的地位に関連して(1)(2)」民商57巻1号37頁・3号51頁（1967），沖野眞已「民法826条（親権者の利益相反行為）」百選Ⅳ103頁を参照。

231

【1.5.32】　　　　　　　　　　　　　　　　　　　　　　　　第1編　総則

たものであり，債務の履行について例外を定めているのも同様である。このような例外が認められたのは，債務の履行については，自己契約と双方代理の「弊害」が生じないと考えられたためである[4]。すでに本人が債務を引き受けている以上，その履行について本人が新たな不利益を受けることはないはずであり，その意味で代理人は利益相反状況に置かれないと考えたのだろう。このような考慮から，たとえば，不動産の処分が行われた場合における移転登記の申請や[5]，すでに契約内容について合意がされた場合における公正証書の作成[6]などについて，実際に例外が認められている。

しかし，債務の履行であれば常にそのようにいえるわけではない。実際，たとえば，代物弁済のほか，期限が到来していない債務や争いのある債務の弁済などについては，本人を害するような新たな利益の変動が生ずる可能性がある。そのため，これらの場合は，現民法108条にいう「債務の履行」に当たらないと解されている[7]。

(b)　改正の方向

以上のうち，本人が許諾した場合に例外を認めることについては，問題がない。利益相反行為が禁止される理由は，それによって本人の利益が害されるおそれがあることにある以上，本人が許諾した場合にまでその禁止を貫く必要はないからである。むしろ，代理人が利益相反行為をしようとするならば，本人の許諾を得ることがいわば本則であると考えられる。したがって，本提案〈1〉のただし書では，現民法108条ただし書の順序を逆にして，本人が許諾した場合を例外事由の第1として定めることとしている。

これに対して，利益相反行為の禁止の例外が認められる場合として「債務の履行」をそのまま挙げるのは，上記のような状況にかんがみると，必ずしも適当といえない。実際，「債務の履行」といっても，債務の内容が抽象的に定められていればいるほど，その履行について選択の幅が大きくなる。「債務の履行」であれば，本人に新たな不利益を課すことがないといえるのは，「債務」の内容が相当程度特定されている場合に限られる。

むしろ，利益相反行為が禁止される趣旨からすると，「本人の利益を害しない」場合に例外を認めれば足りると考えられる。もっとも，単純に「本人の利益を害しない」場合に例外を認めるとするならば，さまざまな実質的考慮が必要と考えられる可能性があり，「本人の利益を害しない」かどうかをめぐってしばしば紛糾をま

---

4) 民法修正案（前三編）の理由書162頁。
5) 大判昭和19年2月4日民集23巻42頁，最判昭和43年3月8日民集22巻3号540頁等。
6) 最判昭和26年6月1日民集5巻7号367頁等。
7) 我妻・総則342頁等。

ねくおそれもある。たとえば、本人の不動産の処分について自己契約や双方代理等が行われた場合に、その処分の目的や対価の使途等まで考慮に入れて実質的に判断するならば、本人の利益を害するかどうか、単純に判断できない場合が少なくないと考えられる。しかし、そのような紛争を許すとするならば、行為の外形から客観的に利益相反の有無を判断することとした意味が失われることになりかねない。そこで、本提案〈1〉のただし書では、この点を考慮して、例外が認められる場合を「本人の利益を害しないことが明らかであるとき」に限定することとしている。

2 利益相反行為の効果

(1) 現行法の状況

現民法108条本文は、「同一の法律行為については、相手方の代理人となり、又は当事者双方の代理人となることはできない」と定め、これに反した場合の効果は明示していない。

この点について、かつては、現民法108条本文が公益のための規定であることを理由に、これに反した効果を無効と考えるものもあった[8]。しかし、現在では、同条本文は代理権の制限を定めた規定であると理解し、代理人がそれに反した場合は無権代理となると考えるのが一般である[9]。これによると、本人に効果は帰属しないこととなるが、無権代理一般と同じく、本人は事後的に追認することができるとされる。

(2) 改正の方向

改正に当たっては、現民法108条と異なり、利益相反行為の効果を明示すべきであると考えられる。この点を明示せず、解釈に委ね続けるのは、適当といいがたい。

(a) 効果の内容

その際、利益相反行為の効果をどう考えるべきかが問題となる。上記のように、現民法の下では、これを無権代理と考えるのが一般である（無権代理構成）。これによると、追認の可能性をはじめ、無権代理の一般的効果がこの場合にも妥当することになる。

これに対して、利益相反行為は取り消すことができるとする構成も考えられる

---

8) 大判明治43年2月10日民録16輯76頁。
9) 大判大正11年6月6日民集1巻295頁、大判大正12年5月24日民集2巻323頁、最判昭和47年4月4日民集26巻3号373頁。我妻・総則343頁等も参照。

(取消構成)。これは、PECL3:205条[10]等にみられるほか、日本でも一部の特別法で採用されている[11]。これは、利益相反行為が行われても、その効果の帰属を認めるかどうかの選択を本人に認めれば足りるという考え方に基づく。

　上述したように、自己契約および双方代理はもちろん、利益相反行為に当たるかどうかは、行為の外形から客観的に判断される。そのため、実質的にみれば本人にとって利益になる場合も、そこに含まれる可能性がある。したがって、実際にその効果の帰属を認めるかどうかの判断は、本人に委ねることが望ましい。ただ、無権代理構成を採用しても、本人に追認を認めれば、効果帰属を認めるかどうかの最終的な判断を本人に委ねることに変わりはない。両者の違いは、効果の不帰属を原則とした上で本人に効果帰属の選択を認めるか（無権代理構成）、効果の帰属を原則とした上で本人に効果不帰属の選択を認めるか（取消構成）にある。

　利益相反行為は、代理人が本人に対して負う忠実義務に定型的・客観的に反する行為として位置づけられる。そのため、これを最初から代理権の範囲外の行為であるとみても、円滑な代理取引を害するとまではいえないと考える余地もある。これによると、効果の不帰属（無権代理）が原則とされることになる。

　しかし、利益相反行為は、あくまでも内部関係において代理人が本人に対して負う義務の違反行為である。しかも、利益相反行為は定型的・客観的に忠実義務に反すると評価されるだけであり、本人がそれによって実際に自己の利益が害される——実質的に忠実義務に反している——とみずから判断した場合に限って、効果の

---

10) PECL3:205条　利益相反
　(1) 代理人の締結した契約によって、代理人が利益相反状態に陥り、かつこの利益相反を相手方が知っていたか、または知らずにいることなどありえなかった場合には、本人は、4:112条から4:116条の規定に従って、この契約を取り消すことができる。
　(2) 次の各号のいずれかに該当する場合には、利益の相反があると推定される。
　　(a) 代理人が、相手方の代理人としても行為していた場合
　　(b) 当該契約が、代理人個人を相手方として締結された場合
　(3) ただし、次の各号のいずれかに該当する場合には、本人は契約を取り消すことができない。
　　(a) 本人が、代理人がそのような行為をすることについて同意していた場合、またはそれについて知らずにいることなどありえなかった場合
　　(b) 代理人が利益の相反について本人に開示し、かつ本人が合理的な期間内に異議を述べなかった場合
11) たとえば、信託法31条では、「第三者との間において信託財産のためにする行為であって、自己が当該第三者の代理人となって行うもの」（1項3号）については、当該第三者に悪意または重大な過失があったときに限り、受益者はその行為を取り消すことができるとされている（7項）。ただし、信託財産に属する財産を固有財産に帰属させ、または固有財産に属する財産を信託財産に帰属させる場合や（1項1号）、信託財産に属する財産を他の信託の信託財産に帰属させる場合は（同項2号）、「無効」構成が採用され（4項）、受任者の追認によって行為時に遡って効力を生ずるとされている（5項）。

第5章 法律行為 第3節 代理および授権　　　　　　　　　　【1.5.32】

不帰属を認めれば足りるはずである。

　そのための構成として，上述した取消構成を採用することも考えられる。しかし，この場合は，代理行為そのものに瑕疵があるわけではないため，本人が代理行為を取り消すという構成は受け入れがたいと感じられる可能性もある。

　そこで，本提案では，同様の考慮を実現するために，「本人は，自己に対してその行為の効力が生じないことを主張できる」という構成を採用することとしている（以下では，「効果不帰属主張構成」という）。

　(b)　効果の定め方

　以上のほか，利益相反行為が行われた場合の効果を定めるとしても，現民法108条のように，利益相反行為の禁止を定めた上で，その違反の効果を定めるべきか，それとも，効果のみを定めるべきかどうかということが問題となる。

　仮に前者の考え方に従い，利益相反行為の禁止を定めた上で，その違反の効果を定めるとすると，利益相反行為の禁止は，代理人に対する行為規範として位置づけられる。これは，委任による代理の場合，委任者と受任者の内部関係の問題と重なる。実際，「委任」の節では，【3.2.10.04】で，忠実義務——「受任者は，委任者のため忠実に委任事務を処理しなければならない」——を定めることとしている。仮にここで利益相反行為の禁止を代理人に対する行為規範のかたちで定めると，委任に関する規定と重複が生じるものと受けとめられる可能性が出てくる。

　もちろん，現民法108条に相当する規定が適用される対象は，委任による代理に限られない。とくに現民法826条や860条等のような特別規定が定められていないところでは——たとえば不在者の財産管理人等——，代理人に対する行為規範が定められていることに意味も出てくる。また，委任による代理に関しても，利益相反行為の禁止は，受任者の忠実義務を代理行為について具体化したものと位置づけることもできる。復代理がそうであるように，内部関係と外部関係を峻別することは実際には困難である以上，この程度の重複はやむを得ないということもできる。

　しかし，利益相反行為が行われた場合の効果が定められていれば，代理の問題については十分である。行為規範に相当するものも，必要であれば，そこから読み取ることもできる。本提案では，このような考慮から，利益相反行為が行われた場合の効果のみを定めることとしている。

3　相手方の信頼要件

　現民法108条は，自己契約と双方代理が行われた場合の効果を定めておらず，相手方の信頼保護についてもとくに言及していない。

　もっとも，自己契約の場合は，相手方が代理人自身であるので，いずれにしても，相手方の信頼保護は問題にならない。また，双方代理の場合も，相手方は双方

235

【1.5.32】

代理が行われたことを知らないことがありうるとしても，相手方の代理人自身が双方代理をしているため，相手方の信頼保護はやはり問題にならない。しかし，上述したように，自己契約と双方代理以外の場合も含めるとするならば，利益相反行為に当たることに相手方が気づかない可能性も出てくる。

　現民法108条に関する一般的な理解と同様に，利益相反行為の効果を無権代理ととらえるならば，相手方の信頼保護は表見代理に関する規定（とくに現民法110条に相当する規定）に委ねられることになる[12]。しかし，本提案〈1〉では，無権代理構成ではなく，効果不帰属主張構成を採用することとしたため，この場合は，表見代理の規定は直接適用されない以上，相手方の信頼保護について特別な規定を置く必要がある。

　【1.5.33】で述べるように，代理権濫用に関しては，相手方からみれば，代理人は本人側に属する者であり，そのような者が背信的な意図を秘匿して代理行為を行っているため，狭義の心裡留保――表意者が相手方を誤信させようとして，意図的に真意を秘匿している場合――に類するとみて，相手方が悪意のときに，本人は効果不帰属の主張を行うことができるとしている。ただし，代理権濫用の場合は，狭義の心裡留保の場合と異なり，本人がみずから相手方を誤信させる行為をしているわけではないため，重大な過失のある相手方は，そのような本人による効果不帰属の主張を否定できないとしている。

　利益相反行為も，代理人が本人に対して負う忠実義務の違反である点で，代理権濫用と同じである。しかし，利益相反行為は定型的・客観的に忠実義務に反すると評価される行為であるため，相手方は，通常，それが忠実義務に違反する行為であることを知っているか，少なくとも，知らなかったとしても重大な過失があると考えられる。

　このような考慮から，本提案〈2〉では，証明責任の転換を認め，相手方が善意であり，かつ，重大な過失がなかったことを主張・立証したときに，本人による効果不帰属の主張を認めないこととしている。このように，相手方が善意で，かつ，重過失がない場合として考えられるのは，実際には，相手方が本提案〈1〉の例外事由があると信じた，つまり本人が許諾したと信じた，または本人の利益を害さないと信じた場合に限られるのではないかと考えられる。

4　第三者の保護

　本提案〈2〉によると，代理行為の相手方の信頼は上記の要件によって保護することができるものの，相手方からの転得者等の第三者の保護についてどのように考

---

12)　現民法108条のもとでの問題について，注民(4)88頁［椿寿夫］を参照。

えるかが問題となる。

　無権代理構成によると，上述したように，相手方の保護は表見代理に関する規定に委ねられる。これによって相手方が保護される場合は，相手方からの転得者等の第三者も，権利者からの譲受人等として保護される。それに対して，表見代理に関する規定によって相手方が保護されない場合は，代理行為の効果は本人に帰属しない以上，相手方からの転得者等の第三者の保護は，善意取得や94条2項類推適用法理などの一般法理に委ねられることになる。

　しかし，利益相反行為に関しては，無権代理構成ではなく，効果不帰属主張構成を採用することとしたため，代理行為の効果は本人に帰属することを原則とする以上，第三者の保護を善意取得や94条2項類推適用法理などの一般法理に委ねることはできない。したがって，ここで第三者の信頼を保護するためには，どのような場合に第三者との関係で効果不帰属の主張が否定されるかということを定める必要がある。

　この問題は，第三者の側からみれば，本人側の内部的な事情を理由に効果不帰属の主張が認められることになるため，意思表示の無効・取消しに関する問題と同様の問題としてとらえることができる。

　意思表示の無効・取消しに関しては，①意思無能力については，第三者保護規定を設けず，②非真意表示・狭義の心裡留保・虚偽表示については，善意の第三者保護，③錯誤・不実表示・詐欺・強迫・断定的判断の提供に基づく誤認・困惑による取消しについては，善意無過失の第三者保護を定めることとしている。これは，基本的には，無効・取消しの要件をみたす以上，その効果が認められ，相手方が例外的に保護されるためには，正当な信頼，つまり善意無過失が必要であるという考え方を前提としている。その上で，表意者が真意でないことを知りつつ任意に誤った意思表示をした場合──②に相当する場合──は，そのような者が第三者に過失があると主張できるのは不当であると考え，第三者は善意であれば足りるとしている。

　利益相反行為の場合は，本人の側からみれば，代理人という他人によって背信的行為が行われたことになり，本人自身は知りつつそのような行為をしたわけでない以上，③の系列に類すると考えることもできる。しかし，第三者の側からみれば，代理人は本人の側に属する者であり，そのような者が内部関係において背信的行為を行っている以上，②の系列に類すると考えるべきである。したがって，ここでは，第三者の保護要件として，善意に加えて無過失まで要求することはできないと考えられる。

　ただし，利益相反行為の場合は，本人自身は知りつつそのような行為をしたわけではないため，重大な過失のある第三者まで，本人による効果不帰属の主張を否定

できると考えるべきではない。
　そこで，本提案〈3〉では，利益相反行為が行われたことについて第三者が善意であり，かつ，重大な過失がなかったときに，本人は効果の不帰属を主張できないとしている。

《比較法》　フランス民法 1596 条，フランス民法（カタラ草案）1120-1 条，イタリア民法 1394 条・1395 条，ドイツ民法 181 条，オランダ民法 3:68 条，韓国民法 124 条，中華民国民法 106 条，カンボディア民法 367 条，UNIDROIT（2004）2.2.7 条，PECL3:205 条，DCFR Ⅱ-6:109 条

【1.5.33】（代理権の濫用）
〈1〉　代理人が自己または他人の利益をはかるために相手方との間でその代理権の範囲内の法律行為をすることにより，その代理権を濫用した場合において，その濫用の事実を相手方が知り，または知らないことにつき重大な過失があったときは，本人は，自己に対してその行為の効力が生じないことを主張できる。
〈2〉　〈1〉において，代理人が濫用した代理権が法定代理権である場合は，その濫用の事実を相手方が知り，または知らないことにつき過失があったときに，本人は，自己に対してその行為の効力が生じないことを主張できる。
〈3〉　〈1〉〈2〉の場合において，第三者がその濫用の事実について善意であり，かつ，重大な過失がなかったときは，本人は，自己に対してその行為の効力が生じないことを主張できない。

〔関連条文〕　新設　現民法 93 条
〔参照提案〕　【1.5.32】，【3.2.10.04】

提 案 要 旨

　1　代理権の濫用について直接定めた規定は，現民法には存在しない。しかし，この問題については，従来からさかんに議論され，現民法 93 条ただし書を類推するという判例法理も確立している。
　代理権濫用は，代理人が自己または他人の利益をはかるために，客観的にはその権限内にある行為をすることをいうものと理解されている。これは，本人と代理人の内部関係において認められる代理人の忠実義務（【3.2.10.04】（受任者の忠実義務））の違反としてとらえられる。このような義務はあくまでも本人と代理人の内部関係

第5章 法律行為　第3節　代理および授権　　　　　　　【1.5.33】

における義務であり，代理権の範囲はそれとは別に客観的に確定されると考えるのが一般である。しかし，代理人が内部関係上の義務に違反していることが外部からわかる場合にまで，同様に考えるべき必要性はない。むしろ，このような場合には，背信行為をされた本人を代理行為への拘束から解放する可能性を認めてよいと考えられる。

　このように，代理権濫用は，それ自体としては有権代理であり，原則として本人にその効果が帰属すると考えられる。その上で，相手方の信頼を害さない限りにおいて，代理権濫用を理由に例外的に本人への効果帰属を否定しようとするわけであるから，これはまさに──【1.5.32】（利益相反行為）で採用した──効果不帰属主張構成と親和的である。そこで，本提案では，所定の要件がそなわる場合に，「本人は，自己に対してその行為の効力が生じないことを主張できる」と定めることとしている。

　2　以上のような効果不帰属の主張を認めるための要件は，まず第1に，代理権の濫用である。これは，「代理人が自己または他人の利益をはかるために相手方との間でその代理権の範囲内の行為をすること」と定義される。

　現在の判例法理は，任意代理の場合と法定代理の場合を区別し，親権者の代理権濫用について，代理権濫用が認められるのは，「子の利益を無視して自己又は第三者の利益を図ることのみを目的としてされるなど，親権者に子を代理する権限を授与した法の趣旨に著しく反すると認められる特段の事情」がある場合に限られるとしている。このような親権者をはじめ，法定代理人による代理権の行使にどれだけの裁量が認められるべきかは，それぞれの法定代理制度の趣旨によって異なりうる。そこで，代理権濫用を規定するに当たっては，そのような法定代理制度の趣旨による解釈を許容するような定め方をすることが望ましい。本提案で，「代理人が自己または他人の利益をはかるために相手方との間でその代理権の範囲内の法律行為をすることにより，その代理権を濫用した」場合としたのは，「代理権を濫用した」場合に当たるかどうかを判断する際に，そのような解釈を許容する趣旨である。

　相手方の主観的要件については，現在の判例・通説である93条類推適用説によると，相手方に悪意または過失があることが要件とされる。しかし，心裡留保については，【1.5.11】（心裡留保）で，相手方が真意を知ることを期待して行う非真意表示については，現民法93条と同様，相手方に悪意または過失があることを要件とするのに対し，表意者が真意を有するものと相手方に誤信させるため，表意者がその真意でないことを秘匿して行う狭義の心裡留保については，相手方が悪意のときに限り，意思表示の無効を認めることとしている。

　これによると，代理権濫用の場合は，相手方からみれば，代理人は本人側に属す

239

る者であり，そのような者が背信的な意図を秘匿して代理行為を行っているため，狭義の心裡留保に類すると考えられる。したがって，93条類推適用説を前提として，【1.5.11】に即して考えるならば，相手方が悪意のときに限り，本人は効果不帰属の主張を行えることになる。これは，代理人に対しては，通常，本人のコントロールを期待することができ，本人は代理人の行為によって利益を得ている以上，その背信的行為によるリスクは本人が負担すべきであるという考え方に基づく。

もっとも，代理権濫用の場合は，狭義の心裡留保の場合と異なり，本人がみずから相手方を誤信させる行為をしているわけではない。このような本人との関係では，少なくとも濫用の事実について善意であっても，重大な過失のある相手方は，本人による効果不帰属の主張を否定できると考えるべきではない。

したがって，本提案〈1〉では，「その濫用の事実を相手方が知り，または知らないことにつき重大な過失があったときは，本人は，自己に対してその行為の効力が生じないことを主張できる」としている。

3　もっとも，法定代理の場合は，みずから代理人を選んでいるわけではなく，代理人をコントロールすることも期待できない以上，その背信行為のリスクを負担するのが原則であるとはいえない。もちろん，代理権濫用の事実を相手方がまったく知りえなかったような場合にまで本人を保護することは，内部的義務によって代理権の範囲が画されている——しかも表見代理も認めない——と考えることに等しく，相手方をいちじるしく不安定な地位に置くことになる。

そこで本提案〈2〉は，「代理人が濫用した代理権が法定代理権である場合」について独立した規定を設け，「その濫用の事実を相手方が知り，または知らないことにつき過失があったときに，本人は，自己に対してその行為の効力が生じないことを主張できる」としている。

4　相手方からの転得者等の第三者の保護については，【1.5.32】で述べたのと同じく，ここでも，効果不帰属主張構成を採用することとしたため，代理行為の効果は本人に帰属することを原則とする以上，善意取得や94条2項類推適用法理などの一般法理に委ねることはできない。したがって，ここで第三者の信頼を保護するためには，どのような場合に第三者との関係で効果不帰属の主張が否定されるかということを定める必要がある。

この問題は，【1.5.32】で述べたように，第三者の側からみれば，本人側の内部的な事情を理由に効果不帰属の主張が認められることになるため，意思表示の無効・取消しに関する問題と同様の問題としてとらえることができる。

代理権濫用の場合は，第三者からみれば，代理人は本人の側に属する者であり，そのような者が内部関係において背信的行為を行っている以上，非真意表示・狭義の心裡留保・虚偽表示と同様に，第三者の保護要件として，善意に加えて無過失ま

第5章　法律行為　第3節　代理および授権　　　　　　　　　　【1.5.33】

で要求することはできないと考えられる。ただし，代理権濫用の場合は，本人自身は知りつつそのような行為をしたわけではないため，重大な過失のある第三者まで，そのような本人による効果不帰属の主張を否定できると考えるべきではない。

そこで，本提案〈3〉では，【1.5.32】〈3〉と同様に，濫用の事実について第三者が善意であり，かつ，重大な過失がなかったときに，本人は効果の不帰属を主張できないとしている。

解　説

1　現行法の状況

代理権の濫用について直接定めた規定は，現民法には存在しない。しかし，この問題については，従来からさかんに議論され，判例法理も確立している。

まず，代理人がその代理権を濫用して，自己または他人の利益をはかる行為をした場合は，支配的な見解によると，それ自体としては権限内の行為であって代理権の踰越には当たらず，原則として本人にその効果が帰属するとされる。

その上で，背信行為をされた本人をどのような場合に保護するかという問題に関して，判例[1]および通説[2]は，心裡留保に関する現民法93条ただし書を類推すべきであるとする。この場合は，たしかに，代理人は，本人に法律効果を帰属させる意思（代理意思）を持って，その旨の表示（顕名）をしている。しかし，実質的に考えれば，この場合の代理人は，本当は自己または他人の利益をはかるつもりで，本人のためにすることを表示している。そこに，心裡留保に類似した状況をみてとり，同条ただし書を類推するわけである。これによると，代理権の濫用について相手方に悪意または過失があるときに，代理行為は「無効」となる。つまり，本人にその効果が帰属しないことになる。

これに対して，学説では，いわゆる信義則説も主張され，代理権の濫用について相手方に悪意または重過失がある場合は，そのような相手方が代理行為の効果が本人に帰属すると主張するのは，信義に反し許されないとされている[3]。

2　改正の方向

(1)　明文化の必要性

代理権濫用に関する規定を新設するかどうかを検討するに当たっては，まず，代

---

1) 最判昭和38年9月5日民集17巻8号909頁（法人の理事），最判昭和42年4月20日民集21巻3号697頁（任意代理），最判平成4年12月10日民集46巻9号2727頁（法定代理）等。
2) 我妻・総則345頁，幾代・総則312頁等。
3) 四宮240頁以下等。

241

【1.5.33】

理権濫用の位置づけを明らかにしておく必要がある。

代理権濫用は，一般に，代理人が自己または他人の利益をはかるために，客観的にはその権限内にある行為をすることをいうものと理解されている。これは，本人と代理人の内部関係において，代理人に忠実義務が認められるとすると（【3.2.10.04】），この忠実義務違反としてとらえられる。

このような義務はあくまでも本人と代理人の内部関係における義務であり，代理権の範囲はそれとは別に客観的に確定されると考えるのが一般である[4]。代理人が内部関係上の義務に違反しているかどうかは，外部から容易にうかがいしれない場合が多く，そのような義務によって代理権の範囲が画されるとするならば，円滑な代理取引が害されるおそれがある。また，本人もみずから認めた行為が客観的に行われているのだから，その行為に対する責任を問われてもやむを得ず，代理人が背信的な行為をするリスクは，そのような代理人を選んだ本人が負担すべきである。このように考えるならば，代理権の濫用は，無権代理と異なり，それ自体としては有権代理であって，原則として本人にその効果が帰属すると考えられる。

しかし，以上のような考慮から，これを有権代理として考えるとしても，代理人が内部関係上の義務に違反していることが外部からうかがいしれるような場合にまで，同様に考えるべき必要性はない。むしろ，このような場合には，背信行為をされた本人を代理行為への拘束から解放する可能性を認めてよいと考えられる。

このような代理人の忠実義務違反の行為については，すでに【1.5.32】で検討したように，利益相反行為に関する規定を置くこととしている。しかし，同じく代理人の忠実義務違反として位置づけられるとしても，利益相反行為は，「行為の外形」から定型的・客観的に判断されるものであるのに対して，代理権濫用は，代理人の背信的な目的に即して具体的・主観的に判断されるところに違いがある。代理権濫用についてとくに規定を置くことにより，利益相反行為に関する規定だけではその類型に該当しないためにもれる場合でも，背信的な行為をされた本人を一定の限度で保護することが可能になる。

(2) 効果の構成

現在の判例・通説である 93 条類推適用説によると，効果は「無効」とされ，本人に代理行為の効果が帰属しないことになる。

もっとも，代理権濫用の場合は，上述したように，それ自体としては有権代理であり，原則として本人にその効果が帰属すると考えられる。その上で，相手方の信頼を害さない限りにおいて，代理権濫用を理由に例外的に本人への効果帰属を否定しようとするわけであるから，これはまさに効果不帰属主張構成と親和的である。

---

[4] この問題について，山本 I 378 頁以下のほか，佐久間毅「代理権の本質と代理権授与行為の法的性質」同『代理取引の保護法理』（有斐閣，2001）37 頁以下を参照。

第5章 法律行為 第3節 代理および授権　　　　　　　　　　　【1.5.33】

そこで，本提案では，【1.5.32】と同じく，所定の要件がそなわる場合に，「本人は，自己に対してその行為の効力が生じないことを主張できる」と定めることとしている。

(3) 要 件
(a) 濫用要件
　以上のような効果不帰属の主張を認めるための要件は，第1に，代理権の濫用である。これは，上述したように，「代理人が自己または他人の利益をはかるために相手方との間でその代理権の範囲内の法律行為をすること」と定義される。
　ただ，現在の判例法理は，任意代理の場合と法定代理の場合を区別し，親権者の代理権濫用について，代理権濫用が認められるのは，「子の利益を無視して自己又は第三者の利益を図ることのみを目的としてされるなど，親権者に子を代理する権限を授与した法の趣旨に著しく反すると認められる特段の事情」がある場合に限られるとしている。「親権者が子を代理してする法律行為は，親権者と子との利益相反行為に当たらない限り，それをするか否かは子のために親権を行使する親権者が子をめぐる諸般の事情を考慮してする広範な裁量にゆだねられているものとみるべきである」というのが，その理由である[5]。
　このように，法定代理の場合に代理権濫用が認められる場合を限定的に解することについては，学説でも批判が少なくない。親権者は，現民法827条により，子の財産の管理に当たって払うべき注意義務を軽減されているとはいえ，あくまでも「自己のためにするのと同一の注意をもって，その管理権を行わなければならない」。そのような義務に反しているならば，相手方の信頼を害さない限り，子の利益を保護すべきであり，「子の利益を無視して自己または第三者の利益を図ることのみを目的としてされる」場合などに限定すべき理由はないと考えるわけである[6]。
　親権者をはじめ，法定代理人による代理権の行使にどれだけの裁量が認められるべきかは，それぞれの法定代理制度の趣旨によって異なりうる。このこと自体は，判例法理も前提としていることである。そこで，代理権濫用を規定するに当たっては，そのような法定代理制度の趣旨による解釈を許容するような定め方をすることが望ましいと考えられる。本提案で，単に「代理人が自己または他人の利益をはかるために相手方との間でその代理権の範囲内の法律行為をした」場合と規定するのではなく，そのような「法律行為をすることにより，その代理権を濫用した」場合と規定したのは，「代理権を濫用した」場合に当たるかどうかを判断する際に，そのような解釈を許容する趣旨である。

---

5) 前掲注1) 最判平成4年12月10日。
6) 磯村保「判批：最判平成4年12月10日」金法1364号（1993）51頁を参照。

243

(b) 相手方の主観的要件

相手方の主観的要件については，現在の判例・通説である 93 条類推適用説によると，相手方に悪意または過失があることが要件とされる。

もっとも，心裡留保については，【1.5.11】で，非真意表示と狭義の心裡留保を区別し，相手方が真意を知ることを期待して行う非真意表示については，現民法 93 条と同様，相手方に悪意または過失があることを要件とするのに対し，表意者が真意を有するものと相手方に誤信させるため，表意者がその真意でないことを秘匿して行う狭義の心裡留保については，相手方が悪意のときに限り，意思表示の無効を認めることとしている。表意者に真意がないことを理由として意思表示の無効を認めてよいのは，相手方に正当な信頼が認められない場合——悪意または過失がある場合——であるのが原則であるとしても，表意者が相手方を誤信させようとして，意図的に真意を秘匿している場合は，相手方に過失があることを理由に意思表示の無効を主張できるとするのは問題だからである。

これによると，代理権濫用の場合は，相手方からみれば，代理人は本人側に属する者であり，そのような者が背信的な意図を秘匿して代理行為を行っているため，狭義の心裡留保に類すると考えられる。したがって，93 条類推適用説を前提として，【1.5.11】に即して考えるならば，相手方が悪意のときに限り，本人は効果不帰属の主張を行えることになる。これは，代理人に対しては，通常，本人のコントロールを期待することができ，本人は代理人の行為によって利益を得ている以上，その背信的行為によるリスクは本人が負担すべきであるという考え方に基づく。

もっとも，代理権濫用の場合は，狭義の心裡留保の場合と異なり，本人がみずから相手方を誤信させる行為をしているわけではない。このような本人との関係では，少なくとも濫用の事実について善意であっても，重大な過失のある相手方は，本人による効果不帰属の主張を否定できると考えるべきではない。

したがって，本提案〈1〉では，「その濫用の事実を相手方が知り，または知らないことにつき重大な過失があったときは，本人は，自己に対してその行為の効力が生じないことを主張できる」としている。これは，従来の信義則説と，結論的に一致している。

もっとも，このような理由によるとするならば，法定代理の場合は，同様に考えることができない。というのは，法定代理の場合は，本人は，みずから代理人を選んでいるわけではなく，代理人をコントロールすることも期待できない以上，その背信行為のリスクを負担するのが原則であるとはいえないためである[7]。もちろん，代理権濫用の事実を相手方がまったく知りえなかったような場合にまで本人を

---

7) 四宮 240 頁以下。

保護することは，内部的義務によって代理権の範囲が画されている——しかも表見代理も認めない——と考えることに等しく，相手方をいちじるしく不安定な地位に置くことになる。したがって，法定代理の場合でも，少なくとも相手方に過失があるときに，本人の保護，つまり効果不帰属の主張を認めるべきである。

そこで，本提案〈2〉は，「代理人が濫用した代理権が法定代理権である場合」について独立した規定を設け，「その濫用の事実を相手方が知り，または知らないことにつき過失があったときに，本人は，自己に対してその行為の効力が生じないことを主張できる」としている。

3 第三者の保護

代理行為の相手方の信頼は，以上のような要件によって考慮することができるものの，相手方からの転得者等，第三者の保護についてどのように考えるかが問題となる。

ここでも，【1.5.32】で述べたのと同じく，効果不帰属主張構成を採用することとしたため，代理行為の効果は本人に帰属することを原則とする以上，第三者の信頼の保護を善意取得や94条2項類推適用法理などの一般法理に委ねることはできない。したがって，ここで第三者の信頼を保護するためには，どのような場合に第三者との関係で効果不帰属の主張が否定されるかということを定める必要がある。

この問題は，【1.5.32】で述べたように，第三者の側からみれば，本人側の内部的な事情を理由に効果不帰属の主張が認められることになるため，意思表示の無効・取消しに関する問題と同様の問題としてとらえることができる。

意思表示の無効・取消しに関しては，①意思無能力については，第三者保護規定を設けず，②非真意表示・狭義の心裡留保・虚偽表示については，善意の第三者保護，③錯誤・不実表示・詐欺・強迫・断定的判断の提供に基づく誤認・困惑による取消しについては，善意無過失の第三者保護を定めることとしている。これは，基本的には，無効・取消しの要件をみたす以上，その効果が認められ，相手方が例外的に保護されるためには，正当な信頼，つまり善意無過失が必要であるという考え方を前提としている。その上で，表意者が真意でないことを知りつつ任意に誤った意思表示をした場合——②に相当する場合——は，そのような者が第三者に過失があると主張できるのは不当であると考え，第三者は善意であれば足りるとしている。

上述したように，代理権濫用の場合も，第三者からみれば，代理人は本人の側に属する者であり，そのような者が背信的な意図を秘匿して代理行為を行っている以上，②の系列に類すると考えるべきである。したがって，ここでは，第三者の保護要件として，善意に加えて無過失まで要求することはできないと考えられる。

【1.5.34】　　　　　　　　　　　　　　　　　　　　　　第1編　総則

ただし，代理権濫用の場合は，本人自身は知りつつそのような行為をしたわけではないため，重大な過失のある第三者まで，そのような本人による効果不帰属の主張を否定できると考えるべきではない。

そこで，本提案〈3〉では，【1.5.32】〈3〉と同様に，濫用の事実について第三者が善意であり，かつ，重大な過失がなかったときに，本人は効果の不帰属を主張できないとしている。

《比較法》　フランス民法（カタラ草案）1119-3条，イタリア民法1394条

【1.5.34】（代理権の消滅事由）
〈1〉　任意代理権は，特段の合意がある場合を除き，その任意代理権が与えられる原因となった契約が終了したときに，消滅する。ただし，【3.2.10.17】により，代理人またはその相続人もしくは法定代理人が必要な処分をしなければならないときは，その限度で任意代理権は消滅しないものとする。
〈2〉　法定代理権は，次に掲げる事由によって消滅する。
　〈ア〉　本人の死亡または代理人の死亡
　〈イ〉　代理人が破産手続開始の決定を受けたこと
　〈ウ〉　代理人が後見開始の審判を受けたこと

〔関連条文〕　現民法111条（改正）
〔参照提案〕　【1.5.27】，【3.2.10.16】，【3.2.10.17】

提　案　要　旨

1　現民法111条は，1項で，代理権一般の——つまり「委任による代理権」と法律による代理権に共通する——消滅原因として，「本人の死亡」と「代理人の死亡又は代理人が破産手続開始の決定若しくは後見開始の審判を受けたこと」を規定し，2項で，「委任による代理権」の消滅原因として，「前項各号に掲げる事由」のほか，「委任の終了」を規定している。もっとも，委任については，現民法653条で，111条1項各号と同様の事由が委任の終了事由に含められているため，111条2項は，「前項各号に掲げる事由」に関しては重複することになっている（この点は現民法653条に相当する【3.2.10.16】（委任の終了事由）でも同様である）。

2　以上のように，現民法111条に関しては，少なくとも整理が必要と考えられることから，本提案では，任意代理権と法定代理権を区別した上で，それぞれ次

246

第5章 法律行為　第3節 代理および授権　　　　　　　　　【1.5.34】

のように修正することとしている。

　まず，本提案〈1〉で，任意代理権は，特段の合意がある場合を除き，任意代理権が与えられる原因となった契約が終了したときに，消滅するものとする。さらに，現民法654条に相当する【3.2.10.17】（受任者の善処義務）により，代理人またはその相続人もしくは法定代理人が必要な処分をしなければならないときは，その限度で任意代理権は消滅しないものとしている。

　また，本提案〈2〉では，法定代理権に関して，現民法111条1項を基本的に維持することとした上で，わかりやすさの観点から，現民法653条にならって，〈ア〉で死亡，〈イ〉で破産手続開始の決定，〈ウ〉で後見開始の審判という事由ごとに規定することとしている。

　このうち，後見開始の審判については，【1.5.27】（代理人の行為能力）でもふれたように，これを代理権の消滅事由とすることは，親族法の規定と抵触している。というのは，後見法では，ノーマライゼーションの考え方から，後見開始の審判を受けたことは，後見人の欠格事由とされていないからである（現民法847条）。もっとも，現実の問題として，成年被後見人が後見人になることが本人にとって積極的に望ましいと考えられているわけではなく，後見法でも，実際には，そのような者が家庭裁判所によって後見人に選任されることはないと想定されていた。

　ここで，仮に両者の抵触をなくすため，現民法111条1項2号を削除すれば，事後的に後見人が後見開始の審判を受けたときは，一定の要件──「後見の任務に適しない事由があるとき」──のもとで解任請求（現民法846条）によって対処するしかないことになる。しかし，後見人が後見開始の審判を受けたことがただちに「後見の任務に適しない事由」に当たるとするのは，後見人の欠格事由に当たるとするのと変わりはなく，前提となる考え方と齟齬を来さざるをえない。

　このように，後見法の理念と現実との間にはジレンマが存在しているのであり，現民法111条1項2号は，そうしたジレンマが顕在化するのを防ぐ役割をはたしていると評することもできる。このことは，同号，およびそれと関連する現民法102条の当否は，後見法の見直しと切り離して語れないことを意味している。

　しかし，本委員会の作業対象は債権法を中心としたものであり，親族法は当面の対象としていない。そのため，現民法111条1項2号についても，ここで親族法を含めた抜本的な改正を提案することはできず，全面的な見直しは将来の課題とせざるをえない。そこで，本提案〈2〉では，差し当たり同項をそのまま維持することとしている（ただし，【1.5.27】でもふれたように，現民法102条については，最低限必要な手当てを行うという考え方もある）。

　3　現民法111条は，表見代理に関する109条および110条に続いて，112条のいわば前提として定められている。

247

【1.5.34】

しかし，現在では，現民法112条も，表見代理，つまり本来は無権代理であるけれども，例外的に代理権があるものとみなされる場合であると理解するのが一般である。【1.5.37】（代理権消滅後の表見代理）では，これに従い，同条が表見代理に関する規定であることを明確化することとしている。そこで，本提案では，現民法111条に相当する規定は，第1目「基本原則」の中に定めることとしている。

解　説

1　現行法の状況

現民法111条は，1項で，代理権一般の——つまり「委任による代理権」と法律による代理権に共通する——消滅原因として，「本人の死亡」（1号）と「代理人の死亡又は代理人が破産手続開始の決定若しくは後見開始の審判を受けたこと」（2号）を規定し，2項で，「委任による代理権」の消滅原因として，「前項各号に掲げる事由」をのほか，「委任の終了」を規定している。

もっとも，委任については，現民法653条で，現民法111条1項各号と同様の事由が「委任の終了事由」として含められている。そのため，現民法111条2項は，「前項各号に掲げる事由」に関しては重複することになっている。

「委任による代理権」については，「委任の終了」を消滅原因として挙げているのに対し，法律による代理権については，それに相当する消滅原因を挙げていないのは，そのような消滅原因は各種の法定代理人によって違うため，親族編のそれぞれの個所で規定することを予定しているからであるとされている[1]。

2　改正の方向

以上のように，現民法111条に関しては，少なくとも整理が必要と考えられることから，本提案では，任意代理権と法定代理権に区別した上で，それぞれ次のように修正することとしている。

(1)　任意代理権の消滅事由

本提案〈1〉では，まず，任意代理権は，「特段の合意がある場合を除き，その任意代理権が与えられる原因となった契約が終了したときに，消滅する」としている。

ここでは，現民法111条1項各号に相当するものを挙げていない。しかし，これらの事由は，現民法653条に相当する【3.2.10.16】で，委任の終了事由とされているため，「その任意代理権が与えられる原因となった契約が終了したとき」に吸収

---

[1] 第9回帝国議会の民法審議126頁〔富井政章〕。

第5章 法律行為 第3節 代理および授権 【1.5.34】

されることになる。

「特段の合意がある場合を除き」としているのは、任意代理の場合は、当然のことである。現民法のもとでも、任意代理では、特約によって、本人または代理人の死亡にかかわらず代理権が消滅しないとすることができるとされている[2]。

本提案〈1〉では、さらに、現民法654条に相当する【3.2.10.17】により「代理人またはその相続人もしくは法定代理人が必要な処分をしなければならないときは、その限度で任意代理権は消滅しないものとする」としている。これは、現民法654条のもとでも同様に考えられているのを明文化したものである[3]。

(2) 法定代理権の消滅事由

本提案〈2〉では、法定代理権に関して、現民法111条1項を基本的に維持することとした上で、わかりやすさの観点から、現民法653条にならって、〈ア〉で死亡、〈イ〉で破産手続開始の決定、〈ウ〉で後見開始の審判という事由ごとに規定することとしている。

このうち、後見開始の審判については、【1.5.27】でもふれたように、これを代理権の消滅事由とすることは親族法の規定と抵触しているという問題がある[4]。

1999(平成11)年の改正までは、民法旧846条2号により、禁治産者と準禁治産者は、後見人になることができないとされていたのに対し、改正によって、この欠格事由は削除された(現民法847条)。これは、ノーマライゼーションの考え方から、成年被後見人が一律に後見人となることができないとするのは問題だと考えられたためである。

---

2) 最判昭和31年6月1日民集10巻6号612頁。
3) 我妻・総則359頁等。
4) 現民法の起草委員(富井政章)は、現民法102条と111条の関係について、「第111条ハ、初メ能力者デアッタ者ガ禁治産者ニナッタヤウナ場合ヲ見タノデ、第102条ハ、初メカラ無能力者デアル者ニデモ、委任シテ構ハヌ」、「此者ハ禁治産者デアル、併ナカラ精神ノ錯乱スルコトハ、屢々ナクシテ、多クノ時間ニハ精神ガ確カデアルカラ、代理人トシテ差支ナイ、縦シヤ全ク精神ガ錯乱シテ居ル時ニ行為ヲ為シテモ、其行為ハ第101条ニ依ッテ無効デアリマスニ依ッテ、尚更心配ハナイ、委任者ノ意思ガ果シテサウデアレバ、代理人ト云フモノハ全ク委任者ノ手足器械デハナイトシテモ、無能力者デアッテ少シモ害ガナイコトデ、必ズシモ能力者デナケレバナラヌト云フコトニナッテハ、却テ不便デアラウト思ッテ、第102条ノ規定ヲ置イタノデアリマス」、「併シ111条ノ場合ハ、初メ能力者デアッタ者ガ、禁治産者ニナッタ場合デ、ソレデモ矢張代理人トシテ法律行為ガ出来ルトシテ置イテハ、ソレコソ甚ダ危険デアル、本人ノ意思ニ悖ルコトガ多カラウト思フ、夫故ニ一般ノ規定トシテハ代理権ガ解ケルトシタ方ガ宜カラウ、ト思ヒマシタ」と述べている(第9回帝国議会の民法審議126頁)。ここからも、現民法102条は任意代理を想定した規定として理解され、102条と111条が併置されたのもそのためだということがわかる。しかし、102条を法定代理も含む規定として広く定め、しかも、以下で述べるように、親族法でも制限行為能力者が法定代理人となることを排除しないとするならば、111条との抵触が不可避となる。

249

【1.5.34】

しかし，このように，後見法によると，成年被後見人が法定代理人となることは排除されていないにもかかわらず，後見開始の審判を受けただけで代理権が消滅するとするのは，抵触しているといわざるをえない。後見法の立場を貫けば，本来，現民法 111 条 1 項 2 号は削除する必要があるはずである。

もっとも，現実の問題として，成年被後見人が後見人になることが，本人にとって積極的に望ましいと考えられているわけではなく，後見法でも，現実には，そのような者が家庭裁判所によって実際に後見人に選任されることはないと想定されていた。したがって，単純に現民法 111 条 1 項 2 号を削除すれば，事後的に後見人が後見開始の審判を受けたときは，一定の要件──「後見の任務に適しない事由があるとき」──のもとで解任請求（現民法 846 条）によって対処するしかないことになる。しかし，後見人が後見開始の審判を受けたことがただちに「後見の任務に適しない事由」に当たるとするのは，後見人の欠格事由に当たるとするのと変わりはなく，前提となる考え方と齟齬を来さざるをえない。

このように，後見法の理念と現実との間にはジレンマが存在しているのであり，現民法 111 条 1 項 2 号は，そうしたジレンマが顕在化するのを防ぐ役割をはたしていると評することもできる。このことは，同号の当否は，後見法の見直しと切り離して語れないことを意味している。

したがって，法定代理に関する限り，現民法 111 条 1 項 2 号に相当する規定を見直すためには，本来，親族法の改正を含めて検討せざるをえない。しかし，本委員会の作業対象は債権法を中心としたものであり，親族法は当面の対象としていない。そのため，同号についても，ここで親族法も含めた抜本的な改正を提案することはできず，全面的な見直しは将来の課題とせざるをえない。

そこで，本提案〈2〉では，差し当たり現民法 111 条 1 項をそのまま維持することとしている（ただし，【1.5.27】でもふれたように，現民法 102 条については，最低限必要な手当てを行うという考え方もある）。

3　規定の位置

現民法 111 条は，表見代理に関する現民法 109 条および 110 条に続いて，112 条のいわば前提として定められている。これは，112 条が，111 条による「代理権の消滅」は善意の第三者に「対抗することができない」という構成を採用していることによる。

しかし，現在では，現民法 112 条も，表見代理，つまり本来は無権代理であるけれども，例外的に代理権があるものとみなされる場合であると理解するのが一般である。2004（平成 16）年の民法現代語化に際しても，同条には「代理権消滅後の表見代理」という標題が付記されている。

第5章　法律行為　第3節　代理および授権　　　　　　　　　　　【1.5.J】

【1.5.37】で検討するように，現民法112条については，これに従い，表見代理に関する規定であることを明確化することとしている。これによると，現民法112条に相当する規定は，109条および110条に相当する規定に続けて定めるのが望ましい。

そこで，本提案では，現民法111条に相当する規定は，第1目「基本原則」の中に定めることとしている。

《比較法》　フランス民法1991条・2003条～2010条，フランス民法（カタラ草案）1120-2条，イタリア民法1396条・1397条・1722条・1728条，ドイツ民法168条～176条・671条～673条，オーストリア民法1020条～1026条，スイス債務法34条～37条，オランダ民法3:72条・3:73条，韓国民法127条・128条，中華民国民法107条～109条，中国民法通則69条・70条，カンボディア民法368条，第3次代理法リステイトメント3.06条～3.11条，国際動産売買における代理に関する条約17条～20条，UNIDROIT(2004)2.2.10条，PECL3:209条，DCFRⅡ-6:112条

【1.5.J】（商行為の委任による代理権の消滅事由の特例）
　商法506条に相当する規律は，商法に存置する。ただし，商法506条に相当する規定の要否とその内容については，商法の側でなお慎重な検討を要する。

〔関連条文〕　現民法111条，商法506条
〔参照提案〕　【3.2.10.16】

提　案　要　旨

　商法506条は，「商行為の委任による代理権は，本人の死亡によっては，消滅しない」と定める。この規定の適用対象は，実質的には個人商人に限られるほか，一定の場合にその例外を認める必要性も考えられることが指摘されている。

　上述したように，【1.5.34】（代理権の消滅事由）〈1〉では，任意代理権については，その任意代理権が与えられる原因となった契約が終了したときに，任意代理権も消滅することとしている。これによると，商法506条を民法に統合するかどうかは，委任の終了事由によることになる。【3.2.10.16】（委任の終了事由）では，同条を一般法化したり，事業者に関する特則として民法に統合したりすることは予定されていないため，同条は商法に存置することとなる。ただし，同条に相当する規定の要否とその内容については，商法の側でなお慎重な検討を要する。

251

【1.5.J】

解　説

　商法506条は，「商行為の委任による代理権は，本人の死亡によっては，消滅しない」と定める。

　この規定の「商行為の委任による代理権」については，商行為について代理する権限と解する見解もあるが，判例[1]は，代理権を授与する行為である委任が委任者にとって商行為である場合，つまり商行為である代理権授与行為によって与えられた代理権に基づいて代理がされた場合と解している。

　商行為法WG報告書（506条）では，商法506条が実質的に意義を有するのは，個人商人が商業使用人や代理商に対して営業上の行為の委任をするような場合であり（この委任は附属的商行為に該当するとされる），このような商業使用人のケースなどを念頭に置いた限定をした上で本条を維持することが望ましいとしている。ただし，営業のための行為すべてについて代理権が存続するということが適切でない場合も考えられるとし，たとえば1回限りの高額の取引や営業主の死亡により営業が廃止されるべき場合などについては，例外を設けることが検討される必要があるとする。しかし，そのような例外を規定すれば，代理権が存続するかどうかが不明確になるという問題があることも指摘されている。

　民法との統合の可能性については，「商人以外の事業者にも本条の適用範囲を拡大した上で民法に統合することも考えられなくはないが，本条の適用対象が実質的に個人商人に限られるものとすれば，事業者についても個人事業者に実質的に限られることになろう」とし，「医者や弁護士のような者が個人事業者としてまずは想定されるが，そのほかにどのような個人事業者がありうるかを考えながら統合の可否を検討すべきであろう」とする。結論として，同報告書は，「民法において代理権が本人の死亡によっては消滅しないことがありうるとする規律をどのように具体化するかにもよるが，適切な定型的要件を確定した上で商法に代理権が消滅しない場合に関する特則を設けることは十分検討に値する」としている。

　【1.5.34】（代理権の消滅事由）〈1〉では，任意代理権については，その任意代理権が与えられる原因となった契約が終了したときに，任意代理権も消滅することとしている。これによると，商法506条を民法に統合するかどうかは，委任の終了事由の検討に委ねられることになる。

　しかし，「委任の終了事由」に関する【3.2.10.16】では，委任者の死亡について，「特定の事務を目的とする委任であって，委任者の死亡によっても終了しない旨の合意があったときは，この限りでない」とするただし書を付加するかどうかが検討

---

1)　大判昭和13年8月1日民集17巻1597頁。

第5章 法律行為　第3節　代理および授権　　　　　　　　【1.5.K】

されるにとどまり，それを超えて商法506条を一般法化したり，民法に統合したりすることは予定されていない。したがって，同条に相当する規定は商法に存置することとなる。ただし，その上で，同条に相当する規定の要否とその内容については，商法の側でなお慎重に検討する必要がある。

第2目　表見代理

【1.5.K】（表見代理の類型）
〈1〉　表見代理に関しては，現民法どおり，個別類型を定めることとし，包括的規定は置かない。
〈2〉　その際，現民法の3類型——代理権授与の表示による表見代理，権限外の行為の表見代理，代理権消滅後の表見代理——を維持し，必要な修正を行うにとどめる。

提　案　要　旨

　1　現民法は，表見代理について，109条に代理権授与の表示による表見代理，110条に権限外の行為の表見代理，112条に代理権消滅後の表見代理を規定している。この3つの類型は，実務上定着しているほか，従来の裁判例をみても，表見代理として問題となる場面を——重畳適用の問題は残るものの——ひとまずカバーしていると考えられる。そこで，本提案〈1〉では，表見代理に関しては，現行法どおり，個別類型を定めることとし，包括的規定は置かないこととしている。
　2　現民法の3類型については，相互に重複する場合があるほか，重畳適用の可能性が議論されている。
　まず，現民法109条は，「他人」が代理権を授与されている場合も適用を排除しない構造になっているため，現民法110条と重複して問題となりうる。しかし，問題は，重複することそのものにあるのではなく，いずれの規定によるかによって結論が違ってくるかどうかにある。この点について，仮に違いが生じないとするならば，あえて重複を避けるための措置をとる必要はないと考えられる。
　また，重畳適用の可能性については，とくに，①本人が相手方に表示した代理権の範囲を越えた代理行為が行われた場合と，②代理権が消滅した後，その代理権の範囲を越えた代理行為が行われた場合が問題とされている。このうち，①の場合に重畳適用が認められることを明確化するためには，現民法109条に相当する規定にその旨を付加する規定を置けば足りる。また，②についても，現民法112条に相当

253

する規定にその旨を付加する規定を置けば足りる。したがって，あえて現民法の3類型を組み換える必要はないと考えられる。
　3　現民法の3類型のほかに，新たな類型を創設する要請は，現在のところないとみることができる。そこで，本提案〈2〉では，現行の3類型を維持した上で，必要な修正を行うにとどめることとしている。

《比較法》　フランス民法2005条～2009条，フランス民法（カタラ草案）1119-3条，ドイツ民法169条～176条，オーストリア民法1026条，スイス債務法36条・37条，オランダ民法3:61条・3:76条，韓国民法125条・126条・129条，中華民国民法107条，中国統一契約法49条・50条，カンボディア民法372条，第3次代理法リステイトメント2.03条・2.05条・3.03条・3.10条・3.11条，国際動産売買における代理に関する条約14条・19条，UNIDROIT（2004）2.2.5条・2.2.10条，PECL3:201条・3:209条，DCFRⅡ-6:103条

【1.5.35】（代理権授与の表示による表見代理）
〈1〉　相手方に対して他人に代理権を与えた旨を表示した者は，次のいずれかに該当する場合を除き，その代理権の範囲内においてその他人が相手方との間でした行為について，自己に対してその行為の効力が生じないことを主張できない。
　〈ｱ〉　相手方に対して他人に代理権を与えた旨を表示した者が，その表示された代理権を与えていないことを知らなかった場合。ただし，その者に重大な過失があるときは，この限りでない。
　〈ｲ〉　相手方が，その表示された代理権が与えられていないことを知っていた場合。
　〈ｳ〉　相手方が，その表示された代理権が与えられていないことを過失によって知らなかった場合。ただし，相手方に対して他人に代理権を与えた旨を表示した者が，その表示された代理権を与えていないことを知りながら，その表示された代理権を与えたものと相手方を誤信させるためにその表示をしたときは，この限りでない。
〈2〉　相手方に対して他人に代理権を与えた旨を表示した者は，その代理権の範囲を越えてその他人が相手方との間でした行為についても，相手方がその行為についてその他人に代理権があると信ずべき正当な理由があるときは，〈1〉と同様とする。
〈3〉　〈1〉〈2〉は，相手方に対して自己の名称を使用して法律行為をするこ

第5章 法律行為　第3節　代理および授権　　　　　　　　　　　【1.5.35】

を他人に認めた場合に準用する。

〈4〉　他人に代理権を与える旨の書面（この提案では，【3.1.1.04】にいう電子的記録を含む。）を交付した者は，その他人が相手方に対してその書面を呈示したときは，相手方に対しその他人にその書面に記載された代理権を与えた旨を表示したものと推定する。代理人を特定せずに代理権を与える旨の書面を交付した者も，その書面を取得した者が相手方に対してその書面を呈示したときは，相手方に対してその者にその書面に記載された代理権を与えた旨を表示したものと推定する。

〔関連条文〕　現民法109条（改正）
〔参照提案〕　【1.5.36】，【3.1.1.04】

提　案　要　旨

　1　現民法109条のように，本人が相手方に対して代理権授与の表示をした場合に，それを信じた相手方を保護する規定は必要である。したがって，この規定は，基本的に維持してよいと考えられる。ただし，本提案では，規定の趣旨をわかりやすくするという観点から，次の3つの修正を行うこととしている。
　第1に，代理権授与の表示がされた相手を「第三者」と呼ぶのではなく，代理行為の相手方であることを明確にするために，これを「相手方」に改めている。
　第2に，効果として，代理権授与表示をした者が「その責任を負う」と定めているのを，一般的な理解に従い，「自己に対してその行為の効力が生じないことを主張できない」と改めている。
　第3に，ただし書で，「その他人が代理権を与えられていないことを知り」と定めているのを，その趣旨を明確にするために，「その表示された代理権が与えられていないこと」に改めている。
　2　このほか，現民法109条に定められた代理権授与表示は，いわゆる観念の通知であり，意思表示ではないとされる。しかし，同条により，法律行為をしたのと同じ効果が認められることから，一般に，能力および意思表示に関する規定を類推すべきであると考えられている。このうち，次の2つの点は，表見代理の成否を左右するものとして，とくに明確化を要すると考えられる。
　第1に，代理権授与表示をした者が，その表示された代理権を与えていないことを知りながら表示をした場合は，真意を秘匿して表示した狭義の心裡留保に関する規定（【1.5.11】（心裡留保））が類推される。これによると，相手方に悪意がある場合に限り，その表示をした者は，自己に対してその効力が生じないと主張できる。そこで，本提案〈1〉〈ウ〉のただし書は，「相手方に対して他人に代理権を与えた旨

255

を表示した者が，その表示された代理権を与えていないことを知りながら，その表示された代理権を与えたものと相手方を誤信させるためにその表示をしたときは，この限りでない」としている。

　第2に，代理権授与表示をした者が，その表示された代理権を与えていないことを知らずに表示をした場合は，錯誤に関する規定が類推される。そこで，本提案〈1〉〈ア〉では，錯誤の規律に即して，「相手方に対して他人に代理権を与えた旨を表示した者が，その表示された代理権を与えていないことを知らなかった場合」は，自己に対してその効力が生じないと主張できるとし，その表示をした者に「重大な過失があるときは」，その例外を認めることとしている。

　3　現民法109条は，表見代理が成立するための要件として，代理権を与えた旨を表示された他人が「その代理権の範囲内において」相手方との間で行為をしたことが必要とされている。これに対し，その他人がその代理権の範囲を越えて相手方との間でした行為については，判例は，現民法109条と110条を重畳的に適用することにより，相手方がその行為についてその他人に代理権があると信じ，かつ，そのように信ずべき正当な理由があるときは，本人が責任を負うとしている。本提案〈2〉は，これを明文化している。

　4　他人に自己の名称を使用して法律行為をすることを認めた場合についても，判例は，「民法109条，商法23条〔現14条〕等の法理」に照らし，外形を信頼して取引した第三者に対する責任を認めている。本提案〈3〉は，これに従い，「相手方に対して自己の名称を使用して法律行為をすることを他人に認めた場合」に，代理権授与表示による表見代理を認める規定を準用することとしている。

　5　現民法109条については，法定代理についても適用されるかどうかについて議論がある。しかし，法定代理権を本人が授与する旨の表示をしても意味がないことから，同条は任意代理にのみ適用されると考えるのが一般である。そこで，本提案では，「代理権を与えた旨の表示をした者」と規定することにより，任意代理のみを対象とすることを示している。

　6　現民法109条が実際に適用される主たる場面は，白紙委任状が交付された場合であり，すでに判例法理が確立している。本提案〈4〉では，ルールの明確化をはかるために，可能な範囲でそれを明文化することとしている。その際，代理権授与表示との関係で意味を持つのは，代理権の授与を内容としているものであることから，「委任状」ではなく，「他人に代理権を与える旨の書面」という表現を用いることとしている。なお，この場合の「書面」は，紙媒体に限定する趣旨ではなく，【3.1.1.04】（書面の定義）にいう電子的記録を含むものである。

　まず，被交付者濫用型——本人から白紙委任状を直接交付された者が，本人から代理権を与えられていないにもかかわらず，白紙委任状を濫用して無権代理行為を

第5章 法律行為　第3節　代理および授権　　　　　　　　　　　　【1.5.35】

する場合——のうち，白地部分が補充されて呈示された場合は，特別な事情がない限り，相手方からみれば，本人に相当する者がそのような表示をしたと理解することに合理性がある。それに対して，白地部分が補充されないまま呈示された場合は，それだけで，代理権授与表示があると信じても合理性はない。そこで，本提案〈4〉は，これを代理権授与表示に関する推定ルールとして構成することとし，「他人に代理権を与える旨の書面を交付した者は，その他人が相手方に対してその書面を呈示したときは，相手方に対しその他人にその書面に記載された代理権を与えた旨を表示したものと推定する」と定めている。

次に，転得者濫用型——白紙委任状を直接交付された者からさらに別の者が白紙委任状を取得し，代理人欄が空白になっているのを利用して代理行為をする場合——のうち，委任事項欄が濫用された場合は，相手方からみれば，濫用された内容で代理権を授与する旨の表示をしたと解することができ，本人がそこまで代理権を授与することを意図していなかったという事情は，錯誤に類すると考えられる。しかし，本提案〈1〉〈7〉では，錯誤に相当するルールを明文化することとしているため，これにより代理権授与表示をした者の保護は必要な限度ではかることが可能である。

そこで，本提案〈4〉では，転得者濫用型についても，代理権授与表示の推定ルールとして規定するにとどめることとしている。そのような推定を認めることに合理性があると考えられるのは，呈示された書面に代理権の範囲が記載されている場合であるため，本提案〈4〉の後段では，「代理人を特定せずに代理権を与える旨の書面を交付した者も，その書面を取得した者が相手方に対してその書面を呈示したときは，相手方に対してその者にその書面に記載された代理権を与えた旨を表示したものと推定する」としている。

解　説

1　規定の必要性と定式の明確化

現民法109条は，「第三者に対して他人に代理権を与えた旨を表示した者は，その代理権の範囲内においてその他人が第三者との間でした行為について，その責任を負う」とした上で，「ただし，第三者が，その他人が代理権を与えられていないことを知り，または過失によって知らなかったときは，この限りでない」と定めている。

この規定については，起草過程で，いわゆる単独授権ないし外部授権（有権代理）を認めたものとする立場（富井政章）もみられたが，あくまでも無権代理であることを前提として，表示を信じた相手方を保護するためにそのような表示をした

本人の責任を認めた規定，つまり表見代理を認めた規定として理解するのが一般である[1]。

このように，本人が相手方に対して代理権授与の表示をした場合に，それを信じた相手方を保護する規定は必要である。したがって，現民法109条は，基本的に維持してよいと考えられる。

ただし，現民法109条の内容は，一読して，必ずしもわかりやすいものとはいえない。そこで，本提案では，規定の趣旨をわかりやすくするという観点から，次の3つの修正を行うこととしている。

第1に，現民法109条は，代理権授与の表示がされた相手を「第三者」と呼んでいるため，その「第三者」が代理行為の相手方であることがただちにわかりにくくなっている。そこで，この点を明確にするため，本提案では，「第三者」を「相手方」に改めることとしている。

第2に，現民法109条では，効果として，代理権授与表示をした者が「その責任を負う」と定めている。これは，本人が，無権代理人の行為であることを理由としてその行為の効果が自分に帰属することを拒絶できない——自分から相手方に対して効果の帰属を主張できるわけではない——という趣旨である。表見代理は相手方保護のための制度であるから，それを主張するかどうかは相手方の自由であり，相手方が表見代理を理由に効果の帰属を主張するときは，本人はそれを拒絶できないだけだと考えるわけである。これによると，「その責任を負う」といっても，相手方が表見代理の主張をするときは，本人に効果が帰属することになり，義務を負担するだけでなく，権利も取得すると考えるのが一般である[2]。

そこで，この趣旨を明確にするために，本提案では，代理権授与表示をした者は「自己に対してその行為の効力が生じないことを主張できない」と改めることとしている。これによると，相手方が現民法115条に相当する【1.5.42】（無権代理の相手方の撤回権）により自己の申込みまたは承諾の意思表示を撤回したときに，本人が表見代理の成立を理由に「その行為の効力が生ずる」と主張できないことも，よりいっそう明確になる。

第3に，現民法109条は，ただし書で，「第三者が，その他人が代理権を与えられていないことを知り，又は過失によって知らなかった」ときに，表見代理の成立を否定している。そこで「その他人が代理権を与えられていない」とは，本文にお

---

1) 現民法109条の起草過程およびその後の判例・学説の展開については，安永正昭「表見代理」民法講座 I 489頁，田山輝明「民法109条・110条・112条・117条（無権代理）」百年 II 199頁（とくに207頁以下）のほか，海老原明夫「有権代理・表見代理・無権代理(1)～(4)」ジュリ988号8頁・990号10頁・992号10頁・993号6頁（1991～1992）も参照。
2) 我妻・総則366頁，幾代・総則401頁以下等。

いて「他人に代理権を与えた旨を表示した」ことを受けて，そこで表示されたとおりにその他人が代理権を与えられていないことを意味している。しかし，この対応関係が文脈に委ねられているため，必ずしもわかりやすいとはいえない。そこで，本提案では，この点を明確にするため，ただし書で「その他人が代理権を与えられていないこと」を「その表示された代理権が与えられていないこと」に改めることとしている。

2 要件構成

現民法 109 条は，「第三者に対して他人に代理権を与えた旨を表示した」ことを表見代理の成立要件として定め，「第三者が，その他人が代理権を与えられていないことを知り，又は過失によって知らなかった」ことをその阻却要件として定めている。このうち，代理権授与表示を成立要件として定めることは，基本的に維持してよいが，阻却要件については，再検討を要すると考えられる。

(1) 現行法の状況

まず，現民法 109 条に定められた代理権授与表示は，いわゆる観念の通知であり，意思表示ではないとされる。しかし，同条により，法律行為をしたのと同じ効果が認められることから，一般に，能力および意思表示に関する規定を類推すべきであると考えられている[3]。

このほか，代理権授与表示の確定方法については，明言されることは少ないものの，おそらく一般には，表示の外形から客観的に判断されるべきであると考えられているとみてよいだろう。もっとも，学説の中には，この場合も，意思表示の解釈方法を適用ないし類推すべきであり，意思表示の解釈方法としていわゆる意味付与比較説を採用するならば，代理権授与表示があったかどうかについても，表示者と相手方が当該表示に付与した意味のいずれに正当性があるかによって判断すべきであると主張する見解もある[4]。この見解は，2004（平成 16）年民法現代語化により，相手方の主観的要件が明定された後は，代理権授与表示の存否そのものは客観的に判断し，それとは別に相手方の主観的態様を問題とすることにならざるをえなくなったものの，全体としては意味付与比較説と同様の判断が行われることに変わりはないとしている[5]。

阻却要件のうち，当初から規定されていたのは，相手方の悪意だけである。しかし，その後，相手方の正当な信頼を保護するという現民法 109 条の趣旨に照らし

---

3) 我妻・総則 365 頁，四宮 258 頁，佐久間毅「民法 109 条の表見代理」同『代理取引の保護法理』（有斐閣，2001・初出 1998〜1999）135 頁以下等。
4) 佐久間・前掲注 3) 108 頁以下。
5) 佐久間(1) 265 頁以下。

て，相手方が過失によって知らなかった場合も，表見代理の成立を否定すべきであるとする判例法理が確立し[6]，2004年の民法現代語化の際に，それが明文化されるに至った。

(2) 改正の方向
(a) 意思表示に関する規定と対比した阻却要件の整備

まず，代理権授与表示について，能力および意思表示に関する規定が類推されるとしても，そのことを明文で定めるかどうかは，別問題である。他にも準法律行為に相当する行為が数多くある中で，この代理権授与表示についてのみ準用規定を置くならば，他の準法律行為について，解釈上の疑義を招くことになる。したがって，この点については，基本的に解釈に委ねるべきであると考えられる。

ただ，どの規定をどのように準用すべきかという点について疑義があるなど，とくに明確化を要すると考えられる問題については，実際にどのような要件のもとに表見代理の成否が左右されるかを明確に定めるべきである。このような観点からすると，少なくとも，次の2つの点について，現民法109条は修正する必要があると考えられる。

第1に，代理権授与表示をした者が，その表示された代理権を与えていないことを知りながら表示をした場合は，真意を秘匿して表示した狭義の心裡留保に関する規定が類推されることになる。【1.5.11】（心裡留保）では，非真意表示と狭義の心裡留保を区別した上で，前者については現民法93条と同様とするのに対し，後者については相手方に悪意がある場合に限り意思表示の無効を認めることとしている。これによると，現民法109条どおりに，相手方に過失がある場合に常に表見代理の成立を否定することは，狭義の心裡留保に関するルールと抵触することになる。実際，代理権授与表示をした者が，その表示された代理権が与えられていないことを知りながら，相手方にその表示された代理権が与えられていることを信じさせるためにその表示をしたときは，そのような表示を信じた相手方に過失があるという主張を認めるべきではない。したがって，相手方の過失を表見代理の阻却要件として定めるとしても，このような狭義の心裡留保に相当する場合は，それを認めないとすることを明文で定めるべきである。本提案〈1〉〈ウ〉のただし書は，このような考慮から，「相手方に対して他人に代理権を与えた旨を表示した者が，その表示された代理権を与えていないことを知りながら，その表示された代理権を与えたものと相手方を誤信させるためにその表示をしたときは，この限りでない」としている。

第2に，代理権授与表示をした者が，その表示された代理権を与えていないこと

───────
[6] 最判昭和41年4月22日民集20巻4号752頁。

を知らずに表示をした場合は，錯誤に関する規定が類推されることになる[7]。もっとも，表見代理に関する規定は，表示の外観を信じた相手方を保護することを目的とするという観点からすると，表示をした側の内部事情を考慮して，表見代理の成立を否定してよいかどうかについて，疑義が生じる可能性がある。しかし，本来の意思表示についても，たとえ相手方がその意思表示を信頼したとしても，表意者に錯誤があれば，その拘束力からの解放が認められる以上，意思表示をしたのと同様の効果が認められる表見代理についても，代理権授与表示について錯誤に相当するものがあれば，同様にその拘束力からの解放に相当するものを認めることが要請される。したがって，この点を明確にするために，本提案〈1〉〈7〉では，錯誤の規律に即して，「相手方に対して他人に代理権を与えた旨を表示した者が，その表示された代理権を与えていないことを知らなかった場合」は，自己に対してその効力が生じないと主張できるとし，その表示をした者に「重大な過失があるときは」，その例外を認めることとしている。

(b) 代理権授与表示の意味と射程

代理権授与表示の確定方法については，とくに明文で定めることは難しい。現民法と同様，この点は解釈に委ねざるをえない。ただし，上述したように，現民法109条に関しては，代理権授与表示の有無自体は，表示の外形から客観的に判断することで一致をみている。上記の阻却要件も，このことを前提としている。

このほか，現民法109条においては，どのような場合に代理権授与表示が行われたとみるかについて，とくに次の2つのものが問題とされている。

第1は，他人に肩書き等を付与する場合である。このようなものも，その肩書き等が客観的にみて代理権の存在を推測させるものであるときは，代理権授与表示として認められている。たとえば，部長という肩書きは，一般に，代理権の存在を推測させる肩書きに当たるとされている。もっとも，このような肩書き等の付与については，現民法109条の場合と同様に考えれば足り，とくに明文の規定を置くまでもないと考えられる。また，表見支配人（商24条），表見代表取締役（会社354条），表見代表執行役（会社421条）等に関する特則も，それぞれについてとくに見直しの必要がない限り，維持してよいと考えられる。

第2は，他人に自己の名称を使用して法律行為をすることを認めた場合である。

〔適用事例1〕 東京地方裁判所（国A）の職員の福利厚生をはかるため，その互助組織として，「東京地方裁判所厚生部」という名称の団体Bが形成され，裁判所の部局である総務課厚生係の一室を利用し，同じ職員が事務を担当していた。Bに従事する職員らは，業者Cらから継続的に物品を購入し，その際，庁用の裁判用紙を使用した発注書・支払証明書といった官庁の取引類似の様式

---

7) 幾代・総則373頁，佐久間・前掲注3)139頁以下・165頁以下，佐久間(1)272頁等。

【1.5.35】

を用い，支払証明書には東京地方裁判所の庁印を使用していた。

　この場合は，代理権を与える旨を表示しているわけではないため，厳密にいえば，現民法109条の要件をみたさない。しかし，判例は，「およそ，一般に，他人に自己の名称，商号等の使用を許し，もしくはその者が自己のために取引する権限ある旨を表示し，もつてその他人のする取引が自己の取引なるかの如く見える外形を作り出した者は，この外形を信頼して取引した第三者に対し，自ら責に任ずべきであつて，このことは，民法109条，商法23条〔現14条〕等の法理に照らし，これを是認することができる」とし，この場合は「東京地方裁判所当局が，『厚生部』の事業の継続処理を認めた以上，これにより，東京地方裁判所は，『厚生部』のする取引が自己の取引なるかの如く見える外形を作り出したものと認めるべきであり，若し，『厚生部』の取引の相手方であるＣが善意無過失でその外形に信頼したものとすれば，同裁判所はＣに対し本件取引につき自ら責に任ずべきものと解するのが相当である」としている[8]。

　このような場合についても，表見代理の成立が認められることを明らかにするために，本提案〈3〉は，「相手方に対して自己の名称を使用して法律行為をすることを他人に認めた場合」に，代理権授与表示による表見代理を認める規定を準用することとしている。ただし，このような規定を置く場合には，自己の商号の使用を他人に許諾した商人の責任に関する商法14条の規定について，見直しを要するかどうかについて，別途検討する必要が出てくる可能性がある。

3　現民法109条と110条の重畳適用

　現民法109条は，表見代理が成立するための要件として，代理権を与えた旨を表示された他人が「その代理権の範囲内において」相手方との間で行為をしたことが必要とされている。これによると，その他人がその代理権の範囲を越えて相手方との間でした行為については，同条による表見代理は認められないことになる。

〔適用事例2〕　Ａは，Ｄの代理人Ｂを介して，自分の所有する山林甲をＤに売却した。Ａは，甲の登記名義の移転をＤに委託することとし，①権利証，②印鑑証明書，③Ａの記名押印のある売渡証（金額・名宛人・日時白地），④Ａの記名押印のある白紙委任状（目的物件を甲とし，登記一切の権限を与える旨の委任事項の記載のほかは白地）をＢを介してＤに交付した。Ｄは，甲の移転登記が未了のまま，Ｂを代理人として，Ｃとの間で甲とＣ所有の山林乙を交換するための交渉に当たらせた。ところが，Ａに無断でＤから①②③④の書類一式の交付を受けたＢは，これらの書類一式をＣに示してＡの代理人のように装い，ＡＣ間で甲と乙の交換契約を締結した。その後，Ｃは，Ａに対して，甲の

---

[8]　最判昭和35年10月21日民集14巻12号2661頁。

第5章 法律行為 第3節 代理および授権　　　　　　　　　　　　　【1.5.35】

所有権移転登記手続を求めた。

判例は，このような場合でも，現民法109条と110条を重畳的に適用することにより，相手方（C）がその行為（交換契約）についてその他人（B）に代理権があると信じ，かつ，そのように信ずべき正当の事由があるときには，本人（A）が責任を負うとしている[9]。

もっとも，学説でも指摘されているように[10]，代理権授与表示に示されている範囲を越えた行為について，相手方が代理権の存在を信じたことに正当な理由が認められることは，実際にはあまりないと考えられる。しかし，わずかでも実際に考えられるのであれば，判例法理も確立し，学説でもそれ自体としては異論がない以上，それを確認する旨の規定を置くことが，無用の議論を招かないためにも必要だと考えられる。もちろん，そのような正当な理由が認められる場合は，端的にそこまで代理権授与の表示がされたと解釈することも不可能ではないが[11]，上述したように，代理権授与表示の有無自体は，表示の外形から客観的に判断することとするならば[12]，やはり別途規定を置くことが望ましいというべきだろう。

このような考慮から，本提案〈2〉では，「相手方に対して他人に代理権を与えた旨を表示した者は，その代理権の範囲を越えてその他人が相手方との間でした行為についても，相手方がその行為についてその他人に代理権があると信ずべき正当な理由があるときは，〈1〉と同様とする」としている。

4　任意代理への限定

現民法109条については，法定代理についても適用されるかどうかについて，議論がある。しかし，法定代理権を本人が授与する旨の表示をしても意味がないことから，同条は任意代理にのみ適用されると考えるのが一般である[13]。

そこで，本提案では，「代理権を与えた旨の表示をした者」と規定することにより，同様に，任意代理のみを対象とすることを示している。

---

9) 最判昭和45年7月28日民集24巻7号1203頁。
10) 佐久間(1)287頁。
11) 佐久間(1)287頁。
12) 適用事例2でも，②売渡証書が呈示されているため，表示の外形から客観的に判断すれば，甲の売却について代理権授与表示があると解釈されることになり，交換契約の締結はその代理権の範囲外ということになる。
13) 大判明治39年5月17日民録12輯758頁（後見人が親族会の同意を得ないまま被後見人に代わって手形を振り出したケース）。

263

5 代理権授与書面（委任状）に関する推定ルール

(1) 現行法の状況

現民法109条が実際に適用される主たる場面は，白紙委任状が交付された場合であり，すでに判例法理が確立している。その概要は，次のとおりである[14]。

(a) 被交付者濫用型（非代理人濫用型）

まず，本人から白紙委任状を直接交付された者が，本人から代理権を与えられていないにもかかわらず，白紙委任状を濫用して無権代理行為する場合は，次のように考えられる[15]。

第1に，白紙委任状が補充された上で相手方に呈示された場合は（補充呈示型），その呈示された内容の代理権授与表示があったものと解される。

第2に，白紙委任状が補充されないまま相手方に呈示された場合は（非補充呈示型），原則として，それだけでは現民法109条の代理権授与表示があったと解されないが，白紙委任状以外に，土地の権利証や実印等，代理行為者に特定の代理権が授与されたことを推断させる事情がある場合は，同条の代理権授与表示があったと解される[16]。

(b) 転得者濫用型

これに対し，白紙委任状を直接交付された者からさらに別の者が白紙委任状を取得し，代理人欄が空白になっているのを利用して代理行為をする場合は，さらに委任事項欄が濫用されるかどうかによって区別される。

第1に，委任事項欄が濫用されていない場合は（委任事項欄非濫用型），その呈示された内容の代理権授与表示があったものと解される[17]。

第2に，委任事項欄が濫用された場合は（委任事項濫用型），判例は，本人はその濫用された内容の代理権授与表示をしたとはいえないとする。不動産登記手続に要する書類（登記手続に必要な権利証，白紙委任状，印鑑証明書）は，「これを交付した者よりさらに第三者に交付され，転輾流通することを常態とするものではないから，不動産所有者は，前記の書類を直接交付を受けた者において濫用した場合や，とくに前記の書類を何人において行使しても差し支えない趣旨で交付した場合は格別，右書類中の委任状の受任者名義が白地であるからといつて当然にその者よりさらに交付を受けた第三者がこれを濫用した場合にまで民法109条に該当するものと

---

14) 以下の類型分けは，四宮和夫「判批：最判昭和39年5月23日」法協91巻7号（1974）106頁，四宮259頁以下によるものを基礎としている。山本Ⅰ356頁以下も参照。
15) 以下については，佐久間・前掲注3）154頁以下を参照。
16) 前掲注9）最判昭和45年7月28日を参照。
17) 前掲注6）最判昭和41年4月22日，最判昭和42年11月10日民集21巻9号2417頁等。

して，濫用者による契約の効果を甘受しなければならないものではない」というのが，その理由である[18]。

(2) 改正の方向

問題は，以上のよう判例法理をふまえて，白紙委任状に関する特別なルールを明文化すべきかどうかである。

まず，白紙委任状に関するルールは，明文化すべきではないと考える可能性もある。①この規定についてのみ委任状のような概念が出てくるのは不自然であること，②委任状は必ずしも定型的なものではないため，白紙部分の濫用を明確に定式化することは困難であること，③明文化しなくても，まさに現在がそうであるように，現民法109条に相当する規定だけで対処が可能であること，④無権代理人が白紙委任状を相手方に呈示することが，本当に本人の「表示」といえるかどうかは，本来疑問の余地もあることであり，それにもかかわらず明文化すれば，そのような疑問を封ずるおそれがあること，などがその理由として考えられる。

しかし，現民法109条が現実に問題とされてきた主たる場面は，白紙委任状が交付された場合であり，判例法理も確立している以上，ルールの明確化をはかるために，可能な限り，それを明文化することが望ましいと考えられる。そこで，本提案〈4〉では，この場合を想定した規定を新設することとしている。

その際，「委任状」という表現を用いることは，避けるべきであると考えられる。たしかに，日常の取引では，委任状という表現がしばしば用いられるものの，そこに含まれうる内容は多様であり，必ずしも法律行為の代理を内容とするとは限らない。代理権授与表示との関係で意味を持つのは，代理権の授与を内容としているものであることから，本提案〈4〉では，「他人に代理権を与える旨の書面」という表現を用いることとしている。なお，この場合の「書面」は，紙媒体に限定する趣旨ではなく，【3.1.1.04】（書面の定義）にいう電子的記録を含むものである。

(a) 被交付者濫用型

まず，判例法理のうち，被交付者濫用型に関するルールは，次のように理解できる。つまり，白地部分が補充されて呈示された場合は，特別な事情がない限り，相手方からみれば，本人に相当する者がそのような表示をしたと理解することに合理性がある。それに対して，白地部分が補充されないまま呈示された場合は，それだけで代理権授与表示があると信じても合理性はない。

このように理解するならば，このルールは，代理権授与表示に関する推定ルールとして構成することが可能である。そこで，本提案〈4〉では，「他人に代理権を与える旨の書面を交付した者は，その他人が相手方に対してその書面を呈示したとき

---

[18] 最判昭和39年5月23日民集18巻4号621頁。

は，相手方に対しその他人にその書面に記載された代理権を与えた旨を表示したものと推定する」と定めることとしている。これは，「その他人が相手方に対してその書面を呈示したときは」とすることにより，被交付者が濫用した場合であることを示し，「その書面に記載された代理権を与えた旨を表示したものと推定する」とすることにより，委任事項欄がはじめから記載されているか，後に補充された場合であることを示している。

(b) **転得者濫用型**

これに対して，転得者濫用型に関するルールについては，判例法理どおりに明文化すべきかどうか，検討を要する。とくに問題となるのは，委任事項濫用型である。

委任事項濫用型については，上述したように，判例は，この場合にそもそも代理権授与表示を否定しているが，学説では，これを肯定した上で，現民法95条を類推すれば足りるという見解も主張されている[19]。この場合も，相手方からみれば，濫用された内容で代理権を授与する旨の表示をしたと解することができ，本人がそこまで代理権を授与することを意図していなかったという事情は，錯誤に類するものとして，同条の類推により考慮できると考えるわけである。

上述したように，本提案〈1〉〈ア〉では，錯誤に相当するルールを明文化することとしている。したがって，委任事項濫用型についても，濫用された内容で代理権授与表示があると解したとしても，〈1〉〈ア〉により代理権授与表示をした者の保護は必要な限度ではかることが可能である。そうすると，委任事項濫用型に関して，判例法理どおりに明文化する必要はないと考えられる。

このような考慮から，本提案〈4〉では，転得者濫用型についても，上記の被交付者濫用型と同様に，代理権授与表示の推定ルールとして規定するにとどめることとしている。そのような推定を認めることに合理性があると考えられるのは，呈示された書面に代理権の範囲が記載されている場合である。そこで，本提案〈4〉の後段では，この場合については，「代理人を特定せずに代理権を与える旨の書面を交付した者も，その書面を取得した者が相手方に対してその書面を呈示したときは，相手方に対してその者にその書面に記載された代理権を与えた旨を表示したものと推定する」と定めることとしている。これは，まず，「代理人を特定せずに代理権を与える旨の書面を交付した」とし，「その書面を取得した者が相手方に対してその書面を呈示した」とすることにより，転得者濫用型に当たることを示している。また，「その者にその書面に記載された代理権を与えた旨を表示したものと推定する」とすることにより，委任事項欄がはじめから記載されているか，後に補充された場合であることを示している。

---

19) 幾代・総則373頁，佐久間(1)271頁以下等。

第5章 法律行為　第3節　代理および授権　　　　　　　　　　【1.5.36】

《比較法》　ドイツ民法171条・172条，スイス債務法34条3項，韓国民法125条，カンボディア民法372条3項，第3次代理法リステイトメント2.03条・2.05条・3.03条，国際動産売買における代理に関する条約14条，UNIDROIT(2004)2.2.5条，PECL3:201条，DCFRⅡ-6:103条

【1.5.36】（権限外の行為の表見代理）
　代理人が本人から与えられた権限外の行為をした場合において，相手方がその行為について代理人に代理権があると信じ，かつ，次の事情等を考慮して，そのように信じたことに正当な理由があると認められるときは，本人は，自己に対してその行為の効力が生じないことを主張できない。
　〈ア〉　当該行為について代理権があることを推測させる徴憑の有無
　〈イ〉　代理人が〈ア〉の徴憑を取得した経緯と本人がそれに関与した程度
　〈ウ〉　代理人の行為に対する本人の言動
　〈エ〉　当該行為により代理人が取得する利益の程度，当該行為により本人が負うべき不利益または負担の程度その他当該行為について代理人に代理権があることを疑わせる事情の有無およびその程度
　〈オ〉　代理人に与えられた代理権について相手方が調査または確認するためにした行為の有無およびその程度

〔関連条文〕　現民法110条（改正）

提　案　要　旨

　1　代理人が権限外の行為をした場合，本来は無権代理行為であり，本人にその効果は帰属しないものの，その行為について代理人に代理権があると信じた相手方を保護する必要があることについては，異論がないだろう。したがって，現民法110条に相当する規定は，維持してよいと考えられる。
　もっとも，本提案では，その趣旨を明確化するために，次の2つの修正を行うこととしている。
　第1に，その信頼が保護される者を「第三者」と呼ぶのではなく，代理行為の相手方である——つまり，相手方からの転得者等の第三者は含まれない——ことを明確にするために，これを「相手方」に改めている。これによると，本提案によって相手方が保護される場合は，相手方からの転得者等の第三者も，権利者からの譲受人等として保護されるのに対して，本提案によって相手方が保護されない場合は，

267

【1.5.36】

相手方からの転得者等の第三者の保護は，善意取得や94条2項類推適用法理などの一般法理に委ねられることが明確となる。

第2に，効果に関して，現民法109条を準用する体裁をとっているのを，【1.5.35】（代理権授与の表示による表見代理）と同様に，権限外の行為について，本人は「自己に対してその行為の効力が生じないことを主張できない」と定めることとしている。

2　判例は，法定代理人が越権行為をした場合にも，法定代理権を基本権限として現民法110条の成立を認めてよいとしている。しかし，「権利者が権利を失うことを正当化するためには，その権利者自身に権利を失ってもやむを得ない理由がなければならない」という表見法理の基礎にある考え方は，権利の尊重の要請にかなうものであり，基本原則として位置づけるべきである。これによると，法定代理については，権限外の行為の表見代理は認められないことになる。そこで，本提案では，「代理人が本人から与えられた権限外の行為をした場合」と定めることにより，任意代理の場合に限り適用されることを示すこととしている。

3　現民法110条の「権限」の意味については，代理権に限られるかどうかが議論されている。この点について，本提案では，学説の多数に従い，「権限」は代理権に限られないという考え方を基礎としている。本人が法律行為をする権限を与えたかどうかは，本人が外観の作出に関与した程度と必ずしも対応していない。本人の帰責性を判断するためには，端的に，濫用されるおそれのある権限，つまり対外的に重要な行為をする権限を与えたかどうかを問題にすべきであると考えるわけである。

もっとも，もともと現民法110条でも，「権限」という文言が用いられているため，この点に関する限り，修正をする必要はない。ただ，本提案では，文脈から「権限」が代理権に限られないことを明確にするために，「権限外の行為」という表現のほかは，代理権という文言を用いることとし，「権限外の行為」の「権限」が必ずしも代理権に限られないことを間接的に示すこととしている。

4　現民法110条の「正当な理由」については，相手方が代理行為者に代理権があると信じたことに過失がなかったことを含む点に争いはない。問題は，「正当な理由」はそのような相手方の善意無過失に限られるかどうかである。伝統的な通説は，これを相手方の善意無過失と理解しているのに対し，最近の学説では，正当な理由を相手方の善意無過失に限定せず，本人側の事情も含めて考える見解が有力になっている。判例は，基本的には伝統的な通説と同様に「正当な理由」を善意無過失に相当するものと位置づけているものの，そこでは，相手方の側の要素のみを考慮しているわけではない。

本提案では，いずれかの立場に従ってこれを修正するのは困難であると考え，現

第5章 法律行為　第3節　代理および授権　　　　　　　　【1.5.36】

民法110条の文言を維持した上で，判例において考慮されていると考えられるものを基礎として，〈ア〉から〈オ〉の判断要素を明示することとしている。

このうち，〈ア〉「当該行為について代理権があることを推測させる徴憑の有無」，〈イ〉「代理人が〈ア〉の徴憑を取得した経緯と本人がそれに関与した程度」，〈ウ〉「代理人の行為に対する本人の言動」のほか，〈エ〉「当該行為により代理人が取得する利益の程度」，「当該行為により本人が負うべき不利益または負担の程度」は，「代理人に代理権があることを疑わせる事情」であると同時に，本人側の事情としても意味を持ちうる要素である。これらの要素を考慮すべきことは，いずれの見解からも支持されるとみてよい。

このほか，判例では，以上の諸要素から，本人がその行為について代理権を与えたことを疑わせる事情があるときは，相手方は調査確認をする必要があり，それを怠ったときには，「正当な理由」がないとされることがある。〈オ〉「代理人に与えられた代理権について相手方が調査しまたは調査するためにした行為の有無およびその程度」は，この点に関する要素である。

解　説

1　規定の必要性と定式の明確化

代理人が権限外の行為をした場合，本来は無権代理行為であり，本人にその効果は帰属しないものの，その行為について代理人に代理権があると信じた相手方を保護する必要があることについては，異論がないだろう。したがって，現民法110条に相当する規定は，維持してよいと考えられる。

もっとも，本提案では，その趣旨を明確化するために，次の2つの点で，定式の一部を修正することとしている。

第1に，現民法110条は，その信頼が保護される者を「第三者」と呼んでいる。しかし，判例[1]および通説[2]によると，表見代理でいう「第三者」とは，代理行為の直接の相手方を指し，相手方からの転得者等の第三者は含まないと理解されている。したがって，この点を明確化するため，「第三者」を「相手方」に改めることとしている。

これによると，本提案によって相手方が保護される場合は，相手方からの転得者等の第三者も，権利者からの譲受人等として保護されるのに対して，本提案によって相手方が保護されない場合は，相手方からの転得者等の第三者の保護は，善意取得や94条2項類推適用法理などの一般法理に委ねられることが明確となる。

---

1) 最判昭和36年12月12日民集15巻11号2756頁。
2) 我妻・総則370頁等。

【1.5.36】

第2に，現民法110条は，効果に関して，109条を準用する体裁をとっている。しかし，これは必ずしもわかりやすいものとはいえない。そこで，ここでも，【1.5.35】と同様に，権限外の行為について，本人は「自己に対してその行為の効力が生じないことを主張できない」と定めることとしている。

2 「権限」

(1) 任意代理への限定
(a) 現行法の状況

現民法110条は，旧民法財産取得編250条2項3号[3]を承継したものとされる。旧民法では委任による代理に関して規定されていたのに対し，現民法110条では代理一般について規定されている。そのため，文言上は，法定代理の場合も含むことになっているが，起草者自身は，この場合に本人が責任を負うのは本人にも「過失」があるからであると考えていたようである[4]。これによると，現民法110条を法定代理に適用することは想定されていなかったとみることもできる。

しかし，判例は，法定代理人が越権行為をした場合にも，法定代理権を基本権限として現民法110条の成立を認めてよいとする[5]。同条は取引安全をはかり，相手方の利益を保護しようとするものであるというのが，その理由である。これは，学説において，取引安全を重視し，同条による表見代理が認められる範囲を広げようとする考え方[6]が支配的となっていたことを受けたものとみることができる。

これに対し，最近の学説では，法定代理人が越権行為をした場合には，現民法

---

3) 旧民財取250条
 (1) 委任者ハ代理人カ委任ニ従ヒ委任者ノ名ニテ約束セシ第三者ニ対シテ負担シタル義務ノ責ニ任ス
 (2) 委任者ハ左ノ場合ニ於テハ代理人ノ権限外ニ為シタル事柄ニ付テモ亦其責ニ任ス
  第一 委任者カ明示又ハ黙示ニテ代理人ノ行為ヲ認諾シタルトキ
  第二 委任者カ代理人ノ行為ニ因リテ利益ヲ得タルトキ但其利益ノ限度ニ従フ
  第三 第三者カ善意ニシテ且代理人ニ権限アリト信スル正当ノ理由ヲ有シタルトキ
4) 法典調査会速記録（学振版）1巻211丁裏以下で，富井政章委員が，現民法110条が適用される例として，100円を借りるために委任状を交付したところ，その交付を受けた者が，すでに甲から100円を借りたにもかかわらず，まだ委任状を所持していることから，さらに乙から100円を借りたという場合を挙げ，この場合は「既ニ委任状ヲ持ツテ居ル，誰ガ見テモ百円借リル権限ガアルト認ムベキ場合デアリマスカラ本人ハ気ノ毒デアルケレドモ幾分カ過失デアル，第三者ニ取ツテハ全ク過失ガナイ」として，このような第三者を保護するために現民法110条を定めると述べている。
5) 大判昭和17年5月20日民集21巻571頁（未成年者の親権者である母親が親族会の同意を得ずに未成年者を代理して株式を譲渡したケース）。
6) 我妻・総則372頁以下等を参照。

110条を適用すべきではないと考える見解が有力である[7]。法定代理の場合は，本人がみずから代理人を選ぶわけではないので，本人に帰責性があるとはいえない以上，表見代理の成立を認めるべきではないと考えるわけである。これは，表見代理が認められる根拠を，本人の側に真実に反する外観の作出・維持について帰責性があることを前提として，その外観を正当に信頼した者を保護するという考え方，つまり表見法理に求めるという考え方に基づく。

(b) 改正の方向

このように，法定代理にも現民法110条を適用してよいかどうかが問題となる場面は，実際には非常に限られていた。戦前では，親族会の同意を得ないで法定代理人が代理行為を行う場合がしばしば問題となったが，これはもはや問題にならない。また，以前の行為能力制度によると，無能力者の法定代理人には包括的な代理権が認められていたので，ほとんどが有権代理となった。せいぜい問題となるのは，後見監督人が選任されているときに，その同意を得ないで後見人が代理行為をした場合くらいだった。

しかし，成年後見制度が創設された後は，状況が少し変わっている。保佐人や補助人に代理権を付与する審判が行われるときは，その代理権の範囲は特定の法律行為に限定される（現民法876条の4第1項・876条の9第1項）。したがって，その範囲を越えて代理行為が行われた場合に，表見代理が問題とされる可能性がある。

その際，本人も代理権付与の申立てや同意を通じて代理人の選任に関与していることを重視すれば，任意代理の場合と同様に，表見代理の成立を認める余地が出てくる。この場合は，付与された代理権について登記がされることから，登記事項証明書の提出を求めて代理権の有無・範囲について確認する可能性もある。そのような確認を期待できたかどうかを，「正当な理由」の判断に当たって考慮すれば足りると考えるわけである[8]。

しかし，「権利者が権利を失うことを正当化するためには，その権利者自身に権利を失ってもやむを得ない理由がなければならない」という表見法理の基礎にある考え方は，権利の尊重の要請にかなうものであり，基本原則として位置づけるべきである。これによると，法定代理については，権限外の行為の表見代理は認められないことになる。本人に代理権付与の申立てや同意が認められたのも，ノーマライゼーションの理念から可能な範囲で本人の自己決定権を尊重するという考え方に基

---

7) 安永正昭「越権代理と帰責性」『現代私法学の課題と展望・林良平先生還暦記念論文集(中)』（有斐閣，1982。以下では安永『林還暦(中)』として引用する）57頁以下，同「表見代理をめぐる問題」争点76頁以下のほか，四宮263頁，内田Ⅰ190頁等。

8) 小林昭彦＝大鷹一郎＝大門匡編『一問一答新しい成年後見制度〔新版〕』（商事法務，2006）145頁以下を参照。

づくものであり，権限外の行為により本人が権利を失ってもやむを得ない理由にはなりえないというべきだろう[9]。

そこで，本提案では，「代理人が本人から与えられた権限外の行為をした場合」と定めることにより，任意代理の場合に限り適用されることを示すこととしている。

(2) 「権限」の意味
(a) 現行法の状況

現民法110条の「権限」の意味については，代理権に限られるかどうかが議論されている。

〔適用事例1〕 Aは，金融会社Dの投資外交員だったが，病身のため，実際の勧誘行為は息子Bに任せてきた。このBの勧誘によって，CはDに200万円を貸し付けて投資することになったが，不安を感じたCは，Bに保証人になるよう求めた。そこで，Bは，Aに無断で印鑑等を持ち出し，Aを代理してAを保証人とする保証契約をCと締結した。その後，Dが倒産したため，CはAに保証債務の履行として200万円の支払を求めた。

〔適用事例2〕 Bは，兄Aから土地甲を贈与された際に，甲の登記を移転するための手続に必要だとして，Aから実印，印鑑証明書，権利証を預かった。ところが，Bは，自分がCから5000万円の借金をするのにそれを利用し，Aを代理して，甲をA所有にしたままCのために抵当権を設定し，Aを連帯保証人とする旨の契約をCと締結した。

判例は，現民法110条の「権限」は法律行為をする権限，つまり代理権に限られるとし，適用事例1では同条の適用を否定する[10]。同様に，たとえば印鑑証明書下付申請の委任を受けた者が本人を無権代理して抵当権を設定したケースでも，現民法110条の「権限」は「私法上の行為についての代理権」に限られるとし，公法上の行為についての代理権はこれに当たらないとして，同条の表見代理は問題にならないとした[11]。しかし，その一方で，判例は，適用事例2のような場合に，公法上の行為を代行する権限であっても，その行為が特定の私法上の取引行為の一環としてなされるものであるときは，現民法110条の「権限」として表見代理の成立を認めることができるとしている[12]。

これに対して，学説では，現民法110条の「権限」は，代理権に限られず，対外的に重要な行為をする権限であれば足りるとするのが多数である[13]。本人が法律

---

9) 安永・前掲注7) 争点77頁。
10) 最判昭和35年2月19日民集14巻2号250頁。
11) 最判昭和39年4月2日民集18巻4号497頁。
12) 最判昭和46年6月3日民集25巻4号455頁。

第5章 法律行為　第3節　代理および授権　　　　　　　　　　【1.5.36】

行為をする権限を与えたかどうかは，本人が外観の作出に関与した程度と必ずしも対応していない。法律行為といっても，些細なものから重大なものまであり，法律行為以外でも，重要な行為もあるからである。本人の帰責性を判断するためには，むしろ端的に，濫用されるおそれのある権限，つまり対外的に重要な行為をする権限を与えたかどうかを問題にすべきであると考えるわけである。これによると，判例が，適用事例2のように，公法上の行為の代行権限でも，登記申請行為の委任の場合に，現民法110条の表見代理を認めていることも説明が可能になる。

(b)　改正の方向

本提案でも，学説の多数に従い，「権限」は代理権に限られないという考え方を基礎としている。もっとも，もともと現民法110条でも，「権限」という文言が用いられているため，この点に関する限り，修正をする必要はない。ただ，現民法では，代理権を指す言葉として通常「権限」という文言を用いているほか，代理行為が行われるという文脈から「権限」とは代理権を指すと解するのが自然である場合が多かった。そこで，あえて文脈から「権限」が代理権に限られないことを明確にするために，「権限外の行為」という表現のほかは，代理権という文言を用いることとし，「権限外の行為」の「権限」が必ずしも代理権に限られないことを間接的に示すこととしている。

3　「正当な理由」

(1)　現行法の状況

現民法110条の「正当な理由」については，相手方が代理行為者に代理権があると信じたことに過失がなかったことを含む点に争いはない。問題は，「正当な理由」はそのような相手方の善意無過失に限られるかどうかである。

伝統的な通説は，これを相手方の善意無過失と理解している（いわゆる善意無過失説）[14]。これは，本人の静的安全の要請は「権限」要件で尽くされると考え，「正当な理由」要件では相手方の事情のみを考慮すれば足りるという考え方に基づく。

判例は，基本的には伝統的な通説と同様に考えた上で，「正当な理由」の存否を次のように判断している[15]。まず，代理権の存在を推測させる徴憑——実印，印鑑証明書，委任状，権利証（登記事項証明書）等——がある場合は，原則として「正当な理由」が肯定される。しかし，そのような場合でも，代理権の存在を疑わせる事情があるときは，相手方は代理権の存否について適当な調査または確認をすべきであり，相手方がそれを怠ったときは，「正当な理由」が否定されることにな

---

13)　幾代・総則381頁，四宮262頁，内田I 195頁，安永・前掲注7）争点78頁等。
14)　我妻・総則371頁等。
15)　判例の理解については，山本I 366頁以下，佐久間(1) 278頁以下等を参照。

273

る。

　これに対して，最近の学説では，正当な理由を相手方の善意無過失に限定せず，本人側の事情も含めて考える見解が有力になっている（いわゆる総合判断説）[16]。これによると，正当な理由は，双方の事情を考慮することにより，相手方を保護し，本人に責任を課すべきかどうかを総合的に判断するための要件として位置づけられることになる。この見解は，表見代理を表見法理に基づく制度として位置づけるという考え方を基礎としている。これによると，本人が「権限」を付与したことは，本人に帰責性が認められるための前提にすぎず，本人に最終的に責任を課すに足りるだけの帰責性があるかどうかは，「正当な理由」の中で判断するしかないと考えるわけである。

(2) 改正の方向

　以上のように，「正当な理由」の理解については，現民法110条の趣旨をどのようにとらえるかということと関連して，学説上対立がある。そのため，いずれかの立場に従ってこれを修正するのは困難であると考えるならば，同条の文言を維持するしかないことになる。

　しかし，「正当な理由」と定めるだけでは，どのように判断すればよいのか，手がかりがないため，問題が残る。このような観点からするならば，少なくともコンセンサスが得られる限度で，判断要素を明示することが要請される。本提案は，このような考慮から，判断要素の明文化を試みている。

　本提案が掲げる判断要素は，判例において考慮されていると考えられるものを基礎としている[17]。上述したように，判例は，基本的には伝統的な通説と同様に「正当な理由」を善意無過失に相当するものと位置づけているものの，そこでは，相手方の側の要素のみを考慮しているわけではないと考えられる。

　たとえば，〈ア〉「当該行為について代理権があることを推測させる徴憑の有無」についても，それを代理人が偽造したか，盗取したか，本人の管理に落ち度はなかったか，本人が代理人に交付したか等，〈イ〉「代理人が〈ア〉の徴憑を取得した経緯と本人がそれに関与した程度」は，「正当な理由」の判断に影響すると考えられる。また，代理人が権限外の行為をしようとしていることを本人が明示または黙示に承認していると考えられるような行動をとっている等，〈ウ〉「代理人の行為に対する本人の言動」も，「正当な理由」の判断に影響すると考えられる。

　また，〈エ〉「当該行為により代理人が取得する利益の程度」，「当該行為により本

---

[16] 安永・前掲注7)『林還暦(中)』55頁以下，四宮262頁，内田Ⅰ196頁等を参照。

[17] 判例の詳細については，横浜弁護士会編『表見代理の判例と実務』（金融財政事情研究会，1984）229頁以下，田山輝明「民法109条・110条・112条・117条（無権代理）」百年Ⅱ221頁以下を参照。

人が負うべき不利益または負担の程度」は，「代理人に代理権があることを疑わせる事情」として考慮されているが，これは，本人側の事情としても意味を持ちうる要素である。

したがって，これらの要素を考慮すべきことは，いずれの見解からも支持されるとみてよい。

このほか，判例では，以上の諸要素から，本人がその行為について代理権を与えたことを疑わせる事情があるときは，相手方は調査確認をする必要があり，それを怠ったときには，「正当な理由」がないとされることがある。〈オ〉「代理人に与えられた代理権について相手方が調査しまたは調査するためにした行為の有無およびその程度」は，この点に関する要素である[18]。

以上に対して，総合判断説に立つ論者は，本人側の事情として，さらに基本権限からの逸脱の程度を挙げることが多い[19]。実際になされた行為が本人の与えた権限から逸脱する程度が大きければ，本人が権限を与えることによって負うべきリスクの範囲を越え，そこまでの責任を基礎づける帰責性が本人にないと判断されやすくなるためである。このような考慮は，善意無過失説の立場からは出てこない。また，判例においても，このような事情が考慮されているかどうか，されているとして，どのように考慮されているかという点も，必ずしも明らかではない。本提案は，このような考慮から，少なくともこの要素は明文化しないという前提に立っている。

《比較法》 フランス民法（カタラ草案）1119-3条，オランダ民法3:61条，韓国民法126条，中華民国民法107条，中国統一契約法49条・50条，カンボディア民法372条1項，国際動産売買における代理に関する条約14条，UNIDROIT（2004）2.2.5条，PECL3:201条，DCFR Ⅱ-6:103条

【1.5.37】（代理権消滅後の表見代理）
〈1〉 代理人が，本人から与えられた代理権が全部または一部消滅したにもかかわらず，その代理権があるものとしてその代理権の範囲内の行為をした場合において，その代理権が全部または一部消滅していたことを相手方が知らなかったときは，本人は，自己に対してその行為の効力が生じないことを主張できない。ただし，代理人にその代理権が全部または一部消滅し

---

18) 中舎寛樹「民法110条の表見代理――本人の帰責性と要件枠組み」法時78巻10号（2006）66頁も参照。
19) 安永・前掲注7)『林還暦（中）』37頁以下，四宮266頁，内田Ⅰ196頁等。

【1.5.37】

ていたことを相手方が過失によって知らなかったときは，この限りでない。
〈2〉 代理人が，本人から与えられた代理権が全部または一部消滅したにもかかわらず，その代理権があるものとしてその代理権の範囲外の行為をした場合において，その代理権が全部または一部消滅していたことを相手方が知らなかったときで，かつ，【1.5.36】〈ア〉ないし〈オ〉に掲げた事情を考慮して，相手方がその行為について代理人に代理権があると信ずべき正当な理由があるときは，本人は，自己に対してその行為の効力が生じないことを主張できない。ただし，代理人にその代理権が全部または一部消滅していたことを相手方が過失によって知らなかったときは，この限りでない。

〔関連条文〕 現民法112条（改正）
〔参照提案〕 【1.5.34】，【1.5.36】

提 案 要 旨

1 現民法112条は，代理権の消滅事由に関する現民法111条を受けて，善意の第三者に対しては，その第三者に過失がある場合を除き，代理権の消滅を対抗できないと定める。このように，規定の定式は現民法109条および110条と異なるものの，この規定は，109条および110条とともに，表見代理に関する規定として理解するのが一般である。
　そこで，本提案では，これが表見代理に関する規定であることを明確化するため，【1.5.35】（代理権授与の表示による表見代理）および【1.5.36】（権限外の行為の表見代理）と同様に，効果に関する定式を，「本人は，自己に対してその行為の効力が生じないことを主張できない」と改めることとしている。

2 また，本提案では，表見法理の考え方に従い，法定代理については，代理権消滅後の表見代理も認められないことを明確に定めることとしている。具体的には，「本人から与えられた代理権が全部または一部消滅した」と定めることにより，これが任意代理の場合に限り適用されることを示している。

3 代理権消滅後の表見代理は，本来，代理権の「存在」に対する信頼を保護するための制度ではなく，代理権が「存続」していることを前提としていたのに，代理権が消滅することによって相手方が思わぬ不利益をこうむるのを防ぐための制度であると考えられる。そこで，本提案〈1〉では，相手方が過去において代理権が存在していたことを知っていたことを前提として，その代理権の消滅を知らなかったことが必要であると考え，「その代理権が全部または一部消滅していたことを相手方が知らなかったときは」と定めることとしている。
　これに対して，現民法112条のもとでは，相手方が過去において代理権が存在し

たことを知っていたことを前提として，その代理権の消滅を知らなかった場合に限らず，行為の時点で代理権が存在しないことを知らなかったことで足りるとする見解が有力である。これによると，本提案〈1〉の「その代理権が全部または一部消滅していたことを相手方が知らなかったときは」という要件は不要と考えることになる。しかし，これによると，同じく代理権の「存在」を信じた相手方でも，代理行為をした者にまったく代理権が与えられたことがなければ，現民法110条の基本権限がない以上，表見代理が成立しないのに対して，たまたま代理行為者にかつて代理権が与えられ，それが消滅したという事情がある場合は，表見代理の成立が認められることになる。そこで，本提案では，現民法112条の本来の考え方に従い，「その代理権が全部または一部消滅していたことを相手方が知らなかったとき」を要件として明示することとしている。

4　代理権消滅後の表見代理についても，代理行為をした者が当初の代理権の範囲を越えた行為をした場合に，判例は，現民法112条に加えて110条を重ねて適用することを認めている。本提案〈2〉は，これを明文化したものである。

解　説

1　表見代理に関する規定であることの明確化

現民法112条は，代理権の消滅事由に関する現民法111条を受けて，善意の第三者に対しては，その第三者に過失がある場合を除き，代理権の消滅を対抗できないと定める。

このように，規定の定式は，現民法109条および110条と異なるものの，この規定は，起草過程でも，「第三者ヲ保護スル為メ極メテ必要ナル規定」であるとされ[1]，その後の学説でも，109条および110条とともに，表見代理，つまり本来は無権代理であるけれども，例外的に代理権があるものとみなされる場合に関する規定として理解するのが一般である。2004（平成16）年の民法現代語化に際しても，現民法112条には「代理権消滅後の表見代理」という標題が付記されている。

そこで，本提案では，これが表見代理に関する規定であることを明確化する方向で改正することとする。具体的には，【1.5.35】とおよび【1.5.36】と同様に，効果に関する定式を「本人は，自己に対してその行為の効力が生じないことを主張できない」と改めることとしている。

また，同様に，信頼が保護される者は代理行為の直接の相手方であることを明確化するために，「第三者」を「相手方」に改めている。

---

1) 民法修正案（前三編）の理由書164頁。

2　任意代理への限定

現民法112条についても，法定代理に適用されるかどうかが問題とされている。

判例は，子が成年に達した後に親権者であった者がした代理行為について，現民法112条の適用を認めている[2]。従来の通説も，同条は法定代理にも適用されると考えている[3]。これに対して，最近の学説では，現民法110条と同様に，これを否定すべきであると考える見解が有力になっている[4]。

ここでも，【1.5.36】で述べたとおり，「権利者が権利を失うことを正当化するためには，その権利者自身に権利を失ってもやむを得ない理由がなければならない」という表見法理の基礎にある考え方は，権利の尊重の要請にかなうものであり，今後も基礎にすえるべきであると考えられる。したがって，本提案では，このような考え方に従い，法定代理については，代理権消滅後の表見代理も認められないことを明確に定めることとしている。具体的には，「本人から与えられた代理権が全部または一部消滅した」と定めることにより，これが任意代理の場合に限り適用されることを明示している。

3　相手方の主観的要件

(1)　善意の対象

現民法112条は，本文で，「代理権の消滅は，善意の第三者に対抗することができない」と定め，ただし書で「第三者が過失によってその事実を知らなかったときは，この限りでない」と定めている。この「善意」の対象については，相手方が過去において代理権が存在したことを知っていたことを前提として，その代理権の消滅を知らなかったことが必要か，それとも単に行為の時点で代理権が存在しないことを知らなかったことでよいのかが，問題とされている。

判例は，当初，相手方が代理権の消滅前に代理人と取引したことがあるなど，その代理権が依然として存在すると信じてこれと取引をなすべき事情がある場合に限って，現民法112条が適用されるとしていた[5]。しかし，その後，相手方が代理権の消滅する前に代理人と取引をしたことがあることを要するものではなく，そのような事実は，同条所定の相手方の善意無過失に関する認定のための一資料になるにとどまるとしている[6]。学説では，さらに進めて，現になされた代理行為について

---

2) 大判昭和2年12月24日民集6巻754頁。
3) 我妻・総則375頁等。
4) 四宮269頁，内田I202頁等。
5) 大判昭和8年11月22日民集12巻2756頁。
6) 最判昭和44年7月25日判時574号26頁。

第5章 法律行為　第3節 代理および授権　　　　　　　　　　【1.5.37】

代理権が存在することを信じただけで足りるとする見解もある[7]。これは，取引安全の趣旨に照らすと，表見代理を認めるために重要なのは，相手方が代理行為者に代理権があると信じてよかったかどうかだけであるという考え方に基づく。

しかし，代理権消滅後の表見代理は，本来，このような代理権の「存在」に対する信頼を保護するための制度ではなく，代理権が「存続」していることを前提としていたのに，代理権が消滅することによって相手方が思わぬ不利益をこうむるのを防ぐための制度であると考えられる。そうでなければ，同じく代理権の「存在」を信じた相手方でも，代理行為をした者にまったく代理権が与えられたことがなければ，現民法110条の基本権限がない以上，表見代理が成立しないのに対して，たまたま代理行為者にかつて代理権が与えられ，それが消滅したという事情がある場合は，表見代理の成立が認められることになる。

そこで，本提案〈1〉では，相手方が過去において代理権が存在していたことを知っていたことを前提として，その代理権の消滅を知らなかったことが必要であるとし，その旨を明らかにしている。具体的には，「その代理権が全部または一部消滅していたことを相手方が知らなかったときは」と定めることとしている。

(2) 要件構成と証明責任

現民法112条のうち，相手方の主観的要件に関しては，本人が相手方の悪意または過失について証明責任を負うと考えるのが多数説である[8]。これは，現民法112条の規定の構造と異なるが，代理権の消滅は本人と代理人間の事情であり，相手方に明らかでないことが多いという考慮による。ただし，判例は，反証がない限り，相手方は代理権の消滅を知らないものと推定できるとするにとどめている[9]。

しかし，代理権が消滅すれば，本来，無権代理であり，本人に代理行為の効果は帰属しない。表見代理はその例外を認めるものであることからすると，代理権が消滅したにもかかわらず，代理権があるものとみなされるためには，それを正当化する理由，つまり相手方の善意が必要であると考えられる。したがって，本提案〈1〉では，要件の構成，したがってまた証明責任の所在については，現民法112条の規定の体裁を踏襲することとしている。

4 現民法110条と112条の重畳適用

代理権消滅後の表見代理についても，代理行為をした者が当初の代理権の範囲を越えた行為をした場合に，判例は，現民法112条に加えて110条を重ねて適用する

---

7) 幾代・総則394頁以下等。四宮269頁も同旨か。
8) 幾代・総則394頁，四宮269頁等。
9) 大判明治38年12月26日民録11輯1877頁。

279

【1.5.38】

ことを認めている[10]。本提案〈2〉は，これを明文化したものである。

《比較法》　フランス民法 2005 条～2009 条，イタリア民法 1396 条・1397 条，ドイツ民法 169 条～176 条・674 条，オーストリア民法 1026 条，スイス債務法 36 条・37 条，オランダ民法 3:76 条，韓国民法 129 条，中華民国民法 107 条，中国統一契約法 49 条，カンボディア民法 372 条 2 項，第 3 次代理法リステイトメント 3.10 条，国際動産売買における代理に関する条約 19 条，UNIDROIT（2004）2.2.10 条，PECL3:209 条，DCFR Ⅱ-6:112 条

第 3 目　無 権 代 理

【1.5.38】（契約の無権代理）
〈1〉　代理権を有しない者（以下「無権代理人」という。）が他人の代理人として契約をしたときは，本人はこれを追認することができる。ただし，本人が追認を拒絶したときは，以後，追認することができない。
〈2〉　〈1〉の場合において，本人が追認したときは，別段の合意があるときを除き，契約の時にさかのぼってその契約は本人に対してその効力を生じる。ただし，第三者の権利を害することはできない。
〈3〉　追認またはその拒絶は，相手方に対してしたときに限り，その相手方に対抗することができる。ただし，相手方がその事実を知ったときは，この限りでない。

〔関連条文〕　現民法 113 条（改正）・116 条（改正）

提 案 要 旨

1　現民法 113 条 1 項は，「代理権を有しない者が他人の代理人としてした契約は，本人がその追認をしなければ，本人に対してその効力を生じない」と定める。これは，①無権代理行為の効果は本人に帰属しないという原則を前提とし，②本人が追認した場合は本人に効果が帰属するという例外を規定していると考えられる。
　このうち，①の原則は，現民法 99 条 1 項に相当する【1.5.24】（代理の基本的要件）から当然に導かれるため，とくに規定する必要はない。したがって，現民法

[10]　大判昭和 19 年 12 月 22 日民集 23 巻 626 頁。

113条1項は，②の原則を定めたものであることをよりいっそう明確に定めることにしてはどうかと考えられる。

そこで，本提案では，まず，〈1〉で追認の可否を定めることとし，本文で，「代理権を有しない者（以下「無権代理人」という。）が他人の代理人として契約をしたときは，本人はこれを追認することができる」とした上で，ただし書で，「本人が追認を拒絶したときは，以後，追認することができない」とし，追認拒絶の効果を明確にすることとしている。

2 その上で，本提案〈2〉では，追認した場合の効果を定めることとする。もっとも，これによると，「本人が追認すれば，本人に対してその効力が生ずる」と定めることになり，そのようにして本人に効果が帰属する場合に，いつから帰属するかという問題について定めた現民法116条との重なりが大きくなる。

そこで，本提案〈2〉では，現民法113条1項と116条を統合して，「本人が追認したときは，別段の合意があるときを除き，契約の時にさかのぼってその契約は本人に対してその効力を生じる。ただし，第三者の権利を害することはできない。」と定めることとしている。

現民法116条では「別段の意思表示がないときは」と定められているのを「別段の合意があるときを除き」に改めたのは，相手方は，最初から効力があるものと考えて契約を締結したのだから，それを本人の意思だけで将来に対してのみ効力を生じさせることができるとしては，相手方の最初の意思に反するからである。

3 現民法113条2項は，「追認又はその拒絶は，相手方に対してしなければ，その相手方に対抗することができない。ただし，相手方がその事実を知ったときは，この限りでない。」と定める。本提案〈3〉は，これを基本的に維持した上で，その趣旨をわかりやすくし，証明責任の所在も明確化するために，「追認またはその拒絶は，相手方に対してしたときに限り，その相手方に対抗することができる。ただし，相手方がその事実を知ったときは，この限りでない。」と改めることとしている。

解 説

〔適用事例1〕 Bは，父親Aに無断でその実印を持ち出し，Aの代理人と称して，A所有の土地甲をCに5000万円で売却する旨の契約を締結した。

1 現民法113条1項と116条の統合

(1) 現民法の立場

現民法113条1項は，「代理権を有しない者が他人の代理人としてした契約は，本人がその追認をしなければ，本人に対してその効力を生じない」と定める。これ

281

は，①無権代理行為の効果は本人に帰属しないという原則を前提とし，②本人が追認した場合は本人に効果が帰属するという例外を規定していると考えられる。

また，これとは別に，現民法 116 条は，そのようにして本人に効果が帰属する場合に，いつから帰属するかという問題を規定し，「追認は，別段の意思表示がないときは，契約の時にさかのぼってその効力を生ずる。ただし，第三者の権利を害することはできない」と定めている。

(2) 改正の方向

まず，現民法 113 条 1 項が前提とする①の原則は，現民法 99 条 1 項に相当する規定から導かれる。この 99 条 1 項については，【1.5.24】で，「代理人が本人の名で法律行為をする権限（以下「代理権」という。）を本人から与えられた場合（以下，この場合の代理を「任意代理」，この場合の代理権を「任意代理権」という。）または法律の規定によって有する場合（以下，この場合の代理を「法定代理」，この場合の代理権を「法定代理権」という。）において，代理人がその代理権の範囲内において本人の名ですることを示してした法律行為は，本人に対して直接にその効力を生ずる」というように修正することを提案している。これによると，代理人が本人を代理してした行為の効力が本人に対して直接生ずるためには，その行為について代理人が代理権を有していることが必要であることが示されている。これは，代理人がそのような代理権を有しているといえないときには，その行為の効力が本人に対して直接生ずるといえないことを示している。その意味で，①の原則は，この規定から当然に導かれるため，とくに規定する必要はない。

そうすると，現民法 113 条 1 項は，②の原則を定めたものであることをよりいっそう明確に定めることにしてはどうかと考えられる。もっとも，これによると，現民法 113 条 1 項に相当する規定では，「本人が追認すれば，本人に対してその効力が生ずる」と定めることになり，現民法 116 条との重なりがさらに大きくなる。したがって，両規定を現民法のように離して規定するのではなく，むしろ現民法 113 条に相当する規定の中で統合して定める方が簡明である。

2 追認・追認拒絶の可能性とその効果

(1) 現民法の立場

現民法 113 条 1 項は，上述した①の原則を前提として規定しているため，追認をしなければ，本人に対して代理行為の効力が生じないという定め方になっている。これは，契約の無権代理の場合，本人は追認することができるということを前提として，追認した場合ないしは追認しなかった場合の効果を定めていることを意味する。

それに対して，現民法 113 条以下では，本人は追認を拒絶できることを前提とし

第5章 法律行為　第3節 代理および授権　　　　　　　　　　　　　　【1.5.38】

ているものの（現民法113条2項・114条），追認を拒絶した場合の効果については
とくに定めていない。

　この追認拒絶の効果については，一般に，本人に効力が生じないことに確定して，本人は以後追認することができなくなり，相手方は取り消す必要もなくなると理解されている[1]。判例も，無権代理と相続に関するケースで，本人が追認拒絶をしたときは，無権代理行為の効力が本人におよばないことが確定し，その後になって無権代理人が本人を相続しても，無権代理行為が有効になることはないとしている[2]。

　(2)　改正の方向

　現民法113条1項（および116条）のように，追認することができるかどうかを明示的に定めずに，追認した場合の効果のみを定めるという方法は，法律行為の無効および取消しについても採用されている（現民法119条・122条・124条）。

　もっとも，追認に関する規定の方法として考えられるのは，これだけではない。たとえば，取消しに関する規定では，取消しができるかどうかということと（現民法5条2項・9条・13条4項・17条4項・96条等），取り消した場合の効果（現民法121条）が区別して規定されている。追認に関しても，同様に，追認できるかどうかということと，追認した場合の効果をひとまず別に規定することも可能である。

　本提案では，次の2つの理由から，後者の方法を採用することとしている。

　第1に，現民法によると，無権代理の追認については，契約と単独行為が区別され，契約の場合は追認が認められるのに対して，単独行為の場合は原則として追認が認められない（現民法118条）。このような違いは，現民法のように，追認した場合の効果のみを規定するよりも，追認の可否と効果を区別して規定することにすれば，単独行為の無権代理の場合は追認が認められないと定めることが可能になるため，よりいっそう明確になると考えられる。

　第2に，追認の効果だけでなく，それとは別に追認の可否を定めることにより，追認拒絶の効果を定めることができるようになる。つまり，契約の無権代理の場合は，本人が追認できるとしても，本人が追認を拒絶したときは，以後，追認できなくなると規定することが可能になる。

　以上のような考慮から，本提案では，まず，〈1〉で追認の可否を定めることとし，本文で，「代理権を有しない者（以下「無権代理人」という。）が他人の代理人として契約をしたときは，本人はこれを追認することができる」とした上で，ただし書で，「本人が追認を拒絶したときは，以後，追認することができない」とし，追認拒絶の効果を明確にすることとしている（このただし書の定式は，取り消すこと

---

1)　我妻・総則379頁等。
2)　最判平成10年7月17日民集52巻5号1296頁。

ができる行為の追認に関する現民法122条を参考にしている)。また，〈2〉では，現民法113条1項と116条を統合して，追認した場合の効果を定めることとしている。

3 追認の効力

現民法116条本文は，追認の効力について，「追認は，別段の意思表示がないときは，契約の時にさかのぼってその効力を生ずる」と定めている。このうち，追認に遡及効が認められることについては，異論はない。

それに対し，「別段の意思表示」の意味については，争いがある。追認者に，追認の自由があることを重視するならば，これは追認者の意思表示のみで足りることになる[3]。これに対し，通説は，相手方の同意が必要であるとする。相手方は，最初から効力があるものと考えて契約を締結したのだから，それを本人の意思だけで将来に対してのみ効力を生じさせることができるとしては，相手方の最初の意思に反するというのが，その理由である[4]。本提案〈2〉では，この通説に従い，「〈1〉の場合において，本人が追認したときは，別段の合意があるときを除き，契約の時にさかのぼってその契約は本人に対してその効力を生じる」と定めることとしている。

現民法116条ただし書は，以上のように，契約の時にさかのぼって効力を生ずるとしても，「第三者の権利を害することはできない」と定めている。もっとも，この規定が意味を持つ場合は限られているというのが一致した理解であり，相手方もしくは第三者の権利が対外的に主張できない場合は，対外的主張が認められるための要件，つまり対抗要件を定めた規定（現民法177条・178条・467条2項等）によって処理され，現民法116条ただし書は適用されないと考えられている。これによると，同条ただし書が適用されるのは，相手方・第三者双方の権利が対外的に主張できる場合に限られることになる。

〔適用事例2〕 Aは，Cに漁船を売却したが，その代金1000万円をAの息子BがAの代理人と称して勝手に受け取ってしまった。その一方で，Aに1000万円を貸し付けていたDは，Aが返済しないので，AがCに対して有していた売買代金債権甲を差押え，それを支払に代えてDに移転する旨の転付命令を得た。ところがその後，Aが，Bのした弁済受領行為を追認した。

適用事例2では，債権が弁済されれば，債務者Cはその弁済の効果，つまり債務の消滅を誰に対しても主張できる。また，転付命令が送達され，確定すれば，Dは，債権甲の取得を誰に対しても主張できる（民執159条）。この場合，Bによる弁済受領行為をAが追認すれば，AがCに対して有していた債権甲は弁済された

---

3) 川島・総則397頁。
4) 我妻・総則378頁等。

第5章 法律行為 第3節 代理および授権 【1.5.39】

ことになり，消滅する。しかし，それでは，その甲を差し押さえて転付命令を受けたDが害されることになる。このような場合に，第三者Dを保護するのが，現民法116条ただし書であるというわけである[5]。

このように，現民法116条ただし書は，適用される場面は狭いものの，規定の必要性があることは一般に認められている。したがって，本提案〈2〉でも，これをそのまま維持することとしている。

4 相手方に対する対抗

現民法113条2項は，「追認又はその拒絶は，相手方に対してしなければ，その相手方に対抗することができない。ただし，相手方がその事実を知ったときは，この限りでない。」と定める。これは，相手方に対する「対抗」の可能性について定めているだけであり，追認は，無権代理人に対して行っても，無権代理人に対する関係では効力を有するほか[6]，相手方から本人に追認の効果を主張することも妨げられないと考えられている[7]。

以上の点については，とくに異論はないことから，基本的に維持してよいと考えられる。ただ，現民法113条2項は，二重否定を用いているため，一読してわかりにくいほか，証明責任の所在も読み取りにくくなっている。そこで，本提案〈3〉では，「追認またはその拒絶は，相手方に対してしたときに限り，その相手方に対抗することができる」と定めることとしている。

《比較法》 フランス民法1989条・1998条，フランス民法（カタラ草案）1119-3条，イタリア民法1398条・1399条，ドイツ民法177条・184条，オーストリア民法1016条，スイス債務法38条・39条，オランダ民法3:69条，中国統一契約法48条，韓国民法130条・132条・133条，カンボディア民法369条・370条，第3次代理法リステイトメント4.01条～4.08条，国際動産売買における代理に関する条約14条・15条，UNIDROIT（2004）2.2.5条・2.2.9条，PECL 3:204条・3:207条，DCFR Ⅱ-6:107条・6:111条

【1.5.39】（単独行為の無権代理）
〈1〉 無権代理人が他人の代理人として単独行為をしたときは，本人はこれを追認することができない。ただし，次のいずれかに該当する場合は，この

---

5) 大判昭和5年3月4日民集9巻299頁。
6) 大判大正5年4月4日民録22輯678頁，大判大正8年10月23日民録25輯1835頁。
7) 大判大正14年12月24日民集4巻765頁。

【1.5.39】

　　限りでない。
　〈ア〉　無権代理人が他人の代理人としてその行為をすることについて，相手方が異議を述べなかったとき。
　〈イ〉　無権代理人が代理権を有しないでその行為をすることについて，相手方が同意したとき。
〈2〉　相手方が無権代理人に対して単独行為をしたときは，本人はこれを追認することができない。ただし，無権代理人が，本人の代理人としてその行為の相手方となることについて同意したときは，この限りでない。
〈3〉　〈1〉ただし書または〈2〉ただし書の場合については，【1.5.38】〈2〉〈3〉および【1.5.40】から【1.5.44】までの規定を準用する。

〔関連条文〕　現民法118条（改正）
〔参照提案〕　【1.5.38】，【1.5.40】，【1.5.41】，【1.5.42】，【1.5.43】，【1.5.44】

提　案　要　旨

　1　現民法は，契約の無権代理と単独行為の無権代理を区別し，単独行為の無権代理について，現民法118条で，「単独行為については，その行為の時において，相手方が，代理人と称する者が代理権を有しないで行為をすることに同意し，又はその代理権を争わなかったときに限り，第113条から前条までの規定を準用する。代理権を有しない者に対しその同意を得て単独行為をしたときも，同様とする。」と定めている。
　現民法の起草者がこのような区別をしたのは，契約の場合は，本人の追認がない限り，本人に対してその効力を生じないとするのが原則であるものの，現民法113条以下に定めるように，一定の範囲内で本人と相手方が無権代理行為に拘束される可能性を認めてよいのに対して，単独行為の場合は，無権代理人がした単独行為は，相手方に対して効力を生じないのを原則とし，現民法118条に掲げた場合に限り，契約に関する規定を準用すべきものと考えたからである。
　2　この規定の趣旨を明確にするためには，契約の無権代理の原則と単独行為の無権代理の原則とを対比するかたちで定めることが考えられる。上述したように，【1.5.38】（契約の無権代理）〈1〉では，契約の無権代理については，本人は追認することができるという原則を定めることとした。そこで，本提案では，単独行為の無権代理については，本人はそもそも追認できないと定めることとしている。
　現民法118条によると，この場合でも，「その行為の時において，相手方が，代理人と称する者が代理権を有しないで行為をすることに同意し」，または「その代理権を争わなかったとき」は，本人は追認できることになる。これは，ドイツ民法

第5章 法律行為 第3節 代理および授権　　　　　　　　　【1.5.39】

180条を参考にしたものである。しかし，規定の趣旨と構造を必ずしも十分咀嚼せずに定式化したため，その意味が正確に理解しづらくなっている。

　ドイツ民法180条では，まず，現民法118条の後者の場合に相当するものとして，「単独行為がされるべき相手方が，その単独行為がなされた際に，代理人の主張する代理権について異議を述べなかった場合」が挙げられている。これによると，代理人が他人の代理人であることを示してその単独行為をしている場合に，相手方が異議を述べなかった――代理人と称しているだけで，代理権がない（したがってその単独行為は本人に対し効力を生じない）という異議を述べなかった――ときに，契約の無権代理に関する規定が準用され，本人に追認の可能性が認められることになる。

　次に，ドイツ民法180条では，現民法118条の前者の場合に相当するものとして，「代理人が代理権を有しないで行為をすることに同意した場合」が挙げられている。これによると，相手方が――以上のように代理人と称する者には代理権がないという異議を述べたときでも――その代理人が無権代理人として代理行為をすることは認めていた――本人がそれを追認するならばその効力が生じることを認めていた――ときに，契約の無権代理に関する規定が準用され，本人に追認の可能性が認められることになる。

　本提案〈1〉では，以上のような規定の趣旨を明確にするために，ドイツ民法180条の順序で規定することとし，〈ア〉「無権代理人が他人の代理人としてその行為をすることについて，相手方が異議を述べなかったとき」，または〈イ〉「無権代理人が代理権を有しないでその行為をすることについて，相手方が同意したとき」に，本人は追認することができるとし，さらにその場合は，本提案〈3〉により，契約の無権代理に関する規定を準用することとした。

3　本提案〈2〉では，受働代理に相当する場合を定め，〈1〉と同様に，まず，「相手方が無権代理人に対して単独行為をしたときは，本人はこれを追認することができない」という原則を定める。

　現民法118条後段は，この場合でも，代理権を有しない者の同意を得て単独行為をしたときにその例外が認められるとしている。そこで，本提案〈2〉のただし書では，「無権代理人が，本人の代理人としてその行為の相手方となることについて同意したとき」に限り，本人は追認できるとし，さらに，本提案〈3〉により，この場合は，契約の無権代理に関する規定を準用することとしている。

解　説

〔適用事例1〕　Aは，郷里の父親Fが死亡したため，Fが所有していた賃貸マンション甲を相続した。Aは，甲が遠隔地にあったことから，それまでFが行

【1.5.39】

っていた甲の清掃，設備類のメンテナンス等の管理業務をみずから行うことができず，これをCに委託することにした。Bは，20年前から甲の一室甲$_1$をFから賃借し，この間に賃料の改定がなされなかったため，現在の相場に比して，賃料額は4割程度安くなっていた。その後，Bが，無断で甲$_1$を改装し，学習塾を開いたため，他の住民とトラブルが生じ，Cとも再三にわたって口論になった。そこで，業を煮やしたCは，Aに無断で，Aの名でBとの賃貸借契約を解除する旨をBに告げ，2週間以内に甲$_1$を立ち退くよう申し渡した。これに対し，Bは，「Cは単なる管理人にすぎず，賃貸借契約を解除して，立退きを求めるような重要な事柄をCが任されているはずはない」と述べて，この立退きの申渡しを無視し，その後も，甲$_1$に住み，学習塾の経営を続けた。その半年後になって，甲を訪れたAは，Cから事情を聞き，Cのした解除の意思表示を追認し，この間にBが不当に得た利得として甲$_1$の約定賃料額と適正賃料額との差額の支払をBに求めた。

〔適用事例2〕 適用事例1において，Cから甲$_1$を立ち退くよう申し渡された際に，Bが，「自分は立退きを求められるようなことは何もしていない」とのみ述べて，この立退きの申渡しを無視した場合はどうか。

〔適用事例3〕 適用事例1において，Cから甲$_1$を立ち退くよう申し渡された際に，Bが，「Cは単なる管理人にすぎず，賃貸借契約を解除して，立退きを求めるような重要な事柄をCが任されているはずはない」と述べたのに対し，Cが，「BのしたことをきちんとAに伝えれば，きっとBに立退きを求めるはずだ」というので，Bは，「Aとは，父親Fの代から旧知の間柄であり，そのAが自分に無茶をいうとは思えない。疑うのであれば，Aに聞いてみろ」と述べて，この立退きの申渡しを無視した場合はどうか。

1 現民法118条の趣旨と問題点

現民法は，契約の無権代理と単独行為の無権代理を区別し，単独行為の無権代理について，現民法118条で，「単独行為については，その行為の時において，相手方が，代理人と称する者が代理権を有しないで行為をすることに同意し，又はその代理権を争わなかったときに限り，第113条から前条までの規定を準用する。代理権を有しない者に対しその同意を得て単独行為をしたときも，同様とする。」と定めている。

現民法の起草者がこのように，契約の無権代理と単独行為の無権代理を区別したのは，契約の場合は，本人の追認がない限り，本人に対してその効力を生じないとするのが原則であるものの，現民法113条以下に定めるように，一定の範囲内で本人と相手方が無権代理行為に拘束される可能性を認めてよいのに対して，単独行為の場合は，「代理権ヲ有セサル者カ為シタル単独行為ハ相手方ニ対シテモ其効力ナ

第5章 法律行為　第3節 代理および授権　　　　　　　　　　【1.5.39】

キヲ原則トシ」，現民法118条に掲げた場合に限り，契約の無権代理に関する規定を準用すべきものと考えたからである[1]。

そして，単独行為の場合にこのように考えるのは，「単独行為ハ契約ト異ナリテ全ク相手方ノ行為ニ非ス追認ニ因リテ其効力ヲ生スヘキモノトスルハ本人ノ為メニハ利益ナルコト論ヲ俟タスト雖モ相手方ニ於テハ其行為ノ効力不確定ナル為メ迷惑少ナシトセス」，「本人ニ対シテ或期間内ニ確答ヲ為スヘキ旨ヲ催告セシムルコトヲ得サルニ非スト雖モ斯ノ如キ煩労ヲ取ラシムルハ理由ナキ酷待ト謂ハサルヲ得ス」という理由に基づく[2]。

もっとも，現民法118条が参照したドイツ民法180条では，最初に「単独行為について，無権代理は許されない」――単独行為は確定的に効力を生じず，本人は追認もできない――という原則を規定しているのに対して，現民法118条はこの原則を明示しなかったため，全体として何を定めているか，非常に理解しづらくなっている。

この規定の趣旨を明確にするためには，起草者自身の説明がそうであるように，契約の無権代理の原則と単独行為の無権代理の原則とを対比するかたちで定めることが考えられる。【1.5.38】〈1〉では，契約の無権代理については，本人は追認することができるという原則を定めることとした。そこで，単独行為の無権代理については，本人はそもそも追認できないと定めることとすべきである。これにより，本人に対して効果が帰属する可能性はないという趣旨が明確に示されることになる。

2　能働代理の場合

現民法118条は，前段で，能働代理の場合を定め，後段で，受働代理の場合を定めている。

そこで，本提案でも，まず，〈1〉で，能働代理に相当する場合を定め，「無権代理人が他人の代理人として単独行為をしたときは，本人はこれを追認することができない」とする。

現民法118条によると，この場合でも，「その行為の時において，相手方が，代理人と称する者が代理権を有しないで行為をすることに同意し」，または「その代理権を争わなかったとき」は，本人は追認できることになる。これは，上述したように，ドイツ民法180条を参考にしたものであるが，ここでも，規定の趣旨と構造を必ずしも十分咀嚼せずに定式化したため，その意味が正確に理解しづらくなっている。

ドイツ民法180条は，上記の原則に続いて，「ただし，単独行為がされるべき相

---
1) 民法修正案（前三編）の理由書164頁以下。
2) 民法修正案（前三編）の理由書164頁以下。

【1.5.39】 第1編 総則

手方が，その単独行為がなされた際に，代理人の主張する代理権について異議を述べなかった場合，または代理人が代理権を有しないで行為をすることに同意した場合には，契約に関する規定を準用する」と定めている。

　まず，「代理人の主張する代理権について異議を述べなかった場合」において重要なのは，代理人が代理権を「主張」していることである。これは，代理人が他人の代理人であることを示してその単独行為をしていることを意味し，それに対して相手方が異議を述べなかった——代理人と称しているだけで，代理権がない（したがってその単独行為は本人に対し効力を生じない）という異議を述べなかった——場合に，契約の無権代理に関する規定が準用され，本人に追認の可能性が認められるわけである。これによると，たとえば，適用事例1では，CがAの代理人としてAB間の賃貸借契約を解除する旨の意思表示をしたのに対し，BはCに代理権がないという異議を述べているため，この場合に当たらないが，適用事例2では，BはCがAの代理人として代理行為をしていること自体については異議を述べていないため，この場合に当たる。この場合のBは，代理行為としては有効な行為がなされたと考えていたため，後に無権代理であったことが判明した場合に，本人Aがそれを追認したとしても，思わぬ不利益をこうむるわけではない。

　次に，ドイツ民法180条にいう，相手方が「代理人が代理権を有しないで行為をすることに同意した場合」とは，相手方が——以上のように代理人と称する者には代理権がないという異議を述べたときでも——その代理人が無権代理人として代理行為をすることは認めていた——本人がそれを追認するならばその効力が生じることを認めていた——場合を意味する。適用事例3のように，Cが無権代理行為をしていることを前提とした上で，本人Aがそれを追認するかどうかを確認すること相手方B自身が求めているような場合などが，これに当たる。この場合も，本人Aがこれを追認したとしても，相手方Bは，思わぬ不利益をこうむるわけではない。

　これに対し，現民法118条は，この2つの場合の順序を逆にし，後者の場合に相当するものとして，「相手方が，代理人と称する者が代理権を有しないで行為をすることに同意し」たときを挙げ，その上で，前者の場合に相当するものとして，「その代理権を争わなかったとき」を挙げている。しかし，規定の趣旨を明確にするためには，やはりドイツ民法180条の順序で規定する方が望ましいというべきだろう。

　そこで，本提案〈1〉では，後者の場合を〈ア〉，前者の場合を〈イ〉とし，そのいずれかに該当する場合には，本人が追認できることとし，さらにその場合は，本提案〈3〉により，契約の無権代理に関する規定を準用することとした。

　その際，現民法118条にいう，相手方が「その代理権を争わなかったとき」は，

上述した前者の場合に対応するが，その趣旨は文言上明確とはいいがたい。そこで，本提案〈1〉では，〈ア〉として，これを「無権代理人が他人の代理人としてその行為をすることについて，相手方が異議を述べなかったとき」に改めることとしている。

以上に対して，現民法118条については，単独行為の場合も，原則として現民法113条以下が準用される——本人は追認できる——が，代理行為をした者の代理権を相手方が争ったときには，現民法113条以下は準用されない——本人は追認できない——と考える立場もある[3]。しかし，これは，少なくとも，現民法118条が定められた趣旨をふまえた解釈とはいいがたい。単独行為について，一方的な追認を認めれば，相手方に不利益を強いることになるという現民法118条が前提としている考え方は，十分合理性を持つと考えられる。したがって，本提案〈1〉では，上記のように，原則として追認は認められないものとし，〈ア〉または〈イ〉の場合に限って，その例外を認めることとしている。

3 受働代理の場合

また，本提案〈2〉では，受働代理に相当する場合を定め，〈1〉と同様に，まず，「相手方が無権代理人に対して単独行為をしたときは，本人はこれを追認することができない」という原則を定める。

現民法118条後段は，この場合でも，代理権を有しない者の同意を得て単独行為をしたときにその例外が認められるとしている。そこで，本提案〈2〉のただし書では，「無権代理人が，本人の代理人としてその行為の相手方となることについて同意したとき」に限り，本人は追認できるとし，さらに，本提案〈3〉で，この場合は，契約の無権代理に関する規定を準用することとしている。この場合に限ってこのような例外が認められるのは，後になって本人がこれを追認しても，相手方は思わぬ不利益をこうむることになるわけではないほか，この場合であれば，無権代理人も現民法117条に相当する【1.5.43】（無権代理人の責任）の責任を追及されてもやむを得ないからである。

《比較法》 ドイツ民法174条・180条，韓国民法136条

【1.5.40】（無権代理と相続——追認・追認拒絶の可否）
〈1〉 代理権を有しない者が他人の代理人として契約をした後に，その無権代

---

[3] 司法研修所編『増補民事訴訟における要件事実(1)』（法曹会，1986）110頁。

【1.5.40】

理人が本人を相続したときは，その無権代理人はその追認を拒絶することができない。

〈2〉 代理権を有しない者が他人の代理人として契約をした後に，本人がその無権代理人を相続したときは，その本人はその追認をしまたはその追認を拒絶することができる。

〈3〉 代理権を有しない者が他人の代理人として契約をした後に，その無権代理人を相続し，その後さらに本人を相続した者は，その追認をしまたはその追認を拒絶することができる。

〈4〉 代理権を有しない者が他人の代理人として契約をした後に，本人を相続し，その後さらにその無権代理人を相続した者は，その追認をしまたはその追認を拒絶することができる。

〔関連条文〕　新設
〔参照提案〕　【1.5.38】

提 案 要 旨

1　相続により，本人の資格と無権代理人の資格とが同一人に帰属した場合に，その者が，無権代理人としての資格がありながら，本人の資格に基づいて追認を拒絶することができるかどうかが問題となる。本提案は，この問題について，判例法理をふまえながら，あるべき規範を明文化しようとするものである。

　この問題について，現在では，相続により，本人の資格と無権代理人の資格が同一人に帰属した場合でも，本人の資格と無権代理人の資格が併存するかたちで残るとみる見解（資格併存説）が一般的となっている。もっとも，このように本人の資格と無権代理人の資格はそれ自体としては両立しうるものであるとしても，みずから無権代理行為をした者が追認を拒絶することにより，本人——つまり自分——への効果帰属を否定するのは，一種の矛盾行為に当たり，許されないというべきである。本提案では，このような考慮から，みずから無権代理行為をした者が本人の資格で追認を拒絶することが信義に反するとみる考え方（行為を基準とした信義則説）に従うこととしている。

2　まず，無権代理人相続型——本人が死亡し，無権代理人が本人を相続する場合——のうち，無権代理人が単独で本人を相続した場合は，以上の考え方によると，無権代理人がみずからした無権代理行為に対して本人の資格で追認を拒絶するのは信義則に反し許されない。そこで，本提案〈1〉は，「代理権を有しない者が他人の代理人として契約をした後に，その無権代理人が本人を相続したときは，その無権代理人はその追認を拒絶することができない」と定めることとしている。

第5章 法律行為 第3節 代理および授権　　　　　　　　　　　　　【1.5.40】

　その際，無権代理人相続型の場合でも，相手方が悪意であるときには，その後本人を相続した無権代理人に，追認の拒絶を認めてもよいとする考え方もある。しかし，無権代理であることを相手方が知っていた場合でも，無権代理人は本人の追認を得るよう努めなければならない。無権代理人が本人を相続し，容易に追認できる状態になったにもかかわらず，追認を拒絶することは，相手方の正当な期待を害する行為であり，信義に反することに変わりはない。もちろん，相手方が単に悪意であるだけでなく，本人の追認が得られないことを知りつつ，無権代理人に無権代理行為をするよう働きかけるなど，追認を拒絶されてもやむを得ない事情がある場合には，例外的に，無権代理人に追認の拒絶を認める余地もある。しかし，そのような場合を明文の規定で特定することは容易ではなく，むしろ，信義則等の一般法理による解釈に委ねるのが適当と考えられる。

　次に，無権代理人相続型のうち，無権代理人と第三者が本人を共同相続した場合は，判例は，共同相続人全員が無権代理行為を追認しない限り，無権代理人の相続分に相当する部分においても，無権代理行為は当然に有効になるものではないとしている。この場合は，無権代理行為を追認する権利が相続によって共同相続人に不可分的に帰属するため，全員の追認がない限り，無権代理行為を有効とすることができないというのがその理由である（追認不可分説）。これに対して，信義則説の中では，追認・追認拒絶権をそれぞれ独立に行使することを認めてよいとする見解もある（追認可分説）。行為を基準とした信義則説の考え方によれば，本人が有していた追認・追認拒絶権を相続した者は，本来，それぞれ独立にその権利を行使できるはずであり，無権代理行為をみずからした無権代理人に限って，追認を拒絶することが信義則に反し許されないとされるにとどまるからである。

　いずれにしても，このような追認・追認拒絶権が共同相続の場合に相続人全員に不可分的に帰属するものと考えるかどうかという問題は，ここでのみ問題となる事柄ではない。これは，一方で，形成権が複数の者に帰属する場合にその行使をどのように認めるべきかという問題とかかわるとともに，他方で，そもそも相続の効果をどのように考えるべきかという根本問題ともかかわる。そのため，無権代理と相続に関する規定の中で，いずれか一方の立場を採用することは，必ずしも適当とはいいがたい。そこで，本提案〈1〉では，この問題について立ち入らないこととし，今後の議論に委ねることとしている。

　また，本提案〈1〉では，無権代理人は「その追認を拒絶することができない」とのみ定め，本人がすでに追認を拒絶していた場合に，それを援用することは禁じていない。しかし，その場合でも，信義則によって個別的な援用禁止を認める可能性は今後も開かれている。

　3　本人相続型——無権代理人が死亡し，本人が無権代理人を相続する場合

293

【1.5.40】

——については，行為を基準とした信義則説によると，本人自身は無権代理行為をしていない以上，本人が追認を拒絶したとしても，何ら信義則に反しないことになる。本提案〈2〉は，このような考慮から，「代理権を有しない者が他人の代理人として契約をした後に，本人がその無権代理人を相続したときは，その本人はその追認をしまたはその追認を拒絶することができる」と定めることとしている。

4　双方相続型のうち，無権代理人相続先行型——無権代理人が死亡し，本人と第三者が無権代理人を相続した後に，本人が死亡し，第三者が本人も相続する場合——については，判例と異なり，行為を基準とした信義則説によると，双方を相続した第三者は，みずから無権代理行為をしていない以上，追認を拒絶したとしても，何ら信義則に反しないことになる。本提案〈3〉は，このような考慮から，「代理権を有しない者が他人の代理人として契約をした後に，その無権代理人を相続し，その後さらに本人を相続した者は，その追認をしまたはその追認を拒絶することができる」と定めることとしている。

5　双方相続型のうち，本人相続先行型——本人が死亡し，無権代理人と第三者が本人を相続した後に，無権代理人が死亡し，第三者が無権代理人も相続する場合——については，行為を基準とした信義則説によると，双方を相続した第三者は，みずから無権代理行為をしていない以上，追認を拒絶したとしても，何ら信義則に反しないことになる。本提案〈4〉は，このような考慮から，「代理権を有しない者が他人の代理人として契約をした後に，本人を相続し，その後さらにその無権代理人を相続した者は，その追認をしまたはその追認を拒絶することができる」と定めることとしている。

解　説

1　明文化の必要性と基本的な考え方

(1)　明文化の必要性

家族間で無権代理が行われた場合に，本人や無権代理人が死亡すると，相続により，本人の資格と無権代理人の資格とが同一人に帰属するという事態がおこりうる。そのような場合に，その者が，無権代理人としての資格がありながら，本人の資格に基づいて追認を拒絶することができるかどうかが問題となる。これが，いわゆる「無権代理と相続」の主たる問題である。

この問題については，相続の順序という観点からみれば，次のような類型が考えられる。

〈1〉無権代理人相続型：本人が死亡し，無権代理人が本人を相続する場合（適用事例1，適用事例2）

第5章 法律行為 第3節 代理および授権 【1.5.40】

⟨2⟩ 本人相続型：無権代理人が死亡し，本人が無権代理人を相続する場合（適用事例3）
⟨3⟩ 双方相続型－無権代理人相続先行型：無権代理人が死亡し，本人と第三者が無権代理人を相続した後に，本人が死亡し，第三者が本人も相続する場合（適用事例4）
⟨4⟩ 双方相続型－本人相続先行型：本人が死亡し，無権代理人と第三者が本人を相続した後に，無権代理人が死亡し，第三者が無権代理人も相続する場合（適用事例5）

〔適用事例1〕 Bは，父親Aに無断で，Aの代理人と称して，A所有の土地甲をCに5000万円で売却した。その後，Aが死亡し，BがAを単独で相続した。
〔適用事例2〕 適用事例1において，Aに，Bのほか，K₁およびK₂という子もいて，このBとK₁およびK₂がAを相続した場合はどうなるか。
〔適用事例3〕 Bは，息子Aに無断で，Aの代理人と称して，A所有の土地甲をCに5000万円で売却した。その後，Bが死亡し，AがBを単独で相続した。
〔適用事例4〕 Bは，夫Aに無断で，Aの代理人と称して，A所有の土地甲をCに5000万円で売却した。その後，Bが死亡し，夫Aと子KがBを相続した後，さらにAも死亡して，KがAを相続した。
〔適用事例5〕 Bは，夫Aに無断で，Aの代理人と称して，A所有の土地甲をCに5000万円で売却した。その後，Aが死亡し，妻Bと子KがAを相続した後，さらにBも死亡して，KがBを相続した。

　この問題に関しては，学説上異論はあるものの，ほぼすべての問題類型について判例法理が確立している。そのような中で，この問題について明文の規定を置かず，今後も解釈に委ねるのは，現に妥当しているないし妥当すべき規範をできる限り目にみえるようにするという観点からすると，適当とはいいがたい。したがって，少なくとも主要な問題については，判例法理をふまえながら，あるべき規範を明文化すべきである。

(2) 基本的な考え方
(a) 資格併存説の採用

　この問題について，かつては，相続により，本人の資格と代理人の資格が同一人に帰属した場合は，本人と無権代理人がいわば一体になるとみる見解（資格融合説）が主張され，とくに無権代理人相続型のうち単独相続型については，判例もこのような考え方に立っていた[1]。
　しかし，現在では，相続により，本人の資格と無権代理人の資格が同一人に帰属

───────
1) 大判昭和2年3月22日民集6巻106頁，最判昭和40年6月18日民集19巻4号986頁等。

した場合でも，本人の資格と無権代理人の資格が併存するかたちで残るとみる見解（資格併存説）が一般的となっている。判例も，現在では，このような考え方に立っているとみることができる。

ここで，本人の資格とは，無権代理行為を追認して自己に効果を帰属させるか，追認を拒絶して効果不帰属を確定する可能性であり，無権代理人の資格とは，本人から追認を得られないときに無権代理人としての責任を追及される可能性である。この両者の資格は，それ自体としては両立しうるものである。したがって，本提案では，相続によって両者の資格が同一人に帰属したとしても，一方が他方に吸収されるようなものではなく，両者は併存するという考え方を基礎としている。

(b) 行為を基準とした信義則説の採用

このように，両者の資格が併存すると考えるとしても，その上で，信義則に照らして，本人の資格を主張することが許されない場合があると考える見解（信義則説）と，そのような可能性を否定し，当事者はいずれの資格に基づく主張も自由に選択できると考える見解（完全併存説）[2]が対立している。

判例および学説の多数は，信義則説に立っている[3]。もっとも，この見解の中でも，双方相続型の場合において，信義則違反の基準を資格に求めるか——先に取得した資格と矛盾する資格に基づく主張をすることが信義に反するとみる（資格基準説）[4]——，行為に求めるか——みずから無権代理行為をした者が本人の資格で追認を拒絶することが信義に反するとみる（行為基準説）[5]——について，対立がある。判例は，前者の資格基準説に立っている。

たしかに，本人の資格と無権代理人の資格はそれ自体としては両立しうるものであるとしても，みずから無権代理行為をした者が追認を拒絶することにより，本人——つまり自分——への効果帰属を否定するのは，一種の矛盾行為に当たり，許されないというべきだろう。本提案では，このような考慮から，上記の諸見解のうち，行為を基準とした信義則説に従うこととしている。

2 無権代理人相続型

本提案〈1〉は，無権代理人相続型について，以上の考え方に従ったルールを定めるものである。

---

2) 幾代・総則 363 頁以下，高森八四郎「無権代理及び他人物売買と相続」同『法律行為論の研究』（関西大学出版部，1991・初出 1988）391 頁以下等。
3) 安永正昭「『無権代理と相続』における理論上の諸問題」曹時 42 巻 4 号（1990）17 頁以下等。
4) 安永・前掲注 3) 18 頁以下，佐久間(1)307 頁以下等。
5) 四宮＝能見 300 頁，内田Ⅰ178 頁以下，山本敬三「判批・最判平成 10 年 7 月 17 日」私法判例リマークス 19 号（1999）13 頁等。

第5章 法律行為　第3節　代理および授権　　　　　　　　　　　【1.5.40】

(1)　単独相続型

　無権代理人相続型のうち，無権代理人が単独で本人を相続した場合は（適用事例1），行為を基準とした信義則説によると，無権代理人がみずからした無権代理行為に対して本人の資格で追認を拒絶するのは信義則に反し許されないと考えることになる。判例も，傍論であるが，これと同様の考え方を示したものがある[6]。これによると，適用事例1では，Bはみずからした無権代理行為について追認を拒絶できないため，相手方Cが甲の所有権を確定的に取得することになる。

　本提案〈1〉は，このような考慮から，「代理権を有しない者が他人の代理人として契約をした後に，その無権代理人が本人を相続したときは，その無権代理人はその追認を拒絶することができない」と定めることとしている。

　その際，無権代理人相続型の場合でも，相手方が悪意である――無権代理であることを知っていた――ときには，その後本人を相続した無権代理人に，追認の拒絶を認めてもよいとする考え方もある。信義則説において，矛盾行為が禁止されるのは，先行行為を信じた相手方を保護するためであるとするならば，悪意の相手方には保護に値する信頼がないと考えられるからである。

　もっとも，無権代理であることを相手方が知っていた場合でも，無権代理人は本人の追認を得るよう努めなければならない。無権代理人が本人を相続し，容易に追認できる状態になったにもかかわらず，追認を拒絶することは，相手方の正当な期待を害する行為であり，信義に反することに変わりはない。

　もちろん，相手方が単に悪意であるだけでなく，本人の追認が得られないことを知りつつ，無権代理人に無権代理行為をするよう働きかけるなど，追認を拒絶されてもやむを得ない事情がある場合には，例外的に，無権代理人に追認の拒絶を認める余地もある。しかし，そのような場合を明文の規定で特定することは容易ではなく，むしろ，信義則等の一般法理による解釈に委ねるのが適当と考えられる。

(2)　共同相続型

　無権代理人相続型のうち，無権代理人と第三者が本人を共同相続した場合は（適用事例2），行為を基準とした信義則説によるとしても，無権代理人と第三者に共同相続された本人の追認・追認拒絶権をそれぞれ独立に行使することを許すべきかどうかが問題となる。

　この点について，判例は，共同相続人全員が無権代理行為を追認しない限り，無権代理人の相続分に相当する部分においても，無権代理行為は当然に有効になるものではないとしている。この場合は，無権代理行為を追認する権利が，相続によって共同相続人に不可分的に帰属するため，全員の追認がない限り，無権代理行為を

---

6)　最判昭和37年4月20日民集16巻4号955頁を参照。

有効とすることができないというのがその理由である（追認不可分説）。ただし，他の相続人全員が追認している場合は，無権代理人が追認を拒絶することは信義則に反するとされている[7]。

これによると，他の共同相続人が1人でも追認を拒絶する場合――適用事例2で，K_1がBのした無権代理行為について追認を拒絶する場合――は，無権代理人のみでは追認できないため，結果として，無権代理行為の効果は無権代理人にも他の共同相続人にも帰属しない――K_1およびK_2とBは，Cに対し甲の返還を求めることができる――ことになる。これに対して，他の共同相続人全員が追認する場合――K_1およびK_2がBのした無権代理行為を追認する場合――は，無権代理人は，みずから無権代理行為をした以上，追認を拒絶できないため，全体として追認がなされたことになり，無権代理行為の効果が無権代理人と他の共同相続人に帰属する――Cは，確定的に甲の所有権を取得する――ことになる。

これに対し，信義則説の中には，追認・追認拒絶権をそれぞれ独立に行使することを認めてよいとする見解もある（追認可分説）。行為を基準とした信義則説の考え方によれば，本人が有していた追認・追認拒絶権を相続した者は，本来，それぞれ独立にその権利を行使できるはずであり，無権代理行為をみずからした無権代理人に限って，追認を拒絶することが信義則に反し許されないとされるにとどまるからである。

これによると，他の共同相続人が1人でも追認を拒絶する場合――K_1がBのした無権代理行為について追認を拒絶し，K_2が追認した場合――は，無権代理人は信義則上追認を拒絶できないため，追認を拒絶した他の共同相続人と相手方が目的物を共有する――K_1の相続分の限度で，K_1が甲の持分権を有し，追認をしたK_2およびBの相続分の限度で，Cが甲の持分権を有する――ことになる。これに対して，他の共同相続人全員が追認する場合――K_1およびK_2が，Bのした無権代理行為を追認する場合――は，無権代理人は信義則上追認を拒絶できないため，全体として追認がなされたことになり，無権代理行為の効果が無権代理人と他の共同相続人に帰属する――Cは，確定的に甲の所有権を取得する――ことになる。

この考え方に対しては，他の共同相続人が1人でも追認を拒絶する場合は，相手方は目的物の共有というもともと意図していなかった所有形態を押しつけられることになるという問題が生ずることが指摘されている。しかし，無権代理行為の相手方は，現民法115条に相当する【1.5.42】（無権代理の相手方の撤回権）によると，無権代理であったことを知っていた場合を除いて，本人が追認しない間は，自己の申込みまたは承諾の意思表示を撤回することができる。相手方は，共有関係に立つ

---

7) 最判平成5年1月21日民集47巻1号265頁，最判平成5年1月21日判タ815号121頁。

第5章 法律行為 第3節 代理および授権　　　　　　　　　【1.5.40】

ことを望まないのであれば，この撤回をすればよいのであり，撤回をしない以上，追認を拒絶した他の共同相続人と共有関係に立つことになってもやむを得ないということもできる。

いずれにしても，以上のような追認・追認拒絶権が共同相続の場合に相続人全員に不可分的に帰属するものと考えるかどうかという問題は，ここでのみ問題となる事柄ではない。これは，一方で，形成権が複数の者に帰属する場合にその行使をどのように認めるべきかという問題とかかわるとともに，他方で，そもそも相続の効果をどのように考えるべきかという根本問題ともかかわる。そのため，無権代理と相続に関する規定の中で，いずれか一方の立場を採用することは，必ずしも適当とはいいがたい。そこで，本提案〈1〉では，この問題について立ち入らないこととし，今後の議論に委ねることとしている。

(3) 追認拒絶後相続型

以上に対し，本人が無権代理行為について追認を拒絶した後に，無権代理人が本人を相続した場合も（適用事例6），以上の無権代理人相続型に関する考え方がそのまま当てはまると考えてよいかどうかという問題がある。

〔適用事例6〕 Bは，Cから5000万円を借りる際に，父親Aに無断で，Aの代理人と称して，CのためにA所有の土地甲に抵当権を設定し，その旨の登記をした。これに気づいたAは，追認を拒絶し，Cに対して抵当権の登記の抹消を求める訴えを提起した。ところが，その訴訟の継続中に，Aが死亡し，BがAを単独で相続した。

判例は，この場合は，すでに本人の追認拒絶があった以上，無権代理行為の効果は無効（本人への効果不帰属）に確定し，その後になって無権代理人が本人を相続しても，無権代理行為が有効になることはないとしている[8]。

これに対し，学説では，本人が追認を拒絶しても，それによる原状回復が完了していない場合は，無権代理人が自己の有利に本人の追認拒絶を援用することは信義則上許されないとする見解も主張されている[9]。無権代理人が追認を拒絶することが信義則上許されないのは，みずから無権代理行為，つまり本人に効果を帰属させる行為をしたにもかかわらず，本人としての資格を有するに至った自己への効果帰属を否定するところに矛盾行為があるからである。自己への効果帰属を否定するという点では，本人から相続した追認拒絶権を行使することも，本人がした追認拒絶を援用することも変わらない以上，同様に，信義則上許されないと考えるわけである。

---

[8] 最判平成10年7月17日民集52巻5号1296頁（ただし，双方相続型のうち無権代理人相続先行型に関するケース）。

[9] 内田Ⅰ175頁。安永・前掲注3) 20頁も同旨である。

【1.5.40】

本提案〈1〉では，無権代理人は「その追認を拒絶することができない」とのみ定め，本人がすでに追認を拒絶していた場合に，それを援用することは禁じていない。その限りで，これは，上記の判例の立場に従っている。

しかし，この立場によるとしても，たとえば，無権代理であることを知りつつ無権代理行為をした悪意の無権代理人が，本人のした追認拒絶の効果を援用することは，信義則に反するとみる可能性もある[10]。少なくともこのようなかたちで，無権代理人が本人のした追認拒絶の効果を援用することを信義則に反し許されないとみる余地は，判例においても否定されているとは考えられない。本提案〈1〉では，無権代理人が本人のした追認拒絶の効果を援用する可能性について，明示的に定めていないものの，このように信義則によって個別的な援用禁止を認める可能性は今後も開かれているという理解を前提としている。

3　本人相続型

本人相続型（適用事例3）については，行為を基準とした信義則説によると，本人自身は無権代理行為をしていない以上，本人が追認を拒絶したとしても，何ら信義則に反しないことになる[11]。

本提案〈2〉は，このような考慮から，「代理権を有しない者が他人の代理人として契約をした後に，本人がその無権代理人を相続したときは，その本人はその追認をしまたはその追認を拒絶することができる」と定めることとしている。

4　双方相続型

(1)　現行法の状況
(a)　無権代理人相続先行型

双方相続型のうち，無権代理人相続先行型については（適用事例4），上述したように，信義則説の中でも，資格を基準にするか，行為を基準にするかで対立がある。

判例[12]は，資格基準説に従い，この場合は，第三者は先に無権代理人の資格を得た以上，後から得た本人の資格で追認を拒絶するのは，信義に反することになる。これによると，この場合の第三者は，追認を拒絶できず，無権代理行為の効果が帰属することになる。

これに対して，学説では，行為基準説に従い，みずから無権代理行為をした者が本人の資格で追認を拒絶することが信義に反するとみるべきであるとする[13]。こ

---

10)　山本・前掲注5) 13頁を参照。
11)　前掲注6) 最判昭和37年4月20日。
12)　最判昭和63年3月1日判時1312号92頁。安永・前掲注3) 18頁以下等も参照。

第5章　法律行為　第3節　代理および授権　　　　　　　　　　【1.5.41】

れによると、この場合の第三者は、みずから無権代理行為をしていない以上、追認を拒絶できることになる。

　(b)　本人相続先行型
　双方相続型のうち、本人相続先行型については（適用事例5）、いまだ最高裁判例はないものの、資格基準説によれば、本人相続型のルールが妥当するはずであり、双方を相続した第三者は、先に取得した本人の資格に基づき、追認を拒絶できることになる。
　これに対して、行為基準説によると、ここでも双方を相続した第三者は、みずから無権代理行為をしていない以上、追認を拒絶できることになる。

　(2)　改正の方向
　以上のうち、資格基準説に対しては、本人と無権代理人のいずれをどの順序で相続したかという偶然によって結論が左右されることになるのは不当であるという問題が指摘されている。このような考慮から、本提案〈3〉〈4〉では、行為基準説を採用することとしている。
　それによると、まず、無権代理人相続先行型について、本提案〈3〉は、「代理権を有しない者が他人の代理人として契約をした後に、その無権代理人を相続し、その後さらに本人を相続した者は、その追認をしまたはその追認を拒絶することができる」と定めることとしている。
　また、本人相続先行型について、本提案〈4〉は、「代理権を有しない者が他人の代理人として契約をした後に、本人を相続し、その後さらにその無権代理人を相続した者は、その追認をしまたはその追認を拒絶することができる」と定めることとしている。

【1.5.41】（無権代理の相手方の催告権）
　代理権を有しない者が他人の代理人として契約をしたときは、相手方は、本人に対し、相当の期間を定めて、その期間内に追認をするかどうかを確答すべき旨の催告をすることができる。この場合において、本人がその期間内に確答をしないときは、追認を拒絶したものとみなす。

〔関連条文〕　現民法114条（改正）
〔参照提案〕　【1.5.38】

13)　前掲注5)のほか、山本敬三「判批：最判昭和63年3月1日」民商99巻2号（1988）119頁以下も参照。

301

【1.5.41】

提案要旨

　契約の無権代理について，追認の可能性を認める以上，相手方は不安定な地位に置かれる。現民法114条は，相手方に催告権を認めることにより，このような不安定な地位から免れる可能性を認めたものである。このような手段を相手方に認める必要があることについて，とくに異論はない。したがって，現民法114条は，基本的に維持してよいと考えられる。

　ただし，【1.5.38】（契約の無権代理），【1.5.39】（単独行為の無権代理）で述べたように，現民法113条に相当する規定に続いて，単独行為による無権代理を規定することとしたため，現民法114条の「前条の場合において」という文言をそのまま維持することはできない。そこで，これをその内容に即して，「代理権を有しない者が他人の代理人として契約をしたときは」に改めることとしている。

解　説

　契約の無権代理について，追認の可能性を認める以上，相手方は不安定な地位に置かれる。現民法114条は，相手方に催告権を認めることにより，このような不安定な地位から免れる可能性を認めたものである[1]。このような手段を相手方に認める必要があることについて，とくに異論はない。したがって，現民法114条は，基本的に維持してよいと考えられる。

　ただし，【1.5.38】，【1.5.39】で述べたように，現民法113条に相当する規定に続いて，単独行為による無権代理を規定することとしたため，現民法114条の「前条の場合において」という文言をそのまま維持することはできない。そこで，これをその内容に即して，「代理権を有しない者が他人の代理人として契約をしたときは」に改めることとしている。

　また，現民法114条の第2文は，「この場合において，本人がその期間内に確答をしないときは，追認を拒絶したものとみなす」と定めている。この場合に，期間内に確答を発信することで足りるのか，相手方に到達することが必要であるかという点について，学説の多くは，期間内に相手方に到達することが必要であるとしている[2]。本条の趣旨が，相手方に不安定な地位から免れる可能性を認めるところに

---

[1] 民法（前三編）修正案の理由書166頁が，「契約ト雖モ相手方ヲシテ際限ナク之ニ拘束セサル可キモノトナストキハ権利関係ノ永ク確定セサル不都合ヲ生スヘキヲ以テ相手方ヲシテ相当ノ期間ヲ定メテ其期間内ニ追認ヲ為スヤ否ヤヲ確答スヘキ旨ヲ本人ニ催告スルコトヲ得セシメタリ」とし，「而シテ本人カ其期間内ニ確答ヲ為ササルトキハ追認ヲ拒絶シタルモノト看做スヘキコト固ヨリ論ヲ俟タサル所ナリ」としている（相当の期間内に確答させることとしたのは，スイス債務法にならったものとしている）。

第5章 法律行為　第3節　代理および授権　　　　　　　　　　　【1.5.42】

あるとすると，到達が必要であると考えるべきだろう。

しかし，現民法では，とくに発信で足りる場合には，「発する」という表現を用いることとし（現民法20条・526条等），とくにそのように明示しない場合は，一般原則どおり，到達を必要とするという用語法が採用されている。したがって，本提案でも，このような用語法に従い，現民法114条の定式をそのまま踏襲することとしている。

《比較法》　イタリア民法1399条，ドイツ民法177条，スイス債務法38条，オランダ民法3:69条，韓国民法131条，中国統一契約法48条，カンボディア民法370条，UNIDROIT(2004)2.2.9条，PECL3:208条，DCFR Ⅱ-6:111条

【1.5.42】（無権代理の相手方の撤回権）

　代理権を有しない者が他人の代理人として契約をしたときは，本人が追認をしない間は，相手方は自己の申込みまたは承諾の意思表示を撤回することができる。ただし，契約の時において代理権を有しないことを相手方が知っていたときは，この限りでない。

〔関連条文〕　現民法115条（改正）
〔参照提案〕　【1.5.38】

提　案　要　旨

　現民法115条は，代理権を有しない者が他人の代理人として契約した場合について，相手方が代理権の不存在を知らなかったときは，契約の取消しを認めてよいが，相手方が代理権の不存在を知っていた場合は，これを認める必要はないとしている。本提案では，これを基本的に維持することとしている。

　ただし，無権代理の場合は，本人が追認をしない間は，本人に契約の効力が生じないため，「取消し」といっても，意思表示の取消し等の場合とは異なり，効力が生じないことを確定させるという意味を持つにすぎない。そこで，本提案では，この「取消し」を「撤回」に改めることとしている。

---

2)　四宮251頁等。

解　説

1　無権代理の相手方の撤回権

　現民法 115 条は，代理権を有しない者が他人の代理人として契約した場合について，相手方が代理権の不存在を知らなかったときは，契約の取消しを認めてよいが，相手方が代理権の不存在を知っていた場合は，「本人ノ追認ヲ賭シテ契約ヲ為シタルモノナルヲ以テ恰モ彼ノ未成年者ト契約ヲ為シタルニ同シク前条ノ規定ニ依リ本人ニ対シテ催告ヲ為スコトヲ得ルノ外他ノ保護ヲ享ク可キモノニ非サルナリ」[1]という考慮に基づいて規定されたものである。

　これに対し，比較法的にみると，相手方が代理権の不存在を知っていたときだけでなく，知らなかったことに過失があるときも，取消しに相当するものを認める必要がないとするものもみられる[2]。しかし，無権代理に巻き込まれた相手方がそのような契約から離脱するという利益は正当なものであり，それが否定されるのは，相手方が悪意であった場合に限られるという考え方は十分合理性を持つ。したがって，現民法 115 条の立場は，維持してよいと考えられる。

　ただし，無権代理の場合は，本人が追認をしない間は，本人に契約の効力が生じないため，「取消し」といっても，意思表示の取消し等の場合とは異なり，効力が生じないことを確定させるという意味を持つにすぎない。そのため，学説では，これはむしろ意思表示の撤回に近いとされている[3]。そこで，本提案では，この指摘に従い，「取消し」を「撤回」に改めることとしている[4]。

2　表見代理との関係

　代理権を有しない者が他人の代理人として契約した場合は，客観的には表見代理が成立するときでも，相手方は現民法 115 条による「取消し」を行うことができると考えるのが一般である[5]。表見代理は相手方保護のための制度であるから，それを主張するかどうかは相手方の自由だと考えられるためである。

　上述したように，表見代理の効果については，本人は「自己に対してその行為の効力が生じないことを主張できない」という定式に改めることとしている（【1.5.35】（代理権授与の表示による表見代理），【1.5.36】（権限外の行為の表見代理），

---

1) 民法修正案（前三編）の理由書 166 頁以下。
2) 国際動産売買における代理に関する条約 15 条 2 項等を参照。
3) 四宮 251 頁等。
4) ドイツ民法 178 条も，これを相手方の撤回権として定めている。
5) 我妻・総則 367 頁，幾代・総則 402 頁等。

第5章 法律行為　第3節　代理および授権　　　　　　　　　　　　　【1.5.43】

【1.5.37】（代理権消滅後の表見代理））。これによると，本人は，無権代理人の行為であることを理由としてその行為の効果が自分に帰属することを拒絶できない――自分から相手方に対して効果の帰属を主張できるわけではない――という趣旨がいっそう明確となる。したがって，相手方が本提案により自己の申込みまたは承諾の意思表示を撤回したときに，本人が表見代理の成立を理由に「その行為の効力が生ずる」ことを主張できないことも，これにより示されると考えられる。

《比較法》　イタリア民法1399条，ドイツ民法178条，韓国民法134条，中国統一契約法48条，カンボディア民法370条，第3次代理法リステイトメント4.05条，国際動産売買における代理に関する条約15条，UNIDROIT（2004）2.2.9条

【1.5.43】（無権代理人の責任）
　他人の代理人として契約をした者は，その契約について代理権を有する場合を除き，相手方の選択に従い，相手方に対して履行または履行に代わる損害賠償の責任を負う。ただし，次のいずれかに該当する場合は，この限りでない。
　〈ア〉　本人がその契約を追認した場合。
　〈イ〉　他人の代理人として契約をした者が代理権を有しないことを相手方が知っていた場合。
　〈ウ〉　他人の代理人として契約をした者が代理権を有しないことを相手方が過失により知らなかった場合。ただし，他人の代理人として契約をした者が，みずから代理権を有しないことを知りながら，代理権を有することを相手方に信じさせたときは，この限りでない。
　〈エ〉　他人の代理人として契約をした者がその契約について行為能力の制限を受けていた場合。
　〈オ〉　他人の代理人として契約をした者が，みずから代理権を有しないことを知らなかった場合。ただし，その者に重大な過失があったときは，この限りでない。

〔関連条文〕　現民法117条（改正）
〔参照提案〕　【1.5.38】，【3.2.10.23】

提　案　要　旨

1　現民法117条は，無権代理人がどのような場合に責任を負い，どのような

場合に責任を免れるかについて，一読してわかりづらい書き方になっている。そこで，本提案では，無権代理人の責任を基礎づけるための要件と，それが否定されるための要件を整理して定め，証明責任の所在も明確化することを試みている。

　まず，本提案の本文では，現民法 117 条 1 項にいう「自己の代理権を証明することができず」という文言を「その契約について代理権を有する場合を除き」と改め，証明責任の所在は変えないまま，実体規定として構成することとしている。無権代理人に代理権がないことを積極要件と構成しないのは，そのように構成すると，相手方は，本人に対して履行請求をする場合は，代理人に代理権があることを主張・立証する責任を負うため，その真偽不明のリスクを負担するのに対し，無権代理人に対して履行請求をする場合は，無権代理人に代理権がないことを主張・立証する責任を負うため，その真偽不明のリスクを負担することになる結果，代理権の存否が真偽不明である場合に，相手方はいずれに対しても履行請求できないことになってしまうからである。

　このほか，現民法 117 条 1 項および 2 項に定められたその他の事由は，いずれも，無権代理人の責任が阻却される事由であり，無権代理人の側がその存在について証明責任を負うと考えられる。したがって，このことを明確化し，わかりやすくするために，本提案では，ただし書の構成を採用し，これらの事由を無権代理人の責任が否定されるための事由として，それぞれ独立の号として構成することとしている。

　2　現民法 117 条は，責任の効果を「履行又は損害賠償の責任」とのみ定めている。本提案では，そこでいう「損害賠償」の意味を明確にするために，これを「履行または履行に代わる損害賠償の責任」と定めることとしている。

　3　現民法 117 条に定められている責任の阻却事由は，基本的に維持してよいと考えられるが，いくつかの点について検討を必要とする。

　まず，相手方の過失については，これを重過失の意味で理解するか，通常の過失の意味で理解するかが争われている。

　この場合に，無権代理人が代理権の不存在を知りながら，代理権を有することを相手方に信じさせたときは，狭義の心裡留保に類する行為に当たるとみることができる。もちろん，無権代理人の責任は意思表示そのものに基づく責任ではないとしても，その効果は履行責任であることからすると，同様に考えることができる。そこで，本提案〈ウ〉ただし書は，無権代理人の責任についても，このような場合は，相手方が悪意のときに限り，無権代理人は責任を免れ，相手方に過失があるだけであるときは，それを理由として無権代理人は責任を免れないこととしている。

　これに対して，無権代理人の善意，つまり無権代理人が代理権の存在を知らなかったことは，錯誤に対比することができると考えられる。そこで，本提案〈オ〉は，

この場合は，無権代理人は，原則として責任を免れ，代理権の存在を知らなかったことについて重過失があるときに限り，責任を免れないこととしている。

解　説

〔適用事例1〕　Bは，父親Aに無断でその実印を持ち出し，Aの代理人と称して，A所有の土地甲をCに5000万円で売却する旨の契約を締結した。

1　現民法の立場

現民法117条は，第1項で，「他人の代理人として契約をした者は，自己の代理権を証明することができず，かつ，本人の追認を得ることができなかったときは，相手方の選択に従い，相手方に対して履行又は損害賠償の責任を負う」と定め，第2項で，「前項の規定は，他人の代理人として契約をした者が代理権を有しないことを相手方が知っていたとき，若しくは過失によって知らなかったとき，又は他人の代理人として契約をした者が行為能力を有しなかったときは，適用しない」と定めている。

この現民法117条は，その起草趣旨の説明によると，「代理権ヲ有セサル者カ他人ノ代理人トシテ契約ヲ為シタル場合ニ於テ其相手方ニ対スル責任」を定めたものであり，この場合は，本人がその契約を追認すれば代理人に責任を認める必要はないとしても，追認がないときは，「相手方ニ対シテ代理権アリト信セシメタル過失ノ責ニ任セサルヘカラス」とされていた[1]。起草者は，その上で，その責任の内容について，損害賠償だけでなく，ドイツ民法草案にならって「履行又ハ賠償ノ責任」を認めることが「取引ノ安全ヲ維持スルニ適当」であるとしている[2]。

もっとも，現民法117条については，その後，これを代理取引の安全確保，代理制度の信用維持と利用促進の観点から，無権代理人の無過失責任を定めた規定であると理解する見解が主張され，通説となっている[3]。

これに対し，最近では，起草者の理解を見直し，現民法117条の責任は，不法行為責任を越えて，無権代理人自身が契約したのと同じ責任を課すものであり，それを正当化するためには無権代理人に過失があることを必要とすると主張する見解も

---

1)　民法修正案（前三編）の理由書167頁。
2)　民法修正案（前三編）の理由書168頁。
3)　我妻・総則380頁，幾代・総則366頁，四宮255頁等。最判昭和62年7月7日民集41巻5号1133頁も，この理解を前提とする。学説の転換の経緯と背景については，海老原明夫「無権代理人の責任(1)～(3)」ジュリ977号8頁・978号12頁・981号14頁（1991）を参照。

説かれている[4]。

2 改正の方向

(1) 規定の構成

現民法117条は、無権代理人がどのような場合に責任を負い、どのような場合に責任を免れるかについて、一読してわかりづらい書き方になっている。さらに、「自己の代理権を証明することができず」というように、証明できるかどうかを実体規定の中に明記しているのは、少なくとも他の大多数の規定と異なる（ドイツ民法179条[5]の文言に引きずられたと考えられる）。

そこで、無権代理人の責任を基礎づけるための要件と、それが否定されるための要件を整理して定め、証明責任の所在を明確化することにより、以上の問題を払拭すべきである。

具体的には、まず、本提案の本文では、現民法117条1項にいう「自己の代理権を証明することができず」という文言を「その契約について代理権を有する場合を除き」と改め、証明責任の所在は変えないまま、実体規定として構成することとしている。

たしかに、無権代理人の責任が認められるためには、無権代理人に代理権がないことが積極要件になるとすることも、十分考えられる。しかし、そのように構成すると、相手方は、本人に対して履行請求をする場合は、代理人に代理権があることを主張・立証する責任を負うため、その真偽不明のリスクを負担するのに対し、無権代理人に対して履行請求をする場合は、無権代理人に代理権がないことを主張・立証する責任を負うため、その真偽不明のリスクを負担することになる。その結果、代理権の存否が真偽不明である場合に、相手方はいずれに対しても履行請求できないことになってしまう。現民法117条1項が「自己の代理権を証明することが

---

[4] 佐久間毅「民法117条による無権代理人の責任」同『代理取引の保護法理』（有斐閣、2001・初出1993）324頁以下。

[5] ドイツ民法179条　無権代理人の責任
(1) 代理人として契約を締結した者は、みずから代理権を有することを証明できない場合において、本人がその契約の追認を拒絶したときには、相手方に対し、その選択に従い履行または損害賠償をする義務をする義務を負う。
(2) 代理人が代理権の不存在を知らなかったときは、代理人は、相手方が代理権の存在を信頼したことによりこうむった損害を賠償する義務を負う。ただし、それは、相手方が契約が有効であることについて有する利益の額を超えないものとする。
(3) 代理人は、相手方が代理権の不存在を知りまたは知るべかりしときには、責任を負わない。代理人は、行為能力を制限されていたときも、責任を負わない。ただし、代理人が法定代理人の同意を得て行為をしていたときは、この限りではない。

第5章 法律行為 第3節 代理および授権　　　　　　　　　　　【1.5.43】

できず」としているのは，このような事態を防ぐためであると理解することができる。そこで，本提案の本文では，この点についての証明責任の所在に関しては，同項の立場を維持することとしている。

　このほか，現民法117条1項および2項に定められたその他の事由は，いずれも，無権代理人の責任が阻却される事由であり，無権代理人の側がその存在について証明責任を負うと考えられる。したがって，このことを明確化し，わかりやすくするために，本提案では，ただし書の構成を採用し，これらの事由を無権代理人の責任が否定されるための事由として，それぞれ独立の号として構成することとしている。

　なお，その際，代理人に代理権がないことをただし書の中でこれらの事由に並ぶ独立の号として構成せず，本文の中で「その契約について代理権を有する場合を除き」と定めたのは，これにより，無権代理人の責任があくまでも代理権があるといえない場合に認められる責任であることを示すためである。

(2)　効果の定式

　現民法117条は，責任の効果を「履行又は損害賠償の責任」とのみ定めている。しかし，そこでいう「損害賠償」は，履行に代わる損害賠償であると理解することに争いはない。したがって，このことを規定の上でも明確にするために，これを「履行または履行に代わる損害賠償の責任」と定めることとしている。

　これにより，本条は，その他の「損害賠償」——不法行為責任——についてはとくに規定していないこともよりいっそう明らかになる。

(3)　阻却事由

　現民法117条に定められている責任の阻却事由は，基本的に維持してよいと考えられるが，いくつかの点について検討を必要とする。

(a)　相手方の過失

〔適用事例2〕　Bは，父親Aに無断で，Aの代理人と称して，A所有の土地甲をCに5000万円で売却する旨の契約を締結した。その際，Cは，BがAの代理人だというのを鵜呑みにしてしまい，Bが呈示した委任状の体裁もおかしいのに，Aに直接問い合わせることをしなかった。その後，Bが無権代理をしていたことが判明し，Aが追認を拒絶したので，CはBに対して無権代理人の責任を追及しようとした。

　まず，相手方の過失については，これを重過失の意味で理解するか，通常の過失の意味で理解するかが争われている。

　これを重過失の意味で理解する見解は，通常の過失の意味で理解すると，相手方に過失があるときは，表見代理も無権代理人の責任も認められないことになり，現民法117条の存在意義がなくなってしまうことを理由とする。

309

【1.5.43】

　これに対して，判例[6]は，これを通常の過失の意味で理解してよいとしている。これは，現民法117条が無権代理人の無過失責任を定めた規定であると理解した上で，無権代理人にそのような重い責任を課す以上，相手方が保護されるためには，無過失であることが要求されると理解するわけである。

　もっとも，無権代理人が代理権の不存在を知りつつあえて無権代理行為をした場合にまで，相手方に過失があれば無権代理人は責任を免れると考えてよいかどうかは，問題である。従来の通説は，このように無権代理人の主観的態様に応じた区別をしてこなかった。しかし，最近の学説では，故意に無権代理行為をした無権代理人が，相手方の過失を証明して責任を免れようとするのは，信義に反することであり，この場合は，相手方に過失があるときでも，無権代理人は責任を免れないとする見解も有力に主張されている[7]。

【1.5.11】（心裡留保）では，心裡留保について，非真意表示と狭義の心裡留保を区別した上で，相手方が真意を知ることを期待して行う非真意表示については，現民法93条と同様，相手方の過失を要件とするのに対し，表意者が真意を有するものと相手方に誤信させるため，表意者がその真意でないことを秘匿して行う狭義の心裡留保については，相手方が悪意のときに限り，意思表示の無効を認めることとしている。

　これによると，無権代理人が代理権の不存在を知りながら，代理権を有することを相手方に信じさせたときは，狭義の心裡留保に類する行為に当たるとみることができる。もちろん，無権代理人の責任は意思表示そのものに基づく責任ではないとしても，その効果は履行責任であることからすると，同様に考えることができる。

　そこで，本提案〈ウ〉ただし書は，無権代理人の責任についても，このような場合は，相手方が悪意のときに限り，無権代理人は責任を免れ，相手方に過失があるだけであるときは，それを理由として無権代理人は責任を免れないこととしている。

(b)　無権代理人の善意

〔適用事例3〕　Aは，Bに対し，Aが所有する土地甲の売却に関する一切の権限を与えた。そこで，Bは，Cと交渉を重ね，甲を5000万円で売却する旨の契約を締結した。ところが，その前日に，Aが外国旅行中に死亡していたことが判明した。

---

[6]　前掲注3）最判昭和62年7月7日。

[7]　辻正美「判批：最判昭和62年7月7日」星野英一＝平井宜雄編『民法判例百選Ⅰ〔第3版〕』（有斐閣，1989）85頁，辻正美『民法総則』（成文堂，1999）316頁，奥田昌道「『無権代理と相続』に関する理論の再検討——無権代理人相続型を中心に」論叢134巻5＝6号（1994）22頁以下。

上述したように，現在の通説および判例は，現民法117条は無権代理人の無過失責任を定めた規定であると理解している。しかし，起草者は，むしろ無権代理人に過失があることを当然の前提としていたと考えられ，学説でも，これを再評価する見解が主張されている。

上述したように，本提案では，相手方の過失要件について，狭義の心裡留保に対比して，無権代理人の主観的態様を考慮することとした。それは，本条の責任が，履行または履行に代わる損害賠償であり，みずから契約をしたのと同じものであることを理由とする。

このように考えるならば，無権代理人の善意，つまり無権代理人が代理権の存在を知らなかったことは，錯誤に対比することができると考えられる。そこで，本提案〈オ〉は，この場合は，無権代理人は，原則として責任を免れ，代理権の存在を知らなかったことについて重過失があるときに限り，責任を免れないこととしている。

3　表見代理との関係

このほか，表見代理が成立するときは，無権代理人に対して責任を追及できないと考える可能性もある[8]。しかし，判例は，表見代理が成立する場合でも，相手方は，無権代理人の責任を追及することができ，無権代理人は，表見代理が成立することを抗弁として主張できないとしている。表見代理は相手方保護のための制度であるから，それを主張するかどうかは相手方の自由であり，無権代理人が表見代理の成立要件を主張・立証して自己の責任を免れることは，制度本来の趣旨に反するというのがその理由である[9]。

本提案では，この考え方に従い，表見代理が成立することを無権代理人の責任を阻却する要件として定めないこととした。

これによると，相手方は，表見代理を理由として本人に対し効果の帰属に基づく請求をするか，無権代理人に対して履行または履行に代わる損害の賠償を請求するかを選択できることになる。この場合，相手方はいつまで両者を選択できるかが問題となる。

この点については，一方の極として，相手方がいずれか一方を主張する意思を表示したときは，その後はもはや他方の主張はできなくなると考える立場から，他方の極として，いずれの主張についても相手方は別個に債務名義を取得でき，その一方または双方を用いて合計満額までの執行をすることもできるという立場が考えら

---

8) 我妻・総則381頁等。
9) 最判昭和33年6月17日民集12巻10号1532頁，前掲注3）最判昭和62年7月7日。

れる[10]。判例は，表見代理の成立が認められて代理行為の効果が本人に及ぶことが裁判上確定された場合には，無権代理人の責任を認める余地はないとする[11]。学説では，この結論を支持するものが多いが[12]，たとえば両請求が併合請求された場合の訴訟構造の問題など，さらに検討すべき問題が残っていることも指摘されている[13]。

　本提案では，このような状況にかんがみ，表見代理を理由とする本人に対する請求と無権代理人に対する履行または履行に代わる損害賠償の請求をいつまで選択できるかという問題については立ち入らず，今後も解釈に委ねることとしている。

《比較法》　フランス民法 1997 条，フランス民法（カタラ草案）1119-1 条，イタリア民法 1398 条，ドイツ民法 179 条，スイス債務法 39 条，オランダ民法 3:70 条，韓国民法 135 条，中華民国民法 110 条，中国統一契約法 47 条，カンボディア民法 371 条，第 3 次代理法リステイトメント 7.01 条・7.02 条，国際動産売買における代理に関する条約 16 条，UNIDROIT（2004）2.2.6 条，PECL3:204 条，DCFR Ⅱ-6:107 条

【1.5.44】（無権代理人の責任の相続）
〈1〉　代理権を有しない者が他人の代理人として契約をした後に，本人がその無権代理人を相続した場合において，その本人がその追認を拒絶したときは，その本人は【1.5.43】の履行の責任を免れる。
〈2〉　代理権を有しない者が他人の代理人として契約をした後に，その無権代理人を相続し，その後さらに本人を相続した者が追認を拒絶したときは，〈1〉を準用する。
〈3〉　代理権を有しない者が他人の代理人として契約をした後に，本人を相続し，その後さらにその無権代理人を相続した者がその追認を拒絶したときは，〈1〉を準用する。

〔関連条文〕　新設
〔参照提案〕　【1.5.40】，【1.5.43】

---

10)　幾代通「無権代理人の民法 117 条責任をめぐって」金法 1184 号（1988）9 頁を参照。
11)　前掲注 3) 最判昭和 62 年 7 月 7 日（傍論）。
12)　すでに四宮 270 頁。幾代・前掲注 10) 9 頁，安永正昭「判批：最判昭和 62 年 7 月 7 日」判評 351 号〔判時 1266 号〕（1988）31 頁以下等を参照。
13)　魚住庸夫「判例解説：最判昭和 62 年 7 月 7 日」最判解民昭和 62 年度（1990）404 頁を参照。

第5章 法律行為　第3節　代理および授権　　　　　　　　　　【1.5.44】

提 案 要 旨

1　【1.5.40】（無権代理と相続——追認・追認拒絶の可否）では，相続によって，本人の資格と代理人の資格が同一人に帰属した場合でも，本人の資格と無権代理人の資格は併存するという考え方を採用した。これによると，本人相続型の場合——無権代理人が死亡し，本人が無権代理人を相続する場合——，本人は，本人の資格で追認を拒絶できる。しかし，この場合の本人は，無権代理人の資格も相続しているため，現民法117条に相当する【1.5.43】（無権代理人の責任）により，無権代理人の責任——履行または履行に代わる損害賠償の責任——を追及される可能性が出てくる。

これがとくに問題となるのは，無権代理行為に基づく債務が不動産の引渡債務のように，本人でなければ履行できないものである場合である。この場合に，本人が，本人の資格で無権代理行為について追認を拒絶しても，無権代理人から相続した無権代理人の履行責任を追及されれば，結果として，本人は無権代理行為を追認したのと同じことになる。それでは，本人に追認拒絶を認めた意味がないため，この場合は，本人に，無権代理人の履行責任の追及も拒絶できるとする考え方が主張されている。

本提案〈1〉は，この考え方に従い，「代理権を有しない者が他人の代理人として契約をした後に，本人がその無権代理人を相続した場合において，その本人がその追認を拒絶したときは，その本人は【1.5.43】の履行の責任を免れる」と定めることとしている。

これによると，無権代理行為に基づく債務が金銭債務である場合も，本人は，無権代理人の履行責任を免れることになる。この場合は，もともと金銭債務の履行は，本人でなければできないものでないため，上述した考慮がそのまま当てはまるわけではない。しかし，この場合は，いずれにしても本人は，履行に代わる損害賠償の責任を相続し，その責任を免れないため，実際上の不都合が生じるわけではない。そこで，規定を簡明なものとするため，〈1〉では，一律に履行責任を免れることができることとした。

2　同様の問題は，双方相続型においても生じる。【1.5.40】では，行為を基準とした信義則説——本人の資格と無権代理人の資格はそれ自体としては両立しうるものであるとしても，みずから無権代理行為をした者が追認を拒絶することにより，本人，つまり自分への効果帰属を否定するのは，一種の矛盾行為に当たり，許されないという考え方——を採用した。これによると，双方相続型の場合は，いずれの資格を先に相続するとしても，双方の資格を相続した者はみずから無権代理行為をしていない以上，本人の資格で追認を拒絶できる。

313

【1.5.44】

この考え方によれば，双方相続型のいずれの場合についても，双方の資格を相続した者は，無権代理人の履行責任も免れなければならないことになる。本提案〈2〉は，双方相続型の無権代理人相続先行型，〈3〉は，双方相続型の本人相続先行型について，この趣旨を明らかにしたものである。

解　説

〔適用事例1〕　Bは，息子Aに無断で，Aの代理人と称して，A所有の土地甲をCに5000万円で売却した。その後，Bが死亡し，AがBを単独で相続した。

〔適用事例2〕　Bは，友人SがCから300万円を借りる際に，息子Aに無断で，Aの代理人と称して，Aを保証人とする保証契約をCと締結した。その後，Bが死亡し，Aとその弟KがBを相続したが，SがCに300万円を返せなくなったため，Cが保証債務の履行としてAとKに対し300万円の支払いを求めた。

1　本人相続型

【1.5.40】では，相続によって，本人の資格と代理人の資格が同一人に帰属した場合でも，本人の資格と無権代理人の資格は併存するという考え方を採用した。これによると，本人相続型の場合――無権代理人が死亡し，本人が無権代理人を相続する場合――，本人は，本人の資格で追認を拒絶できる。しかし，この場合の本人は，無権代理人の資格を相続しているため，現民法117条に相当する【1.5.43】により，無権代理人の責任――履行または履行に代わる損害賠償の責任――を追及される可能性が出てくる。

これがとくに問題となるのは，適用事例1のように，無権代理行為に基づく債務が不動産の引渡債務のように，本人でなければ履行できないものである場合である。この場合に，本人が，本人の資格で無権代理行為について追認を拒絶しても，無権代理人から相続した無権代理人の履行責任を追及されれば，結果として，本人は無権代理行為を追認したのと同じ――AはCに甲を引き渡さなければならない――ことになる。それでは，本人に追認拒絶を認めた意味がないため，この場合は，本人に，無権代理人の履行責任の追及も拒絶できるとする考え方が主張されている。この種の場合には，相手方は，もともと無権代理人に対して損害賠償責任を追及できただけである以上，相続という偶然の事情により，履行請求が可能になるという利益を与える必要はないと考えるわけである。判例も，他人物売買のケースで，売主を相続した権利者は，買主からの履行請求を拒絶できるとしたものがある[1]。

本提案〈1〉は，この考え方に従い，「代理権を有しない者が他人の代理人として

契約をした後に，本人がその無権代理人を相続した場合において，その本人がその追認を拒絶したときは，その本人は【1.5.43】の履行の責任を免れる」と定めることとしている。

これによると，適用事例 2 のように，無権代理行為に基づく債務が金銭債務——保証債務——である場合も，本人は，無権代理人の履行責任——保証債務の履行義務——を免れることになる。この場合は，もともと金銭債務の履行は，本人でなければできないものでないため，上述した考慮がそのまま当てはまるわけではない。しかし，この場合は，いずれにしても本人は，履行に代わる損害賠償の責任を相続し，その責任を免れないため，実際上の不都合が生じるわけではない。そこで，規定を簡明なものとするため，〈1〉では，一律に履行責任を免れることができることとした。

2 双方相続型

このように，本人の資格で追認を拒絶できる者が，無権代理人の履行責任を追及される可能性は，単純な無権代理人相続型だけでなく，双方相続型——無権代理人が死亡し，本人と第三者が無権代理人を相続した後に，本人が死亡し，第三者が本人も相続する場合（無権代理人相続先行型），本人が死亡し，無権代理人と第三者が本人を相続した後に，無権代理人が死亡し，第三者が無権代理人も相続する場合（本人相続先行型）——においても，問題となる。

【1.5.40】では，行為を基準とした信義則説——本人の資格と無権代理人の資格はそれ自体としては両立しうるものであるとしても，みずから無権代理行為をした者が追認を拒絶することにより，本人，つまり自分への効果帰属を否定するのは，一種の矛盾行為に当たり，許されないという考え方——を採用した。これによると，双方相続型の場合は，いずれの資格を先に相続するとしても，双方の資格を相続した者はみずから無権代理行為をしていない以上，本人の資格で追認を拒絶できる。

この考え方によれば，双方相続型のいずれの場合についても，双方の資格を相続した者は，無権代理人の履行責任も免れなければならないことになる。本提案〈2〉は，双方相続型の無権代理人相続先行型，〈3〉は，双方相続型の本人相続先行型について，この趣旨を明らかにしたものである。

---

1) 最判昭和 49 年 9 月 4 日民集 28 巻 6 号 1169 頁。四宮＝能見 299 頁以下，安永正昭「『無権代理と相続』における理論上の諸問題」曹時 42 巻 4 号（1990）25 頁等も参照。

第2款 授　権

【1.5.L】（間接代理）
　間接代理については，授権に関する問題を除き，取次契約（委任契約）に関する規律によるほかは，一般的な規定を置かない。

〔関連条文〕　商法551条以下
〔参照提案〕　【1.5.24】，【1.5.25】，【1.5.45】，【3.1.2.01】，【3.2.10.13】，【3.2.10.20】，【3.2.10.21】

提 案 要 旨

　1　間接代理とは，一般に，「他人の計算において自己の名でなされる行為」，ないしは，「自己の名をもって法律行為をしながら，その経済的効果だけを委託者に帰属させる制度」と定義され，その典型例は問屋の行為であるとされる。現民法には，間接代理に関する一般的な規定は存在しない。ただし，本人と間接代理人との間では，法律行為をすることの委託があると考えられ，これは委任契約ととらえられる。さらに，他人（委託者）の計算において自己の名でなされる行為は「取次ぎ」と呼ばれ，これを営業としてするときは商行為に当たるとされる（商法502条11号）。また，取次のうち，「自己ノ名ヲ以テ他人ノ為メニ物品ノ販売又ハ買入ヲ為スヲ業トスル者」は「問屋」と呼ばれ，商法551条以下に一連の規定が置かれている。

　2　間接代理については，一般に，間接代理人は自己の名で行為する以上，その行為の効果は間接代理人に帰属すると考えられている。もっとも，これは，「自己の名で行為する場合は，その行為の効果は自己に帰属する」という──【1.5.24】（代理の基本的要件）で定める顕名原則の前提にある──根本原則から導かれることであり，間接代理についてとくにその旨を確認する規定を置くまでもない。

　3　これに対して，取次──とりわけ販売委託と買入委託──に関しては，委託者と相手方の外部関係について，この根本原則の例外を認めることが考えられる。問題は，その場合に，それを「取次契約」に関する問題として規定するか，それとも「代理」に並ぶ一般的な規定として定めるかである。とくに問題となるのは，次の4つの場合である。
　第1は，販売委託の場合──委託者Aが受託者Bに対して，Aの供給する目的物甲をAの計算においてBの名で相手方Cに販売することを委託する場合──に，受託者Bが目的物甲を相手方Cに売却した後に，目的物甲の所有権は誰に帰

第5章 法律行為　第3節　代理および授権　　　　　　　　　　【1.5.L】

属するかという問題である。この場合は，最終的に相手方Cが目的物甲の所有権を取得することを基礎づける必要がある。もっとも，これは，委託者Aが目的物の権利者であり，受託者Bと相手方Cが委託者Aの権利について売買契約を締結している場合に当たるため，授権に関する問題と重なる。授権に関する問題は，取次の場合に限らない問題であるため，そのようなものとして取次とは別に規定すべきである（【1.5.45】（授権）を参照）。

　第2は，販売委託の場合に，受託者Bが目的物甲の所有権を相手方Cに売却した後に，委託者Aは相手方Cに対する売買代金債権を（どのように）取得するかという問題である。これは，第3の問題，つまり，買入委託の場合——委託者Aが受託者Bに対して，目的物乙をAの計算においてBの名で相手方Cから買い入れることを委託する場合——に，委託者Aは目的物乙の所有権を（どのように）取得するかという問題と共通した側面を持っている。

　まず，後者の場合は，AB間の取次契約の趣旨からして，受託者Bが相手方Cから目的物乙の所有権を取得した場合は，ただちにそれを委託者Aに譲渡することが合意されていると解釈できる（【3.2.10.21】（財産権の取得に係る取次契約における権利移転の効力）は，このことを明文で確認するものとして位置づけられる）。また，同様に取次契約の趣旨からして，目的物乙の占有を取得することを条件として，あらかじめ占有改定の合意が行われていると解釈することもできる。したがって，少なくとも取次に関する限り，目的物乙の所有権が相手方C→受託者B→委託者Aへと移転すると考えたとしても，委託者Aの権利を保護することは可能である。

　また，前者の場合は，いったん受託者Bが取得した相手方Cに対する売買代金債権について，AB間の取次契約の趣旨からして，同様に，受託者Bが相手方Cに対する売買代金債権を取得した場合は，ただちにそれを委託者Aに譲渡することが合意されていると解釈できる。ただし，この場合は，これだけでは対抗要件を具備できないため，委託者Aは，第三者との関係で，売買代金債権を優先的に確保することはできない。

　いずれにしても，これらの場合に，委託者Aの権利が優先するかどうかは，AB間で行われた契約が取次契約であることから導かれる。したがって，これらの問題は，取次契約を超えて一般化することはできないものであり，間接代理として一般的に規定することは適当ではない。

　第4は，買入委託の場合に，相手方Cは委託者Aに対する売買代金債権ないし売買代金相当額の支払請求権を（どのように）取得するかという問題である。

　この場合は，AB間の授権により，受託者Bが自己の名で相手方Cと売買契約を締結したときでも，委託者Aが直接相手方Cに対して代金債務を負担すると構成することも考えられる。これは，授権の中でも，義務設定授権と呼ばれるもので

317

ある。しかし，義務設定授権を認めるならば，相手方Ｃは契約当事者（債務者）がＢであると信じていたのに，Ａが契約当事者（債務者）だったことになり，相手方Ｃに不測の不利益を与えるおそれがある。したがって，仮に相手方Ｃが委託者Ａに対する債権を取得する可能性を認めるとしても，取次を離れた一般ルールを定めることには慎重であるべきである。

そこで考えられるのは，AB 間の取次契約，つまり委任契約により，受託者Ｂが委託者Ａに対して代弁済請求権（現民法 650 条 2 項）を有することを前提として，相手方Ｃにその代位行使に相当するものを認める可能性である。もっとも，【3.1.2.01】（債権者代位権）によると，少なくとも，この場合に債権者代位権の行使を認めるという立場が明確に採用されているとはいえない。したがって，仮にこの場合に，なお相手方Ｃに特別な保護を認める必要があると考えるならば，相手方Ｃに直接委託者Ａに対する債権を認める可能性もある。もっとも，このような可能性を認めるべきかどうかは，いずれにしても，AB 間で取次契約（委任契約）が締結されていることと切り離して論じられるものではなく，さらに，現民法 650 条 2 項の代弁済請求権を維持するかどうかということとも密接に関係する。そして，取次契約に関しては，相手方Ｃにこのような直接委託者Ａに対する債権を認めることは提案されていない。また，委任契約に関しては，代弁済請求権を維持するという考え方がある一方で，代弁済請求権を弁済資金請求権に改めるという考え方も提案されている（【3.2.10.13】（受任者による費用等の償還請求等））。取次契約および委任契約についてこのような提案がされている以上，それを超えて，間接代理として一般的に相手方Ｃに保護を認める規定を置くことは適当とはいえない。

4　以上によると，間接代理に関しては，一般的な規定を置く必要はなく，(処分）授権に関する問題を除き，取次契約（委任契約）に関する問題として規律すべきであると考えられる。

解　説

1　現行法の規定

間接代理とは，一般に，「他人の計算において自己の名でなされる行為」[1]，ないしは，「自己の名をもって法律行為をしながら，その経済的効果だけを委託者に帰属させる制度」[2]と定義され，その典型例は問屋の行為であるとされる[3]。

現民法には，間接代理に関する一般的な規定は存在しない。ただし，本人と間接代理人との間では，法律行為をすることの委託があると考えられ，これは委任契約

---

1)　我妻・総則 327 頁。
2)　四宮 226 頁。

ととらえられる。【1.5.C】（委任と代理の区別）でふれたように，現民法の起草者は，このような場合も委任に含めることを明確に意図して現民法643条を定めているため，この点に疑問はない。

さらに，他人（委託者）の計算において自己の名でなされる行為は「取次ぎ」と呼ばれ，これを営業としてするときは商行為に当たるとされる（商502条11号）。また，取次のうち，「自己ノ名ヲ以テ他人ノ為メニ物品ノ販売又ハ買入ヲ為スヲ業トスル者」は「問屋」と呼ばれ，商法551条以下に一連の規定が置かれている。このほか，販売または買入れではない行為の取次を業とする者は「準問屋」と呼ばれ，問屋に関する規定が準用されている（商558条）。

2 間接代理人への効果帰属

間接代理については，一般に，間接代理人は自己の名で行為する以上，その行為の効果は間接代理人に帰属すると考えられている。問屋に関する商法552条1項も，問屋は，委託者のためにした販売または買入れにより，「相手方ニ対シテ自ラ権利ヲ得義務ヲ負フ」と定めている。

もっとも，「自己の名で行為する場合は，その行為の効果は自己に帰属する」という原則は，【1.5.24】で定める顕名原則の前提にある根本原則である。間接代理人への効果帰属は，この根本原則から導かれることであり，間接代理についてとくにその旨を確認する規定がなくても，当然に認められることである。したがって，間接代理人への効果帰属を示すだけの目的で，間接代理について特別な規定を置く必要は乏しいというべきだろう。

3 外部関係に関する例外

間接代理に関する基本原則は以上のとおりであるとしても，とりわけ取次に関しては，委託者と相手方の外部関係に限っても，以下のような一連の問題が考えられる（以下では，委託者をA，受託者をB，相手方をC，受託者Bの一般債権者をG，販売委託により販売を委託された目的物を甲，買入委託に従って買い入れられた目的物を乙とする）。これらは，とくに受託者Bが支払不能に陥り，その一般債権者Gが目的物を差し押さえたり，受託者Bについて倒産手続が開始した場合などに大きな

---

3) 間接代理に関する文献として，大塚龍児「問屋の委託実行行為により生ずる法律関係の観点から見たagencyの法理」『現代商法学の課題・鈴木竹雄先生古稀記念（下）』（有斐閣，1975）1221頁，四宮和夫「間接代理に関する一考察——信託との関係を中心として」同『四宮和夫民法論集』（弘文堂，1990・初出1975）77頁，平野裕之「間接代理（問屋）をめぐる責任財産及び直接訴権(1)(2)」慶應法学1号103頁・2号67頁（2004〜2005）等を参照。

【1.5.L】

問題となる[4]。

〔適用事例1〕　Aは，Bに対して，Aの供給する目的物甲をAの計算においてBの名で第三者に販売することを委託し，AがBにその手数料を支払う旨の契約を締結した。これに従い，Bは，Bの名で，甲をCに100万円で売却する旨の契約を締結した。

〔適用事例2〕　Aは，Bに対して，目的物乙をAの計算においてBの名で第三者から買い入れることを委託し，AがBにその手数料を支払う旨の契約を締結した。これに従い，Bは，Bの名で，乙の所有者Cから乙を50万円で買い入れる旨の契約を締結した。

①販売委託の場合（適用事例1）
　ⓐ受託者Bが目的物甲を相手方Cに売却する前
　　　目的物甲の所有権は誰に帰属するか
　ⓑ受託者Bが目的物甲を相手方Cに売却した後
　　　㋐相手方Cは目的物甲の所有権を（どのように）取得するか
　　　㋑委託者Aは相手方Cに対する売買代金債権を（どのように）取得するか
②買入委託の場合（適用事例2）
　　　㋐委託者Aは目的物乙の所有権を（どのように）取得するか
　　　㋑相手方Cは委託者Aに対する売買代金債権ないし売買代金相当額の支払請求権を（どのように）取得するか

　債権編の各種の契約に関しては，委任契約の一種として，「取次契約」に関する規定を定めることとしている（【3.2.10.20】（取次契約の定義），【3.2.10.21】）。ここで問題となるのは，上記の諸問題について，「取次契約」に関する規定として定めるか，それとも「代理」に並ぶ一般的な規定として定めるかである。

(1)　販売委託における売却前の所有権の帰属（①ⓐの問題）

　まず，①ⓐの問題については，単純な販売連鎖（AB間の売買契約＋BC間の売買契約）と異なり，通常，委託者Aが目的物甲の所有権を保持したままである。したがって，受託者Bの一般債権者Gが受託者Bのもとにある目的物甲を差し押さえた場合は，委託者Aは第三者異議の訴えを提起でき，受託者Bにつき倒産手続が開始した場合は，委託者Aには取戻権が認められる。ただし，この点は，とくに異論はなく，特別な確認規定を置くまでもないだろう。「取次契約」に関する【3.2.10.21】でも，この問題について具体的な提案はされていない。

---

[4]　この問題については，平野・前掲注3）のほか，大塚龍児「委託販売契約」現代契約法大系Ⅳ 25頁（とくに36頁以下）を参照。

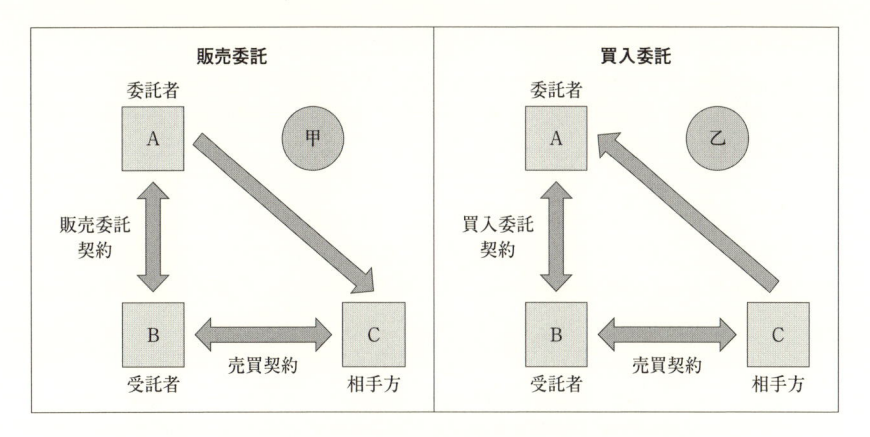

第5章　法律行為　第3節　代理および授権　　　　　　　　　　　　【1.5.L】

<h3>販売委託</h3>

委託者 A ── 甲
↕ 販売委託契約
受託者 B ⇔ 相手方 C
　　　　売買契約

<h3>買入委託</h3>

委託者 A ── 乙
↕ 買入委託契約
受託者 B ⇔ 相手方 C
　　　　売買契約

(2)　**販売委託における相手方による所有権の取得（①ⓑ⑦の問題）**

次に，①ⓑ⑦の問題は，最終的に相手方Cが目的物甲の所有権を取得することを基礎づける必要があることから，販売委託型の取次において必然的に生じる問題である。もっとも，これは，委託者Aが目的物の権利者であり，受託者Bと相手方Cが委託者Aの権利について売買契約を締結している場合に当たるため，授権に関する問題と重なる。授権に関する問題は，取次の場合に限らない問題であるため，そのようなものとして取次とは別に規定すべきである。この点については，【1.5.45】で検討する。

(3)　**委託者による権利の取得——販売委託における委託者による相手方に対する債権の取得（①ⓑ④の問題）・買入委託における委託者による所有権の取得（②⑦の問題）**

これに対し，①ⓑ④の問題は，次の②⑦の問題と共通した側面を持っている。上述した間接代理人への効果帰属の原則によると，販売委託の場合は，受託者Bが相手方Cに対する売買代金債権を取得し，買入委託の場合は，受託者Bが相手方Cから目的物乙の所有権を取得することになる。しかし，そうすると，受託者Bの一般債権者Gが売買代金債権や目的物乙を差し押さえたり，受託者Bにつき倒産手続が開始した場合は，BC間の売買契約は委託者Aの計算で行われているにもかかわらず，委託者Aは一般債権者Gや受託者Bの他の債権者に対し，劣後することになる。そのため，学説では，結論として，このような場合に委託者Aの権利を優先させることが主張されている。判例でも，②⑦の場合（委託者Aが証券会社Bに株式の買入委託をした場合に，BがCから買い入れた株式につきAの諒解のもとにB名義に裏書きをし，名義書換手続をとった後に，Bが破産宣告を受けたケース）

321

に，委託者Ａに取戻権が認められている[5]）。

②⑦の問題に関しては，AB間の取次契約の趣旨からして，受託者Ｂが相手方Ｃから目的物乙の所有権を取得した場合は，ただちにそれを委託者Ａに譲渡することが合意されていると解釈できる（【3.2.10.21】は，このことを明文で確認するものとして位置づけられる）。また，同様に取次契約の趣旨からして，目的物乙の占有を取得することを条件として，あらかじめ占有改定の合意が行われていると解釈することもできる。したがって，少なくとも取次に関する限り，目的物乙の所有権が相手方Ｃ→受託者Ｂ→委託者Ａへと移転すると考えたとしても，委託者Ａの権利を保護することは可能である。

①ⓑ⑦の問題に関しても，いったん受託者Ｂが取得した相手方Ｃに対する売買代金債権について，AB間の取次契約の趣旨からして，同様に，受託者Ｂが相手方Ｃに対する売買代金債権を取得した場合は，ただちにそれを委託者Ａに譲渡することが合意されていると解釈できる。ただし，この場合は，これだけでは対抗要件を具備できないため，委託者Ａは，第三者との関係で，売買代金債権を優先的に確保することはできない。

いずれにしても，これらの場合に，委託者Ａの権利が優先するかどうかは，AB間で行われた契約が取次契約であることから導かれる。したがって，これらの問題は，取次契約を超えて一般化することはできないものであり，間接代理として一般的に規定することは適当ではない。

(4) 買入委託における相手方による委託者に対する債権の取得（②⓪の問題）

最後に，②⓪の問題については，仮に買入委託の場合に，相手方Ｃが委託者Ａに対する売買代金債権ないし売買代金相当額の支払請求権を取得するとすれば，次の２つの可能性が考えられる。

第１は，AB間の授権により，受託者Ｂが自己の名で相手方Ｃと売買契約を締結したときでも，委託者Ａが直接相手方Ｃに対して代金債務を負担すると構成する可能性である。これは，授権の中でも，義務設定授権と呼ばれるものである。

もっとも，授権を認める学説の中でも，義務設定授権は否定するのが多数である[6]。義務設定授権を認めるならば，相手方Ｃは契約当事者（債務者）がＢであると信じていたのに，Ａが契約当事者（債務者）だったことになり，相手方Ｃに不測の不利益を与えるおそれがあるためである。この点については，【1.5.45】であらためてふれることとするが，仮に相手方Ｃが委託者Ａに対する債権を取得する可能性を認めるとしても，取次を離れた一般ルールを定めることには慎重であるべきだ

---

5) 最判昭和43年7月11日民集22巻7号1462頁。
6) 伊藤進「授権（Ermächtigung）概念の有用性──ドイツの学説を中心として」同『授権・追完・表見代理論』（成文堂，1989・初出1966）52頁等。

第5章　法律行為　第3節　代理および授権　　　　　　　　　　【1.5.L】

ろう。

　第2は，AB間の取次契約，つまり委任契約により，受託者Bが委託者Aに対して，代弁済請求権（現民法650条2項）を有することを前提として，相手方Cにその代位行使に相当するものを認める可能性である。この可能性は，現民法のもとでも，解釈論として主張されているところである[7]。この場合に，受託者Bの無資力が要件とされないのは，代弁済請求権が，相手方Cに対する債務の弁済を目的としていることから，相手方C以外の一般債権者のための責任財産を構成しているとはいえないためである。

　もっとも，債権代位権に関する【3.1.2.01】〈1〉では，従来のいわゆる本来型に相当する一般責任財産保全型（〈ア〉）と従来のいわゆる転用型に相当する個別権利実現準備型（〈イ〉）の2類型が設けられ，このうち，〈イ〉については，「債務者に属する当該権利を行使することを当該債権者が債務者に対して求めることができる」こと，かつ，「債務者が当該権利を行使しないことによって，債権者の当該債権の実現が妨げられている」ことが要件とされている。

　ここで問題となっているのは，「債権者」に相当する相手方Cが「債務者」に相当する受託者Bに対して売買代金債権という金銭債権を有し，「債務者に属する」権利に相当するものとして，受託者Bが委託者Aに対して代弁済請求権を有するという場面である。この場合に，【3.1.2.01】〈1〉〈イ〉により，債権者代位権の行使が認められるかどうかは，その要件の解釈によることになる。もっとも，この場合，代弁済請求権は受任者である受託者Bの権利にすぎず，相手方Cが受託者Bに対してその権利を行使することを求めることができるとまでいえるかどうかは問題である。また，受託者に対する相手方の売買代金債権は金銭債権であることから，受託者が代弁済請求権を行使しないことによって，受託者に対する相手方の売買代金債権の実現が妨げられているという関係に立つといえるかどうかも問題である。

　また，【3.1.2.01】〈1〉〈ア〉の類型では，無資力要件が明示的に要求されており，その効果についても，相手方は一定の場合に直接自己への交付を求めることができるが，その場合でも，債務者に受領したものを返還しなければならず，自己の債務者に対する債権と相殺できないものとされている（【3.1.2.02】（受領を要する権利の代位行使）〈2〉〈3〉）。ところが，代弁済請求権を代位行使して受領したものは，相手方がそのまま取得してよいものであり，債務者に相当する受託者に返還すべき理由はない。その意味で，この場合は，【3.1.2.01】〈1〉〈ア〉の妥当する場面とはいえ

---

7)　三宅正男『契約法（各論）下巻』（青林書院，1988）992頁以下，平野・前掲注3）慶應法学2号115頁以下・123頁のほか，加藤雅信『事務管理・不当利得』（三省堂，1999）37頁以下も参照。

323

【1.5.45】

ない。したがって，いずれにおいても，相手方Cの保護を債権者代位権の行使に委ねることは困難といわざるをえない。

　仮にこの場合に，なお相手方Cに特別な保護を認める必要があると考えるならば，相手方Cに直接委託者Aに対する債権を認める可能性もある。もっとも，このような可能性を認めるべきかどうかは，いずれにしても，AB間で取次契約（委任契約）が締結されていることと切り離して論じられるものではなく，さらに，現民法650条2項の代弁済請求権を維持するかどうかということとも関係する。そして，取次契約に関しては，相手方Cにこのような直接委託者Aに対する債権を認めることは提案されていない。また，委任契約に関しては，代弁済請求権を維持するという考え方がある一方で，代弁済請求権を弁済資金請求権に改めるという考え方も提案されている（【3.2.10.13】〈2〉）。取次契約および委任契約についてこのような提案がされている以上，それを超えて，間接代理として一般的に相手方Cに保護を認める規定を置くことは適当とはいえない。

4　総　　括

　以上によると，間接代理に関しては，一般的な規定を置く必要はなく，（処分）授権に関する問題（①⑥⑦の問題）を除き，取次契約（委任契約）に関する問題として規律すべきであると考えられる。

《比較法》　イタリア民法1705条，ドイツ民法185条，オランダ民法3:302条～3:304条・7:420条・7:421条，中華民国民法118条，第3次代理法リステイトメント2.06条・6.03条，国際動産売買における代理に関する条約12条・13条，UNIDROIT（2004）2.2.3条・2.2.4条，PECL3:102条・3:301条～3:304条

【1.5.45】（授権）
〈1〉　権利者が他人に対し当該他人の名で権利者に帰属する権利を処分する権限を与えた場合において，当該他人がこの権限に基づき当該権利を第三者に処分する旨の法律行為をしたときは，当該権利は権利者から第三者に直接移転する。
〈2〉　権利者の承諾を得ないまま，他人が権利者に帰属する権利を第三者に処分する旨の法律行為をした場合は，権利者は，その意思により，当該第三者に当該権利を直接取得させることができる。
〈3〉　〈1〉〈2〉の場合において，権利者は，当該第三者に対し，当該他人と当該第三者の法律行為に基づいて当該他人が主張できた事由を対抗すること

第5章 法律行為　第3節　代理および授権　　　　　　　　　　【1.5.45】

ができる。

〔関連条文〕　新設
〔参照提案〕　【1.5.24】，【1.5.25】，【1.5.L】，【1.5.46】，【3.2.10.20】，【3.2.10.21】

提 案 要 旨

1　授権とは，自己の名で法律行為をしながら，その法律効果を本人に帰属させる制度である。現民法には，この授権に関する一般的な規定は存在しない。しかし，授権の中でも，処分授権——被授権者Ｂが自己の名で授権者Ａに帰属する権利を処分する旨の法律行為をすることによって，その権利を処分したという効果が授権者Ａに帰属する（授権者Ａがその権利を処分したという効果が認められる）というタイプの授権——については，これを認める見解が有力である。
　このような授権に相当するものを認めるかどうかを決めるに当たっては，本来の意味での委託販売——委託者Ａと受託者Ｂの間では委任契約が成立し，Ｂは第三者Ｃと売買契約を締結して売買代金を取得し，ここから委任契約に基づいて認められるＢの報酬や費用額を控除して，その残額をＡに交付する関係——が実務上どの程度必要なのかということが重要な決め手となる。しかし，これまで説かれているところに照らすと，本来の意味での委託販売，したがってまた処分授権に相当するものを認める必要がある場合が相当程度存在するのではないかと考えられる。仮にそうであるとするならば，処分授権に相当するものに関しては，これを認める旨の規定を置いてよいと考えられる。
　もっとも，このことが当てはまるのは，委託販売の場合であり，処分授権に相当するものに限られる。それを超えて，義務設定授権——被授権者Ｂが自己の名でした法律行為によって，授権者Ａに義務を負担させるというタイプの授権——に相当するものまで認めるべきかどうかは，別問題である。現行法のもとでも，義務設定授権を認めるかどうかについては，これを否定するものが多数である。これを認めると，法律行為の相手方Ｃは被授権者Ｂが契約当事者（債務者）であると信じていたのに，授権者Ａが契約当事者（債務者）だったことになり，相手方Ｃに不測の不利益を与えるおそれがあるためである。【1.5.L】（間接代理）で述べたように，これがとくに問題となる取次の場合について一定の立場がとられるのであれば，それを超えて義務設定授権を一般的に認めるのは適当ではないと考えられる。
　以上により，授権に関しては，処分授権に限り，これを認めることとしてはどうかと考えられる。そこで，本提案〈1〉では，「権利者が他人に対し当該他人の名で権利者に帰属する権利を処分する権限を与えた場合において，当該他人がこの権限に基づき当該権利を第三者に処分する旨の法律行為をしたときは，当該権利は権利

325

【1.5.45】

者から第三者に直接移転する」と定めることとしている。

　これによると，権利者Aから第三者Cに直接権利が移転することは，①権利者Aから他人Bに対する処分授権の合意と，②その処分授権に基づいて他人Bが自己の名で第三者Cと行った当該権利を処分する旨の法律行為によって基礎づけられる。権利者Aが権利を失うのは，②に相当する行為だけによるのではなく，あくまでも権利者A自身が①に相当する行為を行ったからであるという点が決定的に重要である。権利者Aの私的自治は，これによって確保されているからである。第三者Cも，これにより，みずから取得しようとした権利を取得できるだけであり，このような効果を認めても問題はないはずである。

　2　このような処分授権を認める場合には，権利者Aが事後的に処分行為を追認した場合も，同様にその効果を認めることが必要となる。そこで，本提案〈2〉では，「権利者の承諾を得ないまま，他人が権利者に帰属する権利を第三者に処分する旨の法律行為をした場合は，権利者は，その意思により，当該第三者に当該権利を直接取得させることができる」と定めることとしている。

　3　上述したように，処分授権の場合に，権利者Aから第三者Cに直接権利が移転することは，①権利者Aから他人Bに対する処分授権の合意と，②その処分授権に基づいて他人Bが自己の名で第三者Cと行った当該権利を処分する旨の法律行為によって基礎づけられる。これによると，権利の移転は②に相当する行為によっても基礎づけられるのだから，権利者Aは，②に相当する行為に基づいて他人Bが主張できた事由——たとえば履行期の約定等——を主張できるはずである。同様の考慮は，本提案〈2〉による処分行為の追認の場合にも，当てはまる。

　そこで，本提案〈3〉では，「〈1〉〈2〉の場合において，権利者は，当該第三者に対し，当該他人と当該第三者の法律行為に基づいて当該他人が主張できた事由を対抗することができる」と定めることとしている。

解　説

1　現行法の状況

　授権とは，一般に，「自己の名においてする法律行為によって，他人の権利圏内に干渉する権利または権能」[1]，「自己の名において法律行為をすることによって，他人効を発生させる権限」[2]，「自己の名で法律行為をしながら，その法律効果を本人に帰属させる制度」[3]等というように定義される[4]。

---

1)　於保不二雄「授権（Ermächtigung）について」同『財産管理権論序説』（有信堂，1954・初出1933）27頁。
2)　四宮226頁。

第 5 章　法律行為　第 3 節　代理および授権　　　　　　　　　　　【1.5.45】

〔適用事例 1〕　Aは，Bに対して，自己の所有する動産甲をAの計算においてBの名で処分することを委託した。これに従い，Bは，Bの名で，甲をCに売却する旨の契約を締結した。

(1)　処分授権

現民法には，授権に関する一般的な規定は存在しない。しかし，授権の中でも，処分授権——被授権者Bが自己の名で授権者Aに帰属する権利を処分する旨の法律行為をすることによって，その権利を処分したという効果が授権者Aに帰属する（授権者Aがその権利を処分したという効果が認められる）というタイプの授権——については，これを認める見解が有力である[5]。最判昭和 29 年 8 月 24 日（集民 15 号 439 頁）が，「原判決は，AがBに対し判示の協議成立に際し本件立木を『Bの手において自ら他に売却』することを委ね，その趣旨に基いてBは本件立木をCに売渡した事実を認定した上，他人の代理人たることを表示しないで，他人の物を自己の物として第三者に売渡す場合においても，その他人が右のような処分行為をすることに予め承諾を与えているときは，右売買は有効であつ

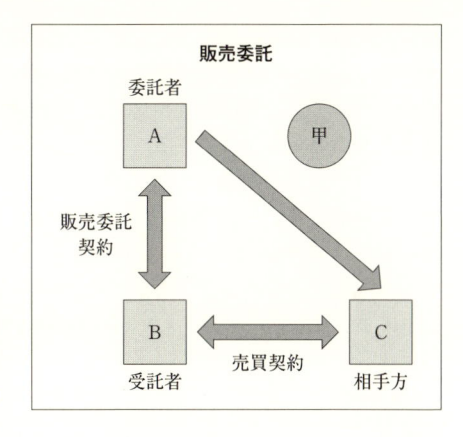

---

[3]　山本 I 308 頁。

[4]　授権に関する文献として，於保・前掲注 1）のほか，伊藤進「授権（Ermächtigung）概念の有用性——ドイツの学説を中心として」同『授権・追完・表見代理論』（成文堂，1989・初出 1966）1 頁，同「自己の名においてする代理——授権（Ermächtigung）の問題」同書（初出 1971）67 頁，四宮和夫「財産管理制度としての信託について」同『四宮和夫民法論集』（弘文堂，1990・初出 1974）43 頁（とくに 54 頁以下），清水千尋「授権（Ermächtigung）に関する基礎的考察——とくに処分授権を中心として(1)～(6)」立正法学 12 巻 3＝4 号 55 頁・13 巻 1＝2 号 55 頁・17 巻 1＝2 号 29 頁・4 号 51 頁・21 巻 1＝2 号 59 頁・22 巻 1～4 号 63 頁（1979～1989），同「義務設定授権（Verpflichtungsermächtigung）に関する一試論——とくにドイツ法の分析を通じて(1)」立正法学 15 巻 1～4 号 223 頁（1982），石田穰「授権について」加藤一郎＝水本浩編『民法・信託法理論の展開・四宮和夫先生古稀記念論文集』（弘文堂，1986）45 頁，佐々木典子「授権に関するわが国の学説の検討——処分授権を中心として」姫路法学 3 号（1989）195 頁，同「処分授権についての一考察——ドイツにおける学説を中心として」『民事法理論の諸問題・奥田昌道先生還暦記念(上)』（成文堂，1993）57 頁，奥田昌道「代理，授権，法律行為に関する断想」『京都大学法学部創立百周年記念論文集(3)』（有斐閣，1999）1 頁等を参照。

[5]　伊藤・前掲注 4）50 頁，四宮 226 頁以下等。授権に関するわが国の学説の状況については，佐々木・前掲注 4）姫路法学 3 号 214 頁以下を参照。

327

て，右売買と同時に買受人たる第三者は右物件の所有権を取得すると解するのが相当であるから，Cは本件売買によつて立木の所有権を取得したものであると判断したのであつて，この解釈は相当である」と判示しているのも，一般に，処分授権を認めたものと理解されている。

このほか，Aの承諾なしにBがAに帰属する権利をCに処分する旨の法律行為をした場合でも，Aが事後的にBの行為を追認したときは，Bの行為時にさかのぼってAの権利がAからCに移転することが認められている。

〔適用事例2〕 AのこBは，Aが所有する動産甲について，Aに無断で，自分が売主としてCに売却する旨の契約を締結した。その後，Aは，Bの行為を追認した。

〔適用事例3〕 AのこBは，Aが所有する不動産乙について，Aに無断で乙の名義をB名義に変更し，Cから金銭を借り入れる際に，その担保として抵当権を設定した。その後，Aは，Bの行為を追認した。

大判昭和10年9月10日（民集14巻1717頁）は，適用事例2に相当するケースで，「凡ソ他人ノ権利ヲ自己ノ名ニ於テ処分シタル場合ニ本人カ後日其ノ処分ヲ追認シタルトキハ右ノ処分ハ本人ノ為メニ効力ヲ生スルコト夫ノ無権代理ノ追認ト択フトコロ無シ」「蓋追認ハ代理行為ノ場合ニノミ限局セサル可カラスト云フカ如キハ寧ロ偏狭ニ失スルコトアルモ何等取引ノ円滑ニ資スルトコロ無ケレハナリ」「而シテ此理ハ他人ノ権利ヲ自己ノソレトシテ自己ノ名ニ於テ処分シタル場合ニマテ拡張スルヲ得ヘシ」と判示し，追認の効果を認めている。また，最判昭和37年8月10日（民集16巻8号1700頁）は，適用事例3に相当するケースで，「或る物権につき，なんら権利を有しない者が，これを自己の権利に属するものとして処分した場合において真実の権利者が後日これを追認したときは，無権代理行為の追認に関する民法116条の類推適用により，処分の時に遡つて効力を生ずるものと解するのを相当とする」と判示し，同様に追認の効果を認めている。

(2) 義務設定授権

〔適用事例4〕 Aは，Bに対して，動産乙をAの計算においてBの名で第三者から買い入れることを委託し，AがBにその手数料を支払う旨の契約を締結した。これに従い，Bは，Bの名で，乙の所有者Cから乙を50万円で買い入れる旨の契約を締結した。

以上に対して，義務設定授権——被授権者Bが自己の名でした法律行為によって，授権者Aに義務を負担させるというタイプの授権——については，これを否定するのが多数である[6]。これを認めると，法律行為の相手方Cは被授権者Bが

---

6) 伊藤・前掲注4) 52頁等。

契約当事者（債務者）であると信じていたのに，授権者Aが契約当事者（債務者）だったことになり，相手方Cに不測の不利益を与えるおそれがあるためである。もっとも，債務者の人的要素が重要でない取引については，例外的に義務設定授権を認めてもよいとされるほか[7]，被授権者Bも相手方Cに対して債務を負うものとすれば，義務設定授権を認めてもよいとする見解も主張されている[8]。

2 授権の採否

(1) 規律の必要性

本来の意味での委託販売——委託者Aと受託者Bの間では委任契約が成立し，Bは第三者Cと売買契約を締結して売買代金を取得し，ここから委任契約に基づいて認められるBの報酬や費用額を控除して，その残額をAに交付する関係——の場合，AB間に売買契約等の権利移転を根拠づける契約関係があるとみることは困難であり，Bが他人であるAの権利を売却することにより，Cは，甲の所有権を直接Aから取得すると解される。現民法560条はA→B→Cという所有権移転経路を前提とするものであるとすれば，AからCへの直接の権利移転効を生ずるBの権限について，新たに規定を設ける必要がある。しかし，その前提として問題となるのは，そもそもこの本来の意味での委託販売を認めることが実務上どの程度必要といえるのかである。

このほか，処分授権を認める必要性が指摘されているものとして，所有権留保条項のあるディーラー（D）・サブディーラー（SD）間の売買契約とSD・ユーザー（U）間の契約に関する問題がある。判例は，UがSDに代金を完済した場合でも，SDがDに売買代金を完済していない場合には，Dが所有権を留保しているとしても，その留保所有権に基づいてUに対して自動車の引渡しを請求することは権利濫用に当たるとする[9]。それに対して，学説では，この場合に処分授権を認めることによってUが所有権を取得することを基礎づける見解が有力である[10]。

しかし，この場合は，DとSD，SDとUの間では売買契約が締結されていることからすると，現民法560条が予定する所有権移転が前提とされていると解するのが自然であり，UがSDに対して売買代金を完済すれば，自動車の所有権はD→SD→Uへと移転すると考えられる。

ここで，DとSD間の所有権留保条項の意味を文字どおり認めるならば，DがSDから代金の完済を受けるまで，SDには処分権限がないことになるはずである。

---

7) 伊藤・前掲注4) 52頁等。
8) 四宮・前掲注4) 56頁以下，四宮227頁。
9) 最判昭和50年2月28日民集29巻2号193頁。
10) 新注民(9)920頁以下［安永正昭］を参照。

したがって，Uが代金を完済する場合にSDが目的物を処分する権限，つまり処分授権に相当する権限を有していると解釈することもできない。むしろ，ここでの問題の核心は，Uが代金を完済した場合に，DがSDに対する所有権留保条項の効力を第三者Uに主張することが許されるかどうかにある。この主張を制限しない限り，処分授権の可能性を認めようとしても，問題は解決できない。その意味で，この問題を処分授権の必要性を基礎づけるための例として挙げるのは，必ずしも適当とはいえない。

(2) 委託販売の実態

本来の意味での委託販売を認めることが実務上どの程度必要なのかという点について，少し古いが，委託販売契約に関する大塚龍児の研究によると，次のように指摘されている。

「特に商品の流通過程において，甲［A］が乙［B］に生産物を供給し，乙［B］がこれを丙［C］に販売する場合は，甲乙［AB］間が固有の売買か委託販売かの区別は困難なことが多い。乙［B］は売れ残った物品を甲［A］に返却することができる売買，返品特約付売買があるので区別はさらに困難になる。甲［A］の供給する物品が骨董品，古書，伝家の装飾品，中古機械・器具である場合には比較的委託販売が利用されるが，その場合も乙［B］が前渡金を甲［A］に支払うときには区別が容易でなくなる。自己商でもある百貨店は，流行品のように販売量の予測のたたない商品について，委託販売を引き受けているが，返品条件付売買との区別はつきにくい」[11]。

その上で，大塚は，「結局は，甲乙［AB］間の取引で当事者の真に意図したところが，甲［A］の乙［B］への物品の供給が乙［B］に所有権を移転することにあるのか（＝売買），乙［B］以外の第三者（丙［C］）に所有権を移転すべく乙［B］に処分が委ねられたものなのか（＝委託販売），乙［B］の甲［A］に対する金銭給付が所有権移転に対する反対給付，給付された物品に対する契約上の等価物の意味を有するのか（＝売買），丙［C］から取得した金銭の，乙［B］が販売に従事したことによる報酬を控除しての，引渡の意味を有するのか，すなわち乙［B］は販売に従事したことに対する手数料を取得するのみなのか（＝委託販売），を取引慣行を顧慮して決する他はないであろう」としている[12]。

また，書籍委託販売契約に関しては，取引の形態は，「委託」，「注文（買切）」，「常備寄託」の3種類に大別されるとされる。このうち，「注文（買切）」は「読者注文や書店の見込注文によるもので，取次店書店間は（出版元取次店間も）売買とみてよいであろう」とされる。これに対して，「常備寄託」は，「出版元が書店に対

---

11) 大塚龍児「委託販売契約」現代契約法大系Ⅳ27頁。
12) 大塚・前掲注11) 27頁。

第5章 法律行為 第3節 代理および授権　　　　　　　　　　【1.5.45】

して一定期間（普通は1ヶ年）出版物を寄託し，書店はそれを見本として常時店頭に陳列し，見本ではあるがそれが売れた場合は，すみやかに補充注文するという，出版元，取次店，書店間の契約で，代金の清算は書店取次店間が14ヶ月目，取次店出版元間が15ヶ月目である。寄託品（見本）の所有権は出版元にあり，所有者としての危険は出版元が負うのであり『常備寄託』は書店が出版元の計算において販売する，委託販売契約といえる」とされる。これに対して，新刊・重版の際にとられる「委託」は，「委託販売契約ではなく，返品特約付売買契約というべきであろう」とされる。「それは，返品がない以上取次店，書店はそれぞれ出版元，取次店に対し代金を支払わねばならないこと，すなわち在庫期間の危険は取次店，書店が負担すること，それに応じ，取次店，書店が保険に付する場合は所有者利益を被保険利益として自己を被保険者とすること，稀ではあるが在庫中に小売定価の値上があった場合はその利益は在庫者が享受すること，を前提に当事者は取引に従事しているからである」とされる[13]。

(3) 改正の方向
(a) 処分授権の承認

以上の指摘は，20年あまり前のものであり，あらためて現状について実態調査が必要である。ただ，大塚が述べるところに照らすと，本来の意味での委託販売，したがってまた処分授権に相当するものを認める必要がある場合が相当程度存するのではないかと考えられる。仮にそうであるとするならば，処分授権に相当するものに関しては，これを認める旨の規定を置いてよいと考えられる。

もっとも，このことが当てはまるのは，委託販売の場合であり，処分授権に相当するものに限られる。それを越えて，義務設定授権に相当するものまで認めるべきかどうかは，別問題である。上述したように，現行法のもとでも，義務設定授権を認めるかどうかについては，これを否定するものが多数である。【1.5.L】で述べたように，これがとくに問題となる取次の場合について，特別な手当てが行われるのであれば，義務設定授権を一般的に認める必要も理由もないと考えられる。

以上により，授権に関しては，差し当たり処分授権に限り，これを認めることとしてはどうかと考えられる。そこで，本提案〈1〉では，「権利者が他人に対し当該他人の名で権利者に帰属する権利を処分する権限を与えた場合において，当該他人がこの権限に基づき当該権利を第三者に処分する旨の法律行為をしたときは，当該権利は権利者から第三者に直接移転する」と定めることとしている。

適用事例1でいえば，Aが，Bに対して，自己の所有する動産甲をAの計算においてBの名で処分することを委託し，これに従って，BがBの名で甲をCに売

---

[13] 大塚・前掲注11) 28頁以下。

331

却する旨の契約をしたことにより，甲の所有権はAからCに直接移転することになる。

これによると，権利者Aから第三者Cに直接権利が移転することは，①権利者Aから他人Bに対する処分授権の合意と，②その処分授権に基づいて他人Bが自己の名で第三者Cと行った当該権利を処分する旨の法律行為によって基礎づけられる。権利者Aが権利を失うのは，②に相当する行為だけによるのではなく，あくまでも権利者A自身が①に相当する行為を行ったからであるという点が決定的に重要である。権利者Aの私的自治は，これによって確保されているからである[14]。第三者Cも，これにより，みずから取得しようとした権利を取得できるだけであり，このような効果を認めても問題はないはずである。

このことは，不動産売買について処分授権に相当するものを認める場合，登記の移転をどのように理解するかという問題とも関係する。処分授権を認める場合，売買契約はBC間に成立するものの，所有権はAからCに移転する以上，登記簿上もAからCに移転登記がなされることになる。

ここで，仮にその所有権の移転原因がBC間の売買契約であり，それのみが登記簿に移転原因として記載されるとするならば，登記簿上，AからCへの所有権の移転が瑕疵なく行われているか，不確かな状態になる。また，仮に所有権の移転原因としてBC間の売買契約が登記簿に記載されないとするならば，中間省略登記を認めたのと同じことになり，Cから甲を買い受けようとするDは，Cの所有権取得原因に瑕疵がないかどうか，調査できないおそれが生ずることになる。処分授権に相当するものを認めることに反対する見解は，このような点をとくに問題視する。

しかし，処分授権を認める場合，所有権の移転原因は②BC間の売買契約だけでなく，①AB間の処分授権の合意も不可欠である。登記原因として記載されるべきものも，この両者でなければならない。そのように考えるならば，登記簿上，所有権の移転が明確に基礎づけられることになり，Cから甲を買い受けようとするDもCの所有権取得に瑕疵がないかどうか確認する手がかりを有することになる。したがって，上記のような危惧は，処分授権を否定する理由にならない。

(b) **処分行為の追認**

このような処分授権を認める場合には，権利者Aが事後的に処分行為を追認した場合も，同様にその効果を認めることが必要となる。そこで，本提案〈2〉では，「権利者の承諾を得ないまま，他人が権利者に帰属する権利を第三者に処分する旨の法律行為をした場合は，権利者は，その意思により，当該第三者に当該権利を直

---

14) 授権について，授権者の私的自治の観点を重視するものとして，清水・前掲注4) 立正法学13巻1=2号73頁・22巻1〜4号107頁以下を参照。

第5章　法律行為　第3節　代理および授権　　　　　　　　　　【1.5.46】

接取得させることができる」と定めることとしている。

　これにより，適用事例 2 では，A の子 B が，A が所有する動産甲について，A に無断で，自分が売主として C に売却する旨の契約を締結したときでも，その後，A が B の行為を追認することにより，甲の所有権は A から C に直接移転することになる。

　また，適用事例 3 では，A の子 B が，A が所有する不動産乙について，A に無断で乙の名義を B 名義に変更し，C から金銭を借り入れる際に，その担保として抵当権を設定したときでも，その後，A が B の行為を追認することにより，C は A の所有物である乙について直接抵当権を取得することになる。

　(c)　処分行為に基づく事由の対抗可能性

　上述したように，処分授権の場合に，権利者 A から第三者 C に直接権利が移転することは，①権利者 A から他人 B に対する処分授権の合意と，②その処分授権に基づいて他人 B が自己の名で第三者 C と行った当該権利を処分する旨の法律行為によって基礎づけられる。これによると，権利の移転は②に相当する行為によっても基礎づけられるのだから，権利者 A は，②に相当する行為に基づいて他人 B が主張できた事由を主張できるはずである。

　たとえば，適用事例 1 で，①A が，B に対して，自己の所有する動産甲を A の計算において B の名で処分することを委託し，②これに従って，B が B の名で甲を C に売却する旨の契約をした場合でも，BC 間の売買契約において履行期が約定されていたときは，A は，その履行期が到来するまで，権利の移転を拒絶することができるはずである。同様の考慮は，本提案〈2〉による処分行為の追認の場合にも，当てはまる。

　そこで，本提案〈3〉では，「〈1〉〈2〉の場合において，権利者は，当該第三者に対し，当該他人と当該第三者の法律行為に基づいて当該他人が主張できた事由を対抗することができる」と定めることとしている。

《比較法》　ドイツ民法 185 条，中華民国民法 118 条，中国統一契約法 51 条

【1.5.46】（代理に関する規定の準用）
　【1.5.45】の場合については，代理に関する規定を準用する。ただし，その行為の性質がこれを許さないときは，この限りでない。

〔関連条文〕　新設
〔参照提案〕　【1.5.45】

333

【1.5.46】

提案要旨

　代理と授権を比較すると，誰の名において法律行為が行われるかという点が決定的に異なるとしても，権限を付与された者がした行為の効果が権限を付与した者に帰属するという構造は共通している。そのため，授権においては，顕名原則にかかわる諸問題は出てこないものの，権限の付与や範囲，消滅，復授権に関する問題のほか，内部的な義務に違反して権限が行使された場合や，無権限で処分行為が行われた場合に関する問題など，代理の場合と類似した問題が出てくる可能性がある。

　そこで，これらの問題に対処するために，本提案では，行為の性質が許さないときを除いて，代理に関する規定を授権の場合にも準用することとしている。

解　説

1　代理と並ぶ問題として規律する必要性

　【1.5.45】（授権）で提案したように，処分授権を認めることとすると，次に問題となるのは，それをどのように規定するかである。

　この点については，これを他人の権利の売買について「非権利者の処分行為」に関するルールとして定めることも考えられる。【1.5.45】で挙げた適用事例 1 のように，権利者 A の権利について B が C と売買契約を締結した場合だけであれば，このような考え方によっても十分対応できる。

　しかし，【1.5.45】〈2〉では，権利者 A が事後的に処分行為を追認した場合も，同様にその効果を認める旨を定めることとしている。これは，【1.5.45】で挙げた適用事例 3 のように，B が C に抵当権を設定した後に，A がそれを追認する場合などでも問題となる。このような場合もカバーするためには，これを売買に関するルールとして定めることはできない。

　【1.5.45】〈1〉と〈2〉の違いは，処分権限が事前に与えられるか，事後に与えられるかの違いでしかない。そうすると，むしろ両者を一括して定めることが望ましい。そのためには，これらを売買に関するルールとしてではなく，「代理」に並ぶ一般的な問題として規律する必要がある。これは，【1.5.E】（代理および授権に関する規律の構成）でふれたように，法律行為について「法律行為の当事者」──法律行為に基づく権利義務が誰に帰属するか──という問題があると考え，その中に「代理」だけでなく，「授権」に関する問題も含まれるという体系的な理解とも結びつく。

第 5 章　法律行為　第 3 節　代理および授権　　　　　　　　　　　【1.5.46】

2　代理に関する規定の準用

　代理と授権を比較すると，誰の名において法律行為が行われるかという点が決定的に異なるとしても，権限を付与された者がした行為の効果が権限を付与した者に帰属するという構造は共通している。そのため，授権においては，顕名原則にかかわる諸問題は出てこないものの，権限の付与や範囲，消滅，復授権に関する問題のほか，内部的な義務に違反して権限が行使された場合や，無権限で処分行為が行われた場合に関する問題など，代理の場合と類似した問題が出てくる可能性がある[1]。

　そこで，これらの問題に対処するために，本提案では，行為の性質が許さないときを除いて，代理に関する規定を授権の場合にも準用することとしている。

---

1)　代理に関する規定をどこまで処分授権の場合に類推できるかという点について検討したものとして，清水千尋「授権（Ermächtigung）に関する基礎的考察——とくに処分授権を中心として(4)〜(6)」立正法学 17 巻 4 号 51 頁・21 巻 1 = 2 号 59 頁・22 巻 1〜4 号 63 頁（1984〜1989）（とくに 22 巻 1〜4 号 113 頁以下）を参照。

第4節　無効および取消し

前　　注

1　はじめに

　本節は，法律行為の無効および取消しに関して，現民法の規定を一部修正しているが，その主要な改正点は，法律行為の一部無効の場合に関する規定を整備するとともに，法律行為が無効となる場合の具体的な効果を明らかにしたこと，意思表示規定において多様な取消原因が認められることに伴い，取消権者の範囲を拡大したことにある。これらについては，以下に掲げる各提案内容と提案要旨に譲ることとし，本前注においては，法律行為の無効に関して，議論の過程において検討された一般的な考え方について整理する。

2　法律行為の「無効」の多様性

(1)　相対無効と絶対無効

　法律行為が無効であるとされる場合，原則として，その無効は誰でも主張することができ，例外規定がない限り，その無効を第三者に対しても主張することができ，また，無効の主張について取消権の場合のような期間制限は存在しないものと解される。現民法の第1編第5章第4節にいう「無効」はこのような無効を前提とするものといえる。しかし，法律行為の無効には多様な場合が含まれ，この原則には種々の例外が認められることが，今日ほぼ一般的に認められている。

　まず，検討の過程においては，法律行為の無効のうち，相対無効の場合があることを明文で明らかにし，もっぱら一定の者の利益を保護することを目的とする無効については，無効を主張できる者が，その利益が保護される者に限定される趣旨を明文で定める可能性についても考慮された。現民法の解釈論として，とりわけ，現民法95条による錯誤無効については，錯誤者自身が無効主張をしない場合に，その相手方から無効主張をすることができないとされ，また，意思能力の欠如を理由とする無効についても，同様に解するのが一般的である。これらの無効は取消的無効ないし相対無効と呼ぶことができるが，これらについては，上述した原則型としての無効とは異なり，無効を主張しうる者が無効によって保護される利益を有する者（錯誤者，意思無能力者）に限られる点で，取消しの場合と類似するものといえる。

第5章 法律行為　第4節　無効および取消し　　　　　　　　　　前 注

　しかし本試案は，【1.5.09】（意思能力）および【1.5.13】（錯誤）の各提案において，意思無能力者の行為や錯誤による意思表示を取り消しうるものとし，これらについてはもはや相対無効を問題とする必要がなくなった（ただし，【1.5.09】については，効果を無効とする＊案がある）。

　もっとも，本試案の下においても，無効の主張をなしうる者が限られる場合がなお存在する。具体的には，【1.5.02】（公序良俗）の〈2〉に該当する無効や，当事者の一方の利益保護を目的とする強行規定の無効等が考えられる。しかし，上述したとおり，無効主張をなしうる者が一定の者に限られる場合があるとしても，従前，もっとも問題とされてきた錯誤と意思無能力については効果が取り消しうるものとすることに改められたこと，これら以外の場合については無効を主張できる者の範囲を特定することが困難であること，一定の者の利益を保護することを目的として無効の効果が定められている場合においても，それが同時に公益的な利益の保護をも目的とする場合が少なくないことから，その利益が保護される者のみが無効を主張できると考えるべきかどうかを一義的に判断できないこと等を考慮すると，無効の主張権者を一定の者に限るべき場合があることについては，各規定の解釈に委ね，相対無効について特段の規定を設けないこととした。

(2) 相対無効主張の期間制限

　現民法において，取消権とは異なり，無効の主張それ自体については期間制限が存在せず，ただ，無効であることの効果として発生する不当利得返還請求権等の権利行使が消滅時効等の期間制限に服するにとどまると解されている。

　しかし，取消権行使の結果発生する返還請求権について独自の消滅時効期間を考える現在の判例・通説の考え方に従う限り，現民法の下では，取消しの場合と当初から無効の場合の間で，返還請求が可能な期間に大きな相違が生じうる場合がある。たとえば，追認可能時から5年が経過する直前に取消権を行使して，すでに給付した利益の返還を求める場合，取消権行使によって発生する不当利得返還請求権は，原則として，取消権行使の時点から起算して10年の消滅時効期間に服するから，追認可能時点から最長で15年間返還請求が可能となる。これに対して，法律行為が当初から無効であるとすれば，給付した時点から不当利得返還請求権が行使できると解されるから，給付をした時点から10年が経過すると，返還請求ができないことになる。

　これによれば，法律行為が不確定的に有効である取消しの場合に比して，当初から無効とされる場合の方が返還請求ができる期間がかえって短くなるが，これを正当化できるかどうかは疑問となりうる。この不均衡を是正するために，無効一般について，無効主張の期間制限を設けることが合理的であるかにみえる。しかし，無効主張の期間制限は，その反面において，一定期間内に法律関係の安定をはかると

337

いう側面があるが，無効の主張権者が一定の者に限られていない場合には，無効を主張する利益を有する者すべてについて期間制限を考えることになり，期間制限が意味を持たないことになる。また，公益的な理由による無効主張の可能性が，取消権と同じく短期間の期間制限に服することにも問題が残る。

　これに対し，もっぱら私的利益の保護を目的とする相対無効の場合については，無効を主張しうる者がその利益を保護される者に限定されており，相対無効の場合に限って，取消権との類似性を認めて，期間制限規定を置くことも検討の対象となった。しかし，本試案の下において，相対無効がどのような場合に認められるかは，(1)で述べたとおり一義的に確定できないことを考慮すると，相対無効の主張について特段の期間制限規定を置くこともまた不可能である。したがって，一定の場合に，無効主張の期間制限を認めるべきかどうかについても，解釈・適用に委ねることとした。

(3) 第三者に対する無効主張

　法律行為の当事者間における無効（取消しによる遡及的無効を含む）を第三者に対抗することができるかについては，現民法は，第三者に対抗することができない場合について，具体的な規定を置いているが，これは，原則として無効の効果を第三者に対抗することができることを前提とするものといえる。本試案も，基本的に，このような考え方を受け継ぐものであり，法律行為や意思表示の無効・取消しの場合に，一定の第三者に対抗することができないとする旨の提案を個別的に定めている。したがって，無効および取消しの節において特別の規定を置くことは不要と考えられる。

3　無効原因と取消原因の競合

　無効原因と取消原因が競合する場合に，両者の主張がどのような関係に立つかが問題となりうるが，従前，とくに無効と取消しの競合については，いわゆる二重効の問題として議論されてきた。そのうち，もっとも典型的であるのは錯誤無効と詐欺取消しの競合問題であったが，【1.5.13】により，錯誤の効果が取消しに改められた。また，行為能力の制限を理由とする取消しと意思無能力による無効についても同様の問題があったが，これについても，【1.5.09】により，無効と取消しの競合は回避されることとなった。

　しかし，本試案の下においても，たとえば【1.5.02】による無効と【1.5.15】（不実表示）や【1.5.16】（詐欺）による取消しが競合する場合がありうるが，これらの相互関係や優先性の有無などについては，とくに規定を設けず，従前と同様に，規定相互の関係，制度相互の関係をどのように理解するかという解釈問題に委ねることで十分であると解される。

第5章 法律行為 第4節 無効および取消し 【1.5.47】

4 無効に関するその他の問題

　現民法の下で，ある法律行為が無効となる場合に，それと同種の目的を実現する他の法律行為として効力を維持することができるときに，これを無効行為の転換の問題として，他の法律行為の効力を認めることができるかが議論されてきた。現民法971条は，無効行為の転換を認める明文の規定であるが，議論の過程において，一般的にこのような可能性があることを提案に取り込むべきかどうかが検討された。結論的には，議論の対象となっている多くの事例は要式行為について要式を満たさないがゆえに無効となる場合にかかわるものであり，これを一般化することは必ずしも適切とはいえず，また，一般的に無効行為の転換に関する法理を提案に示すだけでは，単なる解釈指針にとどまることから，本試案において，具体的な提案を行わないこととした。

　同様に，無効規定を形式的に回避するいわゆる潜脱行為（ないし脱法行為）の効力についても，潜脱行為も無効であるとするルールを提案に取り込むことが検討されたが，これは無効規定の解釈問題にほかならず，当該規定の射程がどこまで及ぶかという問題として考えれば足りると解されることから，これについても特段の提案を行わないこととした。

【1.5.47】（法律行為の条項の一部無効）

　法律行為に含まれる特定の条項の一部が無効となる場合，その部分のみが無効となる。ただし，以下の各号に該当する場合には，当該条項はすべて無効となる。
　〈ア〉　法令に特別の定めがあるとき
　〈イ〉　当該条項の性質から他の部分の効力を維持することが相当ではないと認められるとき
　〈ウ〉　当該条項が約款の一部となっているとき（法令に特別の定めがある場合を除く）
　〈エ〉　当該条項が消費者契約の一部となっているとき（法令に特別の定めがある場合を除く）

＊この提案のうち，〈ウ〉〈エ〉については，約款および消費者契約の不当条項規制を定める部分において繰り返すという考え方や，これらをその部分に移して，この提案からは削除するという考え方もありうる。

【1.5.47】

〔関連条文〕　新設
〔参照提案〕　【3.1.1.37】

提　案　要　旨

　1　現民法は，法律行為に含まれる条項の一部が無効となる場合に，当該条項がすべて無効となるかどうかについて明文の規定を置いていないが，この点に関して，法律行為の当事者の自己決定を可能な限り尊重するという趣旨から，条項の一部が無効の場合にも残部の効力に影響が及ばないとする一般原則を定めることとした。
　2　また，法令に特別の定めがあったり，条項の一部のみが無効となることが条項の性質から相当でないと考えられる場合のほか，とりわけ，約款による法律行為および消費者契約における条項の一部無効については，特別規定を設けて，法令によりそれらの条項が一部無効とされるにとどまる場合を除いて，条項全体が無効となるものとしている。仮に，約款や消費者契約においても条項の一部無効を原則と解すると，とくに不当条項が問題となる場面において，約款使用者や事業者はできるだけ自己に有利な契約条項を設けて自己の利益をはかり，そのような条項が無効とされても，一部無効となるにすぎず，特段の不利益を被ることはないことになる。このような事態は不当条項を助長することにつながるものといえる。
　3　もっとも，本提案のうち，〈ウ〉〈エ〉の各号は，約款ないし消費者契約に関する特別ルールであり，これに関する規定を約款や消費者契約に関する規定の部分で繰り返して規定するという考え方や，法律行為の無効に関する一般ルールとは異なる問題として，そこにすべて移すという考え方も成り立ちえないではない。これらを考慮したのが＊案である。本提案は，条項の一部無効を原則とし，条項の全部無効が認められるのは例外であるという趣旨を明らかにする一般規定であることから，これを維持することが適当ではないかと考えるが，＊案の考え方に従い，【3.1.1.37】（条項の一部が無効な場合の条項の効力）において特別規定を置くとしても，本提案から〈ウ〉〈エ〉を削除することは適切とはいえないと思われる。

解　　説

　1　広義の法律行為の一部無効については，法律行為に含まれる特定の条項についてその一部が無効であるとされる場合に，当該条項の残部の効力が維持されるのか，あるいは条項全体が無効となるかという問題と，法律行為に含まれる特定の条項が無効となる場合に法律行為全体が無効となるかどうかという問題を区別することができる。本提案は前者の問題に関するルールを定めようとするものである。

第5章 法律行為　第4節　無効および取消し　　　　　　　　　【1.5.47】

2　以下のような事例を想定して，本提案の具体的意味を検討する。

〔適用事例1〕　消費者Aは事業者である倉庫業者Bとの間で寄託契約を締結したが，AB間に適用される約款中に，「BがAから寄託を受けた目的物について，Bの故意または過失により目的物の滅失・損傷が生じた場合，BはAに対してその損害を賠償する義務を負う。ただし，損害額の上限は20万円とする」との条項が含まれていた。

〔適用事例2〕　売主Cは建物甲を買主Dに売却したが，その際，Dとの間で「Cは甲に何らかの瑕疵があったとしてもいかなる責任も負わない」旨を合意した。Dは，甲の引渡しを受けて後，甲に重大な瑕疵があることを発見した。

　適用事例1における責任制限条項は，故意の場合または重大な過失がある場合にも債務者Bの責任制限を認める点で，現行の消費者契約法8条2号に該当し，少なくともその限度で条項は無効となる。この場合に，責任制限条項が全体として無効となり，Bに単に軽過失があったにとどまる場合にも責任制限を主張することができないと解すべきか，あるいは故意または重大な過失によらない損害については，なお責任制限条項の効力を主張することができるかどうかが問題となる。

　また，適用事例2において，瑕疵担保責任を排除する特約は，売主が悪意であった場合には効力を生じないとされており（現民法572条），Cが悪意であった場合に，免責の効果を主張することができないことは明らかであるが，Cに悪意がないが，重大な過失があった場合，あるいは単に軽過失があった場合に，免責の効果を主張することができるかが問題となりうる。

3　一般論としては，当事者の合意した内容を可能な限り尊重するという観点からすると，その合意した内容に対して介入することには謙抑的であるべきであり，特定の条項の内容が部分的に無効となる場合においても，当該条項の無効はその限度において認めれば足りると考えることができる。また，適用事例2において，たとえば「Cが悪意の場合にもCは瑕疵について責任を負わない」というような合意をすることは通常考えられず，仮に免責特約が悪意の場合をも含みうるものであることを理由として当該特約がすべて無効となるとすれば，売買契約当事者は明示的に「Cが悪意である場合を除いて……」というような限定を付することが常に必要となるが，そのような限定がない免責条項の効力をすべて否定することは当事者意思に反することになると考えられる。このようにみれば，本提案本文に定めるとおり，無効な部分を除く条項の効力は妨げられないのが原則というべきである。

4　しかし，適用事例1のように，消費者契約における責任制限条項が問題となるようなケースにおいて，上述のような一般原則と同様に解すべきかどうかは別個の問題である。

【1.5.47】 第1編 総則

　この事例において，AB間に適用されるべき責任制限条項のただし書が「ただし，債務者に故意または重大な過失があった場合を除いて，損害額の上限を20万円とする」とされていたのであれば，当該条項は完全に有効であったのであり，消費者契約法8条2号の規制目的は，故意または重大な過失について責任制限を認めないとすれば達成することができる。この点だけに着目すれば，この場合にも，規制目的に反しない範囲では効力を維持することも考えられる。しかし，このように解するときは，Bとしては責任制限を広く設定しておく方が便宜であり，相手方がこの効力を争う場合に，条項が無効となる限度で責任制限を主張することができないというにとどまるから，無効な条項を含む条項を助長する結果となりうる。

　消費者契約におけると同様の問題は，約款に含まれる条項についても同様に生じうる。約款のある条項について，不当条項として効力が否定されるべき内容が含まれている場合に，単にその限度で条項の効力を否定するとすれば，不当条項を含みうるような条項の作成を助長することになる（これらについて，提案【3.1.1.37】に関する提案要旨も参照）。

　したがって，一般原則としては，特定の条項の一部が無効となる場合にも条項の残部の効力を維持しつつ，消費者契約や約款による契約中に含まれる特定の条項の一部が無効である場合に，例外規定を置くことが適切であると思われる。もっとも，約款の条項や消費者契約の条項についても，条項の一部無効を規定する法令の特別の定めがある場合には，それによるべきことはいうまでもないから，〈ウ〉〈エ〉において，この趣旨を付加している。

　5　また，本提案における一般原則は，当事者の通常の意思を考慮したものであるから，条項の一部無効の原則とは異なる法令の定めがあるときや，法律行為の性質からすると，条項の残部の効力を認めることがかえって当事者の期待に反する結果を生ずるような場合にも，同様に例外が認められるべきものと考えられる（本提案ただし書〈ア〉〈イ〉）。

　6　本提案は，一般原則に関する限り，任意規定の性質を有するものであり，法律行為の当事者がこれと異なる合意をすることも可能であるが，〈ウ〉および〈エ〉については，強行規定の性質を有する。

　7　本提案のうち，〈ウ〉〈エ〉は，約款ないし消費者契約に関する特別ルールであり，これに関する規定を約款や消費者契約に関する規定の部分で繰り返して規定するという考え方や，法律行為の無効に関する一般ルールとは異なる問題として，約款や消費者契約の部分でのみ規定するという考え方も成り立ちうる余地がある。これらを考慮したのが＊案である。本提案は，条項の一部無効を原則とし，条項の全部無効が認められるのは例外であるという趣旨を明らかにする一般規定であることから，本提案を維持することが適当ではないかと考えるが，＊案の考え方に従

い，【3.1.1.37】において消費者契約および約款についての特別規定を別個に設けるとしても，本提案そのものから〈ウ〉〈エ〉を削除することは適切とはいえないように思われる。

8　理論的に，特定の条項の一部が無効であるとは何を意味するのかも問題となりうる。たとえば，以下のような条項があったと仮定する。

「以下の各号に該当する事実について不実告知があった場合には，その相手方は契約を解除できる。
　(1) 取引の当事者が自己の同一性を示す属性（年齢，氏名，住所等）
　(2) 信用状態」

ここで，(2)の事項についての不実告知があれば解除権を生じさせることに問題がないとしても，(1)の事項については，これを理由に解除を認めることが相当ではない場合がありうる。ここで，この条項全体を単一の条項としてみると，条項の一部である(1)について効力が否定される場合には，(2)を含めて条項全体が無効となる。しかし，条項が各号ごとに分かれていると考えることができるならば，本提案によって無効となるのは(1)の場合のみということになる。

換言すれば，条項の作成者が単一の条項の形で規定を設ければそれを単一の条項とみてよいかどうかという問題ともいえる。これが肯定されるならば，条項作成者は，不当条項に当たりうる可能性がある場合に，それらの条項をそれぞれ独立のものとすることにより，条項の無効が及ぶ範囲を操作することができる。

しかし，条項の単一性について一般的なルールを定めることはきわめて困難であり，条項の単一とは何を意味するかという，本提案の前提となるべき問題そのものは今後の解釈に委ねるべきものと考えられる。

【1.5.48】（無効な条項の補充）

法律行為の一部が無効とされ，その部分を補充する必要があるときは，当事者が当該部分の無効を知っていれば行ったであろう内容により，それが明らかでないときは，まず慣習により，慣習がないときは任意規定により，これらによることができない場合には，信義誠実の原則に従って，無効となった部分を補充する。

〔関連条文〕　新設

提　案　要　旨

1　法律行為の一部が無効となり，法律行為全体の効力が維持されるかどうか

を判断する前提として，無効となった部分に代わるべきルールを補充することが可能か，可能だとすればどのような基準によって補充が行われるべきかが問題となる。

2　本提案は，この補充のルールについて，まず当事者の仮定的な意思により，それが明らかでないときは慣習または任意規定により，それらによることもできない場合に一般条項として信義則による補充を認めるとする趣旨である。

解　説

1　特定の条項が無効となり，法律行為の残部が有効となる場合に，無効となった条項に代わってルールを補充する必要が生ずることがありうる。たとえば，契約条項の中に専属管轄に関する条項が含まれ，当該条項が無効とされる場合に，当事者間で紛争が生じたときは，各当事者はどの裁判所に訴えを提起することができるかが問題となりうる。

この場合，任意規定があればそれにより（専属裁判管轄の合意に代えて民事訴訟法の一般原則を適用），そのような規定がない場合には，信義則に従って補充をすることが考えられる。多くの場合には，実際にもそのような形での補充が可能である。

しかし，任意規定による補充に先行して，当事者が当該条項が無効であることを認識していればどのような補充をしたかを問う余地があり，また，当事者の仮定的な意思を明らかにすることができない場合にも，任意規定に優先して慣習による補充を認めることが考えられる。本提案は，このような趣旨で，無効な条項を補充する順序を定めるものであるが，慣習が任意規定よりも優先すること，慣習よりも仮定的な当事者意思が優先することは，契約の補充的解釈に関する【3.1.1.42】（補充的解釈）や，法律行為の効力に関する【1.5.03】（法律行為と法令の規定）および【1.5.04】（法律行為と慣習）に適合的である。

もっとも，任意規定に優先して考慮される慣習とは，たとえば単に事業者間において確立した慣習という趣旨ではなく，約款の相手方や消費者にとっても確立した慣習となっていることが必要である。

2　なお，約款や消費者契約について無効な条項の補充が必要となる場合について，本提案で足りるかどうかについては考え方が分かれるが，【3.1.1.38】（条項の無効と契約の効力）は，本提案を適用する趣旨を明らかにしている。

【1.5.49】（法律行為の一部無効）
　法律行為の一部が無効とされるときでも，法律行為の他の部分の効力は妨げられない。ただし，一部が無効であるとすれば，当事者がそのような法律

第5章 法律行為 第4節 無効および取消し　　　　　　　　　　【1.5.49】

行為をしなかったであろうと合理的に考えられるときは，法律行為全部が無効となる。

〔関連条文〕　新設
〔参照提案〕　【3.1.1.38】

提案要旨

　現民法は，法律行為に含まれる条項が無効となる場合に，それが法律行為全体の効力にどのような影響を及ぼすかについて特に規定を置いていない。本提案は，当事者の合意を可能な限り尊重するという立場に従って，法律行為の一部が無効であっても，法律行為全体の効力には影響が及ばないとする原則ルールを定めようとするものである。

解　説

　1　法律行為が複数の条項を含み，そのうち特定の条項が無効とされるときでも，それが法律行為の主要な部分にかかわり，かつ，【1.5.48】（無効な条項の補充）に従ってそのような条項の無効を補充することもできないことにより，当該法律行為全体の効力を維持することが相当でないと考えられる例外的な場合を除いて，原則として，法律行為の効力を維持することが当事者の意思に合致するものと考えられる。
　法律行為の特定の条項が無効となる場合にも，通常は，それに代わって妥当するルールが補充されることになれば，それに従って法律行為全体の効力は維持されることになる。しかし，たとえば，期限の利益に関する特約のみが無効とされ，それに代わる新たなルールの補充が問題となりえない場合においても，その特約の無効のゆえに，法律行為全体が無効となると解することは，原則として当事者の意思に反するものと考えられ，また当事者の一方ないし双方が，当該法律行為が履行されることによって得られるべき利益を失うことにもなりかねず，法律行為の全部を無効とすることは，当事者が行った法律行為に対する過剰な介入となり，自己決定にも反するものといえる。
　2　もっとも，無効となった条項が法律行為の当事者にとって重要な意味を持つものであり，その条項が無効となれば，法律行為の当事者がそのような法律行為を行わなかったであろうことが合理的に認められるときは，法律行為全部の無効を認めるべきである。しかし，これは原則に対する例外とみるべきものであり，その例外に当たる場合には，例外であることの主張・立証責任を全部無効を主張する当事者に負わせることが相当である。

【1.5.49】

このような趣旨から，本提案は，特定の条項が無効となるときは一部無効であることを原則とし，残部のみの効力を維持することが，当事者が当該法律行為を行った趣旨に反する結果となる場合に，例外として全部無効とする趣旨を明らかにした。

　3　この点は，特定の条項の一部無効の場合とは異なり，消費者契約や約款による契約についても，原則として同様に当てはまるというべきである。【3.1.1.38】（条項の無効と契約の効力）は，本提案を消費者契約や約款による契約にも適用することを明らかにしている。

　4　特定の条項が無効となるのは，具体的にどのような場合か。通常，特定の条項の無効が法律行為の効力に及ぼす影響が問題となるのは，当該条項が公序良俗ないし強行規定に違反する場合であると考えられる。これに対し，意思表示の効力に関する規定によって特定の条項の効力が無効となる場合がありうるかも問題となりうる。

　表意者が錯誤に陥った結果，意思表示を行った場合に，要素の錯誤に当たることが認められるときは法律行為全体が無効となる。また，詐欺・強迫に基づいて意思表示を行った場合においても，そのような違法行為がなければ当該意思表示をしなかったことが要件とされるから，原則として法律行為全体が無効となる。

　これに対し，個別の条項についての意思表示の瑕疵を考える必要があるか。たとえば，特定の条項の意味について一方当事者が相手方を欺罔し，これを信じて相手方が契約を締結した場合に，相手方に当該条項の効力を取り消させる必要がありうるかにみえる。しかし，この場合には，当該条項の解釈として，被欺罔者が信じた意味において当該条項の効力を維持すれば足りると考えられる。このことは，約款中の特定の条項が問題となる場合にも同様に考えることができ，約款使用者が欺罔した意味内容で当該条項が効力を有すると解することができれば，当該条項の詐欺取消しという問題は生じないことになる。

　また，強迫が問題となる場面では，特定の条項のみについて強迫が行われるという事態を想定することは困難であろう。さらに，特定の条項について虚偽表示や心裡留保が例外的に問題となりうるとしても，端的に，その一般ルールによって，当該条項が有効となるか無効となるかを考えれば足りる。

　問題として残るのは，特定の条項の意味について一方当事者が錯誤に陥り，かつそれが法律行為の要素の錯誤には当たらないとされる場合である。法律行為全体の取消しを主張できないことは明らかであるが，特定の条項の効力のみを争うことができるか。

　たとえば，以下のような事例を想定する。

〔適用事例〕　売主Aは，買主Bとの間でAの所有物甲の売買契約を締結するに

第5章 法律行為　第4節　無効および取消し　　　　　　　　　　【1.5.50】

あたり,「Aは甲をBの住所地において引き渡すものとする」旨を合意した。AはBの住所地がαであると考えていたが，実際にはBの住所地はβであり，この合意の解釈によれば，βが履行地である。Aは履行地について錯誤に陥っていたことを理由として，この条項を取り消すことができるか。

履行地に関するAの錯誤が，要素の錯誤に当たらない場合には，AB間の契約の効力にとってAの錯誤は意味を持たない。そうすると，適用事例においては，解釈に従ってAはβ地で履行する義務を負うにとどまり，この条項の効力を取り消すという余地もないと考えてよいのではないか。このように解するならば，法律行為の一部の錯誤取消しを考慮する余地はないというべきである。

【1.5.50】（複数の法律行為の無効）
　複数の法律行為の間に密接な関連性がある場合において，一の法律行為が無効となり，当該法律行為が無効であるとすれば，当事者がこれと密接に関連する他の法律行為をしなかったであろうと合理的に考えられるときは，他の法律行為も無効である。

〔関連条文〕　新設
〔参照提案〕　【3.1.1.81】，【3.2.6.D】，【3.2.6.10】

　　　　　　　　　　　　提　案　要　旨

　1　複数の法律行為が相互に密接な関連性を有し，その1つが無効となる場合に，他の法律行為の効力を維持するべきかどうかが問題となりうる。現民法にはこれに関する規定は含まれていないが，本提案は，相互に密接な関連性を有する複数の法律行為の1つの無効が他の法律行為の無効を生じることがありうるとする原則を明らかにしようとするものである。もっとも，その「密接な関連性」に関する具体的な要件を条文として詳細に規定することが可能かどうかはなお検討が必要であるが，本提案は，このような規定を新設することにより，これを手がかりとして，新たな問題へのアプローチが可能となることを企図するものである。
　2　複数の法律行為の密接関連性は，無効の場合のほか，たとえば解除の可否についても同様に問題となりうるが，この点については，【3.1.1.81】（複数の契約の解除）において，一定の要件の下で複数の契約の解除が可能であるとされている。また，抗弁の接続との関連については，【3.2.6.D】（抗弁の接続に関する基本方針）および【3.2.6.10】（抗弁の接続の要件）参照。

解　説

　1　複数の法律行為が相互に密接に関連する事案に関わる著名な判例として，最判昭和 30 年 10 月 7 日（民集 9 巻 11 号 1616 頁〔酌婦稼働契約事件判決〕）と最判平成 8 年 11 月 12 日（民集 50 巻 10 号 2673 頁〔リゾート・マンション売買事件判決〕）を挙げることができる。前者は，金銭消費貸借契約と酌婦稼働契約が締結された事案（契約の当事者は同一でない）において，金員の受領と酌婦稼働の部分は「密接に関連して互に不可分の関係にあるものと認められ」，「契約の一部たる稼働契約の部分は，ひいて契約全部の無効を来すものと解するを相当とする」と判示した。原審判決が，稼働契約と消費貸借契約を別個の契約ととらえて，前者の無効は後者の効力に影響を及ぼさないとしたのに対して，最高裁が破棄自判したものであるが，同判決が 2 個の契約があることを前提として稼働契約の無効により消費貸借契約も無効となるとする趣旨であったか，酌婦としての稼働と金員の交付を全体として 1 個の契約とみたかどうかは必ずしも明らかとはいえない。

　これに対し，後者の平成 8 年判決は，同一当事者間においてリゾート・マンションの売買契約とスポーツクラブ会員権契約が締結された事案において，同一当事者間において形式的には 2 個以上の契約がある場合でも，それらの目的が「相互に密接に関連付けられていて，社会通念上……〔2 つの〕契約のいずれかが履行されるだけでは契約を締結した目的が全体としては達成されないと認められる場合には」，一方の契約の債務不履行を理由に，当該契約の解除だけでなく，他方の契約をも解除することができるとした。この判決は，同一当事者間において複数の契約が締結されたことを前提に，一方の契約上の債務不履行を理由に双方の契約の解除を認めたものであるが，その考え方を一般化すると，一方の契約の無効・取消しが，他方の契約の無効・取消しを生ずる場合を考える余地がある。

　2　これらの判例の具体的結論については，学説も基本的に支持していると評価することができるが，これを確立した準則として一般的に条文化するべきかどうかが問題となる。このようなルールを条文化するためには，複数の法律行為が相互に密接に関連するという要件をどのように定式化するか，法律行為の当事者が同一であることを要件とするか，そもそも法律行為が単一であるか複数であるかはどのようにして決まるか等の問題を解決する必要があるかもしれない。たとえば，リゾート・マンション売買事件判決においても，1 個の契約の中にマンションの売買部分と会員権契約部分が含まれていたと解する可能性も排除できない。他方，酌婦稼働事件判決において，契約当事者が形式的に異なる場合に，これを独立した契約とみる方が自然であるように思われるが，その点に関する議論が熟しているとはいえない状況にある。

第5章 法律行為 第4節 無効および取消し 【1.5.51】

これらの事情を考慮すると，現時点においては複数の法律行為の1つの無効について，明文の規定を置くことは時期尚早であり，解釈論における議論の発展に委ねることも考えられる。

3 しかし，たとえ厳密な要件を文言上明示することが困難であるとしても，複数の法律行為の1つが無効であることが他の法律行為の無効をもたらしうるという原則について，実定法的な根拠を提供すること自体に重要な意味があると考えれば，法律行為の単一・複数の区別や複数の法律行為の「密接な関連性」の解釈を判例・学説の発展に委ねつつ，この原則を条文化することも十分に可能である。本提案はこのような観点を重視して，相互に関連する複数の法律行為の1つの無効・取消しが他の法律行為の無効・取消しを生じうることについて，明文の規定を置くことを提案するものである。

4 もっとも，「密接な関連性」を広く解釈するときは，商品売買契約や役務提供契約と立替払契約とが結合した三者間の契約についても，抗弁の接続を問題とするまでもなく，売買その他の契約の無効・取消しによって立替払契約も無効となる余地が生ずる。無効となる事例が不相当に拡大することを防止するためには，より具体的な要件を定立することが必要であり，たとえば割賦販売契約における抗弁接続の規定との調整等も問題となる。

この点について，【3.2.6.D】は，抗弁の接続に関する規定を消費貸借契約中に置くかどうかについて，置くとする甲案と置かないとする乙案を両論併記している。これに続く【3.2.6.10】は，仮に甲案をとった場合にはどうなるかという観点から，消費者契約について供給契約と消費貸借契約の関係について，「［経済的に］一体のものとしてなされ，かつ，あらかじめ供給者と貸主との間に，供給契約と消費貸借契約を一体としてなすことについての合意が存在した」という要件の下で，抗弁の接続を認めることとしている。

また，上記引用の平成8年判決においては，複数の契約における解除が問題となっているが，この点について，【3.1.1.81】は，やや表現が異なるものの，1つの契約の解除が他の契約にどのような影響を及ぼすかについて，本提案と同趣旨の提案を行っている。

【1.5.51】（無効な法律行為の効果）
〈1〉 法律行為の当事者は，無効な法律行為に基づいて，その債務の履行を求めることができない。
〈2〉 法律行為の当事者が，無効な法律行為に基づいて履行したときは，相手方に対して履行した給付の返還を求めることができる。

〈3〉 〈2〉の場合において，相手方が受領した利益そのものを返還することができないときは，相手方はその価額を返還する義務を負う。
〈4〉 〈2〉〈3〉の場合において，相手方が法律行為が無効であることを知らずに給付を受領したときは，相手方は利益が存する限度において返還する義務を負う。
〈5〉 〈4〉の規定は，法律行為が双務契約または有償契約であった場合には適用しない。ただし，法律行為が無効であることを知らずに給付を受領した者は，当該法律行為に基づいて相手方に給付し，または給付すべきであった価値を限度として〈3〉の価額返還義務を負う。

〔関連条文〕 現民法 703 条・704 条（新設）
〔参照提案〕 【3.1.1.82】

提 案 要 旨

1 法律行為が無効であるということは，当事者が欲した効果が生じないことを意味するから，無効な法律行為に基づいて履行請求ができないことは論理的には自明の結果といえる。また，無効な法律行為に基づいて事実上給付がなされた場合，給付の受領を正当化する法律上の原因を欠くから，給付受領者は，現民法 703 条・704 条の規定に従って受領した給付を返還する義務がある。このようにみれば，無効および取消しの節において，これらの点について特別の規定を設ける必要はないかにみえる。

2 しかし，法律の専門家ではない一般市民にも理解を得るためには，まず法律行為が無効であることが（取消しにより遡及的に無効となる場合を含めて）具体的に何を意味するかを示し，無効な法律行為に基づいて債権が発生せず，したがってその履行請求をすることができないこと，また無効であれば受領した給付を返還する必要があることを明らかにすることが適当である。また，このような原則規定を置くことにより，現民法 121 条ただし書が返還義務の範囲についての特則である趣旨がより明確になるといえる。

3 比較法的にみると，最近の立法提案例の中には，取消しの場合に給付の返還請求ができることを規定するものがある。しかし，給付の返還請求権を規定するのであれば，それに先立って，まず債権が発生せず，その履行請求ができないことについても規定するのがより自然である。

4 履行請求権の否定と返還請求権の規定に加えて，返還義務の範囲についても具体的な規定を置くべきかどうかについては意見が分かれうる。法律行為に基づいてなされた給付が，法律行為が無効であることにより法律上の原因を欠く場合

に，その効果は不当利得法の問題として，本来，現民法 703 条・704 条の解釈・適用に委ねられている。現行法における解釈論として，不当利得の類型をどのように区別するか，その類型に応じてどのように要件・効果が異なるかについては，周知のとおり多様な議論が展開されている。いわゆる類型論的な考え方が今日における通説を形成しているとはいえ，判例は依然として衡平説的な考え方によっており，また，類型論をとる立場においても，その具体的な内容については必ずしも一致していない。

このような判例・学説状況の下で，法律行為の無効および取消しの場合に，給付請求権の具体的内容を条文の形で定めることは，給付利得類型が不当利得法の中で独立した要件・効果に服することを条文の形で示すこととなり，かつ，議論が多岐に分かれ，安定しているとはいえない不当利得論の 1 つの立場をとることになるという点で問題がないとはいえない。

さらに，このような規定を置く結果，現民法 703 条・704 条は，その重要な適用範囲を失うことになるが，その場合に，給付利得類型以外の不当利得法の規定を現民法のままにしておいてよいかどうかという問題も残る。このような考え方に従えば，法律行為の無効の効果を一般的に定めるにとどめるとする考え方も成り立ちうる。

5 　検討の過程においても，これらの諸点を考慮し，また，問題となる法律行為の類型や無効・取消原因の相違等によって，それぞれ効果が異なりうるとして，〈1〉〈2〉のような原則的規定を置くことにとどめ，〈3〉以下のような具体的規定を置くことは疑問であるとする強い異論も述べられた。また，〈3〉の価額返還義務については，不当利得法上の債務不履行の問題として処理すれば足りるとする見解も主張された。

6 　しかし，具体的な効果を規定しないのであれば，結局，法律行為が無効であった場合にどのような救済が認められるのかを知ることができず，給付返還請求権があることだけを抽象的に定めることの実益に乏しい。また，本試案は，不当利得法の改正を直接の対象とするものではないが，すでに現民法の解釈論において，法律行為の無効および取消しの場合に現民法 703 条・704 条がそのまま適用されるべきでないことは，学説上の支配的な考え方となっており，この状況をそのままにして，効果を規定しないとすれば，法適用の透明性を欠くことにもなりかねない。このように考えると，法律行為の無効の効果を規定する本節において，法律行為の無効および取消しに基づく返還請求権の内容を明らかにすることにも十分な理由があると考えられる。

本提案は，結論においても，また理論的な説明の仕方についても，判例・学説が広く一致しているとはいえない内容を含むものではあるが，解除の場合の返還義務

【1.5.51】　　　　　　　　　　　　　　　　　　　　　　　　　　　　第1編　総則

と無効および取消しの場合の返還義務との整合性をはかるとともに、双務有償契約類型とそれ以外の法律行為の類型との間での相違を考慮し、かつ、価額返還義務を債務不履行の効果とは別個の問題として位置づけるものである。

　7　本提案の考え方の骨子は、具体的には以下のとおりである。
　〈1〉は、無効な法律行為に基づいて債権が発生せず、したがってまた債権に基づく履行請求ができないことを明らかにし、また〈2〉は、法律行為が無効であるにかかわらず事実上履行がなされた場合には、給付した利益の返還請求が可能であるとするものである。
　〈3〉は、給付した利益そのものの返還ができない場合に、その価額返還義務を定める原則規定である。無効な土地の売買契約に基づいて買主の下に土地が現存している場合のように、原物の返還が可能である場合には、その原物を返還する義務があることについては異論がない。しかし、何らかの事情によって原物が給付を受領した者の下において滅失・損傷し、あるいは役務給付におけるように、給付を受けた利益そのものを返還することが給付の性質上できない等の事情により、原物返還義務が履行できなくなったとしても、給付受領者は、その返還義務の不履行について義務違反行為があったかどうかにかかわらず、また、返還義務の履行が客観的に不可能となった時点において返還義務の存在を認識していたかどうかを問わず、価額返還義務を負うのが原則であるとするのが、この提案の趣旨である。
　〈4〉は、法律上の原因がないことを知らずに給付を受領した者について、返還義務の範囲の縮減（利得消滅の抗弁）を認めるものであり、現民法703条と同趣旨の内容である。
　〈5〉は、双務契約ないし有償契約について、〈4〉の適用がないことを明らかにし、〈3〉の原則に立ち戻って、給付受領者は原則として価額返還義務を免れないとするものであり、基本的には、現在の学説上の通説といえる類型論の立場によるものである。
　しかし、このような価額返還義務は、相手方に対して自己の給付した利益の返還を求めながら、自己の受領した利益について利得の消滅を主張できることの不均衡を根拠とするものであることから、同ただし書は、法律上の原因を知らずに利益を受領した者が負うべき価額返還義務は、自己が支払った対価ないし自己が支払うべきであった対価を限度として認められるとする趣旨を明らかにした。
　8　価額返還義務の内容を考えるについては、どの時点における価額を基準とするかという問題が存在する。法律行為の無効および取消しが、法律行為が当初から無効であり、あるいは当初から無効であったと同じ扱いをするものであるとすれば、返還義務者は原則として、給付者がその給付をしていなければあったであろう状態を実現することが必要であると解される。たとえば、売主Aが30万円の価値

352

のある目的物甲を買主Bに引き渡し，甲が滅失した後に，売買契約が無効となった場合において，Aは本来甲を回復することができたのであるから，返還請求の時点で甲の価額が40万円に上昇していた場合には40万円の価額返還義務を，また反対に，甲の価額が20万円に下落していた場合には20万円の価額返還義務を負うものと考えることができる。

　もっとも，この点は，解除の効果との調整が必要となるが，【3.1.1.82】（解除の効果）は，所有権を移転することを目的とする契約における目的物の滅失・損傷の場合に限定しつつ，価額算定時期については解釈論に委ねるものとしている。価額返還義務は，目的物の滅失・損傷の場合に限らない一般的問題であり，かつ，その算定時期についても種々の考え方が分かれうるところであるから，本提案においても，解除における上記提案におけると同様に，この点は今後の解釈論に委ねることが適切であるとして，とくに具体的なルールを提示しないこととしている。

解　説

　1　法律行為が無効であるということは，当事者が欲した効果が生じないことを意味するから，無効な法律行為に基づいて履行請求ができないことは論理的には自明の結果といえる。また，無効な法律行為に基づいて事実上給付がなされた場合，給付の受領を正当化する法律上の原因を欠くから，給付受領者は，現民法703条・704条の規定に従って受領した給付を返還する義務がある。このようにみれば，無効および取消しの節において，これらの点について特別の規定を設ける必要はないかにみえる。

　2　しかし，法律の専門家ではない一般市民にも理解を得るためには，まず法律行為が無効であることが（取消しにより遡及的に無効となる場合を含めて）具体的に何を意味するかを示し，無効な法律行為に基づいて債権が発生せず，したがってその履行請求をすることができないこと，また無効であれば受領した給付を返還する必要があることを明らかにすることが適当である。また，このような原則規定を置くことにより，現民法121条ただし書が返還義務の範囲についての特則である趣旨がより明確になるといえる。

　3　比較法的にみると，最近の立法提案例の中には，取消しの場合に給付の返還請求ができることを規定するものがある。しかし，給付の返還請求権を規定するのであれば，それに先立って，まず債権が発生せず，その履行請求ができないことについても規定するのがより自然である。

　4　履行請求権の否定と返還請求権の規定に加えて，返還義務の範囲についても具体的な規定を置くべきかどうかについては意見が分かれうる。法律行為に基づいてなされた給付が，法律行為が無効であることにより法律上の原因を欠く場合

【1.5.51】

に，その効果は不当利得法の問題として，本来，現民法703条・704条の解釈・適用に委ねられている。現行法における解釈論として，不当利得の類型をどのように区別するか，その類型に応じてどのように要件・効果が異なるかについては，周知のとおり多様な議論が展開されている。いわゆる類型論的な考え方が今日における通説を形成しているとはいえ，判例は依然として衡平説的な考え方によっており，また，類型論をとる立場においても，その具体的な内容については必ずしも一致していない。

このような判例・学説状況の下で，法律行為の無効および取消しの場合に，給付請求権の具体的内容を条文の形で定めることは，給付利得類型が不当利得法の中で独立した要件・効果に服することを条文の形で示すこととなり，かつ，議論が多岐に分かれ，安定しているとはいえない不当利得論の1つの立場をとることになるという点で問題がないとはいえない。

さらに，このような規定を置く結果，現民法703条・704条は，その重要な適用範囲を失うことになるが，その場合に，給付利得類型以外の不当利得法の規定を現民法のままにしておいてよいかどうかという問題も残る。このような考え方に従えば，法律行為の無効の効果を一般的に定めるにとどめるとする考え方も成り立ちうる。

5　検討の過程においても，これらの諸点を考慮し，また，問題となる法律行為の類型や無効・取消原因の相違等によって，それぞれ効果が異なりうるとして，〈1〉〈2〉のような原則的規定を置くことにとどめ，〈3〉以下のような具体的規定を置くことは疑問であるとする強い異論も述べられた。また，〈3〉の価額返還義務については，不当利得法上の債務不履行の問題として処理すれば足りるとする見解も主張された。

6　しかし，具体的な効果を規定しないのであれば，結局，法律行為が無効であった場合にどのような救済が認められるのかを知ることができず，給付返還請求権があることだけを抽象的に定めることの実益に乏しい。また，本試案は，不当利得法の改正を直接の対象とするものではないが，すでに現民法の解釈論において，法律行為の無効および取消しの場合に現民法703条・704条がそのまま適用されるべきでないことは，学説上の支配的な考え方となっており，この状況をそのままにして，効果を規定しないとすれば，法適用の透明性を欠くことにもなりかねない。このように考えると，法律行為の無効の効果を規定する本節において，法律行為の無効および取消しに基づく返還請求権の内容を明らかにすることにも十分な理由があると考えられる。

本提案は，結論においても，また理論的な説明の仕方についても，判例・学説が広く一致しているとはいえない内容を含むものではあるが，解除の場合の返還義務

第5章 法律行為 第4節 無効および取消し　　　　　　　　　　　　　　【1.5.51】

と無効および取消しの場合の返還義務との整合性をはかるとともに，双務有償契約類型とそれ以外の法律行為の類型との間での相違を考慮し，かつ，価額返還義務を債務不履行の効果とは別個の問題として位置づけるものである。

　7　本提案の〈1〉〈2〉は，いずれも，法律行為に基づいて債務が発生し，その履行がなされるべき場合を前提としており，実際上は契約に基づく給付や単独行為に基づいて給付がなされる場合がこれに当たる。これに対して，取消権や解除権のような形成権行使の場合には，法律行為に基づいて給付がなされるわけではないから，本提案〈1〉〈2〉はこれらの場合の効果を規定するものとはなっていない。しかし，形成権を行使する法律行為が無効である場合に形成権行使の効果が生じないことは，法律行為が無効であることと同義であり，このような効果をあえて規定することは不要であろう。したがって，〈1〉〈2〉は，法律行為の無効について普遍的に妥当するルールではないが，そのもっとも典型的な場合を規定する趣旨である。

　8　〈2〉は，無効な法律行為に基づいて給付をした者は，給付を受領した相手方に対してその返還を求めることができるとする原則ルールを定めるものである。この点について，現民法703条・704条とは規定の体裁と順序を異にしている。しかし，現在の解釈論として，現民法703条は善意の利得者の責任軽減を認めたものであり，受領した利益をそのまま返還する義務を負うことが原則であることが広く認められており，法律行為の無効の効果に関する一般的規定を置くときには，まず原則ルールが何かを明らかにすることが肝要であると思われる。

　9　さらに，有体物が給付されたがその原物が滅失した場合，あるいは給付されたものが非有体的な利益（例，役務）であって，それを原物で返還することができないときに，価額返還義務を負うとするのが〈3〉の趣旨である（なお，解除の場合について，【3.1.1.82】〈4〉は，所有権移転を目的とする契約の解除について，同様の義務を認めている。ただし，「償還義務」という文言が用いられているほか，契約類型を限定しており，役務提供型の原状回復についての具体的規定を欠いている）。

　10　〈4〉〈5〉の規定は，給付返還請求権（＝給付返還義務）の範囲をより具体的に規定しようとするものである。一見すると，〈4〉が善意の利得者の返還義務の軽減を広く認めているかにみえるが，〈5〉は双務契約または有償契約について，その例外を定めるものであり，実際上は，法律行為のもっとも重要な場合に当たる双務契約・有償契約については，利得消滅の抗弁の余地がないことを定めるものであり，類型論の一定の立場を条文化するものといえる。

　11　しかし，〈5〉のルールを，目的物の価額を考慮することなく双務契約・有償契約についてそのまま当てはめると，当事者の一方にとって過大な価額返還義務が課されることがありうる。これを制限しようとするのが〈5〉のただし書の趣旨である。

355

【1.5.51】

以下，具体的な事例に即して，これらのルールがどのような意味を持ち，どのような場面において適用されるかを検討する。

12　まず贈与契約について以下の事例を考える。

〔適用事例 1〕　A は，贈与契約に基づいて動産甲を B に引き渡したが，A は錯誤を理由に贈与契約を取り消した。

　A は錯誤取消しに基づいて甲の返還を B に請求することができる。問題は，甲が滅失したり，B が甲を他に処分したことによって B の下に甲が存在しない場合である。〈3〉の原則によれば，B は甲の価額を返還すべきであるところ，B が贈与契約の取消しについて善意であった場合には，B は〈4〉により価額返還義務を免れることができる。

　この場合において，A の取消後，これを認識した B の下で甲が滅失し，あるいは他に処分されたときは，B が甲の返還義務に違反したかどうかを考えれば足りると考えられる。すなわち，A の取消権行使後は，B は甲を A に返還すべきことを認識しており，保管義務を負う関係に立つといえる。しかし，とりわけ不可抗力その他 B が責任を負うべきでない事由によって甲が滅失した場合，B が価額返還義務を負うと考えるのは B に過大の負担を負わせることになって相当ではないというべきである。

13　次に，売買契約について以下の事例を考える。

〔適用事例 2〕　A は，売買契約に基づいて動産甲を B に引き渡したが，A は錯誤を理由に売買契約を取り消した。甲の客観的価額は 50 万円であり，B が支払った，ないし支払うべき代金は 50 万円であったところ，B の下で甲が滅失した。

　まず，B が代金 50 万円を支払っていた場合を想定する。〈5〉によれば，A・B の主観的要件いかんにかかわらず，A は代金 50 万円の返還義務を負い，B は甲の価額返還義務を負う。B は甲の滅失によって，一見すると，返還すべき利益がなくなっているようにみえる。しかし，B が，A に支払った代金の返還を求めながら，自己の受領した利益の消滅を主張することはバランスを失する。B は甲の取得と引換えに B の財産から代金に相当する額が失われることを覚悟していたのであり，代金の返還だけを一方的に求めることはこれと矛盾する。

　次に，仮に B が代金を未払であったとしても，契約が有効であれば本来その代金に相当する額は B の財産から逸出していたはずであるから，代金既払の場合と同様に価額返還義務を免れるべき理由がない。

　適用事例 2 においては，このような処理について大きな問題はないと考えられるが，しかし，とりわけ法律行為の無効・取消しが問題となる場面では，合意形成に瑕疵があり，合意された代金そのものが対価的給付の客観的な価額と一致していな

第5章　法律行為　第4節　無効および取消し　　　　　　　　　　　　【1.5.51】

い場合も少なくないと考えられる。

　〔適用事例3〕　Aは，売買契約に基づいて動産甲をBに引き渡したが，Aは錯誤を理由に売買契約を取り消した。甲の客観的価額は50万円であり，Bが支払った，ないし支払うべき代金は30万円／70万円であったところ，Bの下で甲が滅失した。

　Aが70万円を受領し，Bが甲を滅失させた場合，Bは70万円の返還を求め，50万円の価額返還義務を負うことには大きな問題はないと考えられる。問題は，その反対に，Bの支払った代金が30万円であった場合である。この場合に単純に〈5〉の本文を適用すると，Bは30万円の代金返還と引換えに，50万円の価額賠償義務を負うことになる。

　ここで，〈5〉の本文のみをそのまま適用して，価額返還義務を認めた上で，そのような義務を負うことになった原因が錯誤者であるAにあることを理由として損害賠償義務を負わせるという考え方も成り立ちえないではない。しかし，いったん認めた価額返還義務を別の構成を通じて否定するということの当否が問題となるほか，錯誤のような場合とは異なり，無効・取消しの原因がAの側にあるといえるかどうか不明の場合には，一方当事者の他方当事者に対する損害賠償義務という構成では十分に対応することができないように思われる。むしろ，適用事例3においても，Bは30万円を支払えば甲を取得することできると信頼したことに着目し，甲の滅失の経済的リスクは，B自身がAに対して支払った対価の限度において負担すると考えることができる。〈5〉ただし書は，このような場合に備えた規定である。

　14　賃貸借契約に基づいて物が移転された場合には，贈与・売買とは別個の観点を考慮する必要がある。

　〔適用事例4〕　Aは，賃貸借契約に基づいて動産甲をBに引き渡したが，Aは錯誤を理由に賃貸借契約を取り消した。甲の客観的価額は50万円であり，Bが合意した賃料は月額1万円であった。Bの下で甲が滅失した場合，Bは甲の価額返還義務を負うか。

　解除に関する【3.1.1.82】〈4〉は，所有権の移転を目的とする契約の解除に限定して償還義務を定めるものであり，それ以外の契約類型において目的物の滅失等が生じた場合の償還義務については特別の規定を設けていない。

　法律行為の無効の効果を賃貸借契約の無効について考える場合，受領した給付の返還の対象は何かを明らかにする必要がある。すなわち，適用事例4において，無効なAB間の賃貸借契約に基づいてAが給付した契約上の利益は賃貸物の使用収益であり，Bが支払うべき賃料はこれと等価性を有するものである。換言すれば，BがAに対して負担する甲の返還義務は，契約の有効・無効にかかわらず，Bが

357

【1.5.52】

当然負うべき義務であるとともに、その義務は一種の保管義務にすぎず、ここでは「所有者が危険を負担する」との原則が妥当する関係といえる。したがって、Bは本提案の〈3〉〈5〉のように、目的物の価額返還義務を当然に負うべき関係にはなく、保管義務違反がある場合に、損害賠償義務として価額を賠償する義務を負うべきことになる。

15　本提案は、結論においても理論的な説明の仕方についても判例・学説が広く一致しているとはいえない内容を含むものではあるが、解除の場合の返還義務と無効・取消しの場合の返還義務との一定の整合性を図るとともに、双務有償契約類型とそれ以外の法律行為の類型との間での相違を考慮し、かつ、価額返還義務を債務不履行の効果とは別個の問題として位置づけるものである。

16　また、価額返還義務の内容を考えるについては、どの時点における価額を基準とするかという問題が存在する。法律行為の無効および取消しが、法律行為が当初から無効であり、あるいは当初から無効であったと同じ扱いをするものであるとすれば、返還義務者は原則として、給付者がその給付をしていなければあったであろう状態を実現することが必要であると解される。たとえば、売主Aが30万円の価値のある目的物甲を買主Bに引き渡し、甲が滅失した後に、売買契約が無効となった場合において、Aは本来甲を回復することができたのであるから、返還請求の時点で甲の価額が40万円に上昇していた場合には40万円の、反対に、甲の価額が20万円に下落していた場合には20万円の価額返還義務を負うものと考えることができる。もっとも、この点は、解除の効果との調整が必要となるが、【3.1.1.82】は、価額算定時期については解釈論に委ねるものとしている（同提案要旨参照）。

価額返還義務は、目的物の滅失・損傷の場合に限らない一般的問題であり、かつ、その算定時期についても種々の考え方が分かれうるところであるから、解除における上記提案におけると同様に、この点は今後の解釈論に委ねることが適切であると考えられる。

【1.5.52】（無効行為の追認）
〈1〉　無効な行為は、当事者の追認によってもその効力を生じない。
〈2〉　当事者がその行為が無効であることを知って追認をしたときは、新たな行為をしたものとみなす。

〔関連条文〕　現民法119条（改正）

第5章 法律行為　第4節　無効および取消し　　　　　　　　　　【1.5.52】

提 案 要 旨

1　追認を行う者が法律行為の「当事者」であることを明示するとともに，現民法119条のただし書が，本文との関係において，本来の意味でのただし書に当たるとはいえないことから，その体裁を改め，〈2〉を設けることとした。

2　なお，本提案は絶対無効の場合を前提とするものであり，相対無効の場合には適用がないと解されるが，本節前注に述べたとおり，相対無効に関する提案を行わないものとしたことから，相対無効に関する一方的な追認の可能性についても，解釈論に委ねることとしている。

解　　説

1　民法典で用いられる「行為」は，法律行為を意味する場合とそうでない場合の双方を含み，その用語法については，一般的に検討の余地があるが，ここでは単に「行為」とする文言を維持している。

2　また，無効な法律行為の追認を行う者が誰かについては，条文上明示されていないが，取消しの場合の一方的な追認との混同を避けるために，法律行為の「当事者」による追認が問題となること，したがって無効な契約については契約の両当事者の追認が問題となることを明確にした。

3　法律行為が無効となる原因は種々のものがあるが，心裡留保による意思表示が相手方の悪意・有過失等（これにつき，【1.5.11】（心裡留保）参照）によって無効となる場合や通謀虚偽表示によって無効となる場合には，一見すると本提案〈1〉の規定は厳格に失するように見える。しかし，これらの場合には，無権代理行為における本人の追認のような場合とは異なって，当事者が当初から効果が発生しないことを認識し，あるいは少なくとも一方当事者がそのように考えており，無効な法律行為自体を当初から有効とする必要性に乏しい。しかも，当事者が改めて有効な法律行為を行うことを合意した場合には，本提案〈2〉の規定に従って，新たな法律行為がその時点から有効となるから，現行規定どおりとすることに問題はないと考えられる。

4　公序良俗違反や強行規定違反による無効については，原則として，〈1〉の原則が妥当することは明らかである。また，当事者が新たに法律行為を行ったとしても，法律行為が無効となる原因，すなわち公序良俗に反するという事情，強行規定に違反するという事情が存続している限り，新たな法律行為自体が無効となることも明らかである。この点は，現民法119条ただし書についても異論なく認められてきたところであり，とくに規定を設けることは必要ではないと考えられる。

5　無効な法律行為について，例外的に，一方当事者による追認を認めること

が考えられるかどうかも問題となる。現行規定においては，錯誤者が錯誤に気づいた後，あるいは意思無能力者が意思能力を回復した後に，一方的な追認の可能性を考える余地があった。しかし，改正提案の下で，錯誤と意思能力を欠く場合の効果を取り消しうるものとする立場を採れば，この両事例は取り消しうる法律行為の追認の問題に帰着する。

このほか，たとえば，私益的利益の保護を目的とする公序良俗違反について，保護されるべき当事者が事情を認識した上で追認をした場合に，法律行為が有効となると解する可能性がある。しかし，どのような場合がこれに当たりうるかは必ずしも明確とはいえず，現時点において，一方当事者の追認によって無効な法律行為が有効となる場合について特別の規定を置く必要性に乏しいと考えられる。

6 本提案〈2〉は，法律行為の当事者が遡及的に，すなわち，無効な法律行為を行った時点に遡って，法律行為が有効であったとする合意を排除するものではなく，そのような合意は現行規定の下における解釈と同様に有効であると解される。

この場合に，この趣旨を明文の規定で定めるとすれば，遡及的に有効とする合意を第三者に対抗することができないという趣旨も併せて規定する必要がある。たとえば，債権者Ｇと債務者Ｓの間において，ＧとＳが通謀して虚偽の債務免除契約をした後，Ｇの債権者ＡがＧのＳに対する債権を差し押さえて転付命令を得た場合において，その後，ＧとＳが債務免除契約を追認し，遡及効を合意しても，転付命令の効力を奪うことはできないと解される。

しかし，遡及的有効とする合意に関する規定をとくに設けないのであれば，当事者の合意の効果は当事者間のみに及び，遡及的有効の効果を第三者に対抗することができないことは一般原則上当然であると考えられる。このような趣旨から，本提案は，当事者が行う遡及的有効とする合意について特段の規定を設けないこととしている。

【1.5.53】（取消権者の範囲）
〈1〉 行為能力の制限によって取り消すことができる行為は，制限行為能力者またはその代理人，承継人もしくは同意をすることができる者に限り，取り消すことができる。
〈2〉 意思能力を欠く状態でなされた行為は，意思能力を欠いた者またはその代理人，承継人もしくは同意をすることができる者に限り，取り消すことができる。
〈3〉 【1.5.13】，【1.5.15】，【1.5.16】，【1.5.17】，【1.5.18】および【1.5.19】に従って取り消すことができる行為は，これらの取消原因に基づいて意思表示

第5章 法律行為　第4節　無効および取消し　　　　　　　　【1.5.53】

をした者またはその代理人もしくは承継人に限り，取り消すことができる。

＊意思能力を欠く状態でなされた行為の効果が無効とされるときには，〈2〉を削除する。

〔関連条文〕　現民法120条（改正）
〔参照提案〕　【1.5.09】，【1.5.13】，【1.5.15】，【1.5.16】，【1.5.17】，【1.5.18】，【1.5.19】

提 案 要 旨

　1　意思表示に関する改正提案により，意思能力を欠く状態でなされた法律行為や，錯誤，不実表示，断定的判断，困惑等によってなされた意思表示は取り消しうるものとなったが，これに対応して，取消権者の範囲についても規定を修正することが必要となる。消費者契約法において規定される取消権は，現民法上の取消権が追認可能時点から5年間認められるのに対して，6か月という短期の期間制限に服するものとされているが，本提案は，取消原因のいかんを問わず，取消権行使の期間制限について一律に民法の一般規定の適用に委ねるとする趣旨を含むものであり，このことは権利行使期間の単一化・統一化をはかる本試案の立場とも整合的であるといえる。

　2　意思能力を欠く状態でなされた行為について，意思能力を欠く者が自ら取消権を行使できるかどうかについては考え方が分かれうる。〈1〉は，行為能力の制限の場合に制限行為能力者が自ら取消権を行使することができると考えられているのと同様に，意思能力を欠く者が自ら取り消しうるとしたものである。この点は，意思能力を欠く者の行為を法的にどのように評価するかにかかわる問題であり，【1.5.09】（意思能力）の提案に依存する。意思能力を欠いた状態でなされた法律行為が取り消しうるものとされた場合には，取消権の行使についても単独で可能であると考えることができる。他方，同提案における＊案に従い，意思能力を欠く状態でなされた法律行為が無効となるのであれば，本提案の〈2〉は削除される必要がある。

　3　現民法は，意思表示の取消しという場合と法律行為の取消しという場合を含んでいるが，それらが体系的に一貫した区別に基づいて使い分けられているとはいえない。行為能力の制限を理由とする取消しの場合と意思表示の瑕疵を理由とする取消しの場合とで相違があるほか，同じ意思表示であっても，たとえば，現民法96条は詐欺・強迫について，その意思表示を取り消すことができると規定し，他方，現民法120条2項は詐欺・強迫によって取り消すことができる行為という規定となっている。ここでは，現民法の用語法を踏襲し，取消権者の規定中において

361

【1.5.53】 第1編 総則

は，取消しの対象は意思表示ではなく，法律行為であるとして規定の統一をはかっている。

4 なお，【1.5.16】（詐欺）の〈2〉は情報提供義務違反や説明義務違反が取消権を生ずることを認めているが，同提案の〈1〉と併せて理解すると，〈2〉で規定される取消権は詐欺を理由として認められる取消権の一場合であると位置づけることができることから，本提案においては，独立の取消原因として掲げていない。

解　説

1 本提案〈1〉は，現民法120条1項をそのまま維持するものである。同項については，制限行為能力者が単独で法律行為を行うことができないとされることと関連して，制限行為能力者自身が制限行為能力者のままで取消権を行使することができるかどうかが問題となりうる。この点について，かつては，取消しも1個の法律行為であり，法定代理人や保佐人の同意を得ずになされた取消しは，取り消しうべき取消しとなるとする見解も主張された。しかし，その後の学説はほぼ一致して，取り消しうべき取消しを認めることはいたずらに法律関係を複雑なものとすること，取消しは原状への回復をもたらすにすぎないから，制限行為能力者に積極的な不利益を生じるとはいえないこと，追認については，取消原因が消滅していることが要件とされているのに対して，取消しにはそのような要件が掲げられていないこと等の理由から，制限行為能力者が行為能力者となる前に行った取消しも確定的に有効であると考えており，これをあえて変更するべき理由に乏しいと考えられる。

2 本提案〈2〉は，意思無能力を理由とする取消しに関する新設規定であり，【1.5.09】を前提とする。意思能力を欠く者が意思能力を欠いた状態を脱していない状況の下で自ら取消しの意思表示を行った場合に，その効果を認めるべきかどうかについては考え方が分かれうるが，本提案は，制限行為能力者による取消しの場合と同様に考えて，意思無能力者による取消しも確定的に有効であるとしている。

意思能力を欠く常況にある場合には，取消権を法的に意味のある形で行使することができないと解する余地もあり，現行法の解釈としては，取消権を行使した制限行為能力者が意思無能力者でもあった場合には，取消しの効果は生じないと考えることが自然であった。しかし，このような立場によれば，未成年者や成年被後見人について，行為能力の制限を理由とする取消しと意思能力の欠如を理由とする取消しの競合問題が生ずることになる。複雑な法律関係が生ずることを回避するためにも，意思無能力による取消しについては，端的に成年被後見人の場合と同様に考え，取消しの効果は確定的に生ずると考えることが簡明であると考えられる。

もっとも，検討の過程において，意思無能力者による取消しの効果を確定的に有

第5章 法律行為　第4節　無効および取消し　　　　　　　【1.5.53】

効としてよいかどうかについては議論が分かれた。仮に，【1.5.10】（日常生活に関する行為の特則）のとおり，「日常生活に関する行為」については意思能力を欠く場合であっても法律行為は確定的に有効であると解するとしても，そこにおいては意思能力を欠く者自身の取引の必要性という観点が重要な意味を持つといえる。これに対し，意思無能力者自身が行う取消しの場面においては，相手方の利益の考慮という点がより重視されており，必ずしも同一に論じることができない。意思無能力者がその状態のままで取消しをすることに法的な意味を認めることは難しく，意思無能力者は取消権を行使しえないとする考え方も主張された。

　しかし，意思無能力が実際に問題となる典型例は，机上設例で挙げられる幼児による行為などではなく，判断能力の低下した高齢者の行う取引であり，制限行為能力者の場合におけると同様に，意思能力を欠くとされる者自身による取消権行使を認めることも可能であるとするのが本提案の立場である。

　3　意思能力を欠くことを理由とする取消しについて，代理人を掲げているのは，未成年者や成年被後見人について意思能力を欠くことを理由とする取消しをする場合の他，法律行為の時点では存在していなかった法定代理人が事後に選任された場合を含む趣旨である。また，同意をすることができる者を掲げているのは，被保佐人について意思能力を欠くことを理由として取消しをする場合のほか，事後に保佐人が選任された場合を含む趣旨である。

　なお，意思能力を欠くことによる取消しと行為能力の制限による取消しの効果を同一のものと考える限りは，制限行為能力者について意思能力を欠くことを理由とする取消しを認める実益に乏しい。もっとも，未成年者について，現民法5条3項の規定（処分を許された財産）によって法律行為が確定的に有効となるべき場合に，意思能力を欠くことを理由とする取消しが認められるとすれば，その必要性はなお存在することになろうか。

　4　本提案〈3〉は，取消権が認められる原因が拡大するとともに，従前のように詐欺・強迫について用いることのできた「瑕疵ある意思表示をした者」に代えて，取消権を根拠づける具体的な提案を列挙することとしたものである。

　5　保証債務の付従性との関係で保証人に取消権を認めるべきかどうかについては現行法の解釈として議論の対立があるが，保証債務の履行を拒絶する抗弁として，主たる債務者の取消権を援用するという可能性はあるとしても，取消権を行使して主たる債務を消滅させることができるとするのは，実質的に相当でも必要でもなく，本提案中に，保証人の取消権に関する規定を置くことは不要と解される。提案【3.1.7.07】（主たる債務者について生じた事由の効力）〈3〉は，保証人に，主たる債務者の取消権を理由とする履行拒絶権を規定し，本提案はそれに対応するものである。

363

【1.5.54】（取消しによる遡及的無効）
〈1〉 取り消された行為は，初めから無効であったものとみなす。
〈2〉 〈1〉の場合において，制限行為能力者または意思能力を欠く者が無効な行為に基づいて給付を受領したときは，現に利益を受けている限度において，返還の義務を負う。ただし，自己の過失によって一時的に意思能力を欠く状態に陥った者については，この限りでない。
〈3〉 行為能力の制限または意思能力を欠くことを理由として行為を取り消すことができる場合において，当該行為に基づいて利益を受領した者が，取消しの意思表示がなされた後に，給付者に返還すべき義務があることを知りながら，受領した利益を費消したときは，〈2〉本文の規定を適用しない。

＊意思能力を欠く状態でなされた法律行為の効果が無効であるとする場合には，原案から意思無能力に関する規定部分を削除し，以下のとおり〈4〉を新設する。
〈4〉 〈2〉および〈3〉の規定は，意思能力を欠くことを理由として行為が無効となる場合について準用する。

〔関連条文〕 現民法 121 条（改正）

提 案 要 旨

　1　本提案は，取消しの効果を遡及的無効とする現民法 121 条の規定を維持するとともに，本文とただし書の形で規定されている内容を再整理したものである。
　2　行為能力の制限を受けた者の返還義務については，現民法において特別の責任軽減が認められているが，意思能力を欠く場合について規定を置く場合には，同様の責任軽減が認められるべきことを併せて規定することが必要となる。もっとも，アルコールによる酩酊状態にある者など，意思能力を一時的に欠くに至ったことについて本人に責められるべき事情（過失）がある場合にまで，そのような責任軽減を認めるべきではないと考えられることから，例外を設けている。これが〈2〉の趣旨である。
　3　行為能力の制限を受けた者，意思能力を欠くとされる者について，どのような範囲で責任の軽減が認められるべきか。制限行為能力者の返還義務に関する特則が，制限行為能力者の責任を不当に軽減することにならないか，また，責任能力がある制限行為能力者が不法行為責任を負うことにならないのか等が問題となりうる。
　しかし，不法行為責任を一般的に認めると，返還義務の範囲について特則を定め

第5章 法律行為　第4節　無効および取消し　　　　　　　　　【1.5.54】

て，制限行為能力者を保護しようとする趣旨が没却されることにもなりかねない。これらを考慮し，本提案〈3〉は，制限行為能力者や意思無能力者が，取消権が行使された後に，受領した利益を返還すべきことを知りながらこれを費消した場合には，もはや返還義務の軽減を認めないとする限度で悪意の制限行為能力者等の責任を認めようとするものである。

4　なお，意思能力を欠く状態でなされた法律行為は無効であるとする場合には，取消権者の範囲からこれに関連する規定を削除する必要があるが，返還義務の範囲に関する特別の責任軽減規定は，意思能力を欠く場合の効果を取消的無効と解したとしても同様に必要と考えられることから，＊案のとおり，〈4〉を置くものとした。

解　説

1　取消しの効果を遡及的無効とすることの当否については，とくに継続的契約関係に関して議論の対立がみられる。すなわち，現行規定の解釈として，継続的契約関係については取消しの遡及的無効を認めず，賃貸借契約の解除の場合と同様に，将来に向かってのみ無効とする考え方も有力に主張される（かつて，ドイツで主張された事実的契約関係理論も，このような場合を考慮に含むものであった）。

しかし，賃貸借契約をはじめとする継続的契約関係を解除する場合と，契約成立時における（広義の）意思表示の瑕疵を理由とする取消しの機能の相違を考慮することが必要であると考えられる。たとえば，債務不履行に基づく賃貸借契約の解除については，少なくとも不履行時以前においては，契約は支障なく履行されてきており，解除によって賃貸借契約が消滅したとしても，契約締結時に遡って効力を失わせる必要がないといえる。この場合，解除の意思表示の時点から将来に向かって効力が失われるとするか，解除原因となる債務不履行時ないし解除権発生時を基準時点として効力が失われるとするかは議論の余地があるが，この点はここでは立ち入らない（【3.2.4.24】（賃貸借の解除の効力）は，現民法620条を維持している）。

これに対し，たとえば賃貸人の詐欺によって不当に高額の賃料が合意され，1年間契約が履行された後に，賃借人がこの欺罔行為に気づいたという場合には，賃借人の救済のためには，契約時に遡って契約を無効とし，高額の賃料の返還請求（実際には，目的物の客観的使用利益との差額の返還請求）を認める必要があると考えられる。既履行部分については契約は無効とはならないと解するときは，この返還請求権を導くことが困難であり，継続的契約関係についても遡及的無効を維持することが必要であると考えられる。

継続的契約関係において長期にわたって契約が履行され，あるいは会社やその他の団体の法律関係が問題となる場合には，遡及的無効とすることにより，法律関係

365

【1.5.54】

の清算をどのように行うかという困難な問題が生じることは否定できないが，これは不当利得法の問題として解決するべきものであって，継続的契約関係一般について遡及的無効の効果を排除することを正当化することはできないというべきである。

2　現行規定は，制限行為能力者の返還義務に関する特則をただし書の形で定めているが，ただし書という形式の規定の本来の趣旨は，本文が原則であることに対して，その例外を定めるものであるところ，ここでは，返還義務の一般原則をまず前提とした上で，制限行為能力者について，返還義務の範囲について例外を認めるものである。この点を体裁上も明らかにし，新たに〈2〉を設けて，無効な法律行為に基づいて給付の返還義務を負う場合の範囲について特則を定めるという趣旨をより明確にしたものである。

本提案〈2〉による返還義務については，まず現民法 121 条ただし書の「現に利益を受けている限度」と 703 条の「利益の存する限度」が同じ内容を指すかどうかも問題となるが，これを同一の内容と解する通説に従って，〈2〉が有する意味を検討する。

無効な契約の清算関係について，現民法 703 条・704 条の区別がそのまま適用されるかどうかについては議論が対立してきたが，不当利得の類型論的な考え方によれば，双務契約の清算関係については 703 条の適用を考える余地はなく，契約当事者は相互に受領した利益を相手方に返還する義務を負うとするのが一般的である。このことは，次のような考慮によって正当化される。すなわち，双務契約においては，各当事者が相手方の給付受領と引換えに自らも等価的な給付を行っており，この法律上の原因が失われた場合には，相互に受領した給付（ないしその価額）を相手方に返還する義務を負う。たとえ善意の受益者であっても，自己の受領した利益が法律上の原因に基づくものであり，これを自己の利益として保持することができるという信頼は，相手方に対して給付した利益は自己の財産から終局的に失われたという認識と不可分に結びついている。したがって，双務契約の清算が問題となる場面において，相手方から利得の返還を求めつつ，自ら受領した利益が現存していないと主張することは，上述した認識と相容れない（この点については，【1.5.51】（無効な法律行為の効果）参照）。

これによれば，双務契約における当事者の一方が行為能力の制限を理由に取り消した場合において，返還義務に関する本提案〈2〉は，制限行為能力者については，相手方に対しては相手方が善意であっても給付した利益すべての返還を求めることができ，他方，制限行為能力者自身は，悪意であっても受領した利益について利得消滅の抗弁を主張することができることを意味する。

3　これに対して贈与のような片務契約の場合については，異論もあるものの，

第5章 法律行為　第4節　無効および取消し　　　　　　　　　【1.5.54】

【1.5.51】によれば，受贈者において，契約が有効であると信じて贈与の目的物を費消し，あるいは滅失させる等により，利得が消滅した場合には，善意であれば利得消滅の抗弁を主張することができる。この場合には，本提案〈2〉と同じ効果を主張することができるにすぎず，そうすると，〈2〉によって制限行為能力者の優遇が認められるのは，制限行為能力者が悪意で，すなわち行為能力の制限を理由とする取消原因があることを認識しながら給付を受領した場合ということになる。

　4　〈2〉の規定がどのような範囲で制限行為能力者を有利に扱うかは，不当利得規定の解釈に依存するといえるが，少なくとも，現時点において制限行為能力者の返還義務の範囲についてとくに変更を加える理由はないと思われる。

　5　また，意思能力を欠く者については，返還義務の範囲について制限行為能力者と同様の特則を設けることが必要であると考えられることから，この点を〈2〉で合わせて明示した。

　もっとも，継続的に意思能力を欠く状態にある者については，制限行為能力者と同じ扱いをすることが適切であるとしても，一時的に意思能力を欠いた者についてその必要があるかどうかは疑問である。この点を考慮し，〈2〉にただし書を追加し，過失によって一時的に意思能力を欠く状態に陥った者については，利得消滅に関する特則を設ける必要がないとしている。

　なお，意思能力を欠いた状態でなされた法律行為が無効であるとする立場を採る場合にも，返還義務の範囲については，制限行為能力者の場合と同様の責任軽減規定が必要であると解されることから，＊は，その場合にも本提案の規定が準用される趣旨を明らかにしたものである。

　6　制限行為能力者の返還義務の範囲について，〈2〉の規定のみを定めるときは，法律上の原因が存在しないことを認識している制限行為能力者であっても，利得消滅の抗弁を常に主張することができることになる。この場合，制限行為能力者は〈2〉の返還義務軽減規定を利用することにより，故意に相手方に損害を加えることができることにもなりかねない。これを防ぐために，〈2〉の規定は不法行為の一般原則による責任を免れさせる趣旨ではないとする規定を置くことも考えられる。しかし，それによれば単に軽過失ある制限行為能力者についても，責任能力がある限り，取引行為を通じて相手方に損害を与えた場合には，損害賠償義務を負担することになる。この結果，本条ただし書による制限行為能力者の優遇は，事実上空文に帰することにもなりかねない。

　このような問題は従来から存在したものであり，不当利得における返還義務の特則と損害賠償責任の関係を判例・学説に委ねるとすることも1つの方法であるが，本提案〈3〉は，受領した利益の返還義務を負うことを認識しながら費消したという場合には，返還義務に関する特則の規定を援用することができないとするルール

367

を規定した。これによれば，法律上の原因がないことを知りながら利益を受領したというだけでは，なお利得消滅の抗弁を主張することができるが，返還すべきことを知りながら故意に利得を消滅させた場合には，もはや例外的な保護を与える必要はないとするものである。

　これによるときは，たとえば，未成年者が法律行為を取り消した後に，受領した利益を悪意で費消した場合には，利得消滅の抗弁が認められないのに対して，未成年者が取消権をいずれ行使することを前提としつつ，取消しの意思表示の前に受領した利益を悪意で費消したという場合には，利得消滅の抗弁が認められることになる。これはバランスを失するようにもみえるが，制限行為能力者が，法律行為が取り消しうるものであることを認識しながら，受領した給付を費消したときには返還義務を免れないとすると，場合によって，制限行為能力者による取消しの意義を相当程度減殺する結果ともなりかねない。とくに，成年年齢に近い未成年者が契約を締結し，相手方から履行を受けた場合に，履行によって得た利益を費消していると，取消しによる未成年者保護の趣旨が没却されることになりかねない。この点を考慮すると，〈3〉のように限定的な範囲で利得消滅の抗弁を排除することにも理由があると考えられる。

　7　〈3〉については（その準用の場合を含めて），継続的に意思能力を欠く状態にある者について，どのような場合に「悪意」と評価できるかが問題となる。一定の判断能力がある者についてのみ「悪意」という評価が可能であるとすると，意思能力を欠く者について「悪意」に当たるといえる場合が存在しないのではないかとも考えられる。もっとも，意思能力を欠いている限りは「悪意」を問題とすることができないとしても，意思能力を回復した時点において悪意で費消したというような例外的な場合には，意思無能力の場合についても規定を置いておく意味はありうるかもしれない。

【1.5.55】（取り消しうる行為の追認）
　取り消すことができる行為は，【1.5.53】に規定する者が追認したときは，以後，取り消すことができない。

〔関連条文〕　現民法 122 条（改正）

提 案 要 旨

　現民法 122 条のただし書は，無用の規定であるという点で学説はほぼ一致しており，これに従って同条のただし書を削除し，本文のみを維持することとした。

第5章 法律行為　第4節　無効および取消し　　　　　　　　　　【1.5.55】

解　説

　1　現民法122条のただし書は，同116条のただし書と類似する体裁となっているが，後者についてはごく限られた範囲ではあるがただし書の適用が認められるケースがあるのに対して，前者の場合には，もともと不確定的に有効であった法律行為が追認によって確定的に有効なものとなるにすぎず，これによって第三者の権利を害することはないとする点で，学説はほぼ一致している。したがって，改正に際して無用と考えられる規定を削除することが適切である。

　2　現民法122条の本文によれば，同一の法律行為について複数の追認権者が存在する場合がありうる。たとえば，制限行為能力者と法定代理人が取消権を有する場合に，どちらか一方が取消権を行使すれば，これによって法律行為の遡及的無効が確定し，その後に追認をする余地はない。反対に，どちらか一方が追認権を行使した場合（例，法定代理人が追認）に，事後に制限行為能力者が取消権を行使することができるかが問題となりうるが，一般には，この場合においても追認権の行使によって有効が確定し，もはや取消権を行使する余地はないと解されており，それを変更すべき理由に乏しい。また，このルールを条文で明示することも必要とはいえないと考えられる。

　3　取消権・追認権を有する者が死亡し，この権利が共同相続によって複数の者に帰属する場合に，その行使方法について問題が生じうる。

　〔適用事例1〕　絵画甲の所有者であるAはBとの間で，甲の売買契約を締結したが，Aは錯誤に陥っており，Bとの売買契約を取り消すことができる状態にあった。しかし，Aは取消権を行使する前に死亡し，C・DがAの共同相続人となった。Cはこの売買契約を追認したいと考え，Dはこれを取り消したいと考えている。

　この場合に，C・Dが個別にこの権利を行使できるかどうかがまず問題となる。個別の権利行使を認めることができるとすれば，Cが追認し，Dが取消権を行使することによって，BはCの持分の限度において甲の権利を取得することになる。この場合，Bは個別の権利行使によって不利益を受けるかにみえるが，Bが持分だけでは甲を買わなかったと考えられる場合，Bは，【3.2.1.11】（権利移転義務の一部不履行）（現民法のもとでは563条の担保責任）に従って，契約を解除することが可能となる。売買契約においては，このような処理が可能であり，個別に権利行使を認めることにもとくに問題がないかにみえる。

　〔適用事例2〕　被相続人Aは，自筆証書遺言により，3名の嫡出子B，C，Dのうち，Bに2分の1の相続分を与え，C・Dはそれぞれ4分の1の相続分とする遺言を作成した。しかし，Aの死亡後，Aは遺言作成時に意思能力を欠く

369

【1.5.56】   第 1 編　総則

　状態であったことが明らかとなった。Bは遺言の有効を主張し，C・Dは遺言
　が意思能力を欠く状態でなされたことを理由として取り消したいと考えてい
　る。
　この場合，BとC・Dが追認権，取消権を個別に行使することができると解する
ことは困難である。しかし，追認権・取消権について共同行使の必要性がある場合
に，双方について共同行使が必要であるとすると，複数の権利者が全員一致で行動
しない限りは，取消しの効果も追認の効果も確定しえないことになる。このような
場合，行為の有効性を確定するために共同行使が必要であるとすれば，その反面
において行為の無効を確定するためには，単独の取消権行使で足りると考えること
ができるのではないか（同様の問題は，親権の共同行使についても生じうる）。

【1.5.56】（取消し・追認の方法）
　取り消すことができる行為の相手方が確定している場合には，その取消し
または追認は，相手方に対する意思表示によってする。

〔関連条文〕　現民法 123 条（維持）

提　案　要　旨

　取消しおよび追認の方法について，現民法 123 条をそのまま維持するものであ
る。

解　　説

　1　取消権者が複数の取消権を有することがありうる（制限行為能力と意思無能
力，詐欺と錯誤等）。この場合，取消権を行使する者がどの取消原因に基づいて取り
消すかを相手方に示す必要があるかどうかが，一部で議論される。相手方の抗弁内
容が異なりうることからすると，取消原因を開示させることにも理由があるが，こ
の点についての議論は十分に展開されていない状況にあり，現行規定におけると同
様に，この点は解釈に委ねることで足りると思われ，とくに提案の中に取り込まな
いこととした。
　2　一般には，現行規定の文言どおり，追認および取消しは取り消しうべき法
律行為の相手方に対する意思表示によって行うものと解されている。これに対し，
一部の学説は，取消しが返還請求権の前提となることを重視して，第三者に対して
目的物の返還を求めるような場合には，第三者に対して取消しの意思表示をすれば
足りると解している。しかし，取消権の要件がみたされているかどうかについて，

第5章 法律行為　第4節　無効および取消し　　　　　　　　　　【1.5.57】

もっともよく争うことができるのは法律行為の相手方であり，また，第三者に対して目的物の返還を請求するような場合においても，法律行為の相手方に対する取消しの意思表示は裁判外において容易になしうるのであるから，第三者に対して取消しの意思表示をすれば足りると解する必然性に乏しい。現行規定を維持することが適切だと思われる。

　3　取り消すことのできる法律行為の相手方が確定していない場合に，どのような方法で取消し・追認をなしうるかについて，現民法123条は規定を置いていない。たとえば，錯誤に基づく懸賞広告の取消し・追認は同条の適用を受けないと解されるが，どのような行為があれば取消しないし追認の効果が生ずるかは，条文上明らかではない。不特定多数に対する法律行為においては，当初の法律行為と同じ方法を用いることによって取消し・追認が可能であるほか，一般には，それに限らず，取消し・追認の意思を適当な方法で外部に客観化すれば足りるとされる。

　しかし，懸賞広告の例に即していえば，懸賞広告の撤回の場合と同じく，当初の懸賞広告と同じ方法をとることは不可欠ではないが，他の方法によった場合，その取消し・追認の事実を知らなかった者に対して，取消しないし追認の効果を対抗することができないとすることも考えられる。いずれにせよ，細かい問題にかかわるものであり，現民法123条を修正して，新たなルールを定めるという必要性はないと考えられる。

【1.5.57】（追認の要件）
〈1〉　追認は，取消しの原因となっていた状況が消滅し，かつ追認権者が取消権を行使しうることを知った後にしなければ，その効力を生じない。
〈2〉　〈1〉の規定は，法定代理人または制限行為能力者の保佐人もしくは補助人が追認をする場合および制限行為能力者（成年被後見人を除く）がその法定代理人，保佐人もしくは補助人の同意を得て自ら追認する場合にも，適用される。

〔関連条文〕　現民法124条（改正）

提案要旨・解説

　1　現民法124条1項の文言によれば，2項の成年被後見人の場合を別として，「取消しの原因となっていた状況が消滅した」場合に追認が可能であるとされる。これをそのまま理解するときは，たとえば行為能力の制限を理由とする取消しについては，取消権を生じた行為能力の制限事由が消滅した場合，あるいは詐欺・強迫

を理由とする取消しについては，詐欺を認識し，強迫状態を脱することによって違法な干渉行為なしに自由に意思決定をなしうる状態に至ったときには，原則として，その時点以後に追認が可能である。ただし，成年被後見人については，行為能力者となっただけでは十分ではなく，どのような行為を行ったかを了知することが必要であるという点で，その例外をなすことになる。

　2　しかし，学説のほぼ一致した理解によれば，追認は取消権の放棄であるから，取り消しうる行為であることを知った上で追認をすることが必要であるとされる。これによる限り，追認権の行使は取消権の存在を知ってなすことが必要であると解することになるから，行為の了知ではなお不十分であり，行為の取消可能性の了知が要件となる。したがって，現民法124条2項は独自の存在意義を失うこととなる。本提案〈1〉は，この趣旨に沿って1項を修正するとともに，2項を削除するものとした。

　3　本提案〈2〉は，まず現民法124条2項については，これまで制限行為能力者が自ら追認をする場合について規定を欠いていたところ，制限行為能力者が法定代理人等の同意を得て自ら追認を行う場合についても規定を置くこととした。

　また，追認権の行使が取消権の放棄に当たるとする趣旨は，法定代理人等が自ら追認をする場合や法定代理人等の同意を得て制限行為能力者が自ら追認をしようとする場合でも同様に当てはまると解されることから，この点について，現民法124条3項の規定を修正した。

　4　追認を取消権の放棄であると解する立場をとると，追認が効力を生じるためには，取消権の存在を認識しているという意味での法的判断を要求することになり，追認の効力が生じない場合が多くなるのではないか，また取消権の期間制限の起算点が遅くなるのではないか等の懸念もないとはいえない。この点については，議論の過程において有力な異論も述べられたところであるが，本提案は現民法における一般的な考え方に従うものである。

【1.5.58】（法定追認）
　【1.5.57】により追認をすることができる時以後に，取り消すことができる法律行為について次に掲げる事実があったときは，追認をしたものとみなす。ただし，異議をとどめたときは，この限りでない。
　　〈ア〉　全部または一部の履行
　　〈イ〉　履行の全部または一部の受領
　　〈ウ〉　履行の請求
　　〈エ〉　更改

第5章 法律行為　第4節　無効および取消し　　　　　　　【1.5.58】

〈オ〉　担保の供与
〈カ〉　担保の受領
〈キ〉　取り消すことができる法律行為によって取得した権利の全部または一部の譲渡
〈ク〉　強制執行

＊〈イ〉の「履行の全部または一部の受領」については，削除するという考え方もありうる。また，〈カ〉の「担保の受領」についても，なお検討の余地がある。

〔関連条文〕　現民法125条（改正）

提案要旨・解説

　1　法定追認が生ずる場合について，現民法125条各号の規定においては，追認権者が自ら行う行為に限られるのか，それとも相手方がそのような行為を行う場合を含むのかについて争いがあった。本提案は，学説において認められてきた法定追認事由を文言上の疑義が生じない形で明示したものである。

　2　このうち，〈イ〉が，相手方から「履行の全部または一部の受領」があればもはや取り消すことができないとしている点については，疑問がないとはいえない。たとえば，取消権・追認権の行使を阻止するために，事業者が消費者に対して一部の履行を終えるということがありうるからである。もっとも，その場合においても，本提案に従って法定追認の効果が生じるためには，【1.5.57】（追認の要件）の要件を充足する必要があり，取消し・追認を選択しうる状況にありながら，あえて債務の履行を受領するという行為があれば，法定追認が生じてもやむを得ないと解することができる。この場合における「受領」は，単に物理的に目的物の引渡しや金銭の交付を受けるにとどまらず，より積極的に債務の弁済を受けるという意思を含むものであり，本提案は，このような理解の下に，現在の判例・学説において認められている考え方を採り入れようとするものである。

　3　しかし，議論の過程において，上記の〈イ〉については，債権者が債務者の履行を受領してしまうと法定追認の効果が認められることになり，取消権の行使ができなくなって不都合が生ずるのではないかとの懸念が述べられたことから，＊案として，これを削除する考え方を掲げることとした。

　4　さらに，〈カ〉の「担保の受領」についても類似の問題があるとの指摘もなされた。担保の受領は，債務の履行を受領するという場合に比して，より積極的な権利者の行動が前提となるという点で，〈イ〉の場合と同様に考えることはできない

373

というべきであるが，これについても念のため，なお検討の余地を残すこととした。

【1.5.59】（取消権の行使期間）

　取消権は，追認をすることができる時から3年間行使しないときは，この期間の経過により消滅する。行為の時から10年を経過したときも，同様とする。

〔関連条文〕　現民法126条（改正）
〔参照提案〕　【1.7.13】

提案要旨

　1　法律行為を取り消すかどうかの判断に要する期間として，現民法126条は追認権行使可能時から5年，行為時から20年としているが，法律関係の確定のみについて設けられる期間として5年は長すぎると考えられることから，これを3年に短縮するものとした。
　2　3年としたのは，詐欺や取消しの場合について，あまりに短い期間で取消権消滅を認めることは欺罔者・強迫者を過度に保護する結果になりかねないこと，取消原因は多様であるところ，法律関係の明確性のために，取消原因の相違に応じて制限期間を異にすることは適当ではないこと等，を考慮したものである。
　3　また，行為の時から進行が開始する長期の期間制限については，20年が長すぎるとしても，詐欺に気づかないまま，あるいは強迫状態を脱しないまま年月が経過すること等を考慮し，これを10年とした。
　4　取消権は，相手方に対して給付したものの返還請求をなす前提として，法律行為の遡及的無効をもたらすために行使される場合のほか，相手方の履行請求に対して，法律行為が遡及的無効であったことを根拠としてこれを拒絶する場合にも行使が可能である。従来，後者の場面で取消権の行使が問題となる場合には，いわゆる抗弁権の永久性を認めるべきかどうかが問題とされてきた。すなわち，相手方から履行請求を受けないまま，したがって積極的に取消権を行使する必要がないまま，取消権行使期間が経過した後に，相手方から履行請求があった場合，取消権の消滅を理由として請求に応じなければならないとすると，取消権行使の現実的必要性を感じていなかった取消権者は，もはや相手方からの履行請求がないと考えていた可能性が高く，不測の損害を被る可能性がある。
　この問題は特に取消権の期間制限を中心に議論されてきたものであるが，本試案

は，【1.7.13】（形成権に係る期間制限）の〈5〉によって，形成権一般について抗弁権の永久性の考え方を認めることとしており，この点について取消権の期間制限に関する特別規定を置くことは不要となった。

解　説

　1　現行規定は，取消権の消滅時効期間を追認可能時を起算として5年としている。この期間が長すぎるかどうかを判断するに際して，取消権の期間制限と取消権の行使によって発生する返還請求権の期間制限との関係が問題となる。学説の一部は，取消しが返還請求権の観念的前提にすぎないことに着目し，5年の期間制限は返還請求権の期間制限を含む趣旨であると解している。しかし，判例は，取消権自体について固有の期間制限を考え，本試案における【1.7.13】〈4〉もこれと同一の考え方をとっている。

　2　これらに従い，取消権の行使それ自体の期間制限を考えるとすれば，少なくとも錯誤・詐欺・強迫等を理由とする取消しについて，5年の期間は長きに失するように思われる。また，行為の時から20年という現行規定の期間も，比較法的にみても相当長期であるのみならず，錯誤や詐欺・強迫等があったかどうかという事実の証明可能性が，長期間が経過すると困難になることも併せ考慮すると，立法提案として，これらの期間を短縮し，追認可能時点から3年，行為の時点から10年とすることが考えられる。

　3　もっとも，取消原因を問わず一律に期間制限を考慮するのではなく，取消原因の相違を期間についても反映させ，たとえば表意者の帰責性がより強い錯誤の場合と，詐欺・強迫や行為能力の制限の場合を分けて規定するとする考え方も成り立ちえないではない。しかし，制限行為能力者については期間の進行開始時点が遅くなる可能性が高いこと，法定代理人がいる場合には，比較的短期であっても迅速に対応を期待することができること，詐欺・強迫についても取消しの原因となった状況が消滅していることが期間の進行開始のために必要とされていること等を考慮すると，上記の期間内に，制限行為能力者や被欺罔者・被強迫者についても取消権・追認権の選択をすることが期待されうる。また，債権時効について，期間の統一化を図ろうとする趣旨からすると，取消権について，取消原因に応じて期間を異にすることも整合的な態度とはいえないと考えられる。

　4　また，取消権の期間制限を短期間にする場合には，取消権の期間制限と取消権行使によって発生する返還請求権の期間制限の関係も問題となるが，取消権を行使した者は，それに基づいて発生する返還請求権の存在を認識しており，債権時効の考え方によれば，債権時効期間としては短期のもののみが実際上問題となると解される（【3.1.3.44】（債権時効の起算点と時効期間の原則）〈2〉参照）。

【1.5.59】   第1編　総則

　5　本提案は，当初，いわゆる抗弁権の永久性に関する規定を取消権の期間制限の中に取り込もうとした。しかし，これは解除権その他の形成権一般について問題となりうるものであることから，【1.7.13】〈5〉は，これを一般化する形で規定しており，本提案において取消権が抗弁権的に機能する場合をとくに規定する必要性はなくなった。
　ここでは，本提案の中で検討された議論を参考のために取りまとめることとする。
　6　たとえば，買主の詐欺に基づいて売買契約が締結され，その後売主が欺罔行為に気づいたが，買主からの履行請求がなされなかったことから，積極的に取消しの意思表示をすることなく時日が経過し，取消権行使の制限期間が経過した後に売主が履行請求してきたという場合に，買主が履行請求を拒絶するための抗弁として，取消しを主張できるかどうかが問題とされる。一時期，抗弁として主張される取消権は期限制限の適用を受けないとする考え方（抗弁権の永久性）が有力に主張され，その後しばらくの間，十分な議論がないままに推移してきたが，近時において再びこれを肯定的に評価する立場が有力化している。

　〔適用事例1〕　AはBの欺罔行為により，Aの所有する不動産甲を時価の半額程度の価格でBに売却した。契約締結後にAはBの詐欺に気づいたが，履行期が到来してもBから何らの請求を受けなかったことや，Bの所在が明らかでなかった事情などもあって，Aはそのままにしていた。契約締結から3年を経過した後に，突如BがA宅を訪れ，甲の引渡しを求めた。
　〔適用事例2〕　適用事例1において，Aは甲の引渡しと移転登記を行っていた。
　〔適用事例3〕　適用事例1において，Aは移転登記を終えていたが，甲の引渡しを行っていなかった。
　〔適用事例4〕　適用事例1において，AはBから代金の全部または一部を受領していた。

　まず，適用事例1のように，双方の債務が未履行であり，取消権者が取消権を行使して自己の利益を守るべき現実的必要性が存在しない場合には，取消権を行使しなかったとしても，その懈怠を理由として法律行為の相手方を保護すべき必要性に乏しい。このような事例においては，取消権の行使を認めて，相手方の履行請求を排除することが合理的であると考えられる。
　7　問題は，どのような要件の下で，取消権の行使を認めることが適切かであり，また，抗弁権の永久性理論が取消権以外の場合に，どのような形で認められるかである。
　適用事例2のように，取消権を行使しようとする者が自ら相手方に対して債務の全部を履行した場合には，取消権者は積極的に取消権を行使して，相手方に対して

給付の返還を請求することが期待される。このような場合に，取消権行使の制限期間を徒過したのであれば，自ら権利行使を懈怠したのであり，取消権の消滅という不利益を受けたとしてもやむを得ないと考えられる。

　問題となるのは，Aの履行が一部にとどまる場合である。Aが金銭支払債務のように，可分給付の一部を履行していた場合（たとえば，100万円の支払債務について，10万円のみを支払っていた場合）には，既履行分について返還請求ができないとしても，取消権を行使しないまま期間が経過した後に，未履行部分の履行請求を受けた場合，取消権の行使は残部については抗弁権として機能するものであり，その限りにおいて，期間制限の適用を受けないと考えることができるように思われる。

　これに対して，適用事例3のように，不可分給付の履行が問題となる場合に，Aは引渡債務について抗弁権として取消権を行使することができるかが問題となる。取消権を行使して移転登記の抹消を求めることができない立場にあるAが，引渡債務について抗弁権としての取消権を主張して引渡しを拒絶することができると解することは疑問であろう。

　そうすると，適用事例3については，適用事例2の場合と同様に，抗弁権としての取消権を主張できないと解すべきであり，相手方からの履行請求に対して抗弁権としての取消権をもって履行拒絶ができるかどうかは，どのような債務についてどのような履行があったかを考慮せざるをえないと考えられる。この限りにおいて，抗弁権の永久性理論を認める場合に，解釈・適用に際してサブ・ルールを考える必要があるというべきである。

　また，適用事例4において，相手方の履行請求に対して取消権を抗弁として主張するという点では，適用事例1と共通する。取り消しうる契約に基づいて相手方から給付を受領している場合に，自らの履行義務について抗弁権としての取消権を行使しつつ，相手方から受領した利益を保持することができるとすることはバランスを失するかにみえるが，履行請求に対する抗弁権としての取消権の行使は，取消権者が自ら受領した給付を保持する法律上の原因がないと主張することを意味するものであるから，適用事例4において，取消権の行使を受けた相手方Bは，Aが受領した利益の返還を求めることができると考えることができ，これによって，上記のような懸念も解消されるといえる。

　8　また，取消権が抗弁的に機能する場面は双務契約の場合に限られない。

〔適用事例5〕　Aは，Bの欺罔行為に基づいて書面によりA所有の不動産乙を贈与した。その後，Bから何らの請求を受けなかったこともあって，積極的に贈与契約を取り消す意思を表示していなかったところ，3年が経過した後にBが贈与契約に基づいて乙の引渡しを求めた。

377

この場合においても，AとしてはBから履行請求を受けるまでは積極的に取消権を行使する必要性が大きくないと考えられるから，取消権の期間制限が経過した後にはもはや取消権を行使できないとすれば，Aは不利益を受ける可能性がある。

9　適用事例1のように，詐欺や強迫が問題となる場面において，取消しの相手方が違法行為を行っている場合には，取消権の行使を認めることに傾きやすいが，行為能力の制限を理由とする取消しや錯誤取消しなどの場合に，事情を知らなかった相手方との関係においても抗弁権としての取消権権行使が可能であるとしてよいかどうかはなお問題となりうるかもしれない。この点は今後の解釈に委ねられるべきである。

10　また，法律行為に基づいて取得された所有権に基づく請求に対して，取消権者がどのように対処できるかも問題となる。すなわち，不確定的に有効な売買契約に基づいて相手方が所有権を取得したような場合に，所有権に基づく引渡請求に対応することができるかどうかが疑問となる。法律構成については，なお検討の余地があるが，この場合に抗弁権の永久性を否定することは，抗弁として機能する取消権の意義を大きく減少させるものであり，物権的請求権の行使に対しても同様に抗弁として主張することができると解すべきである。

第5節　条件および期限

【1.5.60】（条件）
⟨1⟩　将来発生することが不確実な事実が発生したときに，法律行為の効力の全部または一部が発生する旨を定めた場合において，その事実が発生したとき，その時から，法律行為の効力の全部または一部が発生する。
⟨2⟩　将来発生することが不確実な事実が発生したときに，法律行為の効力の全部または一部が消滅する旨を定めた場合において，その事実が発生したとき，その時から，法律行為の効力の全部または一部が消滅する。
⟨3⟩　将来発生することが不確実な事実が一定期間内に発生しなかったときに，法律行為の効力の全部または一部が発生しまたは消滅する旨を定めた場合も，⟨1⟩または⟨2⟩と同様である。
⟨4⟩　⟨1⟩から⟨3⟩までの場合において，当事者が，法律行為の効力の全部または一部の発生または消滅を，事実の発生した以前に遡らせる旨の意思を表示したときは，その意思に従う。
⟨5⟩　⟨1⟩の場合における定めを停止条件といい，⟨2⟩の場合における定めを解除条件といい，⟨1⟩または⟨2⟩の場合に，将来発生することが不確実な事実が発生したことを条件成就といい，⟨3⟩の場合に，将来発生することが不確実な事実が一定期間内に発生しなかったことを，条件成就という。

〔関連条文〕　現民法127条（維持）
〔参照提案〕　**【1.5.61】**，**【1.5.62】**

提　案　要　旨

　現民法の条件に関する規律（127条）を基本的に踏襲するものである。ただし，将来発生することが不確実な事実の発生（条件成就）の効果として，法律行為の効力の全部の発生または消滅だけではなく，その一部の発生または消滅があることを明らかにする（⟨1⟩および⟨2⟩）とともに，将来発生することが不確実な事実の一定期間内の不発生の効果も，同様であることを明らかにした（⟨3⟩）。また，現民法では，停止条件と解除条件についてその意義を明示しないまま用いているが，将来発生することが不確実な事実が発生したときに，法律行為の効力の全部または一部が発生する旨を定めた場合の定めを停止条件といい，将来発生することが不確実な事実が発生したときに，法律行為の効力の全部または一部が消滅する旨を定めた場

合の定めを解除条件ということを，明らかにした（〈5〉）。

なお，条件を法律行為の付款とする現在の理解を変更するものではない。

解　説

1　現民法との関係

条件に停止条件と解除条件があることを定めている現民法を変更するものではない。また，条件を法律行為の付款として位置づける現在の理解を変更するものでもない。条件は，停止条件であれ解除条件であれ，通常，条件が発生したことによりその効果が生ずるとするもの（積極条件と呼ぶことができる）であるが（「台風が兵庫県に上陸したら」），反対に一定期間内に条件が発生しないことによりその効果が生ずるとすること（消極条件と呼ぶことができる）もできる（「本年中に台風が兵庫県に上陸しなかったら」）。この点は異論のないところであると考えられ，フランス法を参考にして，この点を明確にした（〈3〉参照）。

2　法律行為の付款としての位置づけ

停止条件は，それが成就すると，所有権が移転する旨，または，債権が譲渡される旨が合意されることがある。それは，所有権移転の法律行為，または，債権譲渡の法律行為に停止条件が付されているものと解することができる（または，売買契約の効力の一部である所有権の移転，または，債権の譲渡に停止条件が付されていると解することも妨げられない）。

また，債権（債務）に条件が付されているとされる場合がある。この場合，条件が成就すると，債権（債務）が成立し，または，消滅することになる。しかし，このことは，債権（債務）の成立原因となっている法律行為（の一部）の効力が，条件成就により，発生し，または，消滅することにほかならないと考えられる。したがって，条件を法律行為の付款としてのみ位置づけ，債権（債務）の属性として位置づけることはしていない。

《比較法》　フランス民法1168条・1176・1177条・1181条・1183条（条件〔付債務〕），ドイツ民法158条（法律行為の条件），カンボディア民法325条（契約に付ける条件とともに，債務または権利に付ける条件），ベトナム民法125条1項（民事取引についての条件）

第5章　法律行為　第5節　条件および期限　　　　　　　　　　【1.5.61】

【1.5.61】　（条件の成否未定の間における法律関係）
〈1〉　条件が成就するかしないか未定の間，条件が成就することによって受ける利益または被る不利益は，処分することができ，または，相続される。
〈2〉　条件が成就するかしないか未定の間，条件が成就することによって受ける利益が侵害された場合，利益を侵害した者は，債務不履行または不法行為についての規定に基づき，利益を侵害されたことにより生じた損害を賠償する義務を負う。
〈3〉　条件が成就するかしないか未定の間，条件が成就することによって不利益を被る者が，信義則に反する行為により条件成就を妨げた場合，相手方は，その条件が成就したものとみなすことができる。
〈4〉　条件が成就するかしないか未定の間，条件が成就することによって利益を受ける者が，信義則に反する行為により条件を成就させた場合，相手方は，その条件が成就しなかったものとみなすことができる。

〔関連条文〕　現民法128条（維持）・129条（維持）・130条（維持）
〔参照提案〕　【1.5.60】，【1.5.62】

提　案　要　旨

　条件の成否未定の間における法律関係について，現民法（128条から130条）の規律内容を踏襲しつつ（〈1〉，〈2〉，〈3〉），条件の成就によって利益を受ける者が，信義則に反する行為により条件を成就させた場合について，条件の成就によって不利益を受ける者が，信義則に反する行為により条件成就を妨げた場合の規律（現民法130条参照）と同様の規律が行なわれることとした（〈4〉）。条件成就によって利益を受ける者が条件を成就させた場合について，当事者の要件を「故意」とした場合，「故意に条件を成就させる」となり，その意義が不明確になるおそれがある。そのため，法律行為の当事者が条件を定めてリスク配分をした趣旨を逸脱することになるような条件を成就させる行為を指し示すために，「信義則に反する行為」とし，あわせて，条件成就を妨げた場合の当事者の要件も，共通であると考えられるため，「故意」から「信義則に反する行為」に変更した。ただし，現民法130条の解釈を変更しようとするものではない。なお，信義則に反する行為とは，契約に違反する行為を除外することを意味しないが，契約に違反する行為をすべて含むことを意味するものでもない。
　〈3〉について，「信義則に反する行為により」を「故意により」に，〈4〉について，「信義則に反する行為により」を「相手方を害する意図により」に変更すべきであるとする意見があり，また，〈4〉を削除すべきであるとする意見がある。

381

解　説

1　現民法との関係

　条件が成就するかしないか未定の間，当事者の一方は，不確定の利益（条件が成就すれば実現し，成就しなければ実現しない利益）を有し，その他方は，不確定の不利益（条件が成就すれば実現し，成就しなければ実現しない不利益）を負う。このような状況にある条件の成否未定の間の法律関係を明らかにする必要がある。基本的には，現民法の規律を踏襲する（128条〜130条）。

2　条件の成否未定の間の不確定の利益または不利益について

　条件の成否未定の間の不確定の利益または不利益は，処分することができ，また，相続の対象となる（〈1〉）。

3　条件の成否未定の間の不確定の利益に対する侵害

　条件の成否未定の間の不確定の利益は，その侵害が生じた場合，損害賠償によって保護される（〈2〉）。契約の当事者が，停止条件の成就を阻んだ場合は，契約に基づき負う義務の違反があれば，債務不履行に基づく損害賠償が成立する。第三者が，停止条件の成就を阻んだ場合は，その第三者に，故意または過失があれば，不法行為に基づく損害賠償が成立する。債務不履行に基づくものであれ，不法行為に基づくものであれ，損害賠償が認められる場合の賠償額は，損害賠償の範囲（および，賠償額の算定）に関する債務不履行または不法行為の規律に基づくことになる。

　条件の成否未定の間の不確定の利益は，それが侵害された場合に損害賠償によって保護されるだけではなく，条件の成就によって不利益を被る者が信義則に反する行為によって条件の成就を妨害した場合には，条件の成就がみなされ，利益は確定する（〈3〉）。同様に，条件の成就によって利益を受ける者が条件を成就させた場合は，条件の成就が信義則に反する行為によって行われた場合は，条件の不成就がみなされる（〈4〉）。

　条件成就によって利益を受ける者が条件を成就させた場合について，当事者の要件を「故意」とした場合，「故意に条件を成就させる」となり，それには，条件を成就させることを知りながら条件を成就させること，が広く含まれることになるおそれがある。しかし，条件成就によって利益を受ける者が，条件を成就させることを知りながら，条件を成就させることが，なんら非難されないことは，一般にあることである（「あなたが大学に入学したら，あなたに〇〇を贈与する」）。そのため，非難されないような場合を解釈によって除外しようとすると，「故意に条件を成就さ

第5章 法律行為　第5節　条件および期限　　　　　　　【1.5.62】

せる」の意義が不明確になるおそれがある。したがって，要件を「故意に条件を成就させる」とすべきではない。条件成就によって利益を受ける者が条件を成就させることのうち，非難されるべきものは，法律行為の当事者が条件を定めてリスク配分をした趣旨を逸脱することになるような行為である。それを指し示すために，「信義則に反する行為」とした。あわせて，条件成就を妨げた場合の当事者の要件も，共通であると考えられるため，「故意」から「信義則に反する行為」に変更した。ただし，この点は，現民法130条の解釈を変更しようとするものではない。なお，信義則に反する行為とは，契約に違反する行為を除外することを意味しないが，契約に違反する行為をすべて含むことを意味するものでもない。

　検討委員会には，〈3〉について，「信義則に反する行為により」を「故意により」に，〈4〉について，「信義則に反する行為により」を「相手方を害する意図により」に変更すべきであるとする意見があり，また，〈4〉を削除すべきであるとする意見がある。

《比較法》　フランス民法1178条（条件成就の妨害を要件とした条件成就の擬制），カンボディア民法326条〜328条，ベトナム民法125条2項

【1.5.62】（既成条件・不法条件・不能条件・随意条件）
〈1〉　条件が法律行為の時に既に成就していた場合において，その条件が停止条件であるときはその法律行為は無条件とし，その条件が解除条件であるときはその法律行為は無効とする。
〈2〉　条件が成就しないことが法律行為の時に既に確定していた場合において，その条件が停止条件であるときはその行為は無効とし，その条件が解除条件であるときはその法律行為は無条件とする。
〈3〉　〈1〉または〈2〉の場合において，当事者が条件の成就したこと，または，成就しなかったことを知らない間は，【1.5.61】の〈1〉および〈2〉を準用する。
〈4〉　不法な条件を付した法律行為は，無効とする。不法な行為をしないことを条件とするものも同様とする。
〈5〉　不能の停止条件を付した法律行為は，無効とする。
〈6〉　不能の解除条件を付した法律行為は，無条件とする。
〈7〉　停止条件付法律行為は，その条件が単に債務者の意思のみに係るときは無効とする。

【1.5.62】

〔関連条文〕　現民法 131 条（維持）・132 条（維持）・133 条（維持）・134 条（維持）
〔参照提案〕　【1.5.61】，【1.5.60】

提 案 要 旨

　既成条件（〈1〉,〈2〉,〈3〉），不法条件（〈4〉），不能条件（〈5〉,〈6〉），および，随意条件（〈7〉）について，現民法の規律を踏襲するものである。

解　　説

1　不能条件について

　本試案における債務の履行不能に関する規律の変更の骨子は，履行不能の債務であっても成立し，また，債務が履行不能になっても消滅しないというものである（【3.1.1.56】（履行を請求することができない場合）を参照）。債務者が義務として負う債務の内容を実現できないということが，ここでの履行不能における不能の意味するところである。これに対して，不能条件における不能とは，本来であれば，将来発生することが不確実な事実が，発生しないことに確定しているということであり，債務者にとって外的な事情の将来不発生の確定であり，義務の実現可能性とは別の問題である。したがって，履行不能に関する規律の変更は，不能条件に関する規律の変更を当然に伴うものではない。
　仮に，発生しないことに確定している事実を停止条件とした場合，単に停止条件が成就しない状態が続くとして，効力が生じないが，その法律行為の効力は不確定であるという法律関係を継続させることとなる。しかし，その必要性はないと考えられる。したがって，不能条件は，現民法 133 条と同じく，不能の停止条件付法律行為は無効とし（〈5〉），不能の解除条件付法律行為は無条件とした（〈6〉）。

2　既成条件，不能条件，および，随意条件について

　既成条件（〈1〉,〈2〉,〈3〉）は，将来発生することが不確実な事実ではなく，停止条件付法律行為であれば無条件であり，解除条件付法律行為であれば無効である。不法条件（〈4〉）については，公序良俗違反の法律行為を無効とする規律【1.5.02】（公序良俗）参照）の1つの具体例であり，法律行為の全体が無効となる。随意条件（〈7〉）は，当事者を法的に拘束する意味をもたないと理解すべきであり，停止条件付法律行為は無効である。いずれも，現民法の規律を踏襲するものである。

第 5 章 法律行為　第 5 節　条件および期限　　　　　　　　　【1.5.63】

《比較法》　フランス民法 1172 条（不能条件，不法条件について）・1174 条（随意条件について）

【1.5.63】（期限）
〈1〉　将来発生することが確実な事実が発生するまでは，法律行為の効力の全部または一部が発生しない旨を定めた場合，その事実が発生するまでは，法律行為の効力の全部または一部が発生しない。
〈2〉　将来発生することが確実な事実が発生するまでは，法律行為の履行を請求することができない旨を定めた場合，その事実が発生するまでは，法律行為の履行を請求することができない。
〈3〉　将来発生することが確実な事実が発生したときに，法律行為の効力の全部または一部が消滅する旨を定めた場合，その事実が発生すると，法律行為の効力の全部または一部が消滅する。
〈4〉　〈1〉，〈2〉または〈3〉の場合における将来発生することが確実な事実は，発生する時期があらかじめ決まっているものであるか，そうでないものであるかを問わない。
〈5〉　〈1〉，〈2〉または〈3〉の場合における定めを期限といい，〈1〉，〈2〉または〈3〉の場合における将来発生することが確実な事実の発生を，期限の到来という。

〔関連条文〕　現民法 135 条（維持）
〔参照提案〕　【1.5.64】【3.1.1.64】

提　案　要　旨

　現民法の期限に関する規律（135 条）を基本的に踏襲するものである。ただし，将来発生することが確実な事実の発生（期限の到来）の効果として，法律行為の効力の全部または一部の消滅（〈3〉）だけでなく，法律行為の効力の全部または一部の発生（〈1〉）（停止期限と呼ばれることのあるものである）があることを明らかにするとともに，期限には，確定期限と不確定期限があることを明らかにした（〈4〉）。また，将来発生することが確実な事実が発生するまでは，法律行為の履行を請求することができない旨を定めた場合の規律（〈2〉）（現民法 135 条 1 項）は，この規律が現民法を踏襲して維持されることを明らかにする趣旨で，〈1〉とは別に，定めた。

385

【1.5.63】 第1編 総則

なお，期限を法律行為の付款とする現在の理解を変更するものではない。また，現民法135条1項が，「法律行為の履行」として定めている用語法については，踏襲した（〈2〉）。

解　説

1　現民法との関係

現民法は，期限に，始期と終期があることを定めているが，その効果については，始期について履行の請求可能を定め，終期について法律行為の効力消滅を定めるにとどまっている。これに対して，始期の効果として，法律行為の効力発生を定めること（停止期限と呼ばれることがある）ができることについて異論はなく，また，実際の例も少なくない（停止期限付意思表示の例としては，「催告期間が経過した時に売買契約を解除する」というものがある）。そこで，始期の効果として，法律行為の効力の全部または一部の発生を定め，終期の効果として，法律行為の効力の全部または一部の消滅を定めた（〈1〉，〈3〉）。そのうえで，将来発生することが確実な事実が発生するまでは，法律行為の履行を請求することができない旨を定めた場合の規律（〈2〉）（現民法135条1項）は，この規律が現民法を踏襲して維持されることを明らかにする趣旨で，〈1〉とは別に定めた。また，期限を法律行為の付款として位置づける現在の理解を変更するものでない。

法律行為の一部の効力の発生の例としては，不動産売買契約によって，代金全額の支払と所有権移転登記を同時に行う旨を定め，その時点を所有権移転時期と定めている場合，不動産売買契約に基づく効力の一部である所有権移転の効果が，発生する旨の定めであると解することができる。

現民法は，期限の規定の箇所には，確定期限と不確定期限があることを定めていない（ただし，現民法414条は，1項が確定期限を，2項が不確定期限をそれぞれ前提としている）。そこで，確定期限と不確定期限があることは，異論のないところと考え，定めることにした。このように定めても，【3.1.1.64】（履行遅滞を理由とする損害賠償）（現民法414条）は履行遅滞を理由とする損害賠償責任を負う時期を定めるものであり，それと重複するものとはならない。

2　任意規定性

契約で期限を設けることは，原則として，契約自由の問題であると考えられ，期限に関する民法の規定は，任意規定であると考えられる。しかし，期限を設けることができない法律行為があると考えられていて，その点に異論はない。しかし，そのような法律行為の典型例をあげることはできるとしても，過不足のないリストを

386

作成することは困難であるように思われる。「性質上期限を設けることができない法律行為」については，期限を設けることができないとの解決が望ましく，そうであれば，この解決は解釈により導くことができると考えられ，したがって，このことを明文で規定しないこととする。

《比較法》 フランス民法1185条・1186条（期限〔付債務〕），ドイツ民法163条（法律行為の期限），カンボディア民法329条（契約・単独行為の期限），ベトナム民法285条（債務履行の期限）

【1.5.64】（期限の利益）
〈1〉 期限は，債務者の利益のために定めたものと推定する。
〈2〉 期限の利益を有する者は，その意思表示により，期限の利益を放棄することができる。ただし，これによって，相手方の利益を害することはできない。
〈3〉 次に掲げる場合は，期限が到来したものとみなす。
　〈ア〉 債務者が担保を喪失させ，損傷させ，または，減少させたとき
　〈イ〉 債務者が担保を供する義務を負う場合において，これを供しないとき
〈4〉 当事者は，一定の事由が生じた場合に期限が到来したものとみなす旨を定めることができる。また，当事者は，一定の事由が生じた場合に期限が到来したものとみなす旨の債権者の意思表示により期限が到来したものとみなす旨を定めることができる。

〔関連条文〕 現民法136条（維持）・137条（維持），破産法103条3項
〔参照提案〕 【1.5.63】

提 案 要 旨

　現民法の期限の利益に関する規律（136条・137条）を基本的に踏襲するものである。ただし，債務者について破産手続開始決定がされた場合の破産債権の期限については破産法103条3項の規定に委ね，財団債権の期限については解釈に委ねることとして，本提案〈3〉から，債務者について破産手続開始決定がされた場合を除いた（現民法137条1号参照）。
　あわせて，いわゆる期限の利益喪失特約について特に規定をすることとし，一定の事由が生じた場合に当然喪失とする特約（当然喪失特約）と，一定の事由が生じた場合に債権者の意思表示により喪失とする特約（請求喪失特約）の双方とも可能

である旨を確認的に明らかにした（〈4〉）。

解　説

1　現民法との関係

債務者が，期限の利益を有する旨の推定（〈1〉），期限の利益を有する者は一方的に期限の利益を放棄することができ，それにより相手方の利益を害することができないこと（期限の利益の放棄，〈2〉），一定の場合に法律上の効果として期限が到来すること（期限の利益の喪失，〈3〉）は，現行法の規律のとおりである。

2　任意規定性

期限の利益に関する規律は，債権者と債務者との合意により，自由に設けることができると考えられる。その意味で，民法の規定は任意規定である。したがって，期限の利益喪失特約については，民法にそのことについての規定がなくても，当然に，有効であると考えられる。しかし，広く取引において用いられていて，また，当然喪失特約と請求喪失特約の2とおりの特約があり，効果を生じさせるための意思表示の要否という重要な点が異なることが消費者を含む社会全体にとって理解されやすい状況を作り出すことは望ましいと考えられる。そこで，期限の利益喪失特約について，2とおりの特約が可能であることを確認的に定めた（〈4〉）。

3　破産手続開始決定の扱い

債務者について破産手続開始決定がされた場合の債権の期限（現民法137条1号）については，次のように考えて，本提案から除いた。すなわち，破産債権の期限については，破産法103条3項の規定に委ね（現在化する），また，財団債権の期限については，同法148条3項の理解にかかわり，その解釈に委ねるというものである（近時の多数説は，破産手続中に現在化することは相当でないとし，その適用は破産手続終了時に未済の財団債権がある場合に限るべきであるとする〔松下淳一「財団債権の弁済」民事訴訟雑誌53号（2007）55頁以下，山本和彦ほか『倒産法概説』（弘文堂，2006）79-80頁［沖野眞已］，竹下守夫編集代表『大コンメンタール破産法』（青林書院，2007）587頁［上原敏夫］］）。

《比較法》　フランス民法1187条・1188条，カンボディア民法330条・331条

【1.6.01】

第6章　期間の計算

【1.6.01】（期間の計算）
〈1〉時間によって期間を定めた場合，その期間は，即時から起算する。
〈2〉日・週・月・年によって期間を定め，一定の時点から将来に向かう場合の期間の計算については，期間を数え始める日（初日）は算入せず（期間が午前0時から始まるときは，期間を数え始める日（初日）を算入する），期間を数え終わる日（末日）の終了（24時）をもって満了する。
〈3〉日・週・月・年によって期間を定め，一定の時点から過去に遡る場合の期間の計算については，期間を数え始める日は算入せず（期間が24時から始まるときは，期間を数え始める日を算入する），期間を数え終わる日の開始（午前0時）をもって期間の満了とする。
〈4〉週，月または年によって期間を定めたときは，その期間は，暦に従って計算する。
〈5〉週，月または年の初めから期間を起算しないときは，その期間は，最後の週，月または年においてその起算日に応当する日の前日に満了する。ただし，月または年によって期間を定めた場合において，最後の月に応当する日がないときは，その月の末日に満了する。
〈6〉〈2〉については，期間の末日が日曜日，国民の祝日に関する法律（昭和23年法律178号）に規定する休日その他の休日に当たるときは，その日に取引をしない慣習がある場合に限り，期間は，その翌日に満了するものとする。

〔関連条文〕　現民法139条（維持）・140条（維持）・141条（維持），142条（維持），143条（維持）
〔参照提案〕　【1.6.02】

提 案 要 旨

　期間の計算に関する現民法の規律を維持することとし（〈1〉，〈2〉，〈4〉，〈5〉，〈6〉），時を遡っていく場合の期間の計算について，現行民法の時を下っていく場合の期間の計算の規律と整合的な規律を，明文で定めることとする（〈3〉）。時を遡っていく場合の期間の計算が問題となる具体例としては，「支払の停止等があった前6月以内」（破160条3項。否認することができる行為についてのもの）があり，〈3〉

によると，支払の停止等があった日を含まずに計算することになる（12月15日に支払の停止等があった場合は，12月15日は算入しない。12月14日から遡り，その結果，6月15日（午前0時）以降の行為が否認の対象となる。このとき，支払の停止等のあった日のそれがあった時以前の行為も，当然に，否認の対象となる）。

初日（〈2〉），および，末日（〈2〉,〈5〉,〈6〉）の用語法は，現民法と共通である（140条，141条，142条，143条3項）。また，現民法が，時を下っていく場合において，期間が午前0時から始まるときについて規定していることと同じ趣旨で，本提案の〈3〉は，時を遡っていく場合において，期間が24時から始まるときについて規定した。ここでの24時は，午後12時（深夜）のことを指し示すものである。

解　説

1　時間によって期間を定めた場合について

時間によって期間を定めた場合，即時から起算する（〈1〉）。現民法は，起算についてのみ規律する（139条）が，満了については，定めた時間の経過によると解されている。本提案においても，定めた時間の経過により期間が満了すると解することとする。例は，4月15日10時から30時間後に，法律行為の効力が生ずると定めた場合，期間の計算の結果，4月16日16時に法律行為の効力が生ずることになる。一定の時点から過去に遡っていく場合も同様である。例は，4月15日10時から20時間前に法律行為の効力が生ずると定めた場合，4月14日14時に法律行為の効力が生ずることになる。

2　日（週，月，年）によって期間を定めた場合について

日（週，月，年）によって期間を定めた場合，原則として初日を算入しないとするのが，現民法の規律である（140条）。同条本文の規定からは必ずしも明らかではないが，ただし書からは，この規律は，一定の時点から将来に向かう場合の期間の計算に関するものであることがわかる。そこで，そのことを明らかにして，起算についての初日不算入の原則と午前零時から起算する場合の初日算入の例外，満了についての末日の終了を内容とする現行法を維持する（〈2〉）。これらは，期間として定めた日数を確実に確保する趣旨から，合理的なものであると考えられる。例としては，法律行為によって，株主総会終了の10日後までは債権の履行を請求することができないと定め，株主総会が6月25日13時に終了したとすると，6月25日は算入せず，6月26日を1日目として期間を計算し，10日目（末日）は7月5日であり，その終了により，したがって，7月6日0時から，債権の履行を請求することができることになる。

第6章　期間の計算　　　　　　　　　　　　　　　　　　　　【1.6.01】

　現民法は，満了の規律について，原則を末日の終了により満了するとしつつ（141条），例外として，末日が休日であり取引をしない慣習がある場合は，末日の翌日に期間が満了するとする（142条）。この規律が意味をもつものとしては，ある権利が消滅する終期を定めるのに，期間の計算を用いるような場合が考えられる。すなわち，あることが行われたときから10日後に法的な効力が消滅すると定められている場合，その末日が休日であると，権利行使の（現実的な）可能性がなく，権利の消滅により不利益を被る者にとって酷な結果となることを回避する例が想定できる。しかし，反対に，ある債権の履行期を定めるのに，期間の計算を用いる場合（○○から10日後以降，債権の履行を請求することができる旨を定めた場合），末日の翌日から履行を請求することができるのであって，末日が休日であるかどうかは，実際上の意味を持たない。したがって，現行法のこの規定は，若干適用範囲を限定すべきであるとも考えられるが，期間の計算が用いられる局面は相当広範囲であり，除外すべき場合を明確に括り出すことは困難であるため，現行法のとおりとする。

3　日（週，月，年）によって期間を定め，一定の時点から過去に遡って期間を計算する場合について

　現民法では，この場合について規定していないが，起算と満了について，一定の時点から将来に向かって期間を計算する場合の規定を準用すべきであると解されていた（幾代・総則481-482頁）。将来に向かう場合と過去に遡る場合とを別に規律する理由はないため，規律のわかりやすさから，2つの場合を共通の規律のもとに置くことが妥当である。その結果，過去に遡る場合も，原則として期間を数え始める日（時の流れの順で見ると，最後の日）を不算入とし，期間を数え終わる日（時の流れる順で見ると，最初の日）の開始をもって開始とする旨の規定を定める（〈3〉）。例としては，法令により株主総会の15日前までに，会社は株主に通知を発送する義務を負っている場合で，株主総会が6月25日10時開始であるとすると，6月25日は算入せず，6月24日を数え始める日とし期間を計算し，15日目は6月10日であり，その開始までに，したがって，6月9日24時までに，会社は株主に通知を発送する義務を負うことになる。

　過去に遡っていく場合の期間を数え終わる日が休日である場合については，現民法142条に相当する規律は設けない。権利の成立時期を期間の計算を用いて定めた場合（○○の日の10日前から，△△をすることができる），通常，過去に遡っていく場合の期間を数え終わる日から権利行使が可能となるが，その日が休日であっても，翌日から権利行使ができることで，問題は生じない。反対に，権利の消滅時期を期間の計算を用いて定めた場合（○○の日の前10日間は，△△をすることができ

391

ない），過去に遡っていく場合の期間を数え終わる日の前日まで権利行使が可能となるが，その前日が休日であると，権利行使可能の最終日に権利行使をすることができないこととなる。この場合，権利者保護の必要性は問題となるが，一定期間権利行使できないこととする点にこそ意義がある場合も考えられ，原則的な計算方法としてではあるが，一律に，現民法142条に相当する規律によって，権利者保護を図ることは適切ではないと考えられる。

4 その他の休日について

日曜日，国民の祝日に関する法律（昭和23年法律178号）に規定する休日その他の休日のうち，その他の休日については，今後も解釈に委ねられることになるが，1月2日，1月3日はその他の休日に含まれ，12月29日，12月30日，12月31日はその他の休日に含まれないとする判例の考え方を，本提案は，変更しようとするものはでない。

《比較法》 ドイツ民法186条～191条，カンボディア民法332条～335条（334条2項は，現民法142条とおおむね同趣旨を規定する），ベトナム民法149条～153条（153条5項は，現民法142条とおおむね同趣旨を規定する）

【1.6.02】（期間の計算規定の通則的性格）
〈1〉 期間の計算に関する規定は，通則的性格をもつものとし，法令もしくは裁判上の命令に特別の定め，または，法律行為に別段の定めがある場合を除き，【1.6.01】に従う旨を，定める。
〈2〉 期間の計算に関する規定を定める位置については，別途検討する。

〔関連条文〕 現民法138条（維持）
〔参照提案〕【1.6.01】

提 案 要 旨

期間の計算に関する規定が通則的性格を持つ旨を，現民法138条と同様に，明らかにする。なお，期間の計算に関する規定を，民法に定めるか，民法以外の法律に定めるかについては，別途検討することとする。

解 説

期間の計算に関する規定は，それ自体は法律上の効果を生じさせるものではな

第6章 期間の計算

く，期限等の法律上の効果を生じさせる規律に基づいて，始期または終期が定められ，または，権利行使ができなくなることが定められている場合に，その始期，終期，権利行使できなくなるときは具体的にいつかを明らかにするための規律である。したがって，法律行為の効果が生ずる時期を定める場合には，法律行為の解釈としての性格を有するものの，法令が定める効果の発生時期を具体的に明らかにするために，期間の計算が用いられる場合（上訴期間がその典型例である）は，法律行為または契約の規律とは関係がない。

ただし，民法には，私法の一般法としての性格とともに，法の一般法としての性格をあわせて認められ，その具体的な根拠を，期間の計算の規定が民法に定められていることに求める見解がある。

これらの事情を考慮して，期間の計算に関する規定を定める位置については，別途検討することとする。

【1.7.01】

第7章 時　効　等

【1.7.01】（取得時効および消滅時効の対象）
〈1〉　取得時効は，所有権その他の財産権を対象とする。
〈2〉　消滅時効は，所有権または債権（ただし，不動産賃借権を除く。）以外の財産権を対象とする。
〈3〉　形成権の期間制限については，【1.7.13】に定めるところによることとする。

〔関連条文〕　新設
〔参照提案〕　【1.7.13】，【3.1.3.43】

提　案　要　旨

取得時効と消滅時効の対象となる権利を示すものである。

1　取得時効の対象

取得時効の対象は，現行法と同じである。

2　消滅時効の対象

消滅時効については，所有権が対象とならないことは，現行法と同じである。
　債権は，別に提案する債権時効の対象とするため（【3.1.3.43】（債権時効の対象）〜【3.1.3.72】（債権時効援用権または履行拒絶の喪失）参照），消滅時効の対象から除外している。ただし，不動産賃借権は，他の場合にも地上権と同様に扱われることや物権化が語られることが珍しくないこと，不動産登記の対象となる権利であるために権利の消滅を認める必要があることにかんがみて，消滅時効の対象としている。
　形成権についても，消滅時効と異なる性質の期間制限に服する旨を別に提案している（【1.7.13】（形成権に係る期間制限）参照）。したがって，これも，消滅時効の対象から除外している。

3　取得時効および消滅時効に関する提案の基本的態度

取得時効および消滅時効については，現行法の維持を基本としつつ，現行法のもとで解釈として一般的に認められている若干の準則の条文化，債権時効に関する提

【1.7.01】　　　　　　　　　　　　　　　　第1編　総則

案との用語の統一，時効障害に関する債権時効との当面の整合性の確保を提案するにとどめる。これは，取得時効または消滅時効の対象となる権利のほとんどが今回の改正提案作業の対象外であるためであり，実質に立ち入った詳細な検討を将来に委ねる趣旨である。

解　説

1　時効法改正の基本方針

　現行法において総則編に時効として一括して規定が置かれている制度のうち，本試案では，債権の消滅時効と形成権の行使期間制限についてのみ，実質的な検討をし，改正案を提示している。これに対して，取得時効と債権・形成権以外の消滅時効については，実質的な検討はしていない。

　本検討委員会は，基本的に，取引に係る債権に関する規定に絞って改正の検討をすることとした。物権法は，検討の対象外である。ところが，取得時効は物権法の規定と密接に関連することが明らかである。債権・形成権以外の消滅時効も，その中心は制限物権の消滅時効になるから，やはり，物権法の規定と密接に関連する。そのため，これらの時効についての実質的な改正の検討を，物権法の規定や考え方に触れることなくすることは，ほぼ不可能である。そこで，これらの時効については，実質的な検討を伴う改正提案は見送ることとした。

　このようにする場合，実質的に検討して細かな改正提案をする債権の消滅時効と，実質的検討をしない取得時効，債権・形成権以外の消滅時効を，今までのように統一的な制度としておいてよいのかが，問題になる。これには，いろいろな考え方がありうるものの，ひとまず，債権の消滅時効を債権時効として債権編に独立させ，取得時効と債権以外の消滅時効を総則編に残し，形成権の行使期間については総則編に時効と並んで配置することとした。

　このようにすることには，従来の時効制度になじんだ者からすれば，違和感が残るであろう。

　しかしながら，取得時効と消滅時効を統一的な時効制度とし，できる限りそれらに共通の規定を設けることは，比較法的にみて，珍しいものである。

　また，取得時効は，権利の長期支配に保護を与えるものであり，支配権の時効である。それに対し，債権の消滅時効は，長期間放置された債権の実現を認めないとするものであり，請求権の時効である。債権以外の消滅時効も，その中心が制限物権にあることからすると，支配権にかかわる時効として，取得時効に近いと整理することが可能である。したがって，債権の消滅時効とそれ以外の時効は，ずいぶん性格の違うものということができる。実際，現行法のもとでも，取得時効と消滅時

効では，制度の存在理由も，具体的な規定の適用のされ方についても，異なるとするとらえ方が一般的である。また，消滅時効のなかでも，債権の消滅時効のみに適用される規定が多くあり，債権の消滅時効に焦点を絞った議論が多くみられる。

とすれば，性格の違うものは別に規定することにするほうが，むしろ，全体としての見通しがよくなることも，ありうるはずである。

そうであるとしても，債権（の消滅）時効についてのみ実質的な改正提案をするのであれば，他の時効について実質改正がされるその日まで，民事における時効全体をどうしておくのが適当かが，当然に問題となる。

この点については，債権（の消滅）時効と他の時効との前述の違いに照らせば，他の時効に関しては（場合によっては，文言も含めて）すべて現民法のままにしておく，ということも十分にありうる。しかしながら，これに対しては，期間制限に関する規定が複雑になるという意見が強かったため，そのようにはしなかった。

そこで，取得時効，債権・形成権以外の消滅時効については，主として次の3点について，改正の提案をすることとした。第1に，時効障害事由を債権時効におおむね合わせること，である。第2に，援用権者を「法律上の正当な利害関係を有する者」とすること，である。第3に，援用権の喪失を新設すること，である。このうちの第1点は，現状を明らかに変更するものとなっている（なお，時効法改正の基本方針については，【3.1.3.43】解説1も参照）。

2 取得時効の対象になる権利

取得時効の対象になる権利については，現行法からの変更はまったくない。

3 消滅時効の対象になる権利

本提案においては，債権は不動産賃借権を除いて債権時効という独立の制度に服させることとし（第3編第1部第3章第7節「債権時効」における提案を参照），形成権はいわゆる除斥期間に近い考え方で消滅することとしている（【1.7.13】参照）。したがって，現民法167条をそのまま維持することはできず，消滅時効の対象になる権利を明らかにする必要がある。

所有権は，従来，時効によって消滅することがないとされてきており，これを変更する必要は認められない。また，前述のとおり，債権は，不動産賃借権を除き，債権時効の対象とし，形成権も，その行使期間制限を別個に規定することとしている。そこで，これらも消滅時効の対象から除外している。

現民法167条は，所有権以外の財産権がすべて消滅時効の対象になるかのような規定ぶりとなっているが，実際には，消滅時効の対象にならない権利が数多く存在していることは周知のとおりである。これは，本提案における消滅時効の対象の限

【1.7.02】   第1編　総則

定についても，同様である。そういった消滅時効の対象にならない財産権を網羅的に表現することは，おそらく不可能であり，そうでなくとも，将来新たに消滅時効の対象とならない財産権が生まれた場合に対応できないことを考えれば，意味がない。そこで，本提案では，財産権が消滅時効の対象であること，所有権，不動産賃借権を除く債権および形成権は消滅時効の対象にならないことを明示するにとどめ，その他の財産権のうち消滅時効の対象とならないものについては，従来の議論の蓄積に照らした解釈に委ねることとした。

【1.7.02】（所有権の取得時効）
〈1〉 20年間，所有の意思をもって，平穏に，かつ，公然と他人の物を占有した者は，起算日に遡ってその所有権を取得する。
〈2〉 10年間，所有の意思をもって，平穏に，かつ，公然と他人の物を占有した者が，その占有の開始の時に，善意であり，かつ，過失がなかったときも，同様とする。

〔関連条文〕　現民法144条（改正）・162条（維持）

提 案 要 旨

　所有権の取得時効の起算点，時効期間，時効期間満了の要件，効果について，現民法162条・144条を実質的に維持する旨の提案である。

解　　説

　提案要旨に述べたとおり，所有権の取得時効について，現民法162条および144条を実質的に維持する提案である。
　本提案は，現民法162条および144条を合わせた形になっているが，所有権の取得時効についての実質的な内容を明らかにしようとするものにすぎず，遡及効を現民法162条に取り込んで144条を廃止することを積極的に提案しようとするものではない。しかしながら，現民法の時効に関する規定は，「わかりやすい民法」からはほど遠い。その大きな一因として，各時効制度の基本的内容がどのようなものであるかが一瞥してわかるようになっていないことがあると思われる。そうであれば，実質を変更せずに，各時効制度の基本的内容を知ることのできる規定とすることが考えられてよいと，思われる。
　なお，所有権以外の財産権の取得時効に関する【1.7.03】，債権（・形成権）以外の財産権の消滅時効に関する【1.7.04】も，同様の趣旨によるものである。これに

第7章　時効等　　　　　　　　　　　　　　　　　【1.7.04】

対し，債権時効については，このような形式の提案はしていない。これは，債権時効について，その必要がないということではない。ただ，債権時効については，その基本的効果について2案併記としているため（【3.1.3.68】（債権時効期間満了の効果）および【3.1.3.70】（債権時効期間満了の債務者以外の者に対する効果）を参照），現状ではその基本的内容を簡潔に明らかにすることが難しいことによる。実際に改正される場合には，当然のことながら効果は特定しているはずであるから，債権時効についても，その効果に合わせて基本的内容を明らかにする規定が置かれることが望ましい。

【1.7.03】（所有権以外の財産権の取得時効）
　所有権以外の財産権を，自己のためにする意思をもって，平穏に，かつ，公然と行使する者は，【1.7.02】の区別に従い20年または10年を経過した後，起算日に遡ってその権利を取得する。

〔関連条文〕　現民法144条（改正）・163条（維持）
〔参照提案〕　【1.7.02】

提　案　要　旨

　所有権以外の財産権の取得時効の起算点，時効期間，時効期間満了の要件，効果について，現民法163条・144条を実質的に維持する旨の提案である。

解　　説

　提案要旨に述べたとおり，所有権以外の財産権の取得時効について，現民法163条および144条を実質的に維持する提案である。
　本提案を現民法163条および144条を合わせた形にしている趣旨は，【1.7.02】（所有権の取得時効）解説に述べたとおりである。

【1.7.04】（財産権の消滅時効）
〈1〉　所有権または債権（ただし，不動産賃借権を除く。）以外の財産権は，権利を行使することができる時から20年間行使しないときは，起算日に遡って消滅する。
〈2〉　始期付権利または停止条件付権利の目的物を第三者が占有するときは，始期の到来前または停止条件の成就前であっても，その第三者のために，

【1.7.04】

その占有の開始の時から取得時効が進行することを妨げない。ただし，権利者は，その時効期間を更新するため，いつでも占有者の承認を求めることができる。

〔関連条文〕 現民法144条（改正）・166条（改正）・167条2項（維持）

提 案 要 旨

所有権または債権（ただし，不動産賃借権を除く）以外の財産権の消滅時効の起算点，時効期間，時効期間満了の要件，効果について，現民法166条・167条2項・144条を実質的に維持する旨の提案である。

〈2〉は，〈1〉を現民法166条1項・167条2項を合わせたものとしたことに伴い，現民法166条2項に表現上の変更を加えたものであり，内容上の変更はまったくない。

解　説

1　現行法の基本的維持

現行法における消滅時効の中から，債権の消滅時効を別個に切り分けることにしたとしても，取得時効については現行法をそのまま維持することに，それほど大きな違和感ないし危惧は持たれないはずである。これに対して，債権以外の財産権の消滅時効は，現在はまさに一元的に構成されている制度を分解することになるため，それでよいのか，分解するにしてもどのような形にするのかが，重要な問題になる。

財産権の消滅時効についても，債権時効に関して述べている時の経過による事実関係の曖昧化に起因する問題（【3.1.3.43】（債権時効の対象）解説4参照）が生じないわけではない。したがって，債権時効と同様とすることも考えられる。しかしながら，たとえば用益物権の消滅時効は，所有権の円満性の確保との関係で消滅時効を認めるという観点からの議論があることからもわかるとおり，支配権の認否，優劣を決するものであり，債権時効と単純に同様に考えることはできない。しかも，この例に現われているように，時効期間を変更しようとすると，各権利の実質に立ち入ることが必要になる。これは【1.7.01】（取得時効および消滅時効の対象）解説1に述べた改正提案の基本方針に反することになる。また，消滅時効の対象となる権利は多様であるところ，それらの権利に一律に適用される起算点と時効期間を，積極的理由づけを伴って新たに定めることはきわめて困難であると考えられる。以上の理由から，起算点と時効期間の長さ，時効の効果については，現行法の規定を

第 7 章　時効等　　　　　　　　　　　　　　　　　　【1.7.05】

維持することとした。

なお，現民法291条から293条まで（地役権の時効による消滅），396条・397条（抵当権の時効による消滅）その他の債権以外の財産権の時効による消滅に関する規定も，維持することを原則とする。ただし，現民法396条についてのみ，【1.7.09】（抵当権の消滅時効に関する特則）において，改正検討の必要性を提案している。同条は，被担保債権の消滅時効の効力に関する規定であるため，債権の消滅時効の改正に伴ってどのように扱うかが問題となって当然だからである。

2　起算点および時効期間の合意による設定について

債権時効については，一定の制約の下で，起算点と時効期間について，法定の時効期間を短縮することになる合意，伸長することになる合意をともに認めることを提案している（【3.1.3.50】（合意による債権時効期間の設定）参照）。

これに対して，債権以外の財産権の消滅時効については，起算点および時効期間の合意による設定を認める旨の提案はしていない。これは，合意の効力を積極的に否定しようとするものではない。今後も，現在と同じように，解釈に委ねようとする趣旨である。

【1.7.05】（取得時効または消滅時効に係る時効障害の種類）

取得時効または消滅時効に係る時効障害を，時効期間の更新，時効期間の進行の停止，時効期間の満了の延期の3種類とする。

〔関連条文〕　新設
〔参照提案〕　【3.1.3.51】

提　案　要　旨

1　取得時効または消滅時効に係る時効障害について，債権時効と同様に（【3.1.3.51】（債権時効に係る時効障害の種類と定義）参照），現行法の中断・停止の2類型から，時効期間の更新・時効期間の進行の停止・時効期間の満了の延期の3類型とする提案である（なお，更新・進行の停止・満了の延期の意義については，【3.1.3.51】（債権時効に係る時効障害の種類と意義）を参照）。

2　取得時効と消滅時効については，現行法の規律の維持を基本方針としている（【1.7.01】（取得時効および消滅時効の対象）提案要旨3参照）。時効障害について変更を加えることは，この基本方針に反し，また，とくに進行の停止を認めることには実質的にも疑義がなくはない（【1.7.07】（取得時効または消滅時効の時効期間の

【1.7.05】

進行の停止）提案要旨3参照）。しかしながら，取得時効または消滅時効に係る時効障害を現行法と同様とし，債権時効と大きく異なるものとすると，事態を複雑にし，社会に負担をもたらすことにもなりかねない。本提案は，この不都合を重くみて，時効障害に関する規律を債権時効と取得時効・消滅時効で大きく分裂することがないようにするのが適当である，とする考えによるものである。

解　説

1　取得時効または消滅時効に関する時効障害についての考え方

【1.7.01】解説1に述べた時効法改正の基本方針によるならば，取得時効と債権以外の消滅時効（以下，単に「消滅時効」）の時効障害についても，実質的に現行法を維持することが適当であるとも思われる。その際，債権に関する消滅時効の改正提案（【3.1.3.51】参照）に照らして焦点となるのは，時効期間の進行の停止という障害事由を導入するかどうか，である。

取得時効および消滅時効についても，進行停止の考え方を導入することができないわけでは，もちろんない。ただ，その導入によって，取得時効または消滅時効の対象となる権利の実質を変えることになる可能性を否定することができない。そうであれば，今回の改正作業の性格にかんがみて，この問題については，取得時効と消滅時効に関する現行法の規律の基本的維持という方針に従い，将来の実質改正時の検討に委ねることが適当であるとも考えられる。また，時効期間の違いを考慮すれば，債権時効についてのみ進行停止を認めることにも，一定の合理性がある。すなわち，取得時効と消滅時効においては原則的時効期間が20年と相当長いため，第1に，進行停止を認めると，時効期間満了までに超長期を要することになりかねない。第2に，債権時効において進行停止を認めることを適当とする事情が，取得時効および消滅時効にはあまり妥当しない。第3に，時効期間の進行開始後の早い時期に進行停止を認めると，進行停止の有無，停止期間等をめぐって争いが生じかねず，また，争いが生じた場合に証拠の散逸等により争いが長期化しかねない。これは，時間の経過により事実関係が曖昧になった状況のもとで実質的証拠をもとに争いが展開されることの弊害に対処するという時効制度そのものに矛盾する状況であり，そのような状況を生む原因を時効制度の内部に抱え込むことは適当といえない。

それにもかかわらず，本提案では，取得時効と消滅時効についても，時効期間の進行停止を新たに認め，時効障害の類型を時効の中断・停止の2類型から，時効期間の更新・進行の停止・満了の延期の3類型へと，変更することにした。このようにした理由は，現在の2類型を（実質的に）維持することによって生じかねない規

定の複雑化を避けることにある。

　時効障害の類型について現状を維持する場合には，たとえば訴えの提起が，債権時効の場合には進行停止事由となるのに対し，取得時効または消滅時効の場合には，訴えのその後の成り行きにより，更新事由となるか（権利を認める判決等がされたとき），満了延期事由になるか（訴えの却下または取下げのとき），に分かれる。これは事態を複雑にし，社会に負担をもたらすものであるとの評価が可能である。この問題点を重視するならば，時効障害に関する規律は，債権時効と取得時効・消滅時効に共通のものとすべきことになる。そうすると，選択肢としては，債権時効について2類型にとどめること，取得時効・消滅時効について3類型化することの，いずれかとなる。本提案は，このうち，後者を選択した。これは，債権時効について3類型化を必須であると考えたこと，取得時効・消滅時効の3類型化は，問題がなくはないものの，個別的対応による対処が可能であると判断したことによる。

2　提案の体裁について

　本提案は総則編に置かれるべき規定の改正提案であるのに対し，債権時効に関する時効障害類型についての【3.1.3.51】は債権編に置かれるべき規定の改正提案である。そのため，提案に従って改正がされるとすれば，規定の位置としては，本提案に基づく規定が，【3.1.3.51】に基づく規定よりも，法典上前に配置されることになる。したがって，「時効期間の更新」，「時効期間の進行の停止」，「時効期間の満了の延期」の概念は，本提案に基づく規定において内容が明らかにされるべきであり，【3.1.3.51】に基づく規定は，それを前提にすることになるべきである。

　ところが，本改正提案では，それらの概念の定義は【3.1.3.51】で行っており，本提案はそれを前提としている。これは，3類型化の必要性が認められるのは債権時効においてであり，取得時効と消滅時効については，それに合わせず現状どおりとすることも十分考えられるところ，時効障害類型を分裂させることの不都合を重くみて債権時効に合わせることとしたことに由来する，説明の便宜による。すなわち，3類型化の意義・必要性は，債権時効においてはその実質を語ることができるが，取得時効・消滅時効においては，債権時効における類型変更との整合性確保という以外に，述べるべきことがない。そのため，改正法案を作成するのではなく，改正の基本方針を示そうとする本試案においては，改正すべき実質を明らかにすることこそが重要であると考え，このような提案ぶりとしている。

　なお，以上に述べた事情は，【1.7.07】および【1.7.08】（取得時効または消滅時効の時効期間の満了の延期）についても，まったく同様に妥当する。

【1.7.06】(取得時効または消滅時効の時効期間の更新等)
〈1〉 取得時効または消滅時効については,以下の事由を,更新事由とする。
 〈ア〉 権利を認める確定判決,確定した家事審判,家事審判法による調停または民事調停法による調停,裁判上の和解,もしくは仲裁判断その他確定判決と同一の効力を有するもの
 〈イ〉 民事執行
 〈ウ〉 承認
〈2〉 更新の効力が生じる時点は,次のとおりとする。
 〈ア〉 〈1〉〈ア〉による更新については,判決確定の時,家事審判が確定した時または確定判決と同一の効力が生じた時
 〈イ〉 〈1〉〈イ〉による更新については,執行手続が終了した時。ただし,時効の利益を受ける者に対してしないときは,その者に通知をした後でなければ,更新の効力を生じない。
 〈ウ〉 〈1〉〈ウ〉による更新については,承認がされた時
〈3〉 〈1〉の事由による時効期間の更新は,その更新事由が生じた当事者およびその承継人の間においてのみ,その効力を有する。
〈4〉 所有権の取得時効期間は,占有者が任意にその占有を中止し,または他人によってその占有を奪われたときは,終了する。この場合において,占有者が再び占有を開始したときは,【1.7.02】の期間は,その再び占有を開始した時に起算する。
〈5〉 〈4〉は,所有権以外の財産権の取得時効期間について準用する。

〔関連条文〕 現民法147条(改正)・148条(改正)・149条(改正)・151条(改正)・153条(改正)・154条(改正)・155条(改正)・156条(改正)・157条(改正)・162条(改正)・163条(改正)
〔参照提案〕 【1.7.02】,【3.1.3.47】,【3.1.3.52】,【3.1.3.53】,【3.1.3.54】

提案要旨・解説

 1 時効障害事由について債権時効との大きな分裂を避けるという方針(【1.7.05】(取得時効または消滅時効に係る時効障害の種類)提案要旨2参照)から,時効期間の更新につき,債権時効期間の更新と基本的に同様のものとしつつ,若干の点において債権時効と異なることとする提案である。
 2 〈1〉〈ア〉は,債権時効にない更新事由である。債権時効において,これらの事由は,実質的には更新事由の一種であるが,これらの事由が生じたときは時効期間を10年という債権時効の原則期間よりも長期になることとしたことから,確

第 7 章　時効等　　　　　　　　　　　　　　　　　　　　【1.7.07】

定判決等債権として別に規定することを提案している（【3.1.3.47】（確定判決等によって確定された債権の例外））。それに対し，取得時効および債権以外の財産権の消滅時効では，これらの事由によって時効期間が変わるわけではない。そのため，これを更新事由としている。

　3　〈1〉〈ア〉に列挙した事由は現民法 147 条 1 号にいう「請求」に該当する中断事由の一部となっており，限定列挙ではない。これは，債権の消滅時効に特有と思われる事由（支払督促，破産手続参加等）が除かれることを示すものにとどまる。
　なお，家事審判および家事審判法による調停を列挙において独立に取り出しているのは，確定した家事審判は，確定判決と同一の効力を有するものではないが，これによって時効期間が更新されることは当然であること，家事審判法による調停には，確定判決と同一の効力を有するものと確定した審判と同一の効力を有するものがあること（家審 21 条 1 項），による。

　4　債権時効に関する【3.1.3.61】（裁判外紛争処理手続の利用による債権時効期間の進行の停止）〈3〉〈イ〉では，認証 ADR 手続において和解が成立したときは，その時に承認があったものとみなしている。本提案ではとくにこの場合に触れていないが，同じ趣旨である。

　5　〈4〉については，現民法 203 条ただし書の適用がある。すなわち，占有者が占有回収の訴えを提起して勝訴し，現実にその物の占有を回復したときは，現実に占有しなかった間も占有を失わず，占有が継続していたものと擬制される（最判昭和 44 年 12 月 2 日民集 23 巻 12 号 2333 頁）。

【1.7.07】（取得時効または消滅時効の時効期間の進行の停止）
　取得時効または消滅時効の時効期間の進行の停止については，以下の点を除き，債権時効期間の進行の停止に関する【3.1.3.56】ないし【3.1.3.61】と同様とする。
　〈ア〉　債権に特化した表現を，権利一般に適合するよう改める。
　〈イ〉　債権に特有の定めの提案である【3.1.3.56】〈2〉，【3.1.3.57】〈2〉，【3.1.3.57】〈4〉〈5〉は除外する。
　〈ウ〉　合意による進行停止を認める提案である【3.1.3.56】〈1〉〈エ〉，【3.1.3.60】，【3.1.3.61】〈2〉〈ウ〉および〈エ〉，【3.1.3.61】〈3〉〈エ〉および〈オ〉は除外する。
　〈エ〉　取得時効または消滅時効の時効期間の進行の停止は，その進行の停止の事由が生じた当事者およびその承継人の間においてのみ，その効力を有するものとする。

【1.7.07】　　　　　　　　　　　　　　　　　　　　　　　第1編　総則

〔関連条文〕　現民法 148 条（改正）・149 条（改正）・151 条（改正）・154 条（改正）・155 条（改正），仲裁 29 条 2 項，ADR25 条
〔参照提案〕　【3.1.3.56】，【3.1.3.57】，【3.1.3.58】，【3.1.3.59】，【3.1.3.60】，【3.1.3.61】

提案要旨・解説

　1　時効障害事由について債権時効との大きな分裂を避けるとする方針（【1.7.05】（取得時効または消滅時効に係る時効障害の種類）提案要旨2参照）から，時効期間の進行の停止につき，債権時効期間の進行の停止と基本的に同様のものとしつつも，いくつかの点で債権時効と異なることとする提案である。

　2　まず，債権に特化した表現を権利一般に適合するように改め（〈ア〉），また，債権に特有の提案を除外すること（〈イ〉）としている。これらは，性質上当然である。

　3　次に，〈ウ〉は，進行停止に関して，協議の合意など合意による進行停止を，取得時効と消滅時効については認めないこととしている。
　取得時効および債権以外の財産権の消滅時効は，物または権利の支配をめぐる争いにおいて問題となるのが通常である。そこでは，長期にわたって継続された支配に対して法的保護が与えられる。そうであれば，物または権利の支配（たとえば，取得時効においては占有，用益物権の消滅時効においては所有権に基づく支配）が20年（または 10 年）を超える長期間継続したときは，その途中において支配をめぐる争いが起こったとしても，それによって支配が覆らなかったのであれば，支配を継続した者に法的保護が与えられてよいはずである。実際，これが現行法の立場であり，現行法下の判例も，時効完成の間際まで，または時効完成期をまたいで裁判等の公的手続において権利をめぐって争われた限りにおいて，「裁判上の催告」という観念により権利を主張する者に 6 か月の猶予を与えているにすぎない。これによると，そもそも取得時効または消滅時効について時効期間の進行停止を認めることには，疑問がある。ただ，【1.7.05】提案要旨2に述べた理由から，時効障害の類型を債権時効と合わせることとし，進行停止を一般的に認めないこととはしていない。
　その上で，協議の合意等の合意による期間進行の停止にはさらなる問題があることから，これを認めないこととした。
　協議の合意等の合意による期間進行の停止は，進行停止の効力が生じる時点も必ずしも明確にならないことがあるが，それ以上に，進行再開の時点が不明確なことがありうる。そういった場合に備えて，債権時効に関する【3.1.3.60】（協議の合意による債権時効期間の進行の停止）では，その〈2〉においてこれに対する一定の

406

手当てをしている。しかしながら，そこでの協議続行を拒絶する旨の通知，最後の協議は，いずれも，その事実について確実な証明手段が確保されているわけではない。そのため，協議の合意等の成立が立証された場合，時効期間の満了を主張しようとする者が困難に陥ることがありうる。債権時効については，時効期間が比較的短期であるため，この困難を過大視するには及ばないと考えて，現在の提案としている。それに対して，時効期間が原則20年（場合により，10年）と長期である取得時効または財産権の消滅時効について同じように考えてよいとは，いえないように思われる。

　この問題は，たとえば，債権時効も含めて，協議の合意が成立した場合にはその時から一定期間（たとえば，6か月）時効期間の進行が停止することとし，それ以前に協議が不調に終わった場合には協議拒絶の通知があった時に進行停止が終了する，6か月経過後に協議が行われていた場合にはその時まで進行停止を認める，とすることにより一定程度は緩和される。しかしながら，このようにしても，協議の合意から6か月が経過する前に協議拒絶の通知がされていた場合に，その通知の事実についての証明困難の問題は残る。にもかかわらず，過去のある時点で協議の合意をしたという，物または権利の支配をめぐって正規に争ったとすらいえない程度の事実に，長期支配を保護するための法的効力の付与を妨げる意味を持たせることは，適当でないと考えられる。

　さらに，20年（または10年）という長い期間の経過を要する取得時効または債権以外の財産権の消滅時効においては，期間の途中で時効の利益を受ける者が変わる（取得時効において占有者が変わる。たとえば用益物権の消滅時効において，目的物の所有者が変わる）ことも，珍しくない。そのため，時効の利益を受ける者が障害事由の当事者でないことも，大いにありうる。進行停止を認めると，この場合に時効の利益を受ける者は，場合によっては遠い過去における他人間の支配を覆すに至らなかった事実により影響を受けることになり，その事実につき証拠を収集しなければならないことになる。この場合に，その事実が他人間の合意であるときには，その収集が不可能事に近いことも珍しくないことは，想像に難くない。

　4　〈エ〉は，現民法148条の考え方を時効期間の進行の停止にも及ぼす趣旨の提案である。進行停止事由は，現行法における時効中断事由の再構成の側面があるためである。

　5　本提案は，その柱書において「債権時効期間の進行の停止に関する【3.1.3.56】（債権時効期間の進行の停止）～【3.1.3.61】（裁判外紛争処理手続の利用による債権時効期間の進行の停止）と同様とする」とするが，これは，規定の仕方について，債権時効期間の進行の停止に関する規定を取得時効期間または消滅時効期間の進行の停止に準用すべきことを述べるものではない。取得時効および消滅時

効についての規定が総則編に配置される場合には実質を伴った規定が用意されるべきであり，本提案は，その実質についての提案である。
　なお，提案の体裁については，【1.7.05】解説2に述べたことを参照。

【1.7.08】（取得時効または消滅時効の時効期間の満了の延期）
　時効期間の満了の延期につき，以下の点を除き，債権時効期間の満了の延期に関する【3.1.3.62】ないし【3.1.3.67】と同様とする。
〈ア〉　債権に特化した表現を，権利一般に適合するよう改める。
〈イ〉　債権に特有の定めの提案である【3.1.3.62】〈2〉は除外する。
〈ウ〉　催告による時効期間の満了の延期は，その催告の当事者およびその承継人の間においてのみ，その効力を有するものとする。

〔関連条文〕　現民法153条（改正）・158条（改正）・159条（改正）・160条（改正）・161条（改正）
〔参照提案〕　【3.1.3.62】，【3.1.3.63】，【3.1.3.64】，【3.1.3.65】，【3.1.3.66】，【3.1.3.67】

提案要旨・解説

　1　時効障害事由について債権時効との大きな分裂を避けるとする方針（【1.7.05】（取得時効または消滅時効に係る時効障害の種類）提案要旨2参照）から，債権時効期間の満了の延期と基本的に同様のものとしつつも，債権に特化した表現を権利一般に適合するように改め（〈ア〉），また，債権に特有の提案を除外すること（〈イ〉）としている。いずれも，性質上当然である。なお，〈ア〉により，現民法158条〜161条は維持されることになる。
　2　〈ウ〉は，現民法148条の考え方を催告による時効期間の満了の延期にも及ぼす趣旨の提案である。現行法において中断事由である催告を，本提案は，満了延期事由としている。これは，現行法の催告も実質的な機能はこのようなものである，ということによる。そのため，現行法下において催告について適用があり，そのことに疑問のない現民法148条は，満了延期事由と位置づけた催告にも適用されるべきである，という理由による。
　3　本提案についても，【1.7.07】（取得時効または消滅時効の時効期間の進行の停止）提案要旨5に述べたことが妥当する。催告を除く満了延期事由は，現民法158条〜161条をそのまま維持するものであるが，これは，形成権の期間制限，債権時効についても同様である。したがって，現民法158条〜161条は，取得時効，消滅時効，形成権の期間制限，債権時効についての通則としての性格を有すること

第7章　時効等　　　　　　　　　　　　　　　　　　　　　　　【1.7.10】

になり，立法に際しては，この性格を表現する規定が置かれるべきことになる。
　なお，提案の体裁については，【1.7.05】解説2に述べたことを参照。

【1.7.09】（抵当権の消滅時効に関する特則）
　抵当権は被担保債権と同時でなければ時効によって消滅しないものとすることを，なお検討する必要がある。

〔関連条文〕　現民法396条（改正）
〔参照提案〕　【3.1.3.52】〈2〉

提案要旨・解説

　現民法396条から，「債務者及び抵当権設定者に対しては，」という文言を削除することを検討する必要があるとするものである。
　現民法396条をどのように理解するかには争いがあり，したがって，本提案も，取得時効および消滅時効に関する現行法の規律を原則維持するという方針（【1.7.01】（取得時効および消滅時効の対象）提案要旨3参照）から逸脱する改正を検討する必要があるとすることになる。その検討の必要性の理由は，①現民法396条は抵当権の被担保債権の債権時効と密接な関係があり，必要があれば見直してもよいと考えられること，②抵当権の消滅時効期間の更新は困難であるため，現民法396条によると，被担保債権の時効期間が更新されて被担保債権が存続しているにもかかわらず，抵当権のみ時効により消滅することがあるが，債権時効期間の更新に困難のない保証債務に関する現民法457条に照らして，その合理性は疑わしいこと，にある。

【1.7.10】（取得時効または消滅時効の援用）
　取得時効または消滅時効は，法律上の正当な利害関係を有する者が援用しなければ，裁判所がこれによって裁判をすることができない。

〔関連条文〕　現民法145条（改正）
〔参照提案〕　【3.1.3.68】，【3.1.3.70】

提　案　要　旨

1　現民法145条を基本的に維持する提案である。取得時効と消滅時効につい

【1.7.10】   第1編　総則

ては現行法の規律を原則として維持するという方針（【1.7.01】（取得時効および消滅時効の対象）提案要旨3参照）による。

　2　現民法145条は時効援用権者を「当事者」としているが，判例・学説上，「当事者」に包摂しがたい者にも援用権が認められている。援用権者の範囲のこの拡大を取り込むものとして，ここでは，援用権者を「法律上の正当な利害関係を有する者」としている。この定式は援用権者の範囲を画する基準としての有用性には乏しいが，現行法の維持という基本方針からの逸脱を避けようとするならば，むしろその方がよいと判断した。

　3　本提案は，上記の変更を含みつつも，1のとおり，現行法の実質維持という基本方針から現民法145条の文言を踏襲するものである。これに対して，「取得時効または消滅時効は，法律上の正当な利害関係を有する者のみが援用することができる。」とすることが望ましいとする考え方もある。

解　説

1　現民法145条の実質的維持

　本提案は，債権時効における時効期間満了の効果（【3.1.3.68】参照）と表現ぶりが異なっている。

　債権時効の時効期間満了の効果を債務者の履行拒絶権の発生とする場合は（【3.1.3.68】乙案），表現ぶりが異なるのは当然である。それに対して，その効果を時効援用権の発生とする場合は（【3.1.3.68】甲案），両者を同一とし，本提案も【3.1.3.68】甲案のように表現することも考えられる。

　しかしながら，これは，あえてそのようにしなかった。たとえば取得時効に関して，いわゆる「取得時効と登記」の問題に関する現在の判例法理は，時効完成（本提案では，時効期間の満了）によりすでに時効の効果が発生しているという前提（いわゆる確定効果説）に立つものと理解することが，十分可能である。そうであるのに，取得時効期間満了の効果を【3.1.3.68】甲案と同様とすることは，確定効果説を明確に否定することを意味し，この問題への波及がないとは言い切れない。同様の問題は，ほかにもありうる。そこで，取得時効と消滅時効については実質に踏み込んだ改正提案をせず，将来に委ねるという基本方針に沿って，現民法の表現を踏襲することにした。なお，この点に関連して，債権時効に関する【3.1.3.68】甲案では，そこでの援用権を「債権時効援用権」と呼び，取得時効または消滅時効の援用権と異なった表現としている（【3.1.3.68】提案要旨2も参照）。

第7章　時効等　　　　　　　　　　　　　　　　　　　　　【1.7.11】

2　時効援用権者たる「法律上の正当な利害関係を有する者」

　現民法145条は，「当事者」が時効を援用することができるとしている。判例において，この「当事者」とは，時効により直接に利益を受ける者（直接受益者）とされている[1]。議論の中心は債権の消滅時効の援用権者にあるが，判例は，取得時効においても，たとえば，土地を時効により取得すべき者からその地上建物を賃借していた者が取得時効の援用権を有するかについて，直接受益者に該当するか否かの問題として処理している（結論は，否定）[2]。消滅時効においても，物権の消滅時効に関してではないが，売買予約完結権について，その時効援用権者は直接受益者とされている[3]。

　議論の中心が債権の消滅時効にあるため，取得時効および債権以外の財産権の消滅時効についての時効援用権者をどのように画するか，その範囲をどのように表現するのが適切かを意識した議論の蓄積が多くあるわけではない。しかしながら，おそらく，債権の消滅時効以外の時効についても，援用権者の範囲を債権と実質的に異なる基準で画そうとする見解はないと思われる。そうであれば，援用権者の範囲を示す概念は，債権時効につき従来と同様の効果を認める場合と同じにしておくことが適当であると考えられる。そこで，【3.1.3.70】（債権時効期間満了の債務者以外の者に対する効果）において甲案をとる場合の表現に合わせることとした。

　なお，債権時効について従来と同様の効果を認める場合に援用権者を「法律上の正当な利害関係を有する者」とすることについては，【3.1.3.70】解説1を参照。

【1.7.11】（取得時効または消滅時効の利益の放棄）

　取得時効の利益または消滅時効の利益は，あらかじめ放棄することができない。

〔関連条文〕　現民法146条（改正）
〔参照提案〕　【3.1.3.71】

提案要旨・解説

　現民法146条を基本的に維持する提案である。取得時効および消滅時効について

---

1)　大判明治43年1月25日民録16輯22頁，最判昭和48年12月14日民集27巻11号1586頁。
2)　最判昭和44年7月15日民集23巻8号1520頁。
3)　最判平成4年3月19日民集46巻3号222頁。売買予約仮登記のある不動産の第三取得者に，予約完結権の消滅時効の援用権が認められた。

【1.7.13】

は現行法の規律を原則として維持するという方針（【1.7.01】（取得時効および消滅時効の対象）提案要旨3参照）による。

なお，債権時効に関する同様の問題については，【3.1.3.71】（債権時効援用権または履行拒絶権の放棄）を参照。

【1.7.12】（取得時効または消滅時効の利益の喪失）
⟨1⟩ 時効により取得される権利のために消滅すべき権利の存続を取得時効期間の満了後に認めた者または時効により消滅すべき権利の存続を消滅時効期間の満了後に認めた者は，時効の利益を放棄する意思を有しなかったときであっても，存続を認めた権利のために，その満了による取得時効または消滅時効を援用することができない。
⟨2⟩ ⟨1⟩の場合，権利の存続を認めた時から，取得時効期間または消滅時効期間が新たに進行を開始する。

〔関連条文〕　新設
〔参照提案〕　【3.1.3.72】

提案要旨・解説

　時効利益の喪失に関する提案である。
　現行法には規定がないため，本提案は，形式的には，取得時効および消滅時効に関する現行法の規律を原則維持するという方針（【1.7.01】（取得時効および消滅時効の対象）提案要旨3参照）からの逸脱となる。しかしながら，主として債権の消滅時効についてであるものの，自認行為による時効利益の喪失は，現行法上すでに定着した考えとなっている。そして，その趣旨は，取得時効，債権以外の権利の消滅時効にも妥当すると考えられる。
　なお，債権時効に関する同様の問題については，【3.1.3.72】（債権時効援用権または履行拒絶権の喪失）を参照。

【1.7.13】（形成権に係る期間制限）
⟨1⟩ 一方的意思表示によって他人との間に権利または義務の発生，変更または消滅を生じさせる権利（以下，形成権という。）は，次の期間のいずれかの経過により消滅する。
　⟨ア⟩ 権利を行使することができる時から［10年］

第7章　時効等　　　　　　　　　　　　　　　　　　　　【1.7.13】

　　〈イ〉　権利を行使することができ，かつ，権利者が権利の発生原因と権利行使の相手方を知った時から［3年／4年／5年］
〈2〉　〈1〉に掲げた期間につき，債権時効期間の進行の停止に関する【3.1.3.57】〈1〉・〈3〉（ただし，第3文を除く。），【3.1.3.60】，【3.1.3.61】（ただし，〈2〉〈イ〉第3文，〈3〉〈イ〉，〈3〉〈ウ〉第3文を除く。），および債権時効期間の満了延期に関する【3.1.3.64】，【3.1.3.65】，【3.1.3.66】，【3.1.3.67】を準用する。
〈3〉　〔甲案〕期間満了の効果の援用に関する定めは置かない。
　　　〔乙案〕期間満了の効果の援用につき，時効の援用に関する【1.7.10】，時効の利益の放棄に関する【1.7.11】，時効利益の喪失に関する【1.7.12】を準用する。
〈4〉　形成権行使の結果として生じる権利については，形成権行使の時から債権時効または消滅時効の規定に従う。
〈5〉　形成権が他人の請求を阻止するために行使されるときは，その行使は，その形成権の〈1〉による消滅の影響を受けない。
〈6〉　〈1〉ないし〈5〉は，法律に別段の定めがあるときは適用しない。

＊　〈2〉について，承認による期間の更新を認める考えもありうる。

〔関連条文〕　新設
〔参照提案〕　【3.1.3.57】，【3.1.3.60】，【3.1.3.61】，【3.1.3.64】，【3.1.3.65】，【3.1.3.66】，【3.1.3.67】，【1.7.10】，【1.7.11】，【1.7.12】

提 案 要 旨

1　いわゆる形成権についての期間制限に関する提案である。
〈1〉柱書は，本提案による期間制限の対象となる権利を，「一方的意思表示によって他人との間に権利または義務の発生，変更または消滅を生じさせる権利（以下「形成権」という）」としている。
　これは，形成権を定義しようとするものではない。
　また，本提案の対象となる権利は，意思表示または法律行為の取消権，無権代理の本人の追認権，無権代理の相手方の撤回権，契約解除権，売買予約完結権，遺留分減殺請求権，建物買取請求権，造作買取請求権など，従来消滅時効その他の期間制限の対象になると考えられてきたものに限られる。「一方的意思表示によって……権利」といっても，ここに概念上包摂されうる権利のすべてを対象とする趣旨ではない。

413

2 〈1〉柱書「次の期間のいずれかの経過により消滅する」は，形成権の行使期間の制限が消滅時効と異なることを示すものである。形成権は意思表示のみによって行使し，実現できること，形成権の存在は法律関係の不安定をもたらすことを考慮した。

3 〈1〉〈ア〉〈イ〉は，形成権の行使期間を，債権時効期間に併せたものである。1に述べたことからすれば，形成権の行使期間は，比較的短いものとすることが適当である。このことに加えて，現行法の下においていくつかの形成権の行使期間につき債権と同様とする旨の判例があることを考慮した。

4 〈2〉は，この期間につき，債権時効期間の進行停止事由の一部（訴えの提起等，協議の合意，裁判外紛争処理手続の利用）と，催告を除く満了延期事由を準用する旨の提案である。もっとも，「準用」といっても，たとえば形成権の期間制限に関する規定が債権時効に関する規定よりも前に配置される場合に，法典上前に位置する規定において後ろに位置する規定を準用することとすべき旨を述べるものではない。

形成権行使が容易であることと，形成権の存在が取引社会に法律関係の不安定をもたらすことを考慮すれば，当事者の行為による更新，進行の停止，満了の延期を認めず，現行法において時効停止事由とされている客観的事情による満了の延期だけを認めることも考えられる。しかしながら，形成権の行使を考えうる紛争において権利者が別の権利に基づく訴えを提起した場合，権利者と形成権行使の相手方が協議の合意をした場合，紛争の解決を仲裁，認証ADRに委ねた場合も，その手続または協議が継続している間は権利が保存されるとみて，これらの場合には期間の進行の停止が認められることとした。

このほか，形成権行使の相手方が「承認」したときは期間の更新を認めるべきである，とする考えもありうる。しかしながら，形成権の行使は容易であること，相手方および第三者の法的地位を早期に安定させるべきことから，行使の判断につき期間の猶予を与えた者は，〈1〉の期間が経過した後もその猶予の内容と趣旨に照らして一定の間，形成権の消滅を主張できないとされることがありうるとすることが適当であるとして，相手方の「承認」は更新事由としないこととした。

5 〈3〉は，形成権の消滅の効果が認められるために，時効の援用に相当する行為を要するかに関する提案である。

甲案は，形成権の期間制限については，時効の援用に相当する行為を要しないとするものである。もっとも，訴訟においてはこの期間制限による形成権の消滅は権利抗弁となるから，権利主張は必要である。この案は，形成権の期間制限については，その期間制限は時効と異なること，時効の場合よりも第三者保護の要請が強く考慮されてよいとの考えから，時効援用権者に該当しないとされる者による権利主

張も認められうるとする。もっとも，その権利主張をすることが，信義則に反する，あるいはその主張をする法的利益を有しないとして，許されないことはありうる。

乙案は，時効の援用に相当する行為を必要とし，時効の援用に関する提案（法律上の正当な利益を有する者を援用権者とする提案，時効利益の放棄に関する提案，時効利益の喪失に関する提案）を形成権の期間制限にも準用しようとするものである。そうすることが，現行法の扱いに一致し，法的安定性に資するとの考えによる。

6 〈4〉は，形成権の行使によって発生する債権等の権利について，形成権の行使の時から各権利に関する時効の規定を適用するとするものである。形成権とその行使によって生じる権利は別ものであること，形成権の行使により法的不安定は解消されること，行使の結果生じる権利の実現まで含めた法律関係の早期実現が一般的に求められるとは考えられないことが，その理由である。

7 たとえば，他人から債務の履行を請求された場合に債権時効によってこれを阻止すること，意思表示または法律行為を取り消すこと，または契約を解除すること，あるいは，代金支払を請求された場合に代金減額を請求すること，相殺することなど，形成権は，他人の請求を阻止するために（防御的に）行使されることがある。こういった場合において，それ以前の権利行使が不可能ではないときに，その形成権について〈1〉の期間が経過したために請求に応じなければならないとすることは，一般に適当ではないと考えられる。そこで，〈5〉において，そのような場合にはなお形成権を行使して他人の請求を阻止することができることとしている。

8 形成権といっても多種多様であり，それぞれに適合的な行使期間，期間制限の性質，行使の結果生じる権利に係る期間制限について定めることを排除する理由はないと考えられる。また，形成権が他人の請求を阻止するために行使される場合についても，期間の経過による形成権の消滅を認めるべき場合がないとは言い切れない。そこで，〈6〉において，〈1〉〜〈5〉と異なる法律の定めがされたときはそれによることとしている。

解　説

1　期間制限の法的性質

形成権は他人との法律関係を一方的に形成することのできる権利であり，この権利の存在により，権利者以外の者は法律関係が確定しない不安定な状態に置かれる。形成権行使の相手方，その利害関係者および社会にそのような不安定な状態を長期にわたって強いることは適当でない。そのため，形成権は，物権・債権等の権

【1.7.13】

利と異なり，一定の期間に限ってのみ行使することが許されると考えてよいと思われる。そこで，形成権の行使についての期間制限は，消滅時効と異なるものとした。本提案〈1〉の期間の「経過により消滅する」は，このことを表わすものである。

もっとも，これは，〈3〉において甲案を採る場合である。乙案を採るならば，形成権の行使についての期間制限の性質も消滅時効となる。

2　期間の起算点と長さ

本提案〈1〉の〈ア〉〈イ〉は，提案要旨に述べたとおり，形成権の行使期間の起算点と長さを，債権時効期間の起算点と長さに合わせる提案である。

1に述べたことからすれば，形成権の行使期間は，債権時効期間よりもさらに短期とすることも考えられないではない。しかしながら，現行法の下で，いくつかの形成権につき，特定人に対する権利であり債権と同視すべきであるとして，債権と同一の消滅時効期間に服するとする判例がある[1]。これを考慮して，期間の起算点と長さは債権時効のそれらに合わせることとした（ただし，期間制限の性質については，1に述べたとおりである）。

3　障害事由

本提案〈2〉は，この期間につき，債権時効期間の進行停止事由の一部と，催告を除く満了延期事由を準用することとする提案である。

形成権は権利者が一方的意思表示のみによって他人との法律関係を変動させるものであり，その影響は社会全般に及ぶことから，行使の当事者の主観的事情による行使期間の延長を認めず，現行法において時効停止事由とされている客観的事情による期間満了の延期のみ認め，形成権を生じさせる原因をめぐる争いに関して協議，仲裁，認証ADR等が行われている間に〈1〉の期間が経過したが，協議や和解の不調が明らかになった後相当期間内に形成権行使の意思表示がされたようなときは，その協議等の当事者による形成権消滅の権利主張は信義則により許されない（協議等の当事者でない者による権利主張は許される），とすることも十分考えられる。

---

1)　たとえば，法定解除権に関して，大判大正5年5月10日（民録22輯936頁）は商事債権に合わせて5年とし，大判大正6年11月14日（民録23輯1965頁）は民事債権に合わせて10年としている。そのほか，売買予約完結権に関して大判大正4年7月13日（民録21輯1384頁），大判大正6年2月9日（新聞1251号25頁），大判大正10年3月5日（民録27輯493頁）が，建物買取請求権に関して最判昭和42年7月20日（民集21巻6号601頁），最判昭和54年9月21日（判時945号43頁）が，民事債権に合わせて10年としている。

第 7 章　時効等　　　　　　　　　　　　　　　　　　　　　　【1.7.13】

しかしながら，たとえば，取消権や解除権は，契約関係をめぐる 1 つの紛争における複数の救済手段の 1 つであることが珍しくなく，取消権者や解除権者にとっては，追完や損害賠償，代金減額等がされるならば取消しや解除はしないが，それらが認められないのであれば取消しや解除をするということも，考えられる。こういった場合の権利者保護を重視すれば，上記の満了延期のほか，形成権の行使を考えうる紛争において権利者が別の権利に基づく訴えを提起した場合，権利者と形成権行使の相手方が協議の合意をした場合，紛争の解決を仲裁，認証 ADR に委ねた場合には，その手続または協議が継続している間は，形成権も保存されるとすることが適当である。そのため，一定の場合に期間の進行停止が認められることとした。

このようにするとしても，ここで進行停止事由となる訴えの提起等の意味は，債権時効における進行停止事由たる訴えの提起等とは異なる。債権時効の場合には，訴えの提起等は，債権時効期間の満了が問題になるまさにその債権を行使するものであり，その債権の存否・内容が曖昧化することを防止するものであるのに対し，形成権の場合には，形成権を行使する訴えは（訴えによらなければ行使できない場合を除き）考えられず，他の権利を行使しての訴え提起等とならざるをえないからである。したがって，この提案を実際に意味あるものとするためには，どのような権利についてどのような訴えの提起等がされたときに，形成権の行使期間の進行が停止とされるものとするかを，明確にしなければならない。しかしながら，それは必ずしも容易なことではない。そうであるからといって，進行停止事由となる場合を曖昧にしておくことは，非常に大きな法的不安定を招く。このように考えるならば，形成権については客観的事情による期間満了の延期のみ認めることとし，たとえば，本提案〈6〉によって，ある形成権については他の権利（とくに債権）に関する時効障害事由の発生により期間の更新，進行停止，満了延期等を認める旨の特則を置き，その場合に限って例外を認めることも考えられる。なお，そのような特則に該当しうる例として，【3.1.1.84】（解除権の行使期間），【3.1.1.90】（債務不履行を理由とする救済手段についての債権時効その他の期間制限）がある。

4　時効の援用に相当する行為の要否

本提案〈3〉は，形成権の消滅の効果を認めるにあたって，時効の援用に相当する行為を必要とし，時効の援用に関する規律を準用することとする否かについての提案である。

甲案は，形成権の期間制限については，時効の援用に相当する行為を要しないとするものである。もっとも，訴訟においてはこの期間制限による形成権の消滅は権利抗弁となるから，権利主張は必要である。この案は，形成権の期間制限については，その期間制限は時効と異なること，時効の場合よりも第三者保護の要請が強く

417

考慮されてよいとの考えから，時効援用権者に該当しないとされる者による権利主張も認められうるとする。もっとも，その権利主張をすることが，信義則に反する，あるいはその主張をする法的利益を有しないとして，許されないことはありうる。

乙案は，時効の援用に相当する行為を必要とし，時効の援用に関する提案（法律上の正当な利益を有する者を援用権者とする提案，時効利益の放棄に関する提案，時効利益の喪失に関する提案）を形成権の期間制限にも準用しようとするものである。そうすることが，現行法の扱いに一致し，法的安定性に資するとの考えによる。

5 法定の起算点または期間の長さの合意による変更の可否

債権時効期間については，法定の起算点と期間の長さを債権者と債務者は（一定の要件の下で）合意により変更することができる旨の提案をしている（【3.1.3.50】（合意による債権時効期間の設定））。

債権以外の財産権の消滅時効期間については，法定の起算点または期間の長さの合意による変更を認める提案をしていない。これは，合意による変更の可否を解釈に委ねる趣旨であり，現行法下で論じられている合意による変更の可能性（とくに，時効期間の伸長の可能性）は，今後も開かれている（【1.7.04】（財産権の消滅時効）解説2参照）。

形成権の行使期間については，消滅時効期間についてと同じく，法定の起算点または期間の長さの合意による変更を認める提案をしていない。これは，変更の合意の可否を解釈に委ねる趣旨である。もっとも，形成権の行使期間についての合意は，多くの場合には認められないと解される。

まず，形成権の行使が第三者の法律関係に直接影響を及ぼしうる場合には，当該の第三者および取引社会の保護の見地から，形成権行使の当事者の合意による期間延長は認めるべきではない。

次に，形成権の多くは法律によって認められ，合意によって排除できないが，合意による行使期間の短縮は形成権の一部排除とみることもできるため，これを認めることは適当ではない。

さらに，法定の期間制限を変更する合意に効力を認めることには慎重な考慮を要するところ（それゆえ，合意による時効期間の変更を認める債権時効についても，合意に効力を認める要件を絞っている），形成権の行使期間の変更を積極的に認める必要があるとは思われない。

以上より，行使期間の合意による変更は認めないとすることが，一般的には適当であると解される。

6 形成権の行使により生じる権利の時効

本提案〈4〉は，形成権の行使によって発生する債権等の権利について，形成権の行使の時から各権利に関する時効の規定を適用することとする提案である。たとえば，建物買取請求権が行使された場合に，それにより生じる買取代金債権は，買取請求権行使の時を起算点として【3.1.3.44】（債権時効の起算点と時効期間の原則）〈2〉の定める［3年／4年／5年］の債権時効期間に服することになる。

この提案の理由は，提案要旨6に述べたとおりである。

7 形成権の防御的行使の永久性

本提案〈5〉は，形成権が他人の請求を阻止するために防御的に行使される場合に，その行使はその形成権の期間制限による消滅によって妨げられないとするものである。たとえば，契約取消権についてその行使期間が経過した場合，取消権を行使して給付したものの返還を求めることはできない。しかしながら，履行請求に対しては，なお取消権を行使してその請求を阻止できる，とするものである。

たとえば，他人から債務の履行を請求された場合に債権時効によってこれを阻止すること，意思表示または法律行為を取り消すこと，または契約を解除すること，あるいは，代金支払を請求された場合に代金減額を請求すること，相殺することなど，形成権は，他人の請求を阻止するために（防御的に）行使されることがある。こういった場合において，それ以前の権利行使が不可能ではないときに，その形成権について〈1〉の期間が経過したために請求に応じなければならないとすることは，一般に適当ではないと考えられる。そこで，〈5〉において，そのような場合にはなお形成権を行使して他人の請求を阻止することができることとしている。

8 法律による別段の定めの許容

本提案〈6〉は，〈1〉～〈5〉と異なる法律の定めを認めることとするものである。

形成権の行使期間については，現行法においても，提案〈1〉よりも短い期間を定める規定があり，それを改めるべき理由は見当たらない（債権時効と違い，期間統一の要請はない。むしろ，権利の性質，とりわけ権利行使により権利者以外の者に生じる影響の違いに応じて期間の長さを区別することは，当然に認められてよい）。

次に，第三者および取引社会への影響が債権と異ならないならば，障害事由，期間変更の可否などについても債権時効と同様とすることが認められてよい。

また，1つの事態から同一の目的（たとえば，契約当事者の一方の救済）のために選択可能な複数の権利が認められる場合において，その1つに形成権が含まれているときに，その形成権を他の権利と同一の期間制限に服させることも，認められて

よい。

さらに、形成権の防御的行使の永久性についても、現行法においては認められていないものであり、およそ例外を認めてはならないとする理由はどこにもない。

以上より、〈1〉～〈5〉のすべてについて、法律に別段の定めがされるならば、その定めが優先することとしている。

9　代表的な形成権の扱いについて

形成権のいくつかのものについて、その期間制限がどのようになるかを、以下に示すこととする。

(1)　意思表示または法律行為の取消権

意思表示または法律行為の取消権については、【1.5.59】（取消権の行使期間）に行使期間に関する提案がある。これは、起算点と行使期間の長さについて、本提案〈6〉にいう別段の定めを提案するものである。

(2)　無権代理の場合における本人の追認権、無権代理の相手方の撤回権

これらについては、行使期間に関する特段の提案はない。そのため、本提案〈1〉～〈4〉が適用されることになる（〈5〉は、性質上問題にならないと思われる）。

(3)　法定解除権

法定解除権については、【3.1.1.84】に行使期間に関する提案がある。これは、起算点について、本提案〈6〉にいう別段の定めを提案するものである。

(4)　詐害行為取消権

詐害行為取消権については、【3.1.2.20】（詐害行為取消権の行使期間）に行使期間に関する提案がある。これは、詐害行為取消しを裁判所に対する請求によって行使すべきものとし、その期間制限を「絶対的な出訴期間」と構成して（【3.1.2.20】提案要旨3参照）本提案〈1〉～〈5〉のすべての適用を排除する、別段の定め（本提案〈6〉）の提案である。

(5)　売買予約完結権

売買予約完結権については、法定の行使期間に関する特別の提案はされていない。もっとも、【3.2.1.02】（売買の予約）〈3〉は、「予約完結権に期間の定めがあるときは、予約は、期間内に予約完結権が行使されなければ、その効力を失う」としている。これは、実質的に、本提案〈1〉～〈3〉を排除する意味を持つ。

予約完結権に期間の定めがない場合には、本提案〈1〉～〈4〉が適用されることになる（〈5〉は、性質上問題にならないと思われる）。

(6)　遺留分減殺請求権

最判昭和41年7月14日（民集20巻6号1183頁）は、これを形成権としている。現民法1042条を前提とするならば、同条は、起算点と期間の長さにつき本提案

〈1〉を変更する別段の定め（本提案〈6〉）となる。また，「時効によって」の文言により，本提案〈2〉および〈3〉甲案も排除されることになる。

(7) 建物買取請求権，造作買取請求権

これらについては，行使期間に関する特段の提案はない。そのため，本提案〈1〉〜〈5〉が適用されることになる。

事項索引

あ 行

相手方の信頼保護……………… 228, 235, 244
悪　意……………………………… 240, 244
　　――の制限行為能力者………………… 365
意思能力……………… 79, 82, 169, 171, 172, 198
意思の不存在…………………………… 200
意思表示………………………………… 49
　　――の解釈…………………………… 111
　　――の瑕疵………………………… 200
　　――の効力発生時期………………… 160
　　――の受領能力……………………… 171
　　――の了知…………………… 161, 166
　　相手方のある――…………… 161, 164
　　隔地者に対する――…… 161, 163, 169
　　公示による――……………………… 173
　　対話者間の――……………… 161, 164
委託販売………………………… 325, 329, 330
一時的な意思能力の欠如………………… 84
一時的に意思能力を欠く状態にある者… 367
一覧性……………………………………… 31
一般法化…………………… 26, 29, 39, 125, 128
委　任……………… 177, 224, 316, 318, 323
　　――と代理…………………………… 177
　　――の終了事由……………… 246, 251
委任契約………………………………… 316
委任状…………………………………… 265
Eメール………………………………… 167
遺留分減殺請求権の行使期間………… 420
役務提供契約……………………………… 19

か 行

買入委託………………………… 317, 321
解除条件………………………………… 380
改良行為………………………… 211, 215
価額算定時期…………………………… 358

価額返還義務…… 350, 351, 354, 355, 356, 358
　　過大な――…………………………… 355
限られた範囲で自己決定………………… 88
各種の契約………… 17, 35, 177, 215, 220, 225
確定期限………………………………… 386
確定効果説……………………………… 410
確定した家事審判……………………… 405
家事審判法による調停………………… 405
過　失…………………………… 306, 309
可分給付の一部履行…………………… 377
過量販売………………………………… 61, 90
監　禁…………………………… 156, 158
慣　習…………………………… 66, 69, 70
間接代理………………………… 316, 318
観念の通知……………………… 255, 259
期間の計算……………………… 389, 392
期　限…………………………………… 385
　　――の到来………………………… 385
期限の利益……………………………… 387
　　――の喪失………………………… 388
　　――の放棄………………………… 388
期限の利益喪失特約…………………… 387
既成条件………………………………… 384
規範的解釈……………………………… 111
基本概念………………………………… 38
基本原則………………………… 17, 19, 35
基本原理………………………………… 38
義務設定授権……… 317, 322, 325, 328, 331
客観的重要性…………………… 104, 115, 134
94条2項類推適用法理…………… 97, 98, 99
給付返還請求権………………………… 355
給付利得………………………………… 351
給付利得類型…………………………… 351
強行法規………………………… 64, 65, 67, 68, 70
共通錯誤………………………………… 119
共同行使の必要性……………………… 370

423

事項索引

共同相続…………………………… 293, 297
強　迫………………… 137, 140, 147, 148
　　第三者による――………… 147, 148
虚偽表示………………96, 228, 240, 359
金銭債務………………………… 313, 315
クーリングオフ規定………………………29
形成権消滅の権利主張……………414, 416
形成権の期間制限…………………20, 412
　　――の法的性質………………414, 415
形成権の行使期間………………………414
　　――に係る障害事由…………………416
　　――についての合意…………………418
　　――の起算点…………………………416
　　――の制限……………………………414
　　――の長さ……………………………416
形成権の行使により生じる権利の時効…415,
　　　　　　　　　　　　　　　　　419
形成権の防御的行使の永久性… 415, 419
継続的契約…………………………………19
継続的契約関係…………………………365
継続的に意思能力を欠く状態にある者… 367
契　約………………………………45, 47
　　――に関する規定群……………17, 20
　　――の補充的解釈……………………344
契約および債権一般………………………17
契約締結上の過失………………………124
現に利益を受けている限度……………366
原物の返還………………………………352
顕　名………………… 184, 186, 188, 194
　　――がない場合………………………193
　　本人を特定しない――………………192
顕名原則………………184, 186, 190, 192, 194,
　　　　　　　　　　　196, 316, 319, 334
権利行使期間の単一化・統一化……… 361
眩　惑……………………………………159
故　意………………………138, 140, 142
　　――の不告知…………………………145
故意責任原理………………97, 102, 106, 121
合意主義…………………………105, 110, 113
行為能力…………………………………169
　　代理人の――………………… 202, 247

行為の外形……………………… 227, 231
効果不帰属主張構成……… 227, 235, 239, 242
後見開始の審判…………… 203, 206, 246
交渉当事者の情報提供義務………………143
交渉当事者の説明義務……………………143
公序良俗………… 50, 52, 55, 64, 65, 67, 68, 70
衡平説……………………………… 351, 354
抗弁権の永久性…………… 374, 376, 378
抗弁的に機能……………………………… 377
抗弁の接続………………………… 347, 349
公法・私法二分論…………………………65
国民の祝日に関する法律………………… 392
個人としての自己実現……………………29
コーズ論……………………………………115
困　惑……………………… 155, 156, 157

さ　行

債権回収……………………………………35
債権時効………………… 17, 18, 34, 375, 395, 400
債権時効援用権………………………… 410
債権者代位権…………………… 318, 323
財産権の消滅時効………………… 399, 400
　　――における時期期間の合意……… 401
　　――の起算点………………………… 401
裁判上の催告…………………………… 406
債務者の履行拒絶権…………………… 410
詐害行為取消権の行使期間…………… 420
詐　欺……………………………… 137, 140
　　第三者による――…………… 135, 139, 145
　　沈黙による――……………… 138, 141
錯　誤……………… 85, 103, 132, 198, 256,
　　　　　　　　　257, 261, 266, 306, 311
　　――の惹起…………………………… 119
　　表示行為の意味の――……………… 109
　　理由の――…………………………… 110
錯誤者の損害賠償責任………………… 124
差止め…………………………… 126, 132, 134
始　期…………………………………… 386
事業者…………… 30, 73, 121, 125, 128, 149, 155
事業者間取引……………………………15, 26

424

事項索引

時　効
　　――に関する規定の配置……………… 396
　　――の援用…………………………… 409
　　――の利益の喪失…………………… 412
　　――の利益の放棄…………………… 411
　　形成権の行使により生じる権利の――
　　………………………………… 415, 419
　　支配権の――………………………… 396
　　請求権の――………………………… 396
時効援用権者………………………… 410, 411
時効期間
　　――の更新………………………… 401, 404
　　――の進行の停止……… 401, 402, 405, 406
　　――の満了の延期………………… 401, 408
時効期間の進行の停止…… 401, 402, 405, 406
　　合意による――…………………………… 406
時効期間の満了の延期……………………… 408
　　催告による――…………………………… 408
時効障害
　　――の3類型化……………………………… 403
　　取得時効に係る――……………………… 401
　　消滅時効に係る――……………………… 401
時効の利益の喪失…………………………… 412
　　自認行為による――……………………… 412
時効法改正の基本方針……………………… 396
自己契約………………………………… 227, 229
自己執行義務………………………………… 216
自己の過失によって一時的に意思能力を欠
　く状態に陥った者………………………… 364
事実錯誤…………………… 104, 105, 110, 112,
　　　　　　　　　　　　 117, 127, 130, 198
事実的契約関係理論………………………… 365
自然人………………………………………… 123
私的自治………………………… 63, 67, 68, 71, 326
支払った対価の限度………………………… 357
市民社会……………………………………… 29
重過失……………… 119, 122, 126, 130, 306, 309
終　期………………………………………… 386
重大な過失………………………… 106, 240, 244
重要事項………………………………… 126, 129
主観的因果性……………………… 104, 115, 134

授　権……………… 177, 182, 183, 197, 316, 317,
　　　　　　　　　　　321, 324, 325, 326, 334
受信設備………………………………… 161, 167
受働代理…………………………… 185, 189, 287, 291
取得時効……………………………………… 395
　　――に係る時効障害……………………… 401
　　――の対象……………………………… 395, 397
　　所有権以外の財産権の――……………… 399
　　所有権の――……………………………… 398
受任者の善処義務…………………………… 247
受　領………………………………………… 373
準用規定………………………………… 19, 37
償還義務……………………………………… 355
商慣習……………………………………… 71, 72
条　件………………………………………… 379
　　――の成否未定の間における法律関係
　　……………………………………………… 381
　　――の成否未定の間の不確定の利益… 382
条件成就……………………………………… 379
条　項
　　――の一部無効……………………… 339, 342
　　――の全部無効……………………… 340, 342
　　――の単一性……………………………… 343
消費者……………… 30, 39, 73, 121, 128, 149, 155
消費者基本法………………………………… 41
消費者契約………… 18, 77, 125, 128, 149, 155
消費者契約法…………………………… 26, 74
消費者団体訴訟………………………… 26, 39
消費者団体訴訟制度……………………… 126, 132
消費者取引……………………………… 15, 26
消費者法の体系……………………………… 28
情報・交渉力の不均衡……………………… 30
情報提供義務…………………………… 138, 142
商法と民法の関係……………………… 71, 73
消滅時効……………………………………… 395
　　――に係る時効障害……………………… 401
　　――の対象……………………………… 395, 397
　　財産権の――…………………………… 399, 400
　　抵当権の――……………………………… 409
除斥期間……………………………………… 397
初日不算入の原則…………………………… 390

425

事項索引

処分授権……………… 197, 325, 327, 331
署名代理…………………… 185, 188
書　面………………… 255, 256, 265
所有権に基づく請求……………… 378
所有権に基づく引渡請求………… 378
所有権留保………………………… 329
事理弁識能力…………………… 79, 82
信義誠実…………………… 137, 139
信義則………………… 292, 296, 299
信頼主義…………………… 110, 113
心裡留保… 85, 91, 139, 239, 255, 260, 310, 359
　狭義の──……… 91, 93, 139, 228, 239,
　　　　　　　240, 255, 260, 306, 310
随意条件…………………………… 384
推　定……………… 257, 265, 266
制限行為能力者………… 172, 202, 205
　──の返還義務に関する特則…… 364
　──の返還義務の範囲…………… 367
性質錯誤…………………… 109, 118
正当な理由……………… 268, 271, 273
成年後見制度……………………… 271
成年被後見人…… 171, 203, 206, 247, 249
責任制限条項……………………… 341
絶対無効…………………… 336, 359
説明義務…………………… 138, 142
設立趣意書………………………… 3, 7
善　意……………………………… 102
善意無過失… 120, 136, 140, 147, 151, 155, 273
善意無重過失………… 229, 238, 241, 246
潜脱行為…………………………… 339
全部無効…………………………… 346
造作買取請求権の行使期間……… 421
相対無効…………… 62, 80, 84, 336, 359
相対無効主張の期間制限………… 337
双方代理…………………… 227, 229
遡及効……………………………… 284
損害賠償…………………… 143, 306, 309

た　行

代位行使…………………… 318, 323
対　抗……………… 100, 276, 278, 285

第三者……………………………… 101
　──に対する無効主張…………… 338
　──による強迫…………… 147, 148
　──による困惑の惹起…… 156, 160
　──による詐欺…… 135, 139, 145
　──による断定的判断の提供… 151, 153
　──による不実表示……… 127, 134
　──の保護…… 96, 101, 106, 120, 128, 136,
　　　　　139, 146, 147, 148, 151, 155,
　　　　　156, 160, 228, 236, 240, 245
第三者のためにする契約……………… 19
代弁済請求権……………… 318, 323
代　理……………… 177, 182, 183, 333
　──の基本原則………… 182, 183, 184
　──の基本的要件………… 184, 280
　委任と──………………………… 177
　商行為の──……………………… 190
代理権……………………………… 184
　──の消滅事由…… 203, 246, 251, 276, 277
　──の発生原因…………… 185, 188
　──の範囲………………………… 210
　──の濫用………… 227, 238, 239, 243
　業務執行者の──………………… 211
　組合員の──……………………… 211
　商行為の委任による──………… 251
代理権授与行為…………… 211, 213
代理権授与書面…………… 256, 264, 265
代理権授与表示…………………… 259
代理行為の瑕疵…………………… 198
代理人の行為能力………… 202, 247
脱法行為…………………………… 339
立替払契約………………………… 349
建物買取請求権の行使期間……… 421
他人の権利の売買………………… 334
他人物売買………………………… 314
団　体……………………………… 74
断定的判断の提供……… 149, 150, 151
　第三者による──………… 151, 153
単独行為…………… 45, 46, 47, 283, 285
単独相続…………………………… 297
担保の受領………………………… 373

426

事項索引

忠実義務……………………… 227, 235, 238, 242
重畳適用……………… 253, 256, 262, 277, 279
直接受益者……………………………………… 411
追　認… 280, 281, 282, 286, 289, 291, 326, 332
　　──の効力………………………………… 284
　　──の方法………………………………… 370
　　──の要件………………………………… 371
　　一方当事者による──………………… 359
　　無効行為の──………………………… 358
追認拒絶………………280, 281, 282, 283, 291,
　　　　　　　　　　　292, 299, 313, 314
停止期限………………………………………… 386
停止条件………………………………………… 380
適合性原則………………………………………83
撤　回……………………………………303, 304
典型契約……………………………………17, 18
電子消費者契約……………………………… 121
電子消費者契約等特例法…………………27, 122
電子的記録…………… 122, 123, 255, 256, 265
電子的方法…………………………………… 167
電磁的方法……………………………121, 122, 123
転得者………………………………………… 102
ドイツ民法………………………………… 35, 38
問　屋…………………………………… 316, 319
同一性錯誤…………………………………… 109
動機錯誤…………………………… 104, 107, 108
　　狭義の──……………………………… 110
統　合…………………… 26, 29, 150, 152, 156, 157
当事者の仮定的な意思……………………… 344
到　達…………………………………… 161, 165
到達擬制………………………………… 162, 168
到達主義………………………………… 161, 162
時の経過による事実関係の曖昧化……… 400
特定商取引法………………………………… 145
特別の責任軽減……………………………… 364
取消し………… 80, 84, 105, 117, 130, 303, 304
　　──による遡及的無効………………… 364
　　──の原因となっていた状況の消滅… 371
　　──の方法……………………………… 370
　　意思無能力者による──……………… 362
　　意思無能力を理由とする──………… 362

取り消しうる行為の追認…………………… 368
取消権
　　──の期間制限……………………374, 375
　　──の行使期間……………………374, 420
　　──の放棄……………………………… 372
　　保証人の──…………………………… 363
取消権者の範囲………………………… 360, 361
取消的無効…………………………………… 336
取締法規…………………………………………66
取次（契約）…………………………316, 319, 320
取引安全………………………………………98, 270

な　行

二重効………………………………………… 338
日常家事債務……………………………………89
日常生活に関する行為……………… 86, 88, 363
　　──の必要性…………………………………87
日常生活を送るのに必要不可欠……………87
　　──な法律行為………………………………89
日常の家事に関する法律行為…………………87
日用品の購入……………………………………87
任意代理…… 179, 184, 185, 198, 202, 204, 206,
　　　　　　211, 213, 216, 239, 243, 263, 270, 276, 278
任意代理権……………………… 184, 247, 248, 251
　　──の発生原因…………………… 185, 189
任意代理人……………………………… 198, 210
任意法規…………………………… 63, 64, 66, 67
能働代理……………………………… 185, 189, 289

は　行

売買予約完結権の行使期間………………… 420
白紙委任状……………………………… 256, 264
破産手続開始の決定………………………… 246
パンデクテン……………………………14, 39, 45
販売委託………………………………… 316, 320
非営利法人………………………………………75
非権利者の処分行為………………………… 334
非真意表示…… 91, 93, 139, 228, 239, 240, 310
人……………………………………………38, 74
　　──の法………………………………………38
　　具体的な──…………………………………29

427

事項索引

　　抽象的な―― ………………………………29
　　普遍的な―― ……………………………15, 16
人一般 ………………………………………………30
被保佐人 …………………………………………207
被補助人 …………………………………………207
表見代理 …… 182, 183, 250, 253, 258, 304, 311
　　権限外の行為の―― ………………253, 267
　　代理権授与の表示による―― …… 253, 254
　　代理権消滅後の―― ………250, 253, 275, 277
表見法理 ………………… 97, 98, 99, 100, 102,
　　　　　　　　　　　　 120, 268, 271, 276, 278
表示錯誤 ………………… 104, 107, 108, 114, 130
不確定期限 ……………………………………386
不可分給付の履行 ……………………………377
複数の契約の解除 ……………………………347
復代理 ………………………………215, 216, 221
復代理禁止原則 …………………… 216, 218, 220
復代理人の権限 ………………………………223
不実告知 ……………………………128, 150, 152
不実表示 ………… 124, 138, 140, 150, 152, 198
　　第三者による―― …………………127, 134
不招請勧誘 ……………………………………159
不退去 ……………………………………156, 158
物権変動 …………………………………………99
不当利得 ………………………………………354
不当利得法 ……………………………………351
不当利得法上の債務不履行 …………………354
不能条件 ………………………………………384
不法行為責任 …………………………………124
不法条件 ………………………………………384
不利益事実の不告知 … 125, 126, 131, 139, 144
返還義務の範囲の縮減 ………………………352
返還請求権の期間制限 ………………………375
弁済 ………………………………………………35
報酬請求権 ………………………………………74
法人 ……………………………………30, 38, 74, 123
法定解除権の行使期間 ………………………420
法定債権 …………………………………………17
法定代理 …… 179, 184, 185, 202, 204, 206, 211,
　　　　　　　 212, 214, 221, 238, 239, 240, 243,
　　　　　　　 244, 256, 263, 268, 270, 276, 278

法定代理権 ……………………………184, 247, 249
法定代理人 ………………………………171, 210
法定追認 ………………………………………372, 373
法典
　　――の持続性 ………………………………15
　　――の包括性 ………………………………15
　　――の論理性 ………………………………16
暴利行為 …………………………………………51, 56
法律行為 ………………………………………45
　　――の一部無効 …………………………344
　　――の効力 ……………………………49, 94
　　――の単一・複数 ………………………349
　　――の当事者 …… 177, 179, 182, 183, 334
　　――の内容 ………………… 105, 113, 118, 133
　　――の付款 ………………………380, 386
　　――の要素 ………………………104, 114
法律行為概念 ……………………………………18
保管義務違反 …………………………………358
補完性原則 ………………………………………68
保護的公序 ………………………………………59
補充的解釈 ……………………………………213
保存行為 …………………………………211, 215
本人の許諾 …………………… 217, 220, 227, 232
本来的解釈 ……………………………………213

ま　行

未成年者 ………………………………………171
密接な関連性 …………………………347, 349
民商統一法典 …………………………………14
民法（債権法）改正検討委員会規程 ………9
民法典
　　中範囲の―― ………………………………15
　　複合型の―― ………………………………16
民法703条・704条 ……………………………350
民法の基底性 …………………………………15, 28
無権代理 ………………………182, 183, 257, 280
　　――と相続 ………………………291, 294, 313
　　――の相手方の催告権 …………………301
　　――の相手方の撤回権 ……… 258, 303, 420
　　――の本人の追認権 ……………………420
　　契約の―― …………………………280, 286

事項索引

　　単独行為の——……………… 285, 288
　無権代理人………………………… 280
　　——の責任……………… 305, 313, 314
　　——の責任の相続……………… 312
無　効……………… 62, 80, 84, 95, 116
　　——な条項の補充……………… 343
　　——な法律行為の効果………… 349
　　複数の法律行為の——………… 347
無効原因と取消原因の競合………… 338
無効行為の転換……………………… 339
無償契約………………………………19

や　行

やむを得ない事由………… 217, 220, 222, 223
有価証券………………………… 17, 19

ら　行

利益相反行為……………… 226, 229, 242
利益の存する限度………………… 366
履行拒絶権………………………… 363
履行責任…………………… 306, 314
履行に代わる損害賠償…… 306, 309, 313, 314
履行の全部または一部の受領…… 373
利得消滅の抗弁…………… 352, 355, 368
利用行為……………………… 211, 215
了知可能性…………………… 161, 166
類型論………………… 351, 354, 366
レファレンス規定………………… 20, 37
労働契約……………………… 41, 77
労働者……………………………30

429

詳解・債権法改正の基本方針Ⅰ──序論・総則

2009年9月15日 初版第1刷発行

編　著　民法(債権法)改正検討委員会

発行者　大　林　　　譲

発行所　株式会社　商　事　法　務
〒103-0025 東京都中央区日本橋茅場町3-9-10
TEL 03-5614-5643・FAX 03-3664-8844〔営業部〕
TEL 03-5614-5649〔書籍出版部〕
https://www.shojihomu.co.jp/

落丁・乱丁本はお取替えいたします。　印刷／大日本法令印刷
© 2009 民法(債権法)改正検討委員会　　Printed in Japan
Shojimomu Co., Ltd
ISBN978-4-7857-1686-8
＊定価はカバーに表示してあります。